Notwendigkeit von Vorzugslasten

Europäische Hochschulschriften Recht

European University Studies in Law

Publications Universitaires Européennes de Droit

Band/Volume **6183**

Silja Lorenzen

Notwendigkeit von Vorzugslasten

Eine verfassungs- und europarechtliche Untersuchung

PETER LANG

Bibliografische Information der Deutschen Nationalbibliothek
Die Deutsche Nationalbibliothek verzeichnet diese Publikation in der Deutschen Nationalbibliografie; detaillierte bibliografische Daten sind im Internet über http://dnb.d-nb.de abrufbar.

Zugl.: Kiel, Univ., Diss., 2020

Gedruckt auf alterungsbeständigem, säurefreiem Papier.
Druck und Bindung: CPI books GmbH, Leck

D 8
ISSN 0531-7312
ISBN 978-3-631-82332-3 (Print)
E-ISBN 978-3-631-82962-2 (E-PDF)
E-ISBN 978-3-631-82963-9 (EPUB)
E-ISBN 978-3-631-82964-6 (MOBI)
DOI 10.3726/b17290

Diese Publikation wurde begutachtet.

www.peterlang.com

Meinen Eltern

Vorwort

Die vorliegende Arbeit wurde im Wintersemester 2019/2020 von der Christian-Albrechts-Universität zu Kiel als Dissertation angenommen. Literatur, Rechtsprechung sowie Gesetzesvorhaben konnten bis Juli 2019 berücksichtigt werden.

Die Idee für die thematische Auseinandersetzung entstand in enger Zusammenarbeit mit meinem Doktorvater Prof. Dr. Marcus Arndt, dem hierfür sowie für die großartige Unterstützung und die zahlreichen Ideen während meiner Forschung ein ganz besonderer Dank gilt. Ihm danke ich auch für die rasche Erstellung des Erstgutachtens. Ein Dank gilt darüber hinaus auch Prof. Dr. Christoph Brüning für die Erstellung des Zweitgutachtens. Gedankt sei zudem der Kanzlei WEISSLEDER EWER und dessen Mitarbeitern für die einmalige Arbeitsatmosphäre während meiner Zeit als wissenschaftliche Mitarbeiterin und dafür, dass sie jederzeit für diverse Fragen und Rechtsdiskussionen zur Verfügung standen. Dadurch haben sie einen großen Teil zum Gelingen dieser Arbeit beigetragen.

Mein herzlichster Dank gilt außerdem Sarah Battefeld, Jana Landsittel, Robert Held, Jana Kasakow, Johanna Klammer und Johannes Braeß für ihre Unterstützung auf zahlreichen Wegen, insbesondere aber durch das Liefern von Denkanstößen, den wertvollen Zuspruch und das kritische Lesen dieser Arbeit. Sie haben einen großen Anteil an der erfolgreichen Fertigstellung.

Weiter danke ich Prof. Dr. Marcus Schladebach, der mich in einer wichtigen Phase meines Studiums förderte, mein Interesse am öffentlichen Recht vertiefte und letztlich ganz bedeutend dazu beitrug, dass ich eine Promotion angestrebt habe.

Ich danke außerdem der Christian-Albrechts-Universität zu Kiel für die Annahme dieser Arbeit als Dissertation sowie Frau Brogmus für die herzliche Betreuung und dafür, dass sie stets für jegliche Fragen zu meinem Promotionsvorhaben zur Verfügung stand.

Mein größter Dank aber gilt meiner Familie und hierbei insbesondere meinen Eltern, die mich stets unterstützt und meine Ausbildung bedingungslos gefördert haben. Ich hatte das große Glück, in einem liebevollen Elternhaus aufzuwachsen, das mir gleichermaßen alle Möglichkeiten für meine persönliche wie berufliche Entwicklung mit auf den Weg gab. Auch deshalb ist meinen Eltern diese Arbeit gewidmet.

Frankfurt am Main, im März 2020

Silja Lorenzen

Inhaltsübersicht

Inhaltsverzeichnis

Abkürzungsverzeichnis

a.a.O.	am angegebenen Ort
ABl.	Amtsblatt der Europäischen Union
Abs.	Absatz
AEMR	Allgemeine Erklärung der Menschenrechte
AEUV	Vertrag über die Arbeitsweise der europäischen Union
AO	Abgabenordnung
AöR	Archiv des öffentlichen Rechts
Art.	Artikel
Aufl.	Auflage
BayGO	Gemeindeordnung für den Freistaat Bayern
BayKAG	Kommunalabgabengesetz Bayern
BbgKAG	Kommunalabgabengesetz für das Land Brandenburg
BbgKVerfG	Kommunalverfassung des Landes Brandenburg
Bd.	Band
BGB	Bürgerliches Gesetzbuch
BGBl.	Bundesgesetzblatt
BT-Drs.	Bundestagsdrucksache
Buchst.	Buchstabe
BVerfG	Bundesverfassungsgericht
BVerwG	Bundesverwaltungsgericht
Diss.	Dissertation
DÖV	Die öffentliche Verwaltung
DVBl.	Deutsches Verwaltungsblatt
EMRK	Europäische Menschenrechtskonvention
EuG	Europäisches Gericht Erster Instanz
EuGH	Gerichtshof der Europäischen Union
EUV	Vertrag der Europäischen Union
EuZW	Europäische Zeitung für Wirtschaftsrecht
f./ff.	folgende
Fn.	Fußnote
FS	Festschrift
GemO BW	Gemeindeordnung für Baden-Württemberg
GemO RP	Gemeindeordnung Rheinland-Pfalz
GG	Grundgesetz
GRChr	

GO	Gemeindeordnung
GO NRW	Gemeindeordnung für das Land Nordrhein-Westfalen
GO SH	Gemeindeordnung für Schleswig-Holstein
HBO	Hessische Bauordnung
HdStR	Handbuch des Staatsrechts
HGO	Hessische Gemeindeordnung
HKAG	Gesetz über kommunale Abgaben für Hessen
Hrsg.	Herausgeber
Hs.	Halbsatz
HVwKostG	Hessisches Verwaltungskostengesetz
JA	Juristische Arbeitsblätter
JöR	Jahrbuch des öffentlichen Rechts der Gegenwart
JURA	Juristische Ausbildung
JuS	Juristische Schulung
JZ	Juristische Zeitung
KAG	Kommunalabgabengesetz
KAG BW	Kommunalabgabengesetz Baden-Württemberg
KAG LSA	Kommunalabgabengesetz Sachsen-Anhalt
KAG MV	Kommunalabgabengesetz Mecklenburg-Vorpommern
KAG NRW	Kommunalabgabengesetz für das Land Nordrhein-Westfalen
KAG RP	Kommunalabgabengesetz Rheinland-Pfalz
KAG SH	Kommunalabgabengesetz des Landes Schleswig-Holstein
KAG SL	Kommunalabgabengesetz Saarland
Kap.	Kapitel
KJ	Kritische Justiz
KommJur	Kommunaljurist
KomV	Kommunalverfassung
KStZ	Kommunale Steuer-Zeitschrift
KSVG	Kommunalselbstverwaltungsgesetz Saarland
KV MV	Kommunalverfassung für das Land Mecklenburg-Vorpommern
KVG LSA	Kommunalverfassungsgesetz des Landes Sachsen-Anhalt
LKV	Landes- und Kommunalverwaltung
LT-Drs.	Landtagsdrucksache
MüKo	Münchener Kommentar
m.V.a.	mit Verweis auf
m.w.N.	mit weiteren Nennungen
NKAG	Niedersächsisches Kommunalabgabengesetz
NKomVG	Niedersächsisches Kommunalverfassungsgesetz

NJW	Neue Juristische Wochenzeitung
NVwZ	Neue Zeitschrift für Verwaltungsrecht
NZA	Neue Zeitschrift für Arbeitsrecht
OVG	Oberverwaltungsgericht
PAuswG	Personalausweisgesetz
PaßG	Paßgesetz
PassV	Passverordnung
prKAG	preußisches Kommunalabgabengesetz
Rn.	Randnummer
Rs.	Rechtssache
Rspr.	Rechtsprechung
s.	siehe
S.	Seite
SächsGemO	Gemeindeordnung für den Freistaat Sachsen
SächsKAG	Sächsisches Kommunalabgabengesetz
Slg.	Sammlung
StuW	Steuer und Wirtschaft
ThürKAG	Thüringer Kommunalabgabengesetz
ThürKO	Thüringer Gemeinde- und Landkreisordnung
u.a.	unter anderem/und andere
VG	Verwaltungsgericht
VGH	Verwaltungsgerichtshof
Vgl.	Vergleiche
VVDStRL	Vereinigung der Deutschen Staatsrechtslehrer
WiVerw	Wirtschaft und Verwaltung
z.B.	zum Beispiel
ZHR	Zeitschrift für das gesamte Handelsrecht und Wirtschaftsrecht
Ziff.	Ziffer
zit. n.	zitiert nach

A. Einführung

Vorzugslasten sind solche Abgaben, die der Staat vom Bürger[1] erhebt, um einen diesem durch den Staat zukommenden Vorteil finanziell abzugelten; sie basieren auf einem Gegenseitigkeitsverhältnis und unterscheiden sich unter anderem hierdurch von Steuern. Zu den Vorzugslasten gehören Beiträge, Gebühren und Sonderabgaben. Sie existieren in unterschiedlichsten Ausformungen: der Rundfunkbeitrag, Abwassergebühren, Straßenausbaubeiträge und Verwaltungsgebühren sind nur einige der Vorzugslastarten, die derzeit erhoben werden. In der Bevölkerung stoßen sie zum Teil auf geringe Akzeptanz, vor allem da insbesondere die Finanzierung von Infrastruktureinrichtungen wie etwa Straßen oder Abwasseranlagen oft als Aufgabe des Staates und seines Steuerhaushaltes begriffen wird. Diejenigen, die als Vorteilsempfänger zu Vorzugslasten herangezogen werden, begegnen der staatlichen Zahlungsforderung deshalb oftmals mit Unverständnis.

Dieses in der Gesellschaft nicht unumstrittene Thema der Erhebung von Vorzugslasten hat in vielen Bundesländern Eingang in die politische Debatte und damit in den Landtag gefunden. So titelte die Frankfurter Allgemeine Zeitung in einem Online-Beitrag vom 07. Februar 2017: *„Nach dem Hauskauf wird es teuer – Immobilienbesitzer werden mit Steuern und Gebühren geschröpft. Sogar für die Straße vor dem Haus müssen sie zahlen. Das kann schon mal 100.000 Euro kosten."*[2] Darin greift der Autor den Unmut der Bürger eines kleinen Dorfes in Oberfranken, die zu Straßenausbaubeiträgen herangezogen wurden und deren Unverständnis darüber, warum die Straßensanierung nicht durch Steuermittel finanziert werden würde, auf. Aufmerksamkeit erregte auch ein Fall in der schleswig-holsteinischen Gemeinde Lütjenburg im Jahre 2017. Ein Landwirt wurde dort zu Straßenausbaubeiträgen in Höhe von rund 220.000 Euro herangezogen.[3] Seine Klage gegen den Beitragsbescheid wurde vor dem Verwaltungsgericht größtenteils abgewiesen, sodass noch eine Beitragsschuld in Höhe von

---

1 Der besseren Lesbarkeit halber wird in dieser Arbeit das generische Maskulinum verwendet. Weibliche und anderweitige Geschlechteridentitäten sind dabei ausdrücklich miteingeschlossen.

2 Frankfurter Allgemeine Zeitung, Online-Beitrag vom 07.02.2017 von *Dyrk Scherff*, http://www.faz.net/-gv6-8u528 (zuletzt abgerufen am 12.07.2019).

3 Vgl. etwa Focus, Online-Beitrag vom 19.10.2017 von *Bernd Wüstneck*, https://www.focus.de/immobilien/bauen/in-luetjenburg-landwirt-soll-189-000-euro-fuer-strassen-sanierung-zahlen_id_7734935.html (zuletzt abgerufen am 12.07.2019); oder Kieler Nachrichten, Online-Beitrag vom 17.10.2017 von *Hans-Jürgen Schekahn*, http://www.

immerhin 189.000 Euro blieb. Nach Auffassung des Präsidenten des Verbandes Deutscher Grundstücksnutzer, *Peter Ohm*, sei die Mitfinanzierung von Straßen eines der Hauptärgernisse der Immobilienbesitzer in ganz Deutschland.[4] In Schleswig-Holstein war das Thema der Straßenausbaubeiträge im Landtagswahlkampf 2017 mitbestimmend. Nachdem mehr als 20.000 Schleswig-Holsteiner eine Online-Petition zur Abschaffung der Straßenausbaubeiträge unterzeichnet hatten[5], startete die CDU mit dem Versprechen in den Wahlkampf, die Straßenausbaubeiträge beziehungsweise die Beitragserhebungspflicht abzuschaffen.[6] Im Dezember 2017 wurde schließlich eine Beschlussempfehlung vom Innen- und Rechtsausschuss des Landtages entworfen, den Gesetzesentwurf[7] der Regierungsfraktionen der CDU, Grünen und FDP anzunehmen und § 76 Abs. 2 der Gemeindeordnung für Schleswig-Holstein (GO SH)[8] um folgenden Satz zu erweitern: „*Eine Rechtspflicht zur Erhebung von Straßenausbaubeiträgen im Sinne der §§ 8 und 8a des Kommunalabgabengesetzes besteht nicht.*"[9] Die Gesetzesänderung wurde am 07. September 2017 beschlossen[10] und trat zum 26. Januar 2018 in Kraft.

Ähnliche Entwicklungen sind auch in anderen Bundesländern zu beobachten. In Niedersachsen besteht zwar ausweislich § 111 Abs. 5 Satz 3 des Niedersächsischen Kommunalverfassungsgesetzes (NKomVG)[11] keine Pflicht zur Erhebung von Straßenausbaubeiträgen. Sie dürfen jedoch nach wie vor durch die Kommunen erhoben werden. Daher wurde eine öffentliche Petition ins Leben

---

kn-online.de/Lokales/Ploen/Strassenbau-in-Luetjenburg-Anlieger-muss-189-000-Euro-zahlen (zuletzt abgerufen am 12.07.2019).

4 Frankfurter Allgemeine Zeitung, Online-Beitrag vom 07.02.2017 von *Dyrk Scherff*, http://www.faz.net/-gv6-8u528 (zuletzt abgerufen am 12.07.2019).

5 https://www.openpetition.de/petition/online/abschaffung-strassenbaubeitraege-in-schleswig-holstein-keine-staatlich-angeordnete-existenzgefaehrdu (zuletzt abgerufen am 12.07.2019).

6 Protokoll der 133. Sitzung des Schleswig-Holsteinischen Landtages (18. Wahlperiode) vom 17.11.2016; Wahlprogramm der CDU Schleswig-Holstein, https://www.cdu-sh.de/sites/www.cdu-sh.de/files/downloads/wahlprogramm_cdush_2017_web.pdf, S. 51 (zuletzt abgerufen am 12.07.2019).

7 LT-Drs. 19/150.

8 Gemeindeordnung für Schleswig-Holstein (GO SH) in der Fassung vom 28.02.2003 (GVOBl. 2003, S. 57), zuletzt geändert durch Gesetz vom 04.01.2018 (GVOBl. 2018, S. 6).

9 LT-Drs. 19/377.

10 LT-Drs. 19/150.

11 Niedersächsisches Kommunalverfassungsgesetz (NKomVG) vom 17.12.2010 (Nds. GVBl. 2010, 576), zuletzt geändert durch Gesetz vom 27.03.2019 (Nds. GVBl. S. 70).

gerufen, Straßenausbaubeiträge gänzlich abzuschaffen, welche im Juli 2018 an den Landtag weitergeleitet wurde.[12] Am 16. Januar 2018 reichte die FDP-Fraktion einen Gesetzentwurf ein, die §§ 6, 6b NKAG ersatzlos zu streichen.[13] Eine Abstimmung des Landtages steht derzeit noch aus. Im Gegensatz dazu hat der Bayerische Landtag die ersatzlose Abschaffung von Straßenausbaubeiträgen rückwirkend zum 01. Januar 2018 beschlossen.[14]

Doch auch zu diesen Maßnahmen wird Kritik laut. Zu der ungeklärten Finanzierungsfrage komme unter anderem hinzu, dass durch die Abschaffung ein vermeintlich ungerechter Zustand geschaffen werde, der auch jene belaste, die nicht von dem Ausbau der Straße profitieren würden sowie jene, die vor kurzem erst noch Beiträge entrichten mussten. Zudem seien die Abschaffung von Vorzugslasten und eine Verlagerung der Finanzierung auf den Steuerhaushalt verfassungs- und europarechtlich weitestgehend ungeklärt.[15] Dabei fällt auf, dass sowohl die Befürworter als auch die Gegner von Straßenausbaubeiträgen ihre Ansicht für die „gerechtere" halten. Während weder das Grundgesetz noch die Landesverfassungen oder sonstige Abgabengesetze den Gerechtigkeitsaspekt aufgreifen oder sogar normieren, so ist dies ein Gesichtspunkt, der insbesondere bei abgabenrechtlichen Fragen immer wieder zu Tage tritt. Tatsächlich verwendet das Bundesverfassungsgericht den Terminus „Gerechtigkeit" selten, obgleich es diesen im Kontext des Abgabenrechts ausdrücklich bemüht.[16]

---

12 Petition des Verbands Wohneigentum Niedersachsen e.V. zur Abschaffung von Straßenausbaubeiträgen in Niedersachsen, https://www.openpetition.de/petition/online/abschaffung-von-strassenausbaubeitraegen-in-niedersachsen#petition-main (zuletzt abgerufen am 12.07.2019).

13 LT-Drs. 18-154.

14 Gesetz zur Änderung des Kommunalabgabengesetzes vom 26.06.2018 (GVBl. 2018, S. 449).

15 So vertraten dies beispielsweise *Marcus Arndt* bei einer Anhörung des Innen- und Rechtsausschusses des Schleswig-Hosteinischen Landtages, vgl. http://www.landtag.ltsh.de/infothek/wahl19/umdrucke/00200/umdruck-19-00290.pdf (zuletzt abgerufen am 12.07.2019) und *Christoph Brüning*, vgl. http://www.landtag.ltsh.de/infothek/wahl19/umdrucke/00200/umdruck-19-00251.pdf (zuletzt abgerufen am 12.07.2019). Vgl. darüber hinaus auch die Stellungnahmen von *Jörg Bülow*, *Jochen von Allwörden* und *Sönke E. Schulz* unter http://www.landtag.ltsh.de/infothek/wahl19/umdrucke/00200/umdruck-19-00295.pdf (zuletzt abgerufen am 12.07.2019) sowie *Hans-Joachim Driehaus* unter http://www.landtag.ltsh.de/infothek/wahl19/umdrucke/00100/umdruck-19-00196.pdf (zuletzt abgerufen am 12.07.2019).

16 Vgl. etwa BVerfG, Beschluss vom 05.03.2013 – 1 BvR 2457/08 –, juris Rn. 43. Vgl. ferner *Arndt*, Diskussionsbeitrag, in: Oldiges, Abgabenrechtliche Verhaltenssteuerung

Ein Legalanspruch auf Gerechtigkeit oder eine Legaldefinition des Terminus bestehen indes nicht.

In jedem Fall drängt die aktuelle Debatte dazu, sich mit der Frage auseinanderzusetzen, inwieweit aus rechtlicher Sicht auf Vorzugslasten, gegebenenfalls zulasten einer angepassten Steuer, verzichtet werden kann. Insbesondere im Lichte des Art. 3 GG[17] erscheint es zumindest fragwürdig, ob eine generelle Abschaffung von Vorzugslasten noch mit dem allgemeinen Gleichbehandlungsgrundsatz in Einklang gebracht werden kann, oder ob sich aus dem Gleichbehandlungsgebot des Art. 3 GG eine verfassungsrechtliche Notwendigkeit von Vorzugslasten im Allgemeinen oder einigen Vorzugslasten im Besonderen ergibt. Diese Untersuchung befasst sich mit der Frage, inwieweit die Erhebung von Vorzugslasten verfassungs- und unionsrechtlich notwendig ist oder ob Vorzugslasten abgeschafft werden können, und falls dies der Fall ist, in welchem Umfang dies zulässig wäre. Im Falle einer Abschaffung müsste die Finanzierung der Leistungen durch den allgemeinen Steuerhaushalt erfolgen. Dabei ist bei der folgenden Untersuchung ein besonderes Augenmerk auf den allgemeinen Gleichheitssatz des Art. 3 Abs. 1 GG zu legen.

Begonnen wird mit allgemeinen Prinzipien, die sowohl auf solche Vorzugslasten, die durch den Bund oder das Land erhoben werden, als auch auf solche, die durch die Kommune erhoben werden, anwendbar sind. Sodann ist sich den kommunalen Vorzugslasten näher zu widmen, da über deren Abschaffung vordergründig diskutiert wird. Diese genießen darüber hinaus aufgrund ihrer Besonderheiten und Voraussetzungen – wie etwa der in den Kommunalverfassungen beziehungsweise Gemeindeordnungen verankerten Einnahmebeschaffungsgrundsätze – einen speziellen Status gegenüber denjenigen Vorzugslasten, die durch das Land oder den Bund erhoben werden. Hierbei wird sich herausstellen, dass sich im Ergebnis für nicht-kommunale Vorzugslasten in Bezug auf verfassungsrechtliche Vorgaben allerdings nichts anderes ergibt als für kommunale Vorzugslasten.

---

im Umweltrecht, S. 133; *Schmehl*, Das Äquivalenzprinzip im Recht der Staatsfinanzierung, S. 2.

17 Grundgesetz für die Bundesrepublik Deutschland (GG) (BGBl. 1949, 1) in bereinigter Fassung (BGBl. III, ber. Nr. 100-1), zuletzt geändert durch Gesetz vom 28.03.2019 (BGBl. I, S. 404).

B. Vorzugslasten und Steuern

Bevor in die verfassungsrechtliche Thematik eingestiegen werden kann, soll zunächst ein Überblick über Vorzugslasten und Steuern gegeben werden. Ihre Unterschiede zu erkennen und zu verstehen ist elementar, um später untersuchen zu können, ob Vorzugslasten verfassungsrechtlich oder europarechtlich notwendig sein oder ob sie durch Steuern ersetzt werden können.

I. Historie des Abgabenrechts

Seit jeher ist die Erhebung von Abgaben essenziell für die Existenz eines Staates. Ohne über Finanzmittel zu verfügen, kann kein öffentlicher Träger die ihm gestellten Aufgaben erfüllen – gleich, wie simpel diese auch sein mögen. Dass der Staat unter anderem finanzielle Aufwendungen tätigen müsse, um diese Aufgaben zu erfüllen, bezeichnete auch schon *Johann Heinrich Gottlob von Justi* im Jahre 1766 als *„eine unläugbare Wahrheit“*[18]. Heutzutage hilft sich der Staat durch die Erhebung von Steuern, Gebühren, Beiträge und sonstigen Abgaben. Dies war jedoch nicht seit Anbeginn der Existenz von Staaten der Fall. Die Entwicklung dorthin vollzog sich vielmehr erst im Laufe der Zeit.

1. Antike, Mittelalter und Zeit bis zum Ende des Heiligen Römischen Reichs Deutscher Nation

Bis in das 18. Jahrhundert hinein behalf sich der Staat noch mit Sach- und Dienstleistungen, die er von seinen Bürgern einforderte. So wurden in Ägypten bereits zu Beginn der Pyramidenzeit um 2600 v. Chr. Abgaben in Form von Vieh, Getreide und anderem erbracht,[19] im Heiligen Römischen Reich Deutscher Nation[20] erbrachten die Bürger Hand- und Spannarbeiten und andere Naturaldienste[21]. Lange wurde unter den Abgabentypen jedoch nicht differenziert und

---

18 *Von Justi*, System des Finanzwesens, Buch IV, §§ 688.

19 *Häuser*, Abriß der geschichtlichen Entwicklung der öffentlichen Finanzwirtschaft, in: Handbuch der Finanzwissenschaft, Bd. 1, S. 3, 6 f.; *Dorn*, Kommunales Abgabenrecht, Rn. 2.

20 Das Heilige Römische Reich Deutscher Nation bestand von 962-1806 n. Chr.

21 *Latendorf*, Die Entwicklung der städtischen Kassenorganisation Berlins von der Einführung der Städteordnung bis zur Gründung der Stadthauptkasse (1809-1843), S. 3; *Agethen*, Die Beitragserhebung beim Ausbau öffentlicher Straßen nach § 6 NKAG, S. 9.

stattdessen jede erhobene Abgabe als eine „Steuer" bezeichnet. So wurden etwa im Römischen Reich bereits *tributum capitis*, also eine Personalsteuer auf Kapital und Erwerb, *tributum soli*, eine Grundsteuer, und *tributum ex censu*, eine Vermögenssteuer, erhoben.[22] Im Deutschen Reich wurden im späten Mittelalter vom Landesherrn sogenannte Bede erhoben. Bede, das sich auf hochdeutsch mit „Bitte" übersetzen lässt, war das gebräuchliche Wort für eine zunächst noch freiwillige Abgabe an den Landesherrn, die sich bald aber schon zu einer eingeforderten direkten und verpflichtenden Steuer entwickelte.[23]

Die Besteuerung der Stadtbürger erfolgte zunächst lediglich durch die Städte – eine Steuererhebung durch andere hoheitliche Stellen, wie dem Kaiser oder den Landesherren, hätte eine Verletzung der städtischen Freiheiten bedeutet.[24] Das Erstarken der Territorialherrschaft und der Niedergang der städtischen Ordnung führten ab dem 16. Jahrhundert aber zu einem Verfall dieser Ordnung,[25] sodass im Zeitalter des Absolutismus die Städte nur noch als untergeordnete *stationes fisci* angesehen wurden, also als Staatseigentum, das zur Disposition des Monarchen stand.[26]

---

22 *Häuser*, Abriß der geschichtlichen Entwicklung der öffentlichen Finanzwirtschaft, in: Handbuch der Finanzwissenschaft, Bd. 1, S. 6 ff.; *Dorn*, Kommunales Abgabenrecht, Rn. 3.

23 Vgl. *Waas*, Vogtei und Bede in der deutschen Kaiserzeit, zweiter Teil, in: Haller/Heck/Schmidt (Hrsg.), Arbeiten zur deutschen Rechts- und Verfassungsgeschichte, S. 73, 75 ff.; *Wagner*, Finanzwissenschaft und Staatssozialismus 1887, S. 16 f.; *Dorn*, Kommunales Abgabenrecht, Rn. 8; *Häuser*, Abriß der geschichtlichen Entwicklung der öffentlichen Finanzwirtschaft, in: Handbuch der Finanzwissenschaft, Bd. 1, S. 30 ff. Vgl. darüber hinaus *Latendorf*, Die Entwicklung der städtischen Kassenorganisation Berlins von der Einführung der Städteordnung bis zur Gründung der Stadthauptkasse (1809-1843), S. 2 ff.

24 *Raacke*, Das gemeindliche Finanzsystem, S. 1; *Häuser*, Abriß der geschichtlichen Entwicklung der öffentlichen Finanzwirtschaft, in: Handbuch der Finanzwissenschaft, Bd. 1, S. 33 ff.

25 *Becker*, Gemeindliche Selbstverwaltung, S. 131 ff.

26 *Latendorf*, Die Entwicklung der städtischen Kassenorganisation Berlins von der Einführung der Städteordnung bis zur Gründung der Stadthauptkasse (1809-1843), S. 3; *Raacke*, das gemeindliche Finanzsystem, S. 2.

2. Stein'sche Städteordnung (Preußische Städteordnung) von 1808

Im Jahre 1808 entwarf *Heinrich Friedrich Karl Reichsherr vom und zum Stein*[27] mit der Preußischen Städteordnung[28] die erste moderne umfassende Kodifikation eines Kommunalabgabenrechts in Deutschland.[29] Wie unter anderem aus *Steins* vorangegangener Nassauer Denkschrift[30] ersichtlich, erkannte *Stein* bei der bisherigen Staatsverwaltung mehrere Fehler, wie etwa Einseitigkeit und Schwerfälligkeit sowie eine Vernichtung des Gemeingeistes.[31] Mit der Städtereform wollte er ein funktionaleres, agileres und stärkeres Staatssystem schaffen. Nach Auffassung *von Unruhs* war *Steins* Ziel *„nicht die ‚freie Gemeinde', sondern der Staatsbürger, der sich durch Dienstleistungen für das Gemeinwesen politische Rechte in und an ihm erwerben konnte und der deshalb einer dezentralisierten Organisation bedurfte, damit sich diese Tätigkeiten in mehreren Instanzen, doch ohne Preisgabe der Einheit des Ganzen vollziehen konnte."*[32] *Stein* wollte dadurch den preußischen Staat stärken, damit dieser seine Stellung im europäischen Mächtesystem wiedererlangen konnte.[33] Nach *von Kopczynski* bedeutete die Heranziehung der

---

27 *Heinrich Friedrich Karl Reichsherr vom und zum Stein* lebte von 1757 bis 1831 und war ab 1780 im preußischen Staatsdienst tätig.

28 Ordnung für sämmtliche Städte der Preußischen Monarchie mit dazu gehöriger Instruktion, Behufs der Geschäftsführung der Stadt-Verordneten bei ihren ordnungsmäßigen Versammlungen vom 19.11.1808, Gesetze und Verordnungen, Nr. 57, S. 471 ff., abrufbar unter https://web-archiv.staatsbibliothek-berlin.de/altedrucke.staatsbibliothek-berlin.de/Rechtsquellen/NCCT121807.10/start.html (zuletzt abgerufen am 12.07.2019).

29 *Waldhoff*, in: Henneke/Pünder/Waldhoff (Hrsg.), Recht der Kommunalfinanzen, 2006, § 2 Rn. 4; *Thiel*, Die Preußische Städteordnung von 1808, S. 1.; *Krebsbach*, Die Preußische Städteordnung von 1808, S. 17 ff.

30 *Steins* Denkschrift *„Über die zweckmäßige Bildung der obersten und der Provinzial-, Finanz- und Polizei-Behörden in der preußischen Monarchie"* vom Juni 1807, teilweise abgedruckt und zusammengefasst in *Thielen*, Freiherr vom Stein, Bd. 2.1, S. 380 ff.

31 *Thielen*, Freiherr vom Stein, Bd. 2.1, S. 380 ff.; *von Kopczynski*, Die Steinsche Städteordnung vom 19.11.1808 und das Preussische Gemeindeverfassungsgesetz vom 15.12.1933 in ihrer grundsätzlichen Bedeutung, S. 8 f.; so auch *Petersilie*, Entstehung und Bedeutung der Preußischen Städteordnung, S. 48 f.

32 *Von Unruh*, in: Püttner (Hrsg.), Handbuch der kommunalen Wissenschaft und Praxis, Bd. 1, S. 62; so auch *Becker*, Die staatspolitische Bedeutung der Preußischen Städteordnung vom 19. November 1808, in: Wegener (Hrsg.), Festschrift für Karl Gottfried Hugelmann, Bd. 1, S. 37, 40 f.

33 *Thiel*, Die preußische Städteordnung von 1808, S. 5; *Becker*, Gemeindliche Selbstverwaltung, S. 173 ff.

nicht beamteten Staatsbürger zur Verwaltung einen Umschwung in der Staatsauffassung jener Zeit, da dadurch mittelbar der absolutistische Staat beseitigt wurde.[34]

Mit der ersten modernen umfassenden Kodifikation des Kommunalverfassungsrechts in Deutschland ging auch die erste umfassende Kodifikation eines Kommunalabgabenrechts einher. § 56 der Städteordnung erteilte den preußischen Städten das Recht und die Pflicht zur Besteuerung, indem er normierte: „*Dieselbe [Stadt] ist indessen verbunden, alles dasjenige, was zur Befriedigung des öffentlichen Bedürfnisses der Stadt erfordert wird und aus dem Gemeinde-Einkommen nicht bestritten werden kann, auf die Stadteinwohner zu vertheilen und aufzubringen.*“ Auch Beiträge fanden bereits Eingang in den Wortschatz des Gesetzes, jedoch noch nicht mit dem heutigen Verständnis unterfüttert. So lautete § 26 der Städteordnung: „*Einem jeden Bürger liegt die Verpflichtung ob, zu den städtischen Bedürfnissen aus seinem Vermögen und mit seinen Kräften die nöthigen Beiträge zu leisten und überhaupt alle städtische Lasten verhältnißmäßig zu tragen*“, und § 44 der Städteordnung normierte: „*Sie [die Schutzverwandten]*[35] *sind schuldig, nach Maaßgabe ihres Gewerbes und ihrer Vermögensumstände, in einem angemessenen Verhältnisse mit den Bürgern, zu den städtischen Lasten und Pflichten, imgleichen zu den öffentlichen Anstalten, wenn die den Vortheil derselben mitgenießen, beizutragen; wobei es sich von selbst versteht, daß die §§ 32. und 33., wegen Unzulässigkeit der persönlichen Befreiungen, ertheilten Bestimmungen, auch auf die Schutzverwandten Anwendung finden.*“

Die Städteordnung enthielt aber keine darüber hinausgehenden Bestimmungen, die sich der Frage widmeten, wie diese Abgaben formell zu erheben seien, sodass die Erhebung der Abgaben in den Städten unterschiedlich umgesetzt wurde.[36]

---

34 *Von Kopczynski*, Die Steinsche Städteordnung vom 19.11.1808 und das Preussische Gemeindeverfassungsgesetz vom 15.12.1933 in ihrer grundsätzlichen Bedeutung, S. 9.

35 Ausweislich § 40 der Preußischen Städteordnung waren Schutzverwandte alle Einwohner, „*welche das Bürgerrecht nicht gewonnen haben*“. Diese Unterteilung war Folge der Auflösung der Klassen und Stände, die mit der Städtereform einherging, vgl. *von Kopczynski*, Die Steinsche Städteordnung vom 19.11.1808 und das preußische Gemeindeverfassungsgesetz vom 15.12.1933 in ihrer grundsätzlichen Bedeutung, S. 13 f.

36 *Latendorf*, Die Entwicklung der städtischen Kassenorganisation Berlins von der Einführung der Städteordnung bis zur Gründung der Stadthauptkasse (1809-1843), S. 28 ff., hier mit dem Schwerpunkt auf Berlin.

3. Miquel'sche Steuerreform von 1891 bis 1893

Im Zuge der industriellen Revolution[37] und des damit einhergehenden strukturellen Wandels in der Gesellschaft entwickelte sich auch der Staat fort. Durch die Expansion der Städte mussten diese diverse zusätzliche Aufgaben im Bereich der Daseinsvorsorge für ihre Einwohner und Gewerbetreibenden übernehmen.[38] *Agethen* bezeichnete diesen Vorgang als *„Abschied vom Nachtwächterstaat"*.[39] Hierzu benötigten die Städte jedoch weitere Finanzmittel, sodass der Staat langsam dazu überging, für seine Leistungen spezielle Entgelte zu verlangen.

Die kommunale Besteuerung nach dem Äquivalenzprinzip, also nach dem Grundsatz eines angemessenen Verhältnisses von Leistung und Gegenleistung, wurde durch *Karl Heinrich Rau*[40] später allgemein als *„Gebühr"* bezeichnet.[41] Hierunter verstand man alle Abgaben, die spezielle Entgelte für Leistungen der öffentlichen Verwaltung darstellten.[42] Eine Unterteilung in Beiträge und

---

37 Die industrielle Revolution ist die Phase des Durchbruchs der Industrialisierung, welche in Deutschland in der ersten Hälfte des 19. Jahrhunderts begann und bis zum Ende des Jahrhunderts andauerte, vgl. etwa *Müller*, Schlaglichter der deutschen Geschichte, S. 168 f.

38 *Hofmann*, in: Püttner (Hrsg.), Handbuch der kommunalen Wissenschaft und Praxis, Bd. 1, 2. Auflage 1981, S. 81.

39 *Agethen*, Die Beitragserhebung beim Ausbau öffentlicher Straßen nach § 6 NKAG, S. 9. Ausweislich des *Dudens* (https://www.duden.de/rechtschreibung/ Nachtwaechterstaat, zuletzt abgerufen am 12.07.2019) und der Bundeszentrale für politische Bildung (http://www.bpb.de/nachschlagen/lexika/lexikon-der-wirtschaft/20209/nachtwaechterstaat, zuletzt abgerufen am 12.07.2019) handelt es sich hierbei vermutlich um eine von dem deutschen Politiker und Publizisten *Ferdinand Lassalle* (1825–1864) geprägte Bezeichnung für die Staatsidee des klassischen Liberalismus, nach der die Funktion des Staates auf den bloßen Schutz der Person und des Eigentums beschränkt sein sollte. Auch *Zacher*, in: Isensee/Kirchhof, HdStR, Bd. II, § 28, Rn. 21 gebraucht den Begriff des „Nachtwächterstaates" in gewisser Weise als Antonym zum „Sozialstaat"; siehe darüber hinaus auch *Bohmann*, Das Gemeindeabgabenrecht, 1935, S. 7.

40 *Rau*, Grundsätze der Finanzwissenschaft, Teil 1, § 227; nach *Thiem*, Die neuen Kommunalabgabengesetze in den Bundesländern, in: DVBl. 1972, 129, 130 verwendete *Rau* die Bezeichnung bereits in der ersten Ausgabe im Jahre 1832. Vor *Rau* wurde die Gebühr zu den indirekten Steuern gerechnet, vgl. *Birnbaum*, Die gemeindlichen Steuersysteme in Deutschland, S. 18 Fn. 1 m.w.N. und so auch noch *Schimmelfennig*, Die Kommunalabgaben in Städten und Landgemeinden, S. 4 f. im Jahre 1859.

41 So *Thiem*, Die neuen Kommunalabgabengesetze in den Bundesländern, in: DVBl. 1972, 129, 130 und *Sünderhauf*, Die Beiträge als öffentliche Einnahmen, S. 38, Fn. 1.

42 *Agethen*, Die Beitragserhebung beim Ausbau öffentlicher Straßen nach § 6 NKAG, S. 10.

Gebühren etablierte sich erst gegen 1874, als *Friedrich J. Neumann* die Beiträge als die „*nach Maassgabe der bezüglichen Vortheile zu verteilenden Abgaben*" ansah;[43] während Gebühren „*nach Maassgabe von Vorgängen angeordnete Zahlungen*" und damit ein Entgelt für „*spezielle Gegenleistungen des Staates oder der Gemeinde von öffentlichem Interesse*" sein sollten[44]. Er differenzierte dahingehend, dass Gebühren solche Entgelte seien, die „*ähnlich wie indirekte Steuern im unmittelbaren Anschluss an einzelne Vorgänge oder vorübergehende Verhältnisse, z.B. bei besonderer Inanspruchnahme von Behörden, [...] zu entrichten sind [...].*"[45] Beiträge hingegen seien solche Entgelte, „*die gerade umgekehrt ähnlich wie direkte Steuern nicht nach vorübergehenden, sondern nach dauernden Dingen, nach zuständlichen Verhältnissen, also z.B. nach Maassgabe solchen beständigen, dauernden Nutzens erhoben werden, welcher aus öffentlichen Einrichtungen [...] für die betheiligten Besitzer hervorgeht [...].*"[46] Allerdings gestand er ein, dass die Frage nach der eigentlichen Grenze zwischen Steuern und Gebühren sowie Beiträgen als Unterkategorie der Gebühren nicht nur „*schwer zu beantworten*" sei, „*sondern man darf wohl geradezu behaupten: sie ist überhaupt nicht absolut zu beantworten, sie ist selbst eine andere, je nach Zeit und Ort.*"[47]

Auch später wurden die Beiträge noch als ein Untertatbestand der Gebühren behandelt. So teilte *Adolph Wagner* im Jahre 1890 den Beiträgen eine formale Sonderstellung zu, indem er sie als Anhang zur Gebührenlehre abhandelte.[48] Dies war zwingende Folge der Tatsache, dass *Wagner* das Äquivalenzprinzip als Abgrenzungskriterium zur Steuer ansah.[49] Danach handele es sich immer dann um Gebühren, wenn ein spezielles Entgelt für eine Staatsleistung vorläge. Der Beiträge bedurfte es daneben auch aus dem Grunde, dass durch staatliche Leistungen bisweilen dennoch Vorteile geschaffen würden, die durch das spezielle Entgeltverfahren für bestimmte staatliche Leistungen noch nicht abgegolten seien. Da eine Bevorzugung einzelner Individuen politisch nicht gewollt war,

---

43 *Neumann*, Die progressive Einkommenssteuer im Staats- und Gemeindehaushalt, S. 65.

44 *Neumann*, Die Steuer und das öffentliche Interesse, S. 392; *Neumann*, Die progressive Einkommensteuer im Staats- und Gemeinde-Haushalt, S. 64 ff.

45 *Neumann*, Die Steuer und das öffentliche Interesse, S. 326 f.

46 *Neumann*, Die Steuer und das öffentliche Interesse, S. 327.

47 *Neumann*, Die progressive Einkommenssteuer im Staats- und Gemeindehaushalt, S. 66.

48 *Wagner*, Finanzwissenschaft, Bd. 2, S. 189 ff.: „*Nach früher Gesagtem halte ich, gegenüber Neumann, Schall an der principiellen Zugehörigkeit der Beiträge zu den ‚Gebühren' fest [...].*"

49 *Wagner*, Finanzwissenschaft, Bd. 1, S. 487 ff.; *Sünderhauf*, Die Beiträge als öffentliche Einnahmen, S. 39.

bedurfte es der Beitragstatbestände, *„um zwischen Vortheilen, welche Einzelne von öffentlichen Anstalten ziehen, und Kosten dieser letzteren überhaupt allgemein und wieder zwischen dem in Einzelfällen verschiedenen Maasse des Vortheils wie der Kosten dann noch speciell, überall ein möglichst richtiges Verhältniss, mit nach dem Grundsatz von ‚Leistung und Gegenleistung', herbeizuführen"*.[50]

Der preußische Finanzminister *Johannes von Miquel* nahm das gestiegene Einnahmebedürfnis des Staates zum Anlass, um sich grundlegend mit dem Finanzaufkommen des Staates und seiner Gemeinden zu beschäftigen.[51] Er führte eine auf die zeitgenössische Finanzwirtschaft abgestimmte Steuerreform durch, die die allgemeine Besteuerung nach dem Prinzip der Leistungsfähigkeit, die kommunale Besteuerung jedoch nach dem Äquivalenzprinzip regelte. Neben Steuern wurden also Beiträge und Gebühren eingeführt.[52]

Als Teil der Miquel'schen Steuerreform hatte sich nun der Beitrag mit der Einführung des Preußischen Kommunalabgabengesetzes vom 14.07.1893[53] endgültig etabliert. In § 9 des prKAG hieß es in den Absätzen 1 und 2:

> *„(1) Die Gemeinden können behufs Deckung der Kosten für Herstellung und Unterhaltung von Veranstaltungen, welche durch das öffentliche Interesse erfordert werden, von denjenigen Grundeigenthümern und Gewerbetreibenden, denen hierdurch besondere wirtschaftliche Vortheile erwachsen, Beiträge zu den Kosten der Veranstaltungen erheben. Die Beiträge sind nach den Vortheilen zu bemessen.*
> *(2) Beiträge müssen in der Regel erhoben werden, wenn anderenfalls die Kosten, einschließlich der Ausgaben für die Verzinsung und Tilgung des aufgewendeten Kapitals, durch Steuern aufzubringen sein würden."*[54]

Auch die Gebühr fand Berücksichtigung im Preußischen Kommunalabgabengesetz. So lauteten die Absätze 1 bis 3 des § 4 prKAG:

---

50 *Wagner*, Finanzwissenschaft, Bd. 2, S. 190.

51 *Hansmeyer*, in: Püttner (Hrsg.), Handbuch der kommunalen Wissenschaft und Praxis, Bd. 6, S. 70 f.

52 *Raacke*, Das gemeindliche Finanzsystem, S. 6.

53 Preußisches Kommunalabgabengesetz vom 14.07.1893, in Kraft getreten am 01.04.1895, Gesetz-Sammlung für die Königlichen Preußischen Staaten 1893, Nr. 9629, S. 152 ff., abrufbar unter https://digital.staatsbibliothek-berlin.de/werkansicht?PPN=PPN781619688&PHYSID=PHYS_0005&DMDID=DMDLOG_0001 (zuletzt abgerufen am 12.07.2019).

54 Gesetz-Sammlung für die Königlichen Preußischen Staaten 1893, Nr. 9629, S. 152 ff.; ebenfalls abgedruckt in: Preußisches Rechtsbuch.

„(1) Die Gemeinden können für die Benutzung der von ihnen im öffentlichen Interesse unterhaltenen Veranstaltungen (Anlagen, Anstalten und Einrichtungen) besondere Vergütungen (Gebühren) erheben.
(2) Die Erhebung von Gebühren hat zu erfolgen, wenn die Veranstaltung einzelnen Gemeindeangehörigen oder einzelnen Klassen von solchen vorzugsweise zum Vortheile gereicht und soweit die Ausgleichung nicht durch Beiträge (§ 9) oder eine Mehr- oder Minderbelastung (§ 20) erfolgt. Die Gebührensätze sind in der Regel so zu bemessen, daß die Verwaltungs- und Unterhaltungskosten der Veranstaltung, einschließlich der Ausgaben für die Verzinsung und Tilgung des aufgewendeten Kapitals, gedeckt werden.
(3) Besteht eine Verpflichtung zur Benutzung einer Veranstaltung für alle Gemeindeangehörigen oder für einzelne Klassen derselben, oder sind die Genannten auf die Benutzung der Veranstaltung angewiesen, so ist unter Berücksichtigung des öffentlichen Interesses, welchem die Veranstaltung dient, und der den einzelnen gewährten besonderen Vortheile eine entsprechende Ermäßigung der Gebührensätze gestattet; auch kann in Fällen dieser Art die Erhebung von Gebühren unterbleiben.“[55]

Zwar wurde den Gebühren und insbesondere den Beiträgen insgesamt noch mit einiger Skepsis begegnet. So führte *Bruno Birnbaum* 1914 hinsichtlich seines Werkes über das Steuersystem in Deutschland aus, es könne *„zumindest fraglich erscheinen, ob bei der Behandlung eines ‚Steuer‘-Systems die Gebühren und Beiträge Berücksichtigung finden müssen und dürfen“*[56], entschied sich letztlich jedoch dafür. Auch schien die Abgrenzung von Steuern zu Gebühren und Beiträgen noch nicht in jeder Hinsicht klar. Nach *Birnbaum* waren besonders die Grenzen zwischen Steuern und Beiträgen unscharf; er stellte aber verallgemeinernd fest, dass der wohl entscheidendste Unterscheid zwischen Gebühren und Beiträgen einerseits und Steuern andererseits die spezielle und generelle Entgeltlichkeit sei.[57] Der Grundstein für die Entwicklung eines differenzierten Kommunalabgabensystems war mit dem preußischen Kommunalabgabengesetz jedoch zweifelsohne gelegt.

Außerdem fand auch bereits das Subsidiaritätsprinzip Eingang in § 2 Satz 1 prKAG. Danach durften Gemeinden *„von der Befugnis, Steuern zu erheben, nur insoweit Gebrauch machen, als die sonstigen Einnahmen, insbesondere aus dem Gemeindevermögen, aus Gebühren, Beiträgen und vom Staate oder von weiteren Kommunalverbänden den Gemeinden überwiesenen Mitteln zur Deckung ihrer Ausgaben nicht ausreichen“*.[58] Aufgegriffen wurde dieser Gedanke nochmals in

55 Gesetz-Sammlung für die Königlichen Preußischen Staaten 1893, Nr. 9629, S. 152 ff.; ebenfalls abgedruckt in: Preußisches Rechtsbuch.

56 *Birnbaum*, Die gemeindlichen Steuersysteme in Deutschland, S. 16.

57 *Birnbaum*, Die gemeindlichen Steuersysteme in Deutschland, S. 17.

58 Gesetz-Sammlung für die Königlichen Preußischen Staaten 1893, Nr. 9629, S. 152 ff.; ebenfalls abgedruckt in: Preußisches Rechtsbuch.

§ 9 Abs. 2 prKAG.[59] *Birnbaum* erkannte, dass Sinn und Zweck dessen sein sollte, dem „*Grundsatz von Leistung und Gegenleistung bei der Gemeindebesteuerung in möglichst weitem Umfange zur Durchführung zu verhelfen*".[60]

1935 kann *Herbert Bohmann* schon genauere Definitionen für die drei Abgabenarten liefern. So seien Gebühren „*den privatrechtlichen Einkünften am nächsten, da auch sie noch von dem Grundsatz der speziellen Entgeltlichkeit (Leistung und Gegenleistung) beherrscht werden. Sie unterscheiden sich aber von den privatrechtlichen Einkünften dadurch, daß sie nicht im Wege freier Vereinbarung, sondern kraft einseitiger hoheitlicher Festsetzung (durch Staat oder andere Gebietskörperschaften) zustande kommen, sie haben öffentlich-rechtlichen Charakter.*"[61] Gebühren könnten die Kosten einer Veranstaltung oder Einrichtung zu einhundert Prozent decken,[62] was schon dem heutigen Verständnis von Gebühren sehr nah kam. Beiträge hingegen verstand *Bohmann* noch durchaus anders, als dies heutzutage der Fall ist. Nach seiner Vorstellung würden sich Beiträge von den Gebühren nur dadurch unterscheiden, „*daß die Ausgaben nicht in voller Höhe durch sie gedeckt werden dürfen. Wegen des überwiegenden öffentlichen Interesses haben diejenigen, die eine öffentliche Anstalt oder Einrichtung in Anspruch nehmen, eben nur einen ‚Beitrag' zu leisten, der Rest der Kosten, der in der Regel dem öffentlichen Interesse entspricht, wird vom Staat aus allgemeinen Mitteln getragen.*"[63] Dem heutigen Verständnis entsprechend stellte *Bohmann* aber fest, dass der Unterscheid der beiden Abgabenarten zu den Steuern darin bestehe, dass bei diesen der „*Grundsatz der speziellen Entgeltlichkeit dem der generellen Entgeltlichkeit gewichen ist*".[64]

Sodann entwickelte sich die Differenzierung zwischen Steuern, Gebühren und Beiträgen fortlaufend weiter, insbesondere indem sich das Äquivalenzprinzip im System der kommunalen Einnahmen immer weiter durchsetzte. So war es für *Bohmann* 1935 schon ein Ding der Selbstverständlichkeit, dass der Staat seine Einnahmen primär aus der Vergütung für Dienstleistungen oder Sachgüter

---

59 § 9 Abs. 2 prKAG: „*Beiträge müssen in der Regel erhoben werden, wenn anderenfalls die Kosten, einschließlich der Ausgaben für die Verzinsung und Tilgung des aufgewendeten Kapitals, durch Steuern aufzubringen sein würden*", Gesetz-Sammlung für die Königlichen Preußischen Staaten 1893, Nr. 9629, S. 152 ff.; ebenfalls abgedruckt in: Preußisches Rechtsbuch.

60 *Birnbaum*, Die gemeindlichen Steuersysteme in Deutschland, S. 18.

61 *Bohmann*, Das Gemeindeabgabenrecht, S. 7.

62 *Bohmann*, Das Gemeindeabgabenrecht, S. 7.

63 *Bohmann*, Das Gemeindeabgabenrecht, S. 7.

64 *Bohmann*, Das Gemeindeabgabenrecht, S. 7.

nach dem Prinzip Leistung und Gegenleistung beschafft.[65] Dies solle aber mit den Gebühren, Beiträgen und Steuern nicht nur für wäg- und messbare Stoffe gelten, sondern gerade auch für immaterielle Güter wie Dienstleistungen.[66]

Beiträge und Gebühren sind heutzutage insbesondere aus den Gemeindeordnungen beziehungsweise Kommunalverfassungen und den Kommunalabgabengesetzen der Länder kaum mehr hinwegzudenken. Indem sie erhoben werden, um Sondervorteile abzugelten, sollen sie mitunter einer gerechteren Finanzierung dienen. Dieser Gerechtigkeitsgedanke ist nicht neu. Schon 1874 betonte *Neumann* den Gerechtigkeitsaspekt der Vorzugslasten. Er sah das Prinzip von Leistung und Gegenleistung gegenüber der Steuer als gerechter an, welche er als Vergewaltigung am Eigentum[67] beschrieb und befürchtete, dass diese *„zum schlüpfrigen Wege"* werden könne, auf dem die Bürger und der Staat *„zum gefürchteten Communismus hinabgleiten"* würden.[68]

Rund 150 Jahre später hat sich sein Gerechtigkeitsgedanke zumindest in der Vorstellung der Legislative gehalten, sodass Vorzugslasten noch immer neben der Steuer existieren. Allerdings werden Vorzugslasten von der Bevölkerung, im Gegensatz zu *Neumanns* Vorstellung im Jahre 1874, teilweise als zunehmend ungerecht empfunden. Diese gegensätzlichen Auffassungen verdeutlichen bereits, wie sehr das Verständnis einer gerechten Staatsfinanzierung dem Lauf der Zeit und Wandel unterworfen war und ist. Dieser Aspekt spielt für die zu untersuchende Fragestellung eine entscheidende Rolle und wird dementsprechend noch aufgegriffen werden.

---

65 *Bohmann*, Das Gemeindeabgabenrecht, S. 7.

66 *Bohmann*, Das Gemeindeabgabenrecht, S. 7.

67 *Neumann*, Die progressive Einkommensteuer im Staats- und Gemeinde-Haushalt, S. 68.

68 *Neumann*, Die progressive Einkommensteuer im Staats- und Gemeinde-Haushalt, S. 67. Auf S. 69 f. führt er aus: *„Immer mehr Aufgaben werden auf Kosten ererbten und erworbenen Besitzes öffentliche werden, und immer mehr werden – was man auch dagegen sagen mag – Steuern, die nach Maaßgabe der Leistungskraft in das Privateigenthum eingreifen, an die Stelle von Beiträgen treten, die nach dem Princip von Leistung und Gegenleistung umgelegt sind. Es handelt sich im Abgabenwesen, wie anderen Orts in erster Linie nicht darum, das Eigenthum zu hüten, sondern der Gerechtigkeit Genüge zu thun. Und im Kampfe zwischen Eigenthum und Gerechtigkeit wird sich das erstere noch in mancher Beziehung mehr als bisher in die Lage finden müssen, den Kürzeren zu ziehen."* Auch *Wagner*, Finanzwissenschaft und Staatssozialismus 1887, S. 18 f. sieht einen kommunistischen Charakter immer dann gegeben, wenn eine Reziprozität zwischen den Vorteilen des Einzelnen und den Gegenleistungen des Einzelnen nicht herzustellen ist.

II. Vorzugslasten und Steuern im System der Finanzverfassung

Während sich die kommunalen Abgabengesetze über die Jahre ausgeweitet haben, präzisiert und in jedem Bundesland eingeführt wurden, entwickelte sich auch die deutsche Verfassung und das Abgabenrecht fort. Seit der Finanzreform von 1969[69] sind die Abgaben - mit kleineren Änderungen - dergestalt im Grundgesetz geregelt, wie sie auch heute noch zu finden sind.[70]

Das Grundgerüst für die staatlichen Finanzen und den *„tragenden Pfeiler der bundesstaatlichen Ordnung"*[71] bilden auf Bundesebene heutzutage die Art. 104a ff. GG, die sogenannte Finanzverfassung. Sie sind nicht durch den einfachen Gesetzgeber disponibel und stehen an erster Stelle der Normenhierarchie, was bedeutet, dass einfach-gesetzliche Normen mit der Finanzverfassung in Einklang stehen müssen.[72] Ist dies nicht der Fall, so ist die entsprechende einfach-gesetzliche Norm verfassungswidrig und damit nichtig. Der Finanzverfassung ist darüber hinaus eine sogenannte *„Schutz- und Begrenzungsfunktion"*[73] immanent, was bedeutet, dass sie Abgaben außerhalb ihres Regelungsbereichs nur unter engen Voraussetzungen zulässt.[74] Indem sie dadurch sicherstellt, dass der Gesetzgeber nicht willkürlich neue Abgaben erfinden kann und den Bürger so vor einer zufälligen Lastenkumulation im föderalen Staat schützt, kommt ihr auch eine grundrechtssichernde Funktion zu.[75]

1. Steuern

Die Gesetzgebungskompetenzen für Steuern richten sich nicht nach den in den Art. 70 ff. GG normierten Gesetzgebungskompetenzen, sondern ausschließlich

---

69 Einundzwanzigstes Gesetz zur Änderung des Grundgesetzes (Finanzreformgesetz) vom 12.05.1969, BGBl. I S. 359.

70 *Henneke*, in: Schmidt-Bleibtreu/Hofmann/Henneke, GG Kommentar, Vorb. v. Art. 104a, Rn. 11 ff.; *Heun/Thiele*, in: Dreier, GG Kommentar, Vorb. zu Art. 104a-115, Rn. 6 ff.; *Siekmann*, in: Sachs (Hrsg.), GG Kommentar, Vor Art. 104a, Rn. 34 ff.

71 BVerfG, Urteil vom 24.06.1986 - 2 BvF 1/83 -, BVerfGE 72, 330, 388 = juris Rn. 155.

72 So statt vieler etwa *Henneke*, in: Schmidt-Bleibtreu/Hofmann/Henneke, GG Kommentar, Vorb. v. Art. 104a, Rn. 9 f. und *Siekmann*, in: Sachs (Hrsg.), GG Kommentar, Vor Art. 104a, Rn. 26 f.

73 Statt vieler BVerfG, Beschluss vom 07.11.1995 - 2 BvR 413/88, 2 BvR 1300/93 -, BVerfGE 93, 319, 342 = juris 1. LS, Rn. 194 ff., 154 und BVerfG, Urteil vom 19.03.2003 - 2 BvL 9/98 u.a. -, BVerfGE 108, 1, 17 = juris 1. LS, Rn. 28.

74 Siehe hierzu sogleich.

75 *Henneke*, in: Schmidt-Bleibtreu/Hofmann/Henneke, GG Kommentar, Vorb. v. Art. 104a, Rn. 9.

nach der Finanzverfassung der Art. 104a ff. GG. Das Grundgesetz geht auch hier von dem Grundsatz des Art. 30 GG aus, nach dem die Ausübung der staatlichen Befugnisse und die Erfüllung der staatlichen Aufgaben grundsätzlich Sache der Länder sind, es sei denn, die Kompetenzen sind ausdrücklich dem Bund zugeteilt.[76] Eine solche ausdrückliche Gesetzgebungskompetenz hat der Bund gemäß Art. 105 Abs. 1 GG, welcher ihm die ausschließliche Gesetzgebungskompetenz über Zölle und Finanzmonopole einräumt. Darüber hinaus gewährt Art. 105 Abs. 2 GG dem Bund die konkurrierende Gesetzgebung generalklauselartig über die *„übrigen Steuern, wenn ihm das Aufkommen dieser Steuern ganz oder zum Teil zusteht oder die Voraussetzungen des Art. 72 Absatz 2 GG vorliegen"*, also wenn und soweit die Herstellung gleichwertiger Lebensverhältnisse im Bundesgebiet oder die Wahrung der Rechts- oder Wirtschaftseinheit im gesamtstaatlichen Interesse eine bundesgesetzliche Regelung erforderlich machen. Im Umkehrschluss zu Art. 105 Abs. 2a GG und Art. 140 GG in Verbindung mit Art. 137 Abs. 6 WRV ergibt sich, dass unter *„die übrigen Steuern"* lediglich nicht die örtlichen Verbrauchs- und Aufwandsteuern und die Kirchensteuer fallen; ansonsten sind alle denkbaren Steuern erfasst.[77] Der Bund hat von seinen Gesetzgebungskompetenzen umfassend Gebrauch gemacht, sodass zurzeit (bis auf die Verbrauch- und Aufwandsteuern) – soweit ersichtlich – keine Landessteuern erhoben werden.[78] Von den Gesetzgebungskompetenzen des Bundes sind folglich gemäß Art. 105 Abs. 2a Satz 1 und 2 GG die Erhebung von örtlichen Verbrauch- und Aufwandsteuern ausgeschlossen und die Befugnis zur Gesetzgebung ist den Ländern eingeräumt, solange und soweit bundesgesetzlich geregelte Steuern nicht gleichartig sind. Alle Bundesländer haben die Gesetzgebungskompetenz für diese Steuern an ihre Kommunen „weitergereicht", indem sie diese durch Gesetz[79] ermächtigt haben, örtliche Verbrauch- und Aufwandsteuern aufgrund von kommunalen Steuersatzungen zu erheben.[80] Dabei ist – angesichts mitunter unpräziser und unklar formulierter Vorschriften in den

---

76 *Lange*, Kommunalrecht, Kap. 15, Rn. 24.

77 *Henneke*, in: Schmidt-Bleibtreu/Hofmann/Henneke, GG Kommentar, Art. 105, Rn. 34.

78 So auch *Heun*, in: Dreier, GG Kommentar, Art. 105 Rn. 29 und Fn. 156; *Lange*, Kommunalrecht, Kap. 15, Rn. 24.

79 Art. 3 Abs. 1 BayKAG; § 9 Abs. 1 KAG BW; § 3 Abs. 1 Satz 1 KAG BB; § 7 Abs. 1 und 2 HKAG; § 3 Abs. 1 KAG MV; § 3 Abs. 1 Satz 1 NKAG; § 3 Abs. 1 Satz 1 KAG NW; § 5 Abs. 2 Satz 1 KAG RP; § 3 Abs. 1 Satz 1 SKAG; § 7 Abs. 1 SächsKAG; § 3 Abs. 1 Satz 1 KAG LSA; § 3 Abs. 1 Satz 1 KAG SH; § 5 Abs. 1 ThürKAG.

80 *Lange*, Kommunalrecht, Kap. 15, Rn. 25.

Kommunalabgabengesetzen der Länder[81] – zu beachten, dass sich die Steuererhebungskompetenz in jedem Bundesland auf die örtlichen Verbrauchs- und Aufwandsteuern beschränkt. Da die Länder nur solche Kompetenzen übertragen dürfen, die ihnen ihrerseits durch das Grundgesetz eingeräumt wurden, sind die entsprechenden Landesvorschriften dahingehend verfassungskonform auszulegen, dass die Ermächtigung zur Steuererhebung lediglich die örtlichen Verbrauchs- und Aufwandsteuern umfasst.[82] Gemäß Art. 105 Abs. 2a Satz 1 und 2 GG haben die Länder außerdem die Befugnis zur Bestimmung des Steuersatzes bei der Grunderwerbsteuer. Art. 106 GG und Art. 107 GG regeln, wem die Steuererträge zustehen. Die wichtigste[83] Steuerertragsquelle der Gemeinden ist der denselben nach Art. 106 Abs. 5 GG zugewiesene Anteil an dem Aufkommen der Einkommenssteuer. Gemäß Art. 105 Abs. 5a GG erhalten die Gemeinden außerdem einen Anteil am Aufkommen der Umsatzsteuer. Das Aufkommen der Gewerbe- und Grundsteuer steht ihnen ausweislich des Art. 106 Abs. 6 GG hingegen allein zu. Art. 106 Abs. 6 Satz 2 GG räumt den Gemeinden überdies das Recht ein, die Hebesätze der Grundsteuer und Gewerbesteuer festzulegen. Ein über diese Grundsätze hinausgehendes Steuerfindungsrecht steht den Gemeinden indessen nicht zu, auch nicht aus Art. 28 Abs. 2 Satz 3 GG.[84]

2. Vorzugslasten

Von Gebühren, Beiträgen oder Sonderabgaben, also von Vorzugslasten, ist in der Finanzverfassung keine Rede. Lediglich einige andere grundgesetzliche Normen setzen die Existenz von Vorzugslasten voraus. So normiert Art. 74 Abs. 1 Nr. 18 GG, dass sich die konkurrierende Gesetzgebung auf das Bodenrecht *„ohne*

---

81 So z.B. § 3 Abs. 1 Satz 1 KAG LSA: *„Landkreise und Gemeinden können Steuern erheben."*

82 *Lange*, Kommunalrecht, Kap. 15, Rn. 26; *Gern/Brüning*, Deutsches Kommunalrecht, Rn. 1334.

83 *Lange*, Kommunalrecht, Kap. 15, Rn. 26 begründet dies damit, dass die Einkommenssteuerbeträge kaum Schwankungen unterliegen und daher meist gleichbleibend sind, während der Ertrag der Gewerbesteuer von der Konjunkturlage abhängig ist.

84 So auch die ganz herrschende Auffassung in Rechtsprechung und Literatur, vgl. nur BVerwG, Urteil vom 07.03.1958 – VII C 84.57 –, BVerwGE 6, 247; *Pieroth*, in: Jarass/Pieroth, GG Kommentar, Art. 106, Rn. 12; *Brüning*, Kommunale Gebühren, § 1, Rn. 10; *Gern/Brüning*, Deutsches Kommunalrecht, Rn. 1334, *Fromm*, Haben die Gemeinden ein Steuerfindungsrecht?, in: KStZ 1972, 1, 3; *Küssner*, Die Abgrenzung der Kompetenzen des Bundes und der Länder im Bereich der Steuergesetzgebung sowie der Begriff der Gleichartigkeit der Steuern, S. 267.

die Erschließungsbeiträge" erstrecke, ohne jedoch auf Beiträge an sich näher einzugehen. Art. 74 Abs. 1 Nr. 22 GG erstreckt die konkurrierende Gesetzgebung auf „*den Straßenverkehr, das Kraftfahrwesen, den Bau und die Unterhaltung von Landstraßen für den Fernverkehr sowie die Erhebung und Verteilung von Gebühren oder Entgelten für die Benutzung öffentlicher Straßen mit Fahrzeugen*". Diese Nennungen lassen erkennen, dass trotz der Tatsache, dass Beiträge und Gebühren in der Finanzverfassung, welche grundsätzlich einen abschließenden Charakter hat, nicht geregelt sind, sie gleichwohl vom Grundgesetz als Abgabenart vorausgesetzt werden. Dies wird auch durch Art. 74 Abs. 1 Nr. 18 und Nr. 22 GG deutlich, wobei das Recht der Beiträge und Gebühren als sogenanntes „Annexrecht" angesehen wird. Die Rechtsgrundlage der Erhebung von Beiträgen und Gebühren ergibt sich also vielmehr aus derjenigen Materie, zu dessen Finanzierung Beiträge und Gebühren erhoben werden sollen, als dass die Abgabenkompetenz gesondert einer staatlichen Stelle zugewiesen wird.[85]

Obwohl die Kompetenzverteilung für die Erhebung von Steuern in den Art. 104a ff. GG abschließend geregelt ist,[86] regelt das Grundgesetz andere mögliche Abgabenarten demnach nicht abschließend.[87] Vielmehr kommt es darauf an, dass die „*Schutz- und Begrenzungsfunktion*"[88] der Finanzverfassung und insbesondere das Grundprinzip der Finanzierung öffentlicher Aufgaben durch die Gemeinlast der Steuer nicht umgangen werden[89]. In diesen Grenzen obliegt es

85 BVerfG, Urteil vom 27.01.1965 – 1 BvR213/58 –, BVerfGE 18, 315, 328 f. = juris Rn. 31; BVerfG, Beschluss vom 15.12.1970 – 1 BvR 559/70 u.a. –, BVerfGE 29, 402, 409 = juris Rn. 26 f.; BVerfG, Beschluss vom 05.03.1974 – 1 BvL 27/72 –, BVerfGE 37, 1, 16 f. = juris Rn. 51; BVerfG, Urteil vom 26.05.1981 – 1 BvL 56/78 u.a. –, BVerfGE 57, 139, 166 = juris Rn. 95; BVerfG, Urteil vom 06.11.1984 – 2 BvL 19/83 u.a. – BVerfGE 67, 256, 274 = juris Rn. 57; so auch *Arndt*, in: Henneke/Pünder/Waldhoff (Hrsg.), Recht der Kommunalfinanzen, § 16, Rn. 9.

86 BVerfG, Urteil vom 06.11.1984 – 2 BvL 19/83 –, BStBl. II 1984, 858 = BVerfGE 67, 256, 286 = NJW 1985, 37 = juris Rn. 82; BVerfG, Urteil vom 28.03.2002 – 2 BvG 1/01 –, BVerfGE 105, 185, 193; BVerwG, Urteil vom 26.04.2007 – 3 A 7/05 –, NVwZ 2007, 1198, 1200 = juris Rn. 24; *Kube*, in: Epping/Hillgruber, BeckOK GG, Art. 104a GG, Rn. 3.

87 BVerfG, Beschluss vom 07.11.1995 – 2 BvR 413/88, 2 BvR 1300/93 –, BVerfGE 93, 319, 342 = juris Rn. 149; a.A. jedoch *Siekmann*, in: Sachs (Hrsg.), Vor Art. 104a, Rn. 139 ff.

88 Statt vieler BVerfG, Beschluss vom 07.11.1995 – 2 BvR 413/88, 2 BvR 1300/93 –, BVerfGE 93, 319, 342 = juris 1. LS, Rn. 194 ff., 154 und BVerfG, Urteil vom 19.03.2003 – 2 BvL 9/98 u.a. –, BVerfGE 108, 1, 17 = juris 1. LS, Rn. 28.

89 *Seiler*, in: Maunz/Dürig, GG Kommentar, Art. 105, Rn. 80; *Sacksofsky*, Umweltschutz durch nicht-steuerliche Abgaben, S. 192. Auch das BVerfG betont immer wieder, dass sich geplante nichtsteuerliche Abgaben deutlich von Steuern unterscheiden müssen: BVerfG, Urteil vom 10.12.1980 – 2 BvF 3/77 –, BVerfGE 55, 274, 304 = juris

dem Gesetzgeber, neue nichtsteuerliche[90] Abgaben basierend auf seinen Gesetzgebungskompetenzen, also den Art. 70 ff. GG, einzurichten.[91] Die Kompetenz, kommunale Beiträge und Gebühren zu erheben, wird aus der Selbstverwaltungsgarantie in Art. 28 Abs. 2 GG abgeleitet. Weil die Selbstverwaltungsgarantie und damit verbunden jeglicher Handlungsspielraum der Gemeinden ohne eine entsprechende finanzielle Ausstattung leer laufen würde, wird den Gemeinden ein aus Art. 28 Abs. 2 GG fließender Anspruch auf eine ausreichende und angemessene Finanzausstattung zugesprochen.[92] Im Zuge dessen wird ihnen als Teil ihrer aus der Selbstverwaltungsgarantie folgenden Finanzhoheit die Befugnis zu einer *„eigenverantwortlichen Einnahmen- und Ausgabenwirtschaft im Rahmen eines gesetzlich geordneten Haushaltswesens“*[93] zuerkannt.[94] Die eigenverantwortliche Einnahmewirtschaft umfasst hierbei als kommunale Einnahmehoheit die Befugnis, über selbstbestimmbare Einnahmequellen zu verfügen, also die Abgabenhoheit.[95] Trotzdem formuliert Art. 28 Abs. 2 GG kein originäres

---

Rn. 68 ff.; BVerfG, Beschluss vom 07.11.1995 – 2 BvR 413/88, 2 BvR 1300/93 –, BVerfGE 93, 319, 343 = juris OS 3a, Rn. 151; BVerfG, Urteil vom 19.03.2003 – 2 BvL 9/98 u.a. –, BVerfGE 108, 1, 16 = juris Rn. 50. Zum sogenannten Steuerstaatsprinzip vgl. die Ausführungen unter *B. IV. 2 Exkurs: Verfassungswidrigkeit des Subsidiaritätsprinzips?*.

90 Das BVerfG bezeichnet Gebühren und Beiträge als herkömmliche nichtsteuerliche Abgaben, vgl. BVerfG, Beschluss vom 07.11.1995 – 2 BvR 413/88, 2 BvR 1300/93 –, BVerfGE 93, 319, 343 f. = juris Rn. 155.

91 Ständige Rspr.; siehe bereits BVerfG, Urteil vom 20.07.1954 – 1 BvR 459/52 u.a. –, BVerfGE 4, 7, 13 ff. = juris Rn. 20; vgl. darüber hinaus auch Rspr. in Fn. 85. Die Ertragskompetenz für nichtsteuerliche Abgaben folgt grundsätzlich der Verwaltungshoheit (Art. 83 ff. GG); BVerfG, Urteil vom 28.03.2002 – 2 BvG 1/01 –, BVerfGE 105, 185, 193 = juris Rn. 30 ff.; *Seiler*, in: Maunz/Dürig, GG Kommentar, Art. 105 GG, Rn. 80; *Kube*, in: Epping/Hillgruber, BeckOK GG, Art. 105 GG, Rn. 10; *Siekmann*, in: Sachs (Hrsg.), GG Kommentar, vor Art. 104a, Rn. 19.

92 BVerwG, Urteil vom 12.06.1959 – VII C 92/57 –, KStZ 1959, 207, 208 f.; *Pünder/Waldhoff*, in: Henneke/Pünder/Waldhoff (Hrsg.), Recht der Kommunalfinanzen, § 1, Rn. 7 f; ähnlich auch *Lange*, Kommunalrecht, Kap. 15, Rn. 22.

93 BVerfG, Beschluss vom 24.06.1969 – 2 BvR 446/64 –, BVerfGE 26, 228, 244, juris Rn. 62.

94 *Kirchhof*, Der Finanzausgleich als Grundlage kommunaler Selbstverwaltung, in: DVBl. 1980, 711, 712; *Thiem*, Kommunale Finanzwirtschaft, S. 37 f.

95 *Schmidt-Jortzig/Makswit*, Handbuch des kommunalen Finanz- und Haushaltsrechts, Rn. 17; *Lambert*, Die Grundzüge eines modernen Rechts der gemeindlichen Gebühren und Beiträge, S. 38.

Steuererhebungsrecht oder ein Recht zur Abgabenerhebung als solches.[96] Stattdessen bedarf es einer einfachgesetzlichen Ermächtigung durch die Länder, welche sich in den jeweiligen Kommunalabgabengesetzen[97] finden. Legitimation erfahren Vorzugslasten auch nicht zuletzt durch die ausgereifte und ausdifferenzierte Rechtsprechung des Bundesverfassungsgerichts.[98]

III. Systematik der Vorzugslasten und Steuern

Aufgrund der Bedeutung der Abgaben für die hiesige Untersuchung soll zunächst insbesondere die Systematik der Beiträge, Gebühren und Steuern mitsamt den ihnen zugrundeliegenden Prinzipien und Besonderheiten beleuchtet werden. Dies ist notwendig, um später erkennen zu können, wie Vorzugslasten einerseits und Steuern andererseits im Kontext des Art. 3 Abs. 1 GG einzuordnen sind. Wegen der Dominanz kommunalrechtlicher Vorzugslasten sind hierbei insbesondere die Besonderheiten kommunalrechtlicher Abgaben herauszuarbeiten und näher zu beleuchten.

Eine Definition seitens des Bundesgesetzgebers für Abgaben im Allgemeinen beziehungsweise die verschiedenen Abgabenarten existiert, mit Ausnahme der Steuer, nicht. So ist die bundesrechtliche Abgabenordnung (AO)[99] ausweislich ihres § 1 Abs. 1 Satz 1 lediglich auf alle Steuern anwendbar; von Gebühren und Beiträgen ist keine Rede. Abweichend davon fassen die Kommunalabgabengesetze der Länder jedoch auch Gebühren und Beiträge unter den Begriff „Abgaben“. So heißt es beispielsweise in § 1 Abs. 1 KAG SH[100]: *„Die Gemeinden und*

---

96 BVerwG, Urteil vom 07.03.1958 – VII C 84.57 –, BVerwGE 6, 247; *Pieroth*, in: Jarass/Pieroth, GG Kommentar, Art. 106, Rn. 12; *Brüning*, Kommunale Gebühren, § 1, Rn. 10; *Gern/Brüning*, Deutsches Kommunalrecht, Rn. 1334, *Fromm*, Haben die Gemeinden ein Steuerfindungsrecht?, in: KStZ 1972, 1, 3; *Küssner*, Die Abgrenzung der Kompetenzen des Bundes und der Länder im Bereich der Steuergesetzgebung sowie der Begriff der Gleichartigkeit der Steuern, S. 267.

97 § 9 KAG BW; Art. 3 BayKAG; §§ 1, 3 KAG BB; § 2, 7 HKAG; §§ 1-3 KAG MV; §§ 1, 3 NKAG; §§ 1, 3 KAG NRW; §§ 1, 3 SKAG; §§ 2 Abs. 1, 7 SächsKAG; §§ 1, 3 KAG LSA; §§ 1, 3 KAG SH; §§ 2, 5 ThürKAG.

98 St. Rspr., so statt vieler: BVerfG, Beschluss vom 30.10.1961 – 1 BvR 833/59 –, BVerfGE 13, 181, 198 = juris Rn. 57.

99 Abgabenordnung in der Fassung der Bekanntmachung vom 1.10.2002 (BGBl. I S. 3866; BGBl. 2003 I S. 61), zuletzt geändert durch Art. 15 des Gesetzes vom 18.12.2018 (BGBl. I S. 2639).

100 Kommunalabgabengesetz des Landes Schleswig-Holstein (KAG SH) in der Fassung der Bekanntmachung vom 10.01.2005 (GVOBl. 2005, 27), zuletzt geändert durch Gesetz vom 18.03.2018 (GVOBl. S. 69).

Kreise sind berechtigt, Steuern, Gebühren, Beiträge und sonstige Abgaben (kommunale Abgaben) nach den Vorschriften dieses Gesetzes zu erheben, soweit nicht Bundes- oder Landesgesetze etwas anderes bestimmen." Dieselbe Aufzählung für Abgaben findet sich auch in § 1 KAG BW[101], § 1 Abs. 1 HKAG[102], § 1 Abs. 1 KAG MV[103], § 1 Abs. 1 NKAG[104], § 1 Abs. 1 Satz 1 KAG NRW[105], § 1 Abs. 1 KAG RP[106], § 1 Abs. 1 KAG SL[107], § 1 Abs. 2 SächsKAG[108], § 1 Abs. 1 KAG LSA[109] und § 1 Abs. 2 ThürKAG[110], vereinzelt[111] mit weiteren Zusätzen wie „sonstige

101 Kommunalabgabengesetz Baden-Württemberg (KAG BW) in der Fassung vom 17.03.2015 (GBl. 2005, 206), zuletzt geändert durch Art. 3 des Gesetzes vom 07.11.2017 (GBl. S. 592, 593).

102 Gesetz über kommunale Abgaben für Hessen (HKAG) in der Fassung vom 24.03.2013 (GVBl. 2013, 134), zuletzt geändert durch Art. 1 des Gesetzes vom 28.05.2018 (GVBl. S. 247).

103 Kommunalabgabengesetz Mecklenburg-Vorpommern (KAG MV) in der Fassung vom 12.04.2005 (GVOBl. M-V 2005, 146), zuletzt geändert durch Gesetz vom 24.06.2019 (GVOBl. M-V S. 190).

104 Niedersächsisches Kommunalabgabengesetz (NKAG) in der Fassung der Bekanntmachung vom 20.04.2017 (Nds. GVBl. 2017, 121).

105 Kommunalabgabengesetz für das Land Nordrhein-Westfalen (KAG NRW) in der Fassung vom 21.10.1969 (GV. NRW 1969, 712), zuletzt geändert durch Art. 19 des Gesetzes vom 23.01.2018 (GV. NRW 2018, S. 90).

106 Kommunalabgabengesetz Rheinland-Pfalz (KAG RP) vom 20.06.1995 (GVBl. 1995, 175), zuletzt geändert durch Art. 1 des Gesetzes vom 22.12.2015 (GVBl. S. 472).

107 Kommunalabgabengesetz Saarland (KAG SL) vom 26.04.1978 in der Fassung der Bekanntmachung vom 29.05.1998 (Amtsbl. S. 691), zuletzt geändert durch Gesetz vom 22.08.2018 (Amtsbl. I S. 674).

108 Sächsisches Kommunalabgabengesetz (SächsKAG) in der Fassung der Bekanntmachung vom 05.04.2019 (SächsGVBl. 2019, 245, 254).

109 Kommunalabgabegesetz Sachsen-Anhalt (KAG LSA) in der Fassung der Bekanntmachung vom 13.12.1996 (GVBl. LSA 1996, 405), zuletzt geändert durch Gesetz vom 17.06.2016 (GVBl. LSA S. 202).

110 Thüringer Kommunalabgabengesetz (ThürKAG) in der Fassung der Bekanntmachung vom 19.09.2000 (GVBl. 2000, 301), zuletzt geändert durch Gesetz vom 14.06.2017 (GVBl. S. 150).

111 § 1 Abs. 2 SächsKAG: „*Kommunalabgaben im Sinne dieses Gesetzes sind Steuern, Benutzungsgebühren, Beiträge, Aufwandsersatz, die Gästetaxe, die Tourismusabgabe und abgabenrechtliche Nebenleistungen (Verspätungszuschläge, Zinsen und Säumniszuschläge)*"; § 1 Abs. 2 ThürKAG: „*Abgaben sind Steuern, Beiträge, Gebühren und sonstige Abgaben*".

Abgaben". Das bayerische KAG[112] begnügt sich damit, diverse Steuern, Beiträge und Gebühren unter dem Abschnitt „*Abgaben nach diesem Gesetz*" aufzuzählen, das brandenburgische KAG[113] zählt Steuern, Gebühren und Beiträge in § 1 Abs. 3 BbgKAG und unter Abschnitt II „*Die einzelnen Abgaben*" auf. Einen Definitionsversuch unternimmt hingegen *Bauernfeind.* Seiner Ansicht nach sind Abgaben im Allgemeinen öffentlich-rechtliche Geldleistungen, die dem Einzelnen von einem Hoheitsträger bzw. von öffentlichen Aufgaben- oder Bedarfsträgern aufgrund gesetzlicher Vorschriften in Ausübung öffentlicher Gewalt zur Erzielung von Einnahmen auferlegt werden.[114] Wie aus der Definition von *Bauernfeind* ersichtlich, ist es für die rechtliche Einordnung einer Abgabe irrelevant, ob die Abgabenerhebung auf bundesrechtliche, landesrechtliche oder untergesetzliche Normen gestützt wird.[115] So werden etwa Erschließungsbeiträge in einigen Bundesländern nach dem Baugesetzbuch[116] erhoben[117], während Straßenausbaubeiträge nach landesrechtlichen Vorschriften[118] in Verbindung mit dem jeweiligen Satzungsrecht beschieden werden. Da es sich bei beiden Geldleistungen jedoch um öffentlich-rechtliche Geldleistungen handelt, die von dem Einzelnen durch einen Hoheitsträger in Ausübung seiner öffentlichen Gewalt erhoben werden, handelt es sich sowohl bei den Erschließungs- als auch bei den Ausbaubeiträgen

112 Kommunalabgabengesetz Bayern (BayKAG) in der Fassung der Bekanntmachung vom 04.04.1993 (GVBl. 1993, 264), zuletzt geändert durch Gesetz vom 24.05.2019 (GVBl. S. 266).

113 Kommunalabgabengesetz für das Land Brandenburg (BbgKAG) in der Fassung der Bekanntmachung vom 31.03.2004 (GVBl. I 2004, 174), zuletzt geändert durch Gesetz vom 30.04.2019 (GVBl. I Nr. 12).

114 *Bauernfeind*, in: Driehaus (Hrsg.), KAG Kommentar, § 1 Rn. 33; *Quaas*, Kommunales Abgabenrecht, Rn. 1; so auch *Zimmermann*, Das System der kommunalen Einnahmen, S. 51.

115 *Quaas*, Kommunales Abgabenrecht, Rn. 1.

116 Baugesetzbuch (BauGB) in der Fassung der Bekanntmachung vom 3.11.2017 (BGBl. I S. 3634).

117 Dies gilt jedoch nur vorbehaltlich existierender landesrechtlicher Vorschriften. Seit dem Gesetz zur Änderung des Grundgesetzes vom 27.10.1994, in Kraft getreten am 15.11.1994 (BGBl. I S. 3146), ist das Erschließungsrecht Landesgesetzgebungskompetenz. Wegen Art. 125a Abs. 1 GG gilt Recht, das als Bundesrecht erlassen worden ist, aber nun nicht mehr als Bundesrecht erlassen werden kann, als Bundesrecht fort, sofern es nicht durch Landesrecht ersetzt worden ist, also das jeweilige Bundesland kein eigenes Erschließungsrecht erlassen hat.

118 § 8 Abs. 1 BbgKAG; § 11 Abs. 1 Satz 2 HKAG; § 8 KAG MV; § 6 NKAG; § 8 Abs. 1 KAG NRW; §§ 7 und 9 f. KAG RP; § 8 SKAG; § 26 SächsKAG; § 8 KAG SH; § 7 ThürKAG.

um öffentlich-rechtliche Abgaben im Sinne der Definition von *Bauernfeind*. Da der Ertrag beider Abgabenarten den kommunalen Körperschaften zukommt, handelt es sich um sogenannte Kommunalabgaben. Auch bei den Gewerbe- und Grundsteuern handelt es sich um Kommunalabgaben. Sie sind zwar Realsteuern nach § 3 Abs. 2 AO, jedoch steht den Gemeinden nach Art. 106 Abs. 6 Satz 2 GG das Recht zu, Hebesätze festzusetzen, sodass diesen der Ertrag zukommt. Letztlich werden auch nach Landesrecht und entsprechender Satzung Verbrauch- und Aufwandsteuern festgesetzt. Zu deren Festsetzung haben die Länder die Gemeinden unter der Voraussetzung, dass diese entsprechende Satzungen als Rechtsgrundlage erlassen, ermächtigt.[119]

1. Abgabenarten

Kern dieser Untersuchung zugrundeliegenden Betrachtung sollen die klassischen Abgabenarten der Beiträge, Gebühren und (Aufwand- und Verbrauchs-) Steuern bilden, die insbesondere auf der kommunalen Ebene vorkommen. Sonderabgaben, die auch zu den Vorzugslasten gehören, sollen wegen ihrer geringen praktischen Bedeutung für die zu betrachtende Fragestellung nicht näher thematisiert werden. Gleichwohl können die in dieser Untersuchung gewonnenen Erkenntnisse auch auf Sonderabgaben übertragen werden.

Anders als Steuern gehören Beiträge und Gebühren zu den sogenannten Vorzugslasten. Unter Vorzugslasten versteht man solche Abgaben, die von dem Abgabenschuldner erhoben werden, um einen diesem zukommenden Vorteil durch den Staat abzugelten. Aus diesem Grunde verstößt die Erhebung von Vorzugslasten gerade nicht gegen die Schutz- und Begrenzungsfunktion der Finanzverfassung: Grundsätzlich bedürfen nicht-steuerliche Abgaben aufgrund dieser Schutz- und Begrenzungsfunktion einer besonderen Legitimation, die über die Einnahmenerzielung hinausgeht. Darüber hinaus müssen sie sich zudem ihrer Art nach von einer Steuer, die gegenleistungsunabhängig auferlegt und geschuldet wird, deutlich unterscheiden.[120] Die Finanzverfassung würde ansonsten ihre Funktion als Grundgerüst der staatlichen Finanzen einbüßen und ihren Sinn verlieren, wenn daneben mit Verweis auf die Sachgesetzgebungskompetenzen

119 § 2 Abs. 1 Satz 1 KAG BW; Art. 2 Abs. 1 Satz 1 BayKAG; § 2 Abs. 1 Satz 1 BbgKAG; § 2 Satz 1 HKAG; § 2 Abs. 1 Satz 1 KAG MV; § 2 Abs. 1 Satz 1 NKAG; § 2 Abs. 1 KAG NRW; § 2 Abs. 1 Satz 1 KAG RP; § 2 Abs. 1 Satz 1 SKAG; § 2 Abs. 1 Satz 1 SächsKAG; § 2 Abs. 1 Satz 1 KAG LSA; § 2 Abs. 1 Satz 1 KAG SH; § 2 Abs. 1 ThürKAG.

120 BVerfG, Beschluss vom 07.11.1995 – 2 BvR 413/88 –, BVerfGE 93, 319, 342 = juris Rn. 151.

von Bund und Ländern und unter Umgehung der bundesstaatlichen Verteilung der Gesetzgebungs- und Ertragskompetenz für das Steuerwesen beliebig andere Abgaben erhoben werden könnten.[121] Die Erhebung der Vorzugslasten wird indes durch die ihnen immanente Ausgleichsfunktion legitimiert. Vorzugslasten werden aufgrund eines dem Vorzugslastenschuldner bestimmten zukommenden Vorteil auferlegt. Diese Vorteilsabgeltung ist der über eine Gewinnerzielung hinausgehende Erhebungsgrund für die Vorzugslasten, der ihre Existenz grundsätzlich rechtfertigt.[122]

Sachlich kann eine Vorzugslast jedoch dann nicht gerechtfertigt sein, wenn sie in einem groben Missverhältnis zu den verfolgten Zwecken steht.[123]

a) Beiträge

Beispiele für erhobene Beiträge auf kommunaler Ebene sind etwa Straßenausbaubeiträge, Erschließungsbeiträge, Anschlussbeiträge, Fremdenverkehrsbeiträge oder Kurbeiträge; auf Bundesebene etwa der seit 2013 als Beitrag ausgestaltete und nach Bundesrecht erhobene Rundfunkbeitrag.

(1) Beitragsbegriff

Trotz der Vielfältigkeit der Beitragsarten existiert keine bundeseinheitliche Definition der Beiträge, und darüber hinaus existiert insbesondere keine verfassungsrechtliche Definition.[124] Der Gesetzgeber verwendet den Begriff des Beitrags in

---

121 S. etwa BVerfG, Beschluss vom 07.11.1995 – 2 BvR 413/88 –, BVerfGE 93, 319, 342 = juris Rn. 151.

122 BVerfG, Beschluss vom 07.11.1995 – 2 BvR 413/88 –, BVerfGE 93, 319, 343 = juris Rn. 155; st. Rspr., so statt vieler BVerfG, Beschluss vom 17.01.2017 – 2 BvL 2/14, 2 BvL 5/14, 2 BvL 4/14, 2 BvL 3/14 –, NVwZ 2017, 696, Rn. 62 ff.; BVerfG, Beschluss vom 17.07.2003 – 2 BvL 1/99 –, BVerfGE 108, 186, 216 = NVwZ 2003, 1241 = juris Rn. 80; BVerfG, Beschluss vom 06.11.2012 – 2 BvL 51/06 –, BVerfGE 132, 334, 349 = NVwZ 2013, 638, Rn. 49 = juris Rn. 25.

123 Siehe hierzu beispielsweise unter *B. III 1. a) (3) Äquivalenzprinzip*; vgl. ferner BVerfG, Beschluss vom 17.01.2017 – 2 BvL 2/14, 2 BvL 5/14, 2 BvL 4/14, 2 BvL 3/14 –, NVwZ 2017, 696, Rn. 66; BVerfG, Urteil vom 19.03.2003 – 2 BvL 9/98 –, BVerfGE 108, 1, 19 = NVwZ 2003, 715 = juris Rn. 62; BVerfG, Beschluss vom 06.11.2012 – 2 BvL 51/06 –, BVerfGE 132, 334, 350 = NVwZ 2013, 638, Rn. 51 = juris Rn. 52; BVerwG, Urteil vom 25.07.2001 – 6 C 8/00 –, BVerwGE 115, 32, 44 = NVwZ 2002, 206 = NJW 2002, 1063 Ls. = juris Rn. 41.

124 BVerfG, Urteil vom 06.07.2005 – 2 BvR 2335/95 –, BVerfGE 113, 128 = juris Rn. 100; BVerwG, Urteil vom 03.12.2003 – 6 C 13.03 –, Buchholz 421.2 Nr. 160 = juris Rn. 60 ff; BVerfG, Beschluss vom 25.06.2014 – 1 BvR 668/10 –, BVerfGE 137, 1, Rn. 43.

den unterschiedlichsten Konstellationen, wovon längst nicht alle eine finanzielle Abgabe in dem Bereich des Verwaltungswesens beschreiben. So existieren in der Gesetzessprache etwa Beiträge von Gesellschaftern einer BGB-Gesellschaft nach den §§ 705 ff. BGB[125], Beiträge von Vereinsmitgliedern gem. § 58 Nr. 2 BGB, oder Beiträge an Sozialleistungsträger gem. §§ 20 ff. SGB IV[126], die meist nicht mehr als lediglich eine finanzielle Entrichtung in Geld bedeuten, welche oftmals sogar zweckgebunden ist. Für Beiträge auf dem Gebiet des Abgabenrechts haben sich jedoch gemeinsame konstituierende Merkmale herausgebildet, die im Folgenden näher beleuchtet werden.

In § 9 prKAG fand sich die heute für das kommunale Beitragsrecht als „*klassisch*"[127] angesehene Definition von Beiträgen:

> „*Die Gemeinden können behufs Deckung der Kosten für die Herstellung und Unterhaltung von Veranstaltungen, welche durch das öffentliche Interesse erfordert werden, von denjenigen Grundstückseigentümern und Gewerbetreibenden, denen hierdurch besondere wirtschaftliche Vorteile erwachsen, Beiträge zu den Kosten der Veranstaltungen erheben. Die Beiträge sind nach den Vorteilen zu bemessen.*"[128]

Moderner, aber im Kern des Sinnes gleich, definiert beispielsweise der heutige § 8 Abs. 2 Satz 1 KAG NRW die kommunalen Beiträge folgendermaßen:

> „*Beiträge sind Geldleistungen, die dem Ersatz des Aufwandes für die Herstellung, Anschaffung und Erweiterung öffentlicher Einrichtungen und Anlagen im Sinne des § 4 Abs. 2, bei Straßen, Wegen und Plätzen auch für deren Verbesserung, jedoch ohne die laufende Unterhaltung und Instandsetzung, dienen.*"

Zusammenfassend sind Beiträge demnach Geldbeträge, die der Staat vom Bürger erhebt, wenn diesem durch eine staatliche Leistung in Form eines finanziellen Aufwands durch die öffentliche Stelle ein Sondervorteil zukommt.[129]

---

125 Bürgerliches Gesetzbuch (BGB) in der Fassung der Bekanntmachung vom 02.01.2002 (BGBl. I S. 42, 2909; 2003 I S. 738), zuletzt geändert durch Art. 7 des Gesetzes vom 31.01.2019 (BGBl. I S. 54).

126 Das Vierte Buch Sozialgesetzbuch – Gemeinsame Vorschriften für die Sozialversicherung – in der Fassung der Bekanntmachung vom 12.11.2009 (BGBl. I S. 3710, 3973; 2011 I S. 363), zuletzt geändert durch Art. 4 des Gesetzes vom 18.12.2018 (BGBl. I S. 2651).

127 So BVerfG, Beschluss vom 20.05.1989 – 1 BvL 1, 7/58 – BVerfGE 9, 291, 298 und *Driehaus/Raden*, Erschließungs- und Ausbaubeiträge, § 1, Rn. 4.

128 § 9 des Preußischen Kommunalabgabengesetz, abgedruckt in: Preußisches Rechtsbuch.

129 BVerfG, Urteil vom 27.04.1959 – 2 BvF 2/58 –, BVerfGE 9, 291, 297 = juris Rn. 29; BVerfG, Beschluss vom 16.10.1962 – 2 BvL 27/60 –, BVerfGE 14, 312, 317 = juris Rn. 20.

(2) Sondervorteil

Sinn und Zweck der Beiträge ist demnach die Abgeltung von Vorteilen[130], die dem Einzelnen aufgrund staatlicher Maßnahmen zufließen. Weil Steuern von der Allgemeinheit gezahlt werden, empfand der Gesetzgeber es als ungerecht[131], davon auch Einrichtungen zu finanzieren, die nicht nur der Allgemeinheit, sondern lediglich einem kleinen, abgrenzbaren Personenkreis zugutekommen. Dieser sogenannte Sondervorteil des Einzelnen soll, um wieder ein Gleichgewicht im Sinne der Gerechtigkeit herzustellen, mit einer einmaligen Zahlung, dem Beitrag, abgegolten werden. Als Beispiele für Sondervorteile nennt *Arndt* zum einen im Bereich der Straßenausbaubeiträge die Herstellung und Instandhaltung einer Straße zwecks besserer Erreichbarkeit des Grundstücks und damit einhergehend die – teilweise angenommene[132] – (fiktive) Wertsteigerung des Grundstücks. Zum anderen nennt er aus dem Bereich der Abwasserbeseitigung die dauerhafte Abwasserbeseitigung des Grundstücks, an dem der Grundstückseigentümer mindestens ebenso interessiert sei, wie die Allgemeinheit an einer generellen geordneten Abwasserbeseitigung.[133]

Darüber hinaus ist es für den Beitragstatbestand maßgeblich, dass die Beitragspflicht meist nicht als Gegenleistung zu einer beantragten staatlichen Leistung entsteht. Anders als Gebühren, die grundsätzlich eine direkte Gegenleistung für eine eingeforderte staatliche Leistung darstellen,[134] sind Beiträge Folge von staatlichen Maßnahmen, die ohne Mitwirkung oder gar Veranlassung des Beitragspflichtigen durchgeführt wurden. Der Beitragspflichtige hat folglich keinerlei Einfluss auf Grund und Höhe des Beitrages und damit auf den ihm zukommenden Sondervorteil. Auch ist – wiederum anders als bei der

---

130 Siehe hierzu unter dem nächsten Punkt.

131 Siehe hierzu schon die Auffassung von *Neumann* im Jahre 1874, Die progressive Einkommensteuer im Staats- und Gemeinde-Haushalt, S. 67 ff.

132 Anders sehen dies etwa *Niemeier/Gramlich*, (Wiederkehrende) Straßenausbaubeiträge: Karlsruhe hat entschieden, aber ist damit alles in Ordnung?, in: KommJur 2015, 41, 41 ff.

133 *Arndt*, in: Henneke/Pünder/Waldhoff (Hrsg.), Recht der Kommunalfinanzen, § 16, Rn. 6.

134 *Arndt*, in: Henneke/Pünder/Waldhoff (Hrsg.), Recht der Kommunalfinanzen, § 16, Rn. 7; ausgenommen sind die Fälle, in denen ein Zwang zur Inanspruchnahme der staatlichen Leistungen besteht, etwa im Falle eines Anschluss- und Benutzungszwanges, vgl. etwa § 17 GO SH, oder im Falle des Besitzens eines Personalausweises, § 1 Abs. 1 Satz 1 PAuswG (Personalausweisgesetz (PAuswG) vom 18.06.2009 (BGBl. I S. 1346), zuletzt geändert durch Art. 4 des Gesetzes vom 18.07.2017 (BGBl. I S. 2745)).

Gebühr – nicht maßgebend, ob und inwieweit der Einzelne die geschaffene Vorteilslage nutzt und ihm der Vorteil daher konkret zugutekommt. Vielmehr soll durch den Beitrag der durch die öffentliche Einrichtung vermittelte Sondervorteil abgegolten werden, und dies ohne Rücksicht auf die tatsächliche Inanspruchnahme; ausreichend ist die reine Möglichkeit einer Nutzung.

(3) Äquivalenzprinzip

Wesentliches Merkmal des Beitragsbegriffs ist darüber hinaus der Gesichtspunkt der verhältnismäßigen Gegenleistung, also das Äquivalenzinteresse.[135] Dieses basiert auf dem Äquivalenzprinzip, das bei jeder Beitragserhebung eingehalten sein muss. Das Äquivalenzprinzip ist zwar maßgeblich in der Rechtsprechung zum Gebührenrecht entwickelt worden,[136] ist aber gleichermaßen auf alle Vorzugslasten anwendbar. Es leitet sich aus dem Grundsatz der Verhältnismäßigkeit und damit dem Rechtsstaatsprinzip ab und besagt, dass der dem Bürger zukommende Vorteil nicht in einem *„gröblichen Missverhältnis"* zu der Vorzugslast, die der Bürger dafür zu entrichten hat, stehen darf;[137] der Wert der staatlichen Leistung und der Gegenleistung dürfen also nicht außer Verhältnis zueinanderstehen.[138] So steht beispielsweise eine Vorzugslast dann nicht im Einklang mit dem Äquivalenzprinzip, wenn sie eklatant höher ist als die Kosten der beitragspflichtigen Leistung.[139] Notwendigerweise ist bei der Berechnung des Beitrags daher der dem Einzelnen zukommende Sondervorteil zu ermitteln und ins Verhältnis zu dem gesamten finanziellen Aufwand zu setzen.[140] Der festgesetzte Beitrag muss dabei dem so ermittelten Sondervorteil entsprechen, wobei das Bundesverfassungsgericht jedoch keinen strengen Maßstab ansetzt. Vielmehr dürfen Leistung (also der ermittelte Sondervorteil) und Gegenleistung (der festgesetzte

---

135 *Arndt*, in: Henneke/Pünder/Waldhoff (Hrsg.), Recht der Kommunalfinanzen, § 16, Rn. 5.

136 *Schmehl*, Das Äquivalenzprinzip im Recht der Staatsfinanzierung, S. 6.

137 BVerwG, Urteil vom 14.04.1967 – IV C 179.65 –, BVerwGE 26, 305, 308 ff. = juris Rn. 20; BVerwG, Urteil vom 26.02.1988 – 7 C 34/87 –, BVerwGE 79, 90 = juris Rn. 11.

138 BVerwG, Urteil vom 14.04.1967 – IV C 179.65 –, BVerwGE 26, 305, 308 ff. = juris Rn. 20; BVerwG, Urteil vom 25.08.1999 – 8 C 12/98 –, BVerwGE 109, 272 = juris Rn. 20.

139 So hat das BVerwG, Urteil vom 30.04.2003 – 6 C 5/02 –, NVwZ 2003, 1385, 1386 eine Gebühr, die die Kosten des Verwaltungsaufwandes um etwa das 4.444-fache übersteigt, für rechtswidrig erklärt.

140 Für die genaue Beitragsberechnung im Fall von Straßenausbaubeiträgen siehe *Arndt*, Straßenbaubeiträge, § 8 Rn. 1 ff.

Beitrag) nicht in einem groben Missverhältnis zueinanderstehen.[141] Durch die negative Formulierung *„nicht außer Verhältnis zueinanderstehen“* räumt das Bundesverwaltungsgericht dem Gesetzgeber einen weiten Bemessungsspielraum ein. Mithin stellt das Äquivalenzprinzip vielmehr eine Korrektur für den exzessiven Einzelfall dar, als dass es dem Gesetzgeber enge Bemessungsleitlinien an die Hand gibt.

Schließlich kann von einer Beitragserhebung im Einzelfall aus sogenannten sachlichen oder persönlichen Billigkeitsgründen abgesehen werden, ohne dass dies grundsätzlich Auswirkungen auf das Äquivalenzprinzip hat. Weder verschiebt sich die finanzielle Belastung zulasten Dritter, noch wirkt sich dies auf den Umfang oder die Höhe des entstanden Sondervorteils aus. Stattdessen wird lediglich von einer Heranziehung des Einzelnen in einer zu bestimmenden Höhe, welche im Ermessen des Beitragsgläubigers, also des Staates, liegt, abgesehen. Aus Billigkeitsgründen kann beispielsweise von einer Beitragserhebung abgesehen werden, wenn dem Bürger nicht ausreichend finanzielle Mittel zur Verfügung stehen.[142]

(4) Grundsatz der Einmaligkeit der Erhebung

Geradezu *„wesensimmanent“*[143] ist dem Beitrag außerdem die einmalige Erhebung.[144] Im Gegensatz zu Gebühren dient der Beitrag nicht der laufenden Instandhaltung und Finanzierung einer öffentlichen Einrichtung, sondern wird grundsätzlich nur einmal und dann in voller Höhe des entstandenen Vorteils erhoben. Eine Ausnahme bilden die sogenannten wiederkehrenden Beiträge, deren Rechtmäßigkeit jedoch teilweise hoch umstritten ist, vom Bundesverfassungsgericht aber prinzipiell bejaht wurde.[145]

---

141 Für Beiträge: BVerwG, Beschluss vom 16.12.1991 – 8 B 154/91 –, juris OS; für Gebühren s.u. Fn. 123.

142 Für die Voraussetzungen und Rechtsvorschriften im Straßenausbaubeitragsrecht siehe auch *Arndt*, Straßenbaubeiträge, § 3, Rn. 13 ff.

143 *Driehaus*, Erschließungs- und Ausbaubeiträge, § 1, Rn. 5; *Beushausen*, Kommunale Beiträge – Rechtfertigung und Tatbestand, in: KStZ 98, 41, 52; *Wachsmuth*, Richterliche Rechtsfortbildung auf dem Gebiet des kommunalen Beitragsrechts nach dem Kommunalabgabengesetz Baden-Württemberg, S. 23.

144 *Grünewald*, Anschlussbeiträge, § 2, Rn. 19.

145 So lehnte *Driehaus*, Erschließungs- und Ausbaubeiträge, 9. Auflage 2012, § 1, Rn. 6 noch eine Klassifizierung der wiederkehrenden Beiträge als Beiträge im Sinne des § 8 Abs. 1 KAG NRW und den entsprechenden Normen der anderen Landesgesetze kategorisch ab, während *Raden/Driehaus*, Erschließungs- und Ausbaubeiträge, 10. Auflage 2018, § 1, Rn. 6 diese Ansicht nicht mehr aufrecht erhält. Das BVerfG, Beschluss

(5) Gleichheitsgrundsatz und Typengerechtigkeit

Ferner muss bei der Beitragserhebung der Gleichheitsgrundsatz des Art. 3 Abs. 1 GG beachtet werden. Der Gleichheitsgrundsatz besagt, dass Gleiches nicht (willkürlich) ungleich und Ungleiches nicht (willkürlich) gleich behandelt werden darf.[146] Daraus folgt, dass Beitragspflichtige, denen der gleiche Vorteil zukommt, auch in gleicher Höhe herangezogen werden müssen, während Personen, denen dieser Vorteil nicht oder nur in geringerem Maße zukommt, nicht oder nur zu geringeren Beiträgen herangezogen werden dürfen. Dieses Prinzip wird auch Belastungsgleichheit genannt. So hat das Bundesverwaltungsgericht geurteilt, dass *„der Grundsatz der Belastungsgleichheit […] nicht nur [verlangt], dass die Differenzierung zwischen Beitragspflichtigen und nicht Beitragspflichtigen nach Maßgabe des Vorteils vorgenommen wird, dessen Nutzungsmöglichkeit mit dem Beitrag abgegolten werden soll, sondern auch, dass die Beiträge im Verhältnis der Beitragspflichtigen untereinander grundsätzlich vorteilsgerecht bemessen werden“*.[147] Zum Beispiel würde es gegen den Gleichheitsgrundsatz verstoßen, wenn man Straßenausbaubeiträge für alle Anlieger pauschalieren würde, statt Faktoren wie die Bebaubarkeit, die Grundstücksfläche und die Geschosshöhe der Berechnung zugrunde zu legen.[148] Hier würden dann den Grundstückseigentümern in unterschiedlicher Höhe zukommende Sondervorteile willkürlich gleich behandelt werden.

Seine Grenzen findet der Gleichheitsgrundsatz in dem Grundsatz der Typengerechtigkeit, welcher dem Normgeber die ihm im Abgabenrecht eingeräumten Gestaltungsfreiheit erhalten soll.[149] Dieser erlaubt es sowohl dem Gesetzgeber als

---

vom 25.06.2014 – 1 BvR 668/10 –, BVerfGE 137, 1, 1 = juris 1. LS hat wiederkehrende Beiträge ebenfalls als rechtmäßige Beiträge anerkannt. Allerdings sind die Voraussetzungen für die Rechtmäßigkeit der Beiträge sehr hoch. In Schleswig-Holstein hat das VG Schleswig, Urteil vom 16.01.2019 – 9 A 55/17, 9 A 258/17 –, juris, jüngst eine gemeindliche Satzung zu wiederkehrenden Beiträgen gekippt, weil das Abrechnungsgebiet zu weit gefasst war und Straßen unzulässigerweise zu einer Abrechnungseinheit zusammengefasst wurden, die einen strukturell gravierend unterschiedlichen Ausbauaufwand aufwiesen. Für weitere Informationen zu wiederkehrenden Beiträgen s. etwa *Göppl*, in: Christ/Oebbecke (Hrsg.), Handbuch Kommunalabgabenrecht, S. 498 ff.

146 St. Rspr., so etwa BVerfG, Urteil vom 10.04.2018 – 1 BvL 11/14 –, juris Rn. 94.

147 BVerwG, Urteil vom 24.06.2015 – 9 C 23/14 – NVwZ-RR 2016, 68, Rn. 31.

148 Zur Berechnung von Straßenausbaubeiträgen und den relevanten Faktoren siehe *Arndt*, Straßenbaubeiträge, § 8, Rn. 1 ff.

149 Siehe hierzu später unter *C. II. 2. b) (7) (a) vi Besonderheiten im Steuer- und Abgabenrecht*; vgl. außerdem BVerwG, Beschluss vom 28.08.2008 – 9 B 40/08 –, juris Rn. 9.

auch dem Satzungsgeber, abgabenrechtliche Regelungen in der Art und Weise zu verallgemeinern und zu pauschalieren, dass sie an Regelfälle eines Sachbereichs anknüpfen und die Besonderheiten von Einzelfällen dabei weitestgehend außer Betracht bleiben können.[150]

b) Gebühren

Ähnlich wie Beiträge werden auch Gebühren im gesetzlichen Sprachgebrauch in den unterschiedlichsten Konstellationen verwendet, wovon aber nicht alle zu den Vorzugslasten gehören. Dies sind nur solche Gebühren, die dem Bürger vom Staat durch Ausübung seiner Hoheitsgewalt auferlegt werden.[151] Hierzu gehören etwa Abwassergebühren, Müllabfuhrgebühren, Gebühren für die Ausstellung eines Personalausweises, Eintrittsgebühren in kommunale Einrichtungen wie beispielsweise kommunale Schwimmbäder, oder bis 2013 noch die Rundfunkgebühr.

(1) Gebührenbegriff

Zu den Gebühren enthielt das Preußische Kommunalabgabengesetz ebenfalls eine heute als *„klassisch"* angesehene Definition.[152] Zu den Verwaltungsgebühren fand sich in § 6 PrKAG:

> *„…dürfen, soweit nicht Gebührenfreiheit gesetzlich angeordnet ist, für einzelne Handlungen ihrer Organe (für eine Tätigkeit), die im Wesentlichen im Interesse einzelner erfolgen, Verwaltungsgebühren erheben".*

Zu den Benutzungsgebühren normierte § 4 Abs. 1 PrKAG:

> *„Die Gemeinden können für die Benutzung der von ihnen im öffentlichen Interesse unterhaltenen Veranstaltungen (Anlagen, Anstalten und Einrichtungen) besondere Vergütungen (Gebühren) erheben".*

Hieraus hat sich zwar ebenfalls keine bundeseinheitliche Legaldefinition heraus entwickelt;[153] die Gebühr wird aber, wie bereits erwähnt, in Art. 74 Abs. 1 Nr. 22 GG und auch in Art. 80 Abs. 2 GG vorausgesetzt.

---

150 St. Rspr., so statt vieler BVerwG, Urteil vom 25.08.1982 – 8 C 54/81 –, DVBl. 1983, 46, 47; BVerfG, Beschluss vom 03.12.1958 – 1 BvR 488/57 –, BVerfGE 9, 3, 13 = juris Rn. 35; BVerwG, Urteil vom 16.09.1981 – 8 C 48/81 –, DVBl. 1982, 76, 76 f.; *Arndt*, in: Henneke/Pünder/Waldhoff (Hrsg.), Recht der Kommunalfinanzen, § 16, Rn. 14.

151 Vgl. statt vieler *Sacksofsky*, Umweltschutz durch nicht-steuerliche Abgaben, S. 90.

152 *Sacksofsky*, Umweltschutz durch nicht-steuerliche Abgaben, S. 90.

153 Vgl. u.a. BVerfG, Beschluss vom 25.06.2014 – 1 BvR 668/10 –, BVerfGE 137, 1, Rn. 43; BVerwG, Beschluss vom 14.02.1977 – VII B 161.75 –, juris 1. LS; BVerwG, Urteil

Nach *Kaufmann* ist die Gebühr – abgesehen von einzelnen kleineren Unterschieden in den einzelnen Kommunalabgabengesetzen der Länder – eine *„öffentlich-rechtliche Geldleistung […], die aus Anlass individuell zurechenbarer öffentlicher Leistungen dem Gebührenschuldner durch eine öffentlich-rechtliche Norm oder sonstige hoheitliche Maßnahme als Gegenleistung auferlegt wird und dazu bestimmt ist, in Anknüpfung an diese Leistung deren Kosten ganz oder teilweise zu decken."*[154] Maßgebend für den Gebührencharakter ist, wie auch bei dem Beitrag, das konkrete Austauschverhältnis von Leistung und Gegenleistung, welches als Abgrenzungskriterium zur Steuer dient. Diese Ansicht wird auch als formeller Gebührenbegriff bezeichnet.[155] Nach einer konkurrierenden Ansicht, die einem materiellen Gebührenbegriff folgt, ist zur Abgrenzung außerdem zusätzlich erforderlich, dass die Gebühr ihrer Höhe nach begrenzt ist, da sie ansonsten zur Steuer würde.[156] Damit wird bei dem materiellen Gebührenbegriff nicht zwischen dem Begriff der Gebühr und deren Rechtfertigung getrennt – vielmehr enthält schon der Gebührenbegriff Aussagen über die zulässige Höhe der Gebühr.[157] Diese Vermischung von Begriffs- und Rechtfertigungsebene führt bei vielen zur Ablehnung des materiellen Gebührenbegriffs.[158]

---

vom 25.05.1984 - 8 C 55/82 –, BVerwGE 69, 242 = juris Rn. 18; BVerwG, Urteil vom 01.12.2005 - 10 C 4/04 –, NVwZ 2006, 589, 594; BVerwG, Beschluss vom 13.05.2008 – 9 B 61/07 –, NVwZ 2008, 911, 913; *Lichtenfeld*, in: Driehaus (Hrsg.), KAG Kommentar, § 4, Rn. 1; *Zimmermann*, Das System der kommunalen Einnahmen, S. 91.

154 *Kaufmann*, in: Henneke/Pünder/Waldhoff, Recht der Kommunalfinanzen, § 15, Rn. 1 m.V.a. BVerfG, Beschluss vom 06.02.1979 – 2 BvL 5/76 –, BVerfGE 50, 217, 226 = juris Rn. 35; *Vetter*, in: Christ/Oebbecke (Hrsg.), Handbuch Kommunalabgabenrecht, D Rn. 1.

155 So statt vieler *Perlitius*, Die vorteilsabschöpfende Verwaltungsgebühr, S. 50 m.w.N.

156 *Wendt*, Die Gebühr als Lenkungsmittel, 54 ff.; *Arndt*, Lenkung durch Steuern und sonstige Abgaben auf dem Gebiet des Wirtschaftsverwaltungsrechts, in: WiVerw 1990, 1, 22; Leisner, Verwaltungspreis – Verwaltungssteuer, in: Conrad/Jahrreiß/Mikat/u.a. (Hrsg.), Gedächtnisschrift Hans Peters, S. 730, 731 ff.; *Raecke*, Das Kostendeckungsprinzip, S. 7 f., 94.

157 Siehe nur *Perlitius*, Die vorteilsabschöpfende Verwaltungsgebühr, S. 53 m.w.N.

158 BVerfG, Urteil vom 19.03.2003 – 2 BvL 9/98 –, BVerfGE 108, 1, 13 f. = juris Rn. 44; *Wieland*, Die Konzessionsabgaben, S. 264 ff.; *Kirchhof*, Die Verleihungsgebühr als dritter Gebührentyp, in: DVBl. 1987, 554, 555. Für *Sacksofsky*, Umweltschutz durch nicht-steuerliche Abgaben, S. 113, widerspricht der materielle Gebührenbegriff sogar dem Individualschutz und der Rechtsklarheit.

Anders als beim Beitrag ist bei der Gebühr nicht erforderlich, dass dem Bürger ein direkter Sondervorteil im Sinne eines Vermögenszuwachses zufließt, der mit der Gebühr abgegolten werden soll. Vielmehr können beispielsweise im Rahmen von Verwaltungsgebühren für jede Behördentätigkeit, die konkret für einen Bürger gedacht ist, Gebühren erhoben werden, wie etwa für den Erlass von Verwaltungsakten.[159] Der abzugeltende Vorteil ist hier das Tätigwerden der Behörde an sich. Irrelevant dabei ist, ob der Bürger ein Interesse an dem konkreten Ergebnis der Staatsleistung hat oder nicht. So löst beispielsweise auch der Erlass belastender Verwaltungsakte eine Gebührenpflichtigkeit aus.[160]

(2) Gebührenarten

Die gängigsten Gebührenarten sind die Verwaltungsgebühren und die (Be-) Nutzungsgebühren. Eine Verleihungsgebühr ist sehr umstritten und wird kontrovers diskutiert.[161] Sie ist vom Bundesverfassungsgericht aber wohl zumindest mittelbar anerkannt.[162] Unter die Verleihungsgebühr werden solche Gebühren gefasst, die für die Verleihung eines Rechts erhoben werden, ohne dabei aber einen Aufwand auszugleichen.[163] Für diese Untersuchung ist es jedoch ausreichend, sich mit den beiden erstgenannten Gebührenarten, mit denen sich auch die Kommunalabgabengesetze der Länder beschäftigen, überblicksartig auseinanderzusetzen.

---

159 Im Fall der Entziehung der Fahrerlaubnis BVerwG, Urteil vom 28.11.1969 – VII C 18.69 –, BVerwGE 34, 248, 249 ff. = NJW 1970, 1989, 1990.

160 *Hendler*, Staatsfinanzierung durch Gebühren oder Steuern. Vor- und Nachteile aus juristischer Perspektive, in: Sacksofsky/Wieland (Hrsg.), Vom Steuerstaat zum Gebührenstaat, S. 68, 69.

161 Vgl. *Drömann*, Nichtsteuerliche Abgaben im Steuerstaat, S. 54 ff.; *Sacksofsky*, Umweltschutz durch nicht-steuerliche Abgaben, S. 95 ff., s. a. *Kirchhof*, Die Verleihungsgebühr, in: DVBl. 1987, 554, 554 ff.

162 BVerfG, Beschluss vom 07.11.1995 – 2 BvR 413/88 –, BVerfGE 93, 319 = juris Rn. 86; vgl. *Kaufmann*, in: Henneke/Pünder/Waldhoff, Recht der Kommunalfinanzen, § 15, Rn. 8 f.

163 *Kirchhof*, Die Verleihungsgebühr, in: DVBl. 1987, 554, 555; *Drömann*, Nichtsteuerliche Abgaben, S. 30 f., 51 ff.; *Wieland*, Die Konzessionsabgaben, S. 297 f.; *Heimlich*, Die Verleihungsgebühr als Umweltabgabe, S. 228, 233 f.; *Sacksofsky*, Umweltschutz durch nicht-steuerliche Abgaben, S. 95; *Brüning*, Kommunale Gebühren, § 1, Rn. 27.

(a) Verwaltungsgebühren

Verwaltungsgebühren sind solche Gebühren, die als Gegenleistung für die Inanspruchnahme einer Amtshandlung oder Dienstleistung einer Behörde erhoben werden.[164] Solche können etwa sein: der Erlass eines begehrten Verwaltungsaktes (auch dann, wenn dem Begehren nicht oder nur in Teilen entsprochen wird), das Ausstellen eines neuen Personalausweises und die Eheschließung vor dem Standesamt. Da die Verwaltungsgebühr nur als Gegenleistung für die Inanspruchnahme einer behördlichen Handlung, also das reine Tätigwerden der Behörde[165], konzipiert ist, setzt sie gerade keinen Erfolg im Sinne eines Entsprechens des Begehrens voraus. So kann etwa auch ein abgelehnter Antrag auf Erlass eines Verwaltungsaktes mit einer Gebühr belegt werden.[166]

(b) (Be-)Nutzungsgebühren

Benutzungsgebühren sind solche Gebühren, die als Gegenleistung für die Nutzung einer öffentlichen Einrichtung,[167] wie etwa Gemeindehallen oder kommunale Schwimmbäder, aber auch das Abwassersystem oder für öffentlichrechtliche Leistungen, die keine Amtshandlungen sind,[168] entrichtet werden. Anders als bei der Verwaltungsgebühr geht es dabei nicht um die abgeschlossene

---

164 *Vetter*, in: Christ/Oebbecke (Hrsg.), Handbuch Kommunalabgabenrecht, D Rn. 4; *Kaufmann*, in: Henneke/Pünder/Waldhoff (Hrsg.). § 15, Rn. 23; *Sacksofsky*, Umweltschutz durch nicht-steuerliche Abgaben, S. 92.

165 *Brüning*, Kommunale Gebühren, § 1, Rn. 25; *Sacksofsky*, Umweltschutz durch nichtsteuerliche Abgaben, S. 92.

166 Vgl. hierzu das bereits unter *B. III. 1. b) (1) Gebührenbegriff* Gesagte; vgl. darüber hinaus *Hendler*, Staatsfinanzierung durch Gebühren oder Steuern. Vor- und Nachteile aus juristischer Perspektive, in: Sacksofsky/Wieland (Hrsg.), Vom Steuerstaat zum Gebührenstaat, S. 68, 69; *Sacksofsky*, Umweltschutz durch nicht-steuerliche Abgaben, S. 92; *Leisner*, Verwaltungspreis – Verwaltungssteuer, in: Conrad/Jahrreiß/Mikat/u.a. (Hrsg.), Gedächtnisschrift Hans Peters, Berlin 1967, S. 730, 731.

167 *Henneke*, Öffentliches Finanzwesen, § 9, Rn. 390. Ein Beispiel für eine bundesrechtliche Benutzungsgebühr stellt § 1 Bundesfernstraßenmautgesetz vom 12.07.2011 (BGBl. I S. 1378), zuletzt geändert durch Art. 1 des Gesetzes vom 4.12.2018 (BGBl. I S. 2251) (BFStrMG), dar.

168 So § 27 Abs. 1 Verwaltungskostengesetz des Freistaates Sachsen (SächsVwKG) (SächsGVBl. 2003, 698) in der bis zum 26.04.2019 geltenden Fassung, der aber wegen § 28 Abs. 2 SächsVwKG in der Fassung vom 05.04.2019 (SächsGVBl. 2019, 245) weiterhin bis zum 01.10.2021 anzuwenden ist.

Tätigkeit und das personelle Element der Leistung, sondern rein um die Dienstleistung als solche.[169]

(3) Die Grundsätze der Gebührenerhebung

Die Gebührenerhebung erfolgt nach den nachfolgenden Grundsätzen.

(a) Keine Einmaligkeit der Gebührenerhebung

Gebühren dienen der laufenden Instandhaltung der öffentlichen Einrichtung. Sie werden daher – anders als Beiträge – grundsätzlich gerade nicht einmalig erhoben, sondern wiederkehrend. Sie können dabei beispielsweise regelmäßig, wie etwa in Form eines Abwassergebührenbescheides oder unregelmäßig bei Inanspruchnahme der öffentlichen Leistung, wie etwa in Form eines Eintrittsentgelts in ein öffentliches Schwimmbad, erhoben werden.

(b) Äquivalenzprinzip

Wie auf Beiträge findet das Äquivalenzprinzip auch auf Gebühren Anwendung und leitet sich aus dem Grundsatz der Verhältnismäßigkeit und damit dem Rechtsstaatsprinzip ab.[170] Es besagt, dass der dem Bürger zukommende Vorteil nicht in einem *„gröblichen Missverhältnis“* zu der Vorzugslast, die der Bürger dafür zu entrichten hat, stehen darf;[171] der Wert der staatlichen Leistung und der Gegenleistung dürfen also nicht außer Verhältnis zueinanderstehen.[172] So steht beispielsweise eine Vorzugslast dann nicht im Einklang mit dem Äquivalenzprinzip, wenn sie eklatant höher ist als die Kosten der beitragspflichtigen Leistung.[173]

---

169 *Vetter*, in: Christ/Oebbecke (Hrsg.), Handbuch Kommunalabgabenrecht, D Rn. 6; *Kaufmann*, in: Henneke/Pünder/Waldhoff (Hrsg.). § 15 Rn. 33; *Kirchhof*, Die Verleihungsgebühr als dritter Gebührentyp, in: DVBl. 1987, 554, 555; *Brüning*, Kommunale Gebühren, § 1, Rn. 24 f.

170 BVerwG, Urteil vom 14.04.1967 – IV C 179.65 –, BVerwGE 26, 305, 308 ff. = juris Rn. 20.

171 BVerwG, Urteil vom 14.04.1967 – IV C 179.65 –, BVerwGE 26, 305, 308 ff. = juris Rn. 20; BVerwG, Urteil vom 26.02.1988 – 7 C 34/87 –, BVerwGE 79, 90 = juris Rn. 11.

172 BVerwG, Urteil vom 14.04.1967 – IV C 179.65 –, BVerwGE 26, 305, 308 ff. = juris Rn. 20; BVerwG, Urteil vom 25.08.1999 – 8 C 12/98 –, BVerwGE 109, 272 = juris Rn. 20.

173 So hat das BVerwG, Urteil vom 30.04.2003 – 6 C 5/02 –, NVwZ 2003, 1385, 1386, eine Gebühr, die die Kosten des Verwaltungsaufwandes um etwa das 4.444-fache übersteigt, für rechtswidrig erklärt. Vgl. darüber hinaus *Schulte/Wiesmann*, in: Driehaus, KAG Kommentar, § 6, Rn. 49b.

(c) Gleichheitsgrundsatz

Da der Staat gemäß Art. 1 Abs. 3 GG an die Grundrechte und mithin auch an Art. 3 Abs. 1 GG gebunden ist, strahlt der allgemeine Gleichheitssatz in die Gebührenerhebung und -kalkulation ebenso wie auch in die Beitragserhebung und -kalkulation mit ein. Im Allgemeinen verlangt er, dass wesentlich gleiche Sachverhalte gleich und wesentlich ungleiche Sachverhalte ungleich behandelt werden sollen. Dies führt jedoch nicht zu einem strengen Gebot oder Verbot; vielmehr ist dem Gebührengesetzgeber innerhalb der Grenzen der Sachgerechtigkeit ein Spielraum eingeräumt.[174] Dieser findet dort seine Grenzen, wo sachliche Gründe für die Gleich- oder Ungleichbehandlung nicht mehr ersichtlich sind.[175] Nach der Rechtsprechung ist hierbei jedoch zumindest bei solchen Einrichtungen, die dem Sozialstaatsprinzip dienen,[176] auch eine soziale Staffelung zulässig, die sich nach Einkommen richtet. Obwohl eine solche Staffelung streng genommen dem Prinzip der Kosten- und Leistungsproportionalität[177] widerspricht, da sie weder kosten- noch leistungsbezogen[178] ist und daher keinerlei Rückschluss auf die tatsächlichen Kosten der öffentlichen Leistung oder Einrichtung zulässt, soll sie etwa bei Kindergärten zulässig sein, sofern auch die Höchstgebühr die tatsächlichen Kosten nicht decken würde und die veranschlagte Gebühr in einem angemessenen Verhältnis zu der öffentlichen Leistung steht.[179] Die soziale Staffelung darf jedoch nicht zulasten der „Vollzahler" gehen. Die Finanzierung sozialstaatlicher Leistungen ist vielmehr Aufgabe der Allgemeinheit und muss

174 *Vetter*, in: Christ/Oebbecke (Hrsg.), Handbuch Kommunalabgabenrecht, D Rn. 24.

175 BVerwG, Urteil vom 01.12.2005 – 10 C 4/04 –, NVwZ 2006, 589, 595, Rn. 56 für Benutzungsgebühren; BVerwG, Beschluss vom 18.04.2000 – 11 B 20/00 –, LKV 2000, 451, 451 = NVwZ 2000, 1302, LS für Verwaltungsgebühren. Vgl. darüber hinaus *Schulte/Wiesmann*, in: Driehaus (Hrsg.), KAG Kommentar, § 6, Rn. 49 f.

176 Ein Großteil der hierzu ergangenen Rechtsprechung bezieht sich auf Kindergartengebühren, wie etwa BVerfG, Beschluss vom 10.03.1998 – 1 BvR 178/97 –, NJW 1998, 2128, 2130; BVerwG, Beschluss vom 15.03.1995 – 8 NB 1/95 –, NVwZ 1995, 790, 790 f.; VGH Mannheim, Beschluss vom 31.08.1993 – 2 S 3000/90 –, NVwZ 1994, 194, 196 f.; OVG Lüneburg, Urteil vom 11.07.1989 – 9 L 39/89 –, NVwZ 1990, 91, 92 f.

177 Siehe hierzu sogleich.

178 *Vetter*, in: Christ/Oebbecke (Hrsg.), Handbuch Kommunalabgabenrecht, D Rn. 28.

179 *Vetter*, in: Christ/Oebbecke (Hrsg.), Handbuch Kommunalabgabenrecht, D Rn. 29; für Kindergartengebühren hat das Bundesverfassungsgericht in BVerfG, Beschluss vom 10.3.1998 – 1 BvR 178-97 –, NJW 1998, 2128, 2130 eine soziale Staffelung mit der Begründung akzeptiert, dass die Nutzer, die die volle Gebühr zahlen, wegen der Nicht-Deckung der allgemeinen Kosten nicht zusätzlich zur Entlastung sozial Schwächerer herangezogen werden.

daher über die Steuer finanziert werden. So haben einige Länder die Möglichkeit einer sozialen Gebührenstaffelung gesetzlich verankert.[180] Bei vollkostentragenden und kostenrechnenden Einrichtungen der Ver- und Entsorgung (z.B. Wasser- und Energieversorgung, Abwasserbeseitigung, Abfallentsorgung) kommen soziale Gebührenstaffelungen dagegen nicht in Betracht.[181]

(d) Kostendeckungsprinzip

Das Kostendeckungsprinzip folgt nicht aus verfassungsrechtlichen Grundsätzen, weshalb es nur dann zum Tragen kommt, wenn es vom Landesgesetzgeber gesetzlich normiert ist.[182] Es fordert, dass die Gebühr nach den der Verwaltung entstandenen Kosten zu bemessen ist.[183] Dadurch dient es sowohl als Höchst- als auch als Mindestgrenze für die Gebührenbemessung, es beinhaltet folglich ein Kostendeckungsgebot und ein -überdeckungsverbot.[184] Indem der Kostendeckungsgrundsatz dafür sorgt, dass die von der Verwaltung veranschlagten Gebühren prognostisch die Verwaltungsausgaben nicht übersteigen sollen, fungiert er so als eine Art Veranschlagungsmaxime.[185] Ein Kostenüberschuss ist nur dann für die Gültigkeit des veranschlagten Gebührensatzes irrelevant, wenn zumindest im Zeitpunkt der Gebührenkalkulation die prognostizierten Gebührensätze fachgerecht und damit rechtmäßig waren, wenn also die Überdeckung nicht vorherzusehen war. In diesem Fall ist die Überdeckung in die nächste Abrechnungsperiode mit einzustellen.

---

180 So beispielsweise § 10 Abs. 4 HKAG; § 4 Abs. 2 KAG MV; § 5 Abs. 3 NKAG; § 14 Abs. 2 Satz 3 SächsKAG; § 5 Abs. 3 Satz 1 KAG LSA; § 4 Abs. 2 Satz 2 KAG SH.

181 *Vetter*, in: Christ/Oebbecke (Hrsg.), Handbuch Kommunalabgabenrecht, D Rn. 31.

182 St. Rspr., BVerwG, Beschluss vom 19.09.1983 – 8 B 117/82 –, juris Rn. 8; BVerwG, Urteil vom 18.04.1975 – VII C 41.73 –, juris Rn. 22; BVerwG, Urteil vom 24.03.1961 – VII C 109.60 –, BVerwGE 12, 162, 167 = juris Rn. 33; BVerwG, Urteil vom 08.12.1961 – VII C 2.61 –, BVerwGE 13, 214, 222 = juris 3. LS; *Henneke*, Öffentliches Finanzwesen, § 9, Rn. 400; anders sieht dies *Wienbracke*, Die verfassungsrechtliche Verankerung des gebührenrechtlichen Kostendeckungsprinzips, in: DÖV 2005, 201. Beispielsweise hat Hessen in § 10 Abs. 1 Satz 2 HKAG das Kostendeckungsprinzip verankert.

183 *Perlitius*, Die vorteilsabschöpfende Verwaltungsgebühr, S. 35.

184 *Sacksofsky*, Umweltschutz durch nicht-steuerliche Abgaben, S. 98; *Kaufmann*, in: Henneke/Pünder/Waldhoff, § 15, Rn. 41.

185 *Kaufmann*, in: Henneke/Pünder/Waldhoff, § 15, Rn. 29; *Vetter*, in: Christ/Oebbecke (Hrsg.), Handbuch Kommunalabgabenrecht, D Rn. 45; *Sacksofsky*, Umweltschutz durch nicht-steuerliche Abgaben, S. 100.

(e) Prinzip der Leistungs- und Kostenproportionalität

Das Prinzip der Leistungsproportionalität verlangt eine leistungsgerechte und leistungsproportionale Gebührenbemessung nach Art und Umfang der jeweiligen Inanspruchnahme der öffentlichen Einrichtung.[186] Das bedeutet, dass feste Entgelte, die weder Umfang noch Aufwand der in Anspruch genommenen Leistung berücksichtigen, gegen das Prinzip der Leistungsproportionalität verstoßen. Da der Umfang jedoch nicht immer genau zu beziffern ist oder aber die genaue Ermittlung einen erheblichen Verwaltungsaufwand bedeuten würde, akzeptiert die Rechtsprechung in einem gewissen Umfang sogenannte Wahrscheinlichkeitsmaßstäbe.[187] Als solche nennt *Sacksofsky* beispielsweise die Bemessung der Abwassergebühren nach dem Frischwasserbezug und die Müllgebühren nach Anzahl und Größe der Mülltonnen.[188] Bei dem Prinzip der Leistungsproportionalität handelt es sich um einen Verfassungsgrundsatz, der sich unmittelbar aus Art. 3 Abs. 1 GG ableiten lässt. Insoweit behauptet wird, dass es sich dabei nicht um einen Verfassungsgrundsatz handeln würde und das Prinzip der Leistungsproportionalität wohl erst dann Gültigkeit erlange, wenn es entsprechend gesetzlich normiert sei[189], oder aber lediglich Gewohnheitsrecht darstelle[190], ist dies falsch.

Das Prinzip der Kostenproportionalität verlangt darüber hinaus, dass die Benutzungsgebühren an den durch die Benutzung der öffentlichen Einrichtung entstehenden Kosten auszurichten sind.[191] *Wilke* kritisiert, dass das Prinzip der Kostenproportionalität wegen des Prinzips der Leistungsproportionalität

---

186 *Vetter*, in: Christ/Oebbecke (Hrsg.), Handbuch Kommunalabgabenrecht, D Rn. 38; *Wilke*, Gebührenrecht und Grundgesetz, S. 202 ff.

187 BVerwG, Beschluss vom 28.03.1995 – 8 N 3/93 –, juris Rn. 16; BVerwG, Beschluss vom 20.09.2007 – 9 BN 2/07 –, juris Rn. 10; OVG Magdeburg, Urteil vom 01.04.2004 – 1 K 93/03 –, juris Rn 9 ff.; OVG Weimar, Urteil vom 23.11.2005 – 4 KO 877/01 –, juris Rn. 41; ausführlich hierzu *Wilke*, Gebührenrecht und Grundgesetz, S. 209 ff.; vgl. auch *Schulte/Wiesmann*, in: Driehaus, KAG Kommentar, § 6, Rn 2 f.

188 *Sacksofsky*, Umweltschutz durch nicht-steuerliche Abgaben, S. 103.

189 Insofern widersprüchlich *Wilke*, Gebührenrecht und Grundgesetz, S. 206 f.

190 So etwa *Wilke*, Gebührenrecht und Grundgesetz, S. 206 f.; *Bettermann*, Legislative ohne Posttarifhoheit, S. 52. Die Rechtsprechung nimmt immer wieder Bezug auf das Prinzip der Leistungsproportionalität, vgl. beispielsweise BVerwG, Urteil vom 21.10.1994 – 8 C 21/92 –, juris Rn. 14 ff.; OVG Berlin-Brandenburg, Urteil vom 10.02.2011 – OVG 1 B 72.09 –, juris Rn. 24 ff.; VG Koblenz, Urteil vom 31.03.2016 – 1 K 536/15.KO –, juris Rn. 17 f.; OVG Münster, Urteil vom 16.01.2014 – 14 A 2794/12 –, juris Rn. 27 ff.; OVG Koblenz, Urteil vom 10.12.2014 – 6 A 10051/14 –, juris Rn. 30 ff.

191 *Vetter*, in: Christ/Oebbecke (Hrsg.), Handbuch Kommunalabgabenrecht, D Rn. 39.

zunehmend aus den Augen verloren wird, obwohl aus Art. 3 Abs. 1 GG kein Vorrang dieses Prinzips folgen würde.[192]

(4) Abgrenzung zum Beitrag

Zusammengefasst ergeben sich zwischen Beiträgen und Gebühren die folgenden Unterschiede: Gebühren werden grundsätzlich für die Inanspruchnahme einer öffentlichen Einrichtung oder Leistung erhoben, Beiträge hingegen für die alleinige Möglichkeit der Inanspruchnahme einer öffentlichen Einrichtung oder Leistung.[193] Auch werden Gebühren erhoben wegen einer konkret beantragten oder in Anspruch genommenen Leistung durch den Bürger, wohingegen der Beitragsschuldner keinen Einfluss auf die Schaffung und Ausgestaltung öffentlicher Einrichtungen und damit auf den Beitragsgrund oder -satz hat. Beiträge werden außerdem grundsätzlich nur einmal erhoben,[194] während Gebühren grundsätzlich laufend wiederkehrend erhoben werden können, nämlich immer bei (erneuter) Inanspruchnahme des Vorteils.

c) Steuern

Gemäß § 3 Abs. 1 AO sind Steuern ganz allgemein *„Geldleistungen, die nicht eine Gegenleistung für eine besondere Leistung darstellen und von einem öffentlich-rechtlichen Gemeinwesen zur Erzielung von Einnahmen allen auferlegt werden, bei denen der Tatbestand zutrifft, an den das Gesetz die Leistungspflicht knüpft"*.

(1) Der allgemeine Steuerbegriff

Ob eine Steuer vorliegt, richtet sich nicht nach der Bezeichnung der Abgabe, sondern danach, ob die Voraussetzungen einer Steuer vorliegen. Bestimmend ist demzufolge der materielle Gehalt der Abgabe.[195] Die folgenden Voraussetzungen müssen für einen Steuertatbestand erfüllt sein.

---

192 *Wilke*, Gebührenrecht und Grundgesetz, S. 207.

193 Für Anschlussbeiträge und Benutzungsgebühren siehe auch *Grünewald*, Anschlussbeiträge, § 2, Rn. 2.

194 Eine Ausnahme bildet hier der sogenannte wiederkehrende Beitrag. Vgl. hierzu unter *B. III. 1. a) (4) Grundsatz der Einmaligkeit der Erhebung* und Fn. 145.

195 BVerfG, Beschluss vom 04.02.1958 – 2 BvL 31/56 –, BVerfGE 7, 244, 251 = juris Rn. 16; BVerfG, Beschluss vom 12.10.1978 – 2 BvR 154/74 –, BVerfGE 49, 343, 353; *Schmidt-Jortzig/Makswit*, Handbuch des kommunalen Finanz- und Haushaltsrechts, Rn. 48.

(a) Die Steuer ist eine Geldleistung

Eine Steuer ist ausweislich des § 3 Abs. 1 AO zwingend in Geld zu begleichen; Sach- oder Dienstleistungen sind ausgeschlossen.[196]

(b) Auferlegung durch das öffentlich-rechtliche Gemeinwesen

Das Steuermonopol liegt beim Staat, sodass die Steuer von dem öffentlich-rechtlichen Gemeinwesen auferlegt worden sein muss. Grundsätzlich umfasst das öffentlich-rechtliche Gemeinwesen alle Arten von juristischen Personen des öffentlichen Rechts, vordergründig jedoch die sogenannten Gebietskörperschaften (Bund, Länder, Gemeinden, Gemeindeverbände).[197]

Die Auferlegung muss durch ein Gesetz im materiellen Sinne geschehen.[198] Sollte dieses materielle Gesetz nicht gleichzeitig auch ein formelles Gesetz sein (wie es etwa bei Satzungen der Fall ist), so muss es wegen des verfassungsrechtlich geltenden Grundsatzes des Vorbehalts des Gesetzes auf eine Ermächtigungsgrundlage als formelles Gesetz zurückzuführen sein. Der Grundsatz des Vorbehalts des Gesetzes besagt, dass das Handeln des Staates insbesondere bei grundrechtssensiblen Bereichen, wie Eingriffen in Freiheit und Eigentum der Bürger, einer formell-gesetzlichen Grundlage bedarf.[199]

Obwohl dem Gesetzgeber bei Schaffung des Steuertatbestandes ein Ermessen hinsichtlich Höhe und Voraussetzungen eingeräumt ist,[200] ist das Gesetz an bestimmten verfassungsrechtlichen Anforderungen zu messen[201]. Der Grundsatz der Tatbestandsmäßigkeit fordert beispielsweise, dass die steuerpflichtbegründende Norm nach Inhalt, Gegenstand, Zweck und Ausmaß hinreichend

---

196 Vgl. hierzu auch *Gersch*, in: Klein, AO Kommentar, § 3, Rn. 4; *Koenig*, in: Koenig, AO Kommentar, § 3, Rn. 1; *Drüen*, in: Tipke/Kruse, AO/FGO, § 3 AO, Rn. 9.

197 *Koenig*, in: Koenig, AO Kommentar, § 3, Rn. 12 m.w.N.; *Zimmermann*, Das System der kommunalen Einnahmen, S. 56.

198 *Gersch*, in: Klein, AO Kommentar, § 3, Rn. 5.

199 BVerfG, Beschluss vom 28.10.1975 – 2 BvR 883/73 –, BVerfGE 40, 237 = juris Rn. 34, *Huster/Rux*, in: Epping/Hillgruber, BeckOK GG, Art. 20, Rn. 172; *Grzeszick*, in: Maunz/Dürig, Grundgesetz Kommentar, Art. 20 Rn. 75.

200 St. Rspr., so statt vieler BVerfG, Urteil vom 17. 12.2014 – 1 BvL 21/12 –, BStBl II 2015, 50 = BVerfGE 138, 136 = juris Rn. 123; BVerfG, Beschluss vom 04.02.2009 – 1 BvL 8/05 –, BVerfGE 123, 1, 19 = juris Rn. 55.

201 BVerfG, Urteil vom 17.12.2014 – 1 BvL 21/12 –, BStBl II 2015, 50 = BVerfGE 138, 136 = juris Rn. 126; BVerfG, Beschluss vom 22.06.1995 – 2 BvL 37/91 –, BStBl II 1995, 655 = BVerfGE 93, 121 = juris Rn. 46 ff.; BVerfG, Beschluss vom 04.02.2009 – 1 BvL 8/05 –, BVerfGE 123, 1-39 = BStBl II 2009, 1035 = juris Rn. 58 ff. = NVwZ 2009, 968.

bestimmt sein muss, sodass die voraussichtliche Steuerlast für den Bürger messbar und überschaubar ist.[202] Ganz allgemein besagt er, dass die Steuerleistungspflicht nur eintritt, wenn der Steuerpflichtige den Steuertatbestand erfüllt und stellt damit einen Ausfluss des Rechtsstaatsprinzips dar.

(c) Keine Gegenleistung für eine besondere Leistung

Die Steuer unterliegt nicht dem Äquivalenzprinzip. Die Tatsache, dass die Steuer ohne Gegenleistung erhoben und geleistet wird, unterscheidet sie grundlegend von den Gebühren und Beiträgen. Die Steuer dient allein dazu, den allgemeinen Finanzbedarf des Staates zu decken und unterliegt daher keiner Zweckbindung.[203] Nach *Birk/Eckhoff* ist die Zweckungebundenheit eines der wesentlichen Vorzüge der Steuer gegenüber der Vorzugslasten: Die Abkopplung der Ausgabenseite von der Einnahmenseite und die damit verbundene Unabhängigkeit des Haushaltsgesetzgebers vom Willen der Steuerzahler seien notwendig, um auch unpopuläre finanzwirksame Maßnahmen zu ermöglichen.[204] Problematisch erscheint der Aspekt der Zweckungebundenheit etwa bei der Betrachtung der Gewerbesteuer und der Mineralölsteuer. Die Gewerbesteuer soll dazu dienen, den Gemeinden die Lasten auszugleichen, die ihnen durch die Gewerbetreibenden entstehen, wie etwa der Bau und die Unterhaltung von Straßen, die Erschließung von Baugelände oder die Schaffung von Verkehrsflächen.[205] Ebenso soll ein Teil der Mineralölsteuer ausweislich Art. 1 Satz 1 des Straßenbaufinanzierungsgesetzes[206] für die *„Zwecke des Straßenwesens"* verwendet werden. Hier ist folglich – wenn auch latent – ein Äquivalenzinteresse gegeben. Diese Steuern

202 BVerfG, Urteil vom 14.12-1965 – 1 BvR 571/60 –, BVerfGE 19, 253, 267 = juris Rn. 44; BFH, Beschluss vom 16.06.2005 – VII R 10/03 –, juris Rn. 13, 36; BFH, Urteil vom 11.12.2013 – IX R 45/12 –, BFHE 244, 296 = BStBl II 2014, 578 = juris Rn. 20.

203 Vgl. hierzu etwa BVerfG, Beschluss vom 11.10.1994 – 2 BvR 633/86 –, BVerfGE 91, 186, 201 = juris Rn. 42; BVerfG, Urteil vom 06.07.2005 – 2 BvR 2335/95 –, BVerfGE 113, 128 = juris Rn. 102.

204 *Birk/Eckhoff*, Staatsfinanzierung durch Gebühren und Steuern. Vor- und Nachteile aus juristischer Perspektive, in: Sacksofsky/Wieland (Hrsg.), Vom Steuerstaat zum Gebührenstaat, S. 54, 57.

205 BVerfG, Urteil vom 13.07.1965 – 1 BvR 771/59 –, BVerfGE 19, 101, 112 = juris Rn. 24 ff.; BVerfG, Beschluss vom 21.12.1966 – 1 BvR 33/64 –, BVerfGE 21, 54, 65 f. = juris Rn. 26 ff.; BT-Drs. VI/3418, 51; vgl. ferner Begründung zum Gewerbesteuergesetz 1936, in: RStBl. 37, 693, 696; *Zitzelsberger*, Grundlagen der Gewerbesteuer, S. 146 ff.

206 Straßenbaufinanzierungsgesetz (StrFinG) (BGBl. III, ber. Nr. 912-3), zuletzt geändert durch Art. 19 des Gesetzes vom 14.08.2017 (BGBl. I S. 3122).

sind insofern beitragsähnlich beziehungsweise haben einen Beitragscharakter,[207] werden jedoch noch zu den Steuern gerechnet, nicht zuletzt auch, weil durch die Abgabe nur ein abstrakter Vorteil abgegolten wird und gerade kein konkreter. Vorzugslasten knüpfen hingegen immer an einen konkret nachweisbaren Vorteil an.[208]

(d) Erzielung von Einnahmen

Die Steuer muss ausweislich § 3 Abs. 1 Hs. 2 AO zumindest als Nebenzweck[209] der Erzielung von Einnahmen und damit dem allgemeinen Finanzbedarf des Staates dienen. Dies schließt etwaige Lenkungszwecke durch Steuern nicht aus, wie es etwa bei der Tabaksteuer oder der Mineralölsteuer der Fall ist. Da hier die Einnahmenerzielung jedoch zumindest Nebenzweck ist (die Tabaksteuer brachte im Jahre 2016 immerhin rund 14 Milliarden Euro ein und war damit – nach der Energiesteuer – die zweitertragreichste Verbrauchssteuer[210]), erfüllt auch sie die Voraussetzungen für eine Steuer. Ausgenommen von dem Steuerbegriff sind aber Bußgelder, Zwangsgelder und Geldstrafen, welche reinen Zwang- und Strafcharakter haben und nicht der Erzielung von Einnahmen dienen.[211]

Die Steuereinnahmen sind in den Haushaltsplan einzustellen.

---

207 So auch *Agethen*, Die Beitragserhebung beim Ausbau öffentlicher Straßen nach § 6 NKAG, S. 16.

208 Vgl. hierzu auch *Birk/Eckhoff*, Staatsfinanzierung durch Gebühren und Steuern. Vor- und Nachteile aus juristischer Perspektive, in: Sacksofsky/Wieland (Hrsg.), Vom Steuerstaat zum Gebührenstaat, S. 54, 61.

209 BVerfG, Beschluss vom 15.01.2014 - 1 BvR 1656/09 –, DStR 2014, 420 = HFR 2014, 366 = juris Rn. 49; BVerfG, Urteil vom 10.12.1980 - 2 BvF 3/77 –, BVerfGE 55, 274, 299 = juris Rn. 69; BVerfG, Urteil vom 07.05.1998 - 2 BvR 1991/95 –, BVerfGE 98, 106 = juris Rn. 56; BFH, Beschluss vom 21.02.1990 - II B 98/89 –, NVwZ 1990, 903, 903; vgl. auch BVerfG, Beschluss vom 17.07.1974 - 1 BvR 51/69 –, BVerfGE 38, 61, 80 = juris Rn. 96; siehe auch *Gersch*, in: Klein, AO Kommentar, § 3, Rn. 9, *Schmidt-Jortzig/Makswit*, Handbuch des kommunalen Finanz- und Haushaltsrechts, Rn. 58.

210 Statistisches Bundesamt, Statistik über das Steueraufkommen, abrufbar unter https://www.destatis.de/DE/ZahlenFakten/GesellschaftStaat/OeffentlicheFinanzenSteuern/Steuern/Steuerhaushalt/Tabellen/KassenmaessigeSteuereinnahmenVorSteuerverteilung.html (zuletzt abgerufen am 12.07.2019).

211 *Schmidt-Jortzig/Makswit*, Handbuch des kommunalen Finanz- und Haushaltsrechts, Rn. 58.

(2) Steuerprinzipien

Es haben sich außerdem verschiedene sogenannte Steuerprinzipien herausgebildet, nach denen sich die Besteuerung zu richten hat.

(a) Tatbestandsmäßigkeit der Besteuerung

Aus § 38 AO folgt, dass Steuerschuldner all diejenigen sind, auf die der Tatbestand zutrifft, an den das Gesetz die Zahlungspflicht knüpft. Wie bereits erwähnt, fordert der Grundsatz der Tatbestandsmäßigkeit der Besteuerung als Ausdruck des Rechtsstaatsprinzips im Bereich des Abgabenwesens außerdem, dass steuerbegründende Tatbestände so bestimmt sein müssen, dass der Steuerpflichtige die auf ihn entfallende Steuerlast vorausberechnen kann.[212] Der Steuertatbestand muss also zumindest den Steuerschuldner, den Steuergegenstand, die Besteuerungsgrundlage und den Steuersatz enthalten.[213]

(b) Das Gemeinlastprinzip

Steuern dienen der Finanzierung öffentlicher Güter und Aufgaben nach dem Gemeinlastprinzip. Das heißt nichts anderes, als dass die Lasten der Finanzierung auf die Allgemeinheit der Steuerzahler verteilt werden. Auch hierin unterscheiden sich die Steuern von den Beiträgen und Gebühren, welche nach dem Äquivalenzprinzip erhoben werden. Ihnen liegt ein Gegenseitigkeitsverhältnis von Leistung und Gegenleistung zugrunde, aus dem naturgemäß folgt, dass nur eine bestimmte Gruppe, nämlich die der Leistungsempfänger, belastet wird, gerade aber nicht die Allgemeinheit.

(c) Leistungsfähigkeitsprinzip

Der allgemeine Gleichheitssatz gebietet außerdem grundsätzlich, dass die Besteuerung an der wirtschaftlichen Leistungsfähigkeit des einzelnen Steuerschuldners ausgerichtet werden muss.[214] Dieses sogenannte Leistungsfähigkeitsprinzip,

---

212 St. Rspr., statt vieler BVerfG, Urteil vom 14.12. 1965 – 1 BvR 571/60 –, BVerfGE 19, 253, 267 = NJW 1966, 150.

213 So auch *Zimmermann*, Das System der kommunalen Einnahmen, S. 58.

214 BVerfG, Beschluss vom 29.05.1990 – 1 BvL 20/84 –, BStBl II 1990, 653 = BVerfGE 82, 60, 86 = juris Rn. 103; vgl. auch BVerfG, Beschluss vom 05.02.2002 – 2 BvR 305/93 –, BVerfGE 105, 17, 46 = juris Rn. 88; BVerfG, Urteil vom 03.11.1982 – 1 BvR 620/78 –, BVerfGE 61, 319 = BStBl II 1982, 717 = juris Rn. 75; BVerfG, Beschluss vom 29.05.1990 – 1 BvL 20/84 –, BStBl II 1990, 653 = BVerfGE 82, 60 = juris Rn. 103.

das auf alle Steuern gleichmäßig anwendbar ist,[215] ist aber nicht nur Ausdruck des allgemeinen Gleichheitssatzes, sondern ebenfalls Ausdruck des Sozialstaatsprinzips.[216] Es fordert, dass eine Steuer nur einer Person in einem solchen Umfang auferlegt wird, wie sie diese Steuer auch aus ihrem disponiblen Einkommen erbringen kann und dass die Steuerlast gerecht gemäß der steuerlichen Leistungsfähigkeit auf die Steuerpflichtigen verteilt wird.[217] Mit anderen Worten können Personen mit einer höheren allgemeinen Leistungsfähigkeit höher besteuert werden als Personen mit einer geringeren Leistungsfähigkeit. Eine Einschränkung besteht allerdings bei den kommunal ausgestalteten Realsteuern, bei denen die Leistungsfähigkeit bei der Steuerberechnung grundsätzlich unbeachtlich ist.[218]

Aus dem Leistungsfähigkeitsprinzip hat sich darüber hinaus unter anderem der Schutz des Existenzminimums herausgebildet. Aus dem Leistungsfähigkeitsprinzip folgt, dass derjenige nicht durch Steuererhebung belastet werden soll, bei dem die wirtschaftliche Belastungsgrenze erreicht ist. Konsequenterweise muss das Existenzminimum, das die wirtschaftliche Belastungsgrenze darstellt, steuerfrei bleiben ebenso wie der Betrag, der notwendig ist, um den Bedarf von unterhaltsberechtigten Familien und Kindern zu decken.[219] Die Grenze, ab welcher aufgrund der Gesamtsteuerbelastung das Leistungsfähigkeitsprinzip verletzt ist, ist im Einzelfall wertend zu ermitteln.[220] Eine einmal getroffene Belastungsentscheidung muss darüber hinaus folgerichtig im Sinne der Belastungsgleichheit umgesetzt werden.[221] Hat sich der Gesetzgeber einmal für ein System entschieden, auf dessen Grundlage

---

215 BVerfG, Beschluss vom 22.06.1995 – 2 BvL 37/91 –, BStBl 95, 655, 660; *Gersch*, in: Klein, AO Kommentar, § 3, Rn. 14; anders hingegen *Heun*, in: Dreier, GG Kommentar, Art. 3, Rn. 76, der das Leistungsfähigkeitsprinzip nur auf solche Steuern, die das Einkommen und das Vermögen betreffen, angewendet sehen möchte.

216 *Kube*, Finanzgewalt in der Kompetenzordnung, S. 131 ff.; *Zacher*, in: Isensee/Kirchhof, HdStR, Bd. II, § 28, Rn. 36, Fn. 196; BVerfG, Beschluss vom 09.02.1972 – 1 BvL 16/69 –, BVerfGE 32, 333, 339 = BStBl II 1972, 408 = juris Rn. 21, 34.

217 BVerfG, Urteil vom 03.11.1982 – 1 BvR 620/78 –, BVerfGE 61, 319-357, BStBl II 1982, 717 = BVerfGE 61, 319; BVerfG, Beschluss vom 22.06.1995 – 2 BvL 37/91 –, BStBl II 1995, 655 = BVerfGE 93, 121; *Gersch*, in: Klein, AO Kommentar, § 3, Rn. 14.

218 Vgl. hierzu unter *B. III 1. c) (3) Die einzelnen Kommunalsteuern*.

219 BVerfG, Beschluss vom 10.11.1998 – 2 BvL 42/93 –, juris 1. LS.

220 *Gersch*, in: Klein, AO Kommentar, § 3, Rn. 16.

221 BVerfG, Beschluss vom 04.12.2002 – 2 BvR 400/98 –, BStBl II 2003, 534 = BVerfGE 107, 27 = juris Rn. 51; BVerfG, Urteil vom 27.06.1991 – 2 BvR 1493/89 –, BStBl II 1991, 654 = BVerfGE 84, 239 = juris Rn. 108; BVerfG, Beschluss vom 22.06.1995 – 2

die Steuerlast auf die Steuerpflichtigen verteilt wird, so liegt eine Ungleichbehandlung vor, wenn dieses System ohne hinreichende Rechtfertigung durchbrochen wird.[222]

(d) Subsidiarität der Kommunalsteuern

Alle Gemeindeordnungen beziehungsweise Kommunalverfassungen haben das sogenannte Subsidiaritätsprinzip für die Kommunalsteuern in sich verankert. Zu finden ist es beispielsweise in § 77 Abs. 2 GO NRW[223] oder § 76 Abs. 2 GO SH[224]. Es besagt, dass Steuern nur dann erhoben werden sollen, soweit die sonstigen Finanzmittel (spezielle Entgelte für die von ihr erbrachten Leistungen, *ergo* mitunter Beiträge und Gebühren) nicht ausreichen oder nicht erhoben werden dürfen.[225] Steuern im Sinne der Subsidiaritätsprinzipien der Länder sind allein solche Kommunalsteuern, die von den Gemeinden erhoben und verwaltet werden. Nicht umfasst sind demnach die den Gemeinden nach dem Grundgesetz anteilig zustehenden Gemeinschaftssteuern und die an die Gemeinden nach Maßgabe des Landesrechts weitergeleiteten Landessteuern, da diese den Gemeinden erst aufgrund des kommunalen Finanzausgleichs zufließen.[226] Da die Erhebungskompetenz hier nicht bei den Gemeinden liegt, findet das Subsidiaritätsprinzip auf sie keine Anwendung.[227]

BvL 37/91 –, BStBl II 1995, 655 = BVerfGE 93, 121 = juris Rn. 46; BVerfG, Beschluss vom 30.09.1998 – 2 BvR 1818/91 –, BVerfGE 99, 88 = juris Rn. 23; BVerfG, Beschluss vom 11.11.1998 – 2 BvL 10/95 –, BVerfGE 99, 280 = BStBl II 1999, 502 = juris Rn. 46; BVerfG, Beschluss vom 22.06.1995 – 2 BvL 37/91 –, BStBl II 1995, 655 = BVerfGE 93, 121, 136.

222 So auch *Gersch*, in: Klein, AO Kommentar, § 3, Rn. 17.

223 Gemeindeordnung für das Land Nordrhein-Westfalen (GO NRW) in der Fassung der Bekanntmachung vom 14.07.1994 (GV. NRW 1994, S. 666), zuletzt geändert durch Gesetz vom 18.12.2018 (GV. NRW 2018, S. 759).

224 Gemeindeordnung für Schleswig-Holstein (GO SH) in der Fassung vom 28.02.2003 (GVOBl. 2003, S. 57), zuletzt geändert durch Gesetz vom 04.01.2018 (GVOBl. 2018, S. 6).

225 Siehe hierzu näher unter *B. V. Wirtschaftliche Auswirkungen der Abschaffung von kommunalen Vorzugslasten.*

226 *Dietlein*, in: PdK RP B-1, § 94 GemO, Erl. 3.2.2.

227 Vgl. hierzu auch später unter *B. IV. 1 Verhältnis der kommunalen Abgaben untereinander.*

(3) *Die einzelnen Kommunalsteuern*

(a) Allgemeines

Kommunalsteuern sind die Steuern, deren Ertrag den Gemeinden zukommt. Dies kann, wie bereits erwähnt, Folge von Art. 105 Abs. 2a GG in Verbindung mit dem einschlägigen Landesrecht oder aber Folge von Art. 106 Abs. 5, Abs. 5a und Abs. 6 GG sein. Die Erhebungskompetenz geht damit nicht zwingend einher. Wie bereits erwähnt, steht grundsätzlich dem Bund die Steuerkompetenz zu.[228] Davon ausgenommen sind gemäß Art. 105 Abs. 2a GG die örtlichen Verbrauch- und Aufwandsteuern, deren Erhebung den Ländern zusteht, welche wiederum durch Gesetz die Kommunen ermächtigt haben, diese (aufgrund einer Satzung) zu erheben.

(b) Realsteuern und Personalsteuern

i. Realsteuern (Grund- und Gewerbesteuer)

Realsteuern werden auch Objekt- oder Sachsteuern genannt. Im Gegensatz zu den Personalsteuern bleiben die persönlichen Umstände des Steuerschuldners, wie etwa seine Leistungsfähigkeit, unberücksichtigt. Stattdessen knüpft die Steuerpflicht an unabhängig von der Person gegebene, objektive Tatbestände an. Besteuert wird also eine Sache, ein Grundstück oder ein Gewerbebetrieb.[229]

Der Begriff der Realsteuer ist mit der Grundgesetzänderung von 1997 durch die Begriffe Grundsteuer und Gewerbesteuer ersetzt worden; er wird jedoch nach wie vor im juristischen Sprachgebrauch verwendet.[230]

ii. Personalsteuern

Personalsteuern werden auch Subjektsteuern genannt. Sie knüpfen an Tatbestände an, die in der (natürlichen oder juristischen) Person liegen, wie etwa ihre Leistungsfähigkeit, Alter und Familienstand und besteuern in erster Linie das Vermögen einer Person.[231] Beispiele hierfür sind die Erbschaftssteuer, Körperschaftssteuer und die Einkommenssteuer.

---

228 Vgl. hierzu bereits unter *B. II. 1. Steuern.*

229 *Kolms*, Finanzwissenschaft II, S. 73; *Schmidt-Jortzig/Makswit*, Handbuch des kommunalen Finanz- und Haushaltsrechts, Rn. 58; *Seiler*, in: Maunz/Dürig, GG Kommentar, Art 105, Rn. 55.

230 Gesetz zur Änderung des Grundgesetzes (Artikel 28 und 106) (BGBl. I S. 2470), verabschiedet in der Fassung Drs. 13/8488, in Kraft getreten am 25.10.1997.

231 *Seiler*, in: Maunz/Dürig, GG Kommentar, Art. 105, Rn. 55.

(c) Örtliche Verbrauch- und Aufwandsteuern

Örtliche Verbrauch- und Aufwandsteuern knüpfen an lokale Gegebenheiten an und begründen eine Steuerpflicht für bestimmte Arten der Einkommensverwendung des persönlichen Bedarfs.[232] Gemäß Art. 105 Abs. 2a GG liegt die Gesetzgebungskompetenz hierfür bei den Ländern, soweit die erhobenen Steuern nicht den bundesrechtlich geregelten Steuern gleichartig sind. Diese haben das Steuerfindungsrecht in einem begrenzten Rahmen an die Gemeinden weitergeleitet[233] (sogenanntes delegiertes Steuer(er)findungsrecht[234]), soweit für die beabsichtigte Steuer einerseits kein Verbot besteht und diese andererseits von der Ermächtigungsgrundlage gedeckt ist. *Birk* fasst dies folgendermaßen zusammen: Das delegierte Steuerfindungsrecht umfasse zum einen die Kompetenz, bekannte und andernorts bereits erhobene örtliche Verbrauch- und Aufwandsteuern auch bei sich einzuführen, und andererseits die Befugnis, bislang unbekannte örtliche Verbrauch- und Aufwandsteuern zu erfinden und einzuführen, wenn die sonstigen rechtlichen Voraussetzungen dafür vorliegen.[235]

i. Verbrauchsteuern

Verbrauchsteuern sind *„Warensteuern, die den Verbrauch vertretbarer, regelmäßig zum baldigen Verzehr oder kurzfristigen Verbrauch bestimmter Güter des ständigen Bedarfs belasten"*.[236] Erhoben werden sie in der Regel beim Unternehmer, der sie über den Preis auf den Verbraucher abwälzt.[237] Beispiele für Verbrauchsteuern sind die Verpackungssteuer, die Getränkesteuer und die Speisesteuer.

---

232 *Waldhoff*, in: Henneke/Pünder/Waldhoff (Hrsg.), Recht der Kommunalfinanzen, § 13, Rn. 2.

233 § 9 KAG BW; Art. 3 BayKAG; § 3 BbgKAG; § 7 HKAG; § 3 KAG MV; § 3 NKAG; § 3 KAG NRW; § 5 KAG RP; § 3 SKAG; § 7 SächsKAG; § 3 LAG LSA; § 3 KAG SH; § 5 ThürKAG.

234 *Henke*, Kommunale Steuern, Rn. 3.

235 *Birk*, in: Driehaus, KAG Kommentar, § 3, Rn. 5.

236 BVerfG, Urteil vom 07.05.1998 – 2 BvR 1991/95 –, BVerfGE 98, 106, 123 = juris Rn. 72 m.V.a. Begründung der Bundesregierung zum Entwurf eines Gesetzes zur Änderung und Ergänzung der Finanzverfassung, Finanzverfassungsgesetz, BT-Drs. 2/480, S. 107, Tz. 160.

237 BVerfG, Urteil vom 07.05.1998 – 2 BvR 1991/95 –, BVerfGE 98, 106, 127 = juris Rn. 72; BVerwG, Beschluss vom 19.08.1994 – 8 N 1/93 –, BVerwGE 96, 272, 281 = juris Rn. 22 ff.; *Waldhoff*, in: Henneke/Pünder/Waldhoff (Hrsg.), Recht der Kommunalfinanzen, § 13, Rn. 49.

ii. Aufwandsteuern

Aufwandsteuern sind Steuern, die auf die Konsumfähigkeit des Steuerpflichtigen erhoben werden, welche wiederum in der Vermögens- oder Einkommensverwendung für den persönlichen Lebensbedarf zum Ausdruck kommt.[238] Sie sollen einen besonderen Aufwand, der über die Befriedigung des Lebensbedarfs hinausgeht, erfassen und stellen eine Art „*Luxusbesteuerung*“[239] dar.

Beispiele für eine Aufwandsteuer sind die Vergnügungssteuer einschließlich der Spielautomatensteuer, die Zweitwohnungssteuer, die Hundesteuer und die Jagdsteuer.

2. Die Erhebung von kommunalen Abgaben

Vorzugslasten werden aufgrund von Kommunalsatzungen erhoben. Eine Satzung ist zwingende Voraussetzung für die Erhebung von Abgaben durch die Kommunen, soweit den Kommunen diese Kompetenz nicht unmittelbar durch ein Bundes- oder Landesgesetz zugewiesen wird.[240] Dies folgt schon aus dem Grundsatz des Vorbehalts des Gesetzes.

§ 2 Abs. 1 Satz 1 und 2 KAG SH[241] formuliert diese Voraussetzung folgendermaßen (Hervorhebung nur hier):

> „***Kommunale Abgaben dürfen nur aufgrund einer Satzung erhoben werden.*** *Die Satzung muss den Gegenstand der Abgabe, die Abgabenschuldnerinnen und Abgabenschuldner, die Höhe und die Bemessungsgrundlage der Abgabe sowie den Zeitpunkt ihrer Entstehung und ihrer Fälligkeit angeben.*“

Die Satzung muss einen bestimmten Mindestinhalt regeln, wie etwa den Beitragstatbestand, um rechtmäßig zu sein. Tut sie dies nicht, so ist sie nichtig und

---

238 BVerfG, Beschluss vom 10.08.1989 – 2 BvR 1532/88 –, NVwZ 1989, 1152, 1152; BVerwG, Urteil vom 12.04.2000 – 11 C 12/99 –, BVerwGE 111, 122, 125 = juris Rn. 29; BVerfG, Beschluss vom 07.05.1963 – 2 BvL 8/61 –, BVerfGE 16, 64, 74, juris Rn. 42; BVerfG, Beschluss vom 12.10.1978 – 2 BvR 154/74 –, BVerfGE 49, 343, 354, juris Rn. 45; zu den Anforderungen an eine Aufwandsteuer siehe BVerwG, Urteil vom 10.12.2009 – 9 C 12/08 –, NVwZ 2010, 784, 785 f.; *Waldhoff*, in: Henneke/Pünder/Waldhoff (Hrsg.), Recht der Kommunalfinanzen, § 13, Rn. 8.

239 So *Waechter*, Kommunalrecht, Rn. 672.

240 *Gern/Brüning*, Deutsches Kommunalrecht, Rn. 1294.

241 Vgl. für die entsprechenden Normen in den anderen Bundesländer § 2 Abs. 1 Satz 1 KAG BW; Art. 2 Abs. 1 Satz 1 BayKAG; § 2 Abs. 1 Satz 1 BbgKAG; § 2 Satz 1 HKAG; § 2 Abs. 1 Satz 1 KAG MV; § 2 Abs. 1 Satz 1 NKAG; § 2 Abs. 1 Satz 1 KAG RP; § 2 Abs. 1 Satz 1 SKAG; § 2 Abs. 1 Satz 1 SächsKAG; § 2 Abs. 1 Satz 1 KAG LSA; § 2 Abs. 1 Satz 1 KAG SH; § 2 Abs. 1 ThürKAG.

es können mangels Rechtsgrundlage keine wirksamen Abgabenbescheide erlassen werden.[242] Zu dem Mindestinhalt gehören in den meisten Bundesländern außerdem der Kreis der Abgabeschuldner, der Maßstab und der Satz der Abgabe sowie der Zeitpunkt ihrer Fälligkeit, vgl. § 2 Abs. 1 KAG SH[243]. Einige Kommunalabgabengesetze greifen etwa noch die Beitragsentstehung als gesonderten Punkt auf.

Dieser kurze Überblick soll für den Zweck dieser Arbeit genügen. Für darüberhinausgehende Ausführungen sei auf die einschlägige Literatur verwiesen.[244]

IV. Subsidiaritätsprinzip in den Gemeindeordnungen

1. Verhältnis der kommunalen Abgaben untereinander

Das Verhältnis der kommunalen Abgabenarten untereinander wird in den Gemeindeordnungen beziehungsweise Kommunalverfassungen der Länder durch das Subsidiaritätsprinzip geregelt. So normiert beispielsweise § 77 Abs. 2 GO NRW[245] (Hervorhebung nur hier):

> „*(1) Die Gemeinde erhebt Abgaben nach den gesetzlichen Vorschriften.*
> *(2) Sie hat die zur Erfüllung ihrer Aufgaben erforderlichen Finanzmittel*
> *1. soweit vertretbar und geboten, aus selbst zu bestimmenden Entgelten für die von ihr erbrachten Leistungen, sowie*
> *2. im Übrigen aus Steuern*
> *zu beschaffen,* ***soweit die sonstigen Finanzmittel nicht ausreichen.***
> *(3) Die Gemeinde hat bei der Finanzmittelbeschaffung auf die wirtschaftlichen Kräfte ihrer Abgabepflichtigen Rücksicht zu nehmen.*
> *(4) Die Gemeinde darf Kredite nur aufnehmen, wenn eine andere Finanzierung nicht möglich ist oder wirtschaftlich unzweckmäßig wäre.*“

---

242 So statt vieler VGH Mannheim, Beschluss vom 08.08.1996 – 2 S 1703/95 –, VBlBW 1997, 28.

243 Vgl. für die entsprechenden Normen in den anderen Bundesländer Art. 2 Abs. 1 Satz 2 BayKAG; § 2 Abs. 1 Satz 2 KAG BW; § 2 Abs. 1 Satz 2 BbgKAG; § 2 Satz 2 HKAG; § 2 Abs. 1 Satz 2 KAG MV; § 2 Abs. 1 Satz 2 NKAG; § 2 Abs. 1 KAG NRW; § 2 Abs. 1 Satz 2 KAG RP; § 2 Abs. 1 Satz 2 SKAG; § 2 Abs. 1 Satz 2 SächsKAG; § 2 Abs. 1 Satz 2 KAG LSA; § 2 Abs. 1 Satz 2 KAG SH; § 2 Abs. 2 ThürKAG.

244 Für ein kommentiertes Satzungsmuster für Straßenausbaubeiträge vgl. etwa *Arndt*, Straßenbaubeiträge, § 13.

245 Gemeindeordnung für das Land Nordrhein-Westfalen (GO NRW) in der Fassung der Bekanntmachung vom 14.07.1994 (GV. NRW. 1994, 666), zuletzt geändert durch Gesetz vom 11.04.2019 (GV. NRW. 2019, S. 202).

Die anderen Länder normieren dies entsprechend in § 78 Abs. 2 GO BW[246], Art. 62 Abs. 2 BayGO[247], § 64 Abs. 2 BbgKVerf[248], § 93 Abs. 2 HGO[249]; § 44 Abs. 2 KV MV[250], § 111 Abs. 5 Satz 1 NKomVG[251], § 94 Abs. 2 GO RP[252], § 83 Abs. 2 KSVG[253], § 73 Abs. 2 SächsGO[254], § 99 Abs. 2 KVG LSA[255], § 76 GO SH[256], § 54 Abs. 2 ThürKO[257].

Dieses sogenannte Subsidiaritätsprinzip, oder Subsidiaritätsgrundsatz, besagt folglich, dass die Gemeinde Steuern nur dann erheben soll, wenn die Erhebung von Vorzugslasten, also Gebühren, Beiträgen oder Sonderabgaben, nicht vertretbar oder geboten ist. Wenn eine Leistung der Gemeinde vom Bürger finanziell abgegolten werden soll, ist daher zunächst eine Gebühr, ein Beitrag oder

---

246 Gemeindeordnung für Baden-Württemberg (GemO BW) in der Fassung vom 24.07.2000 (GBl. 2000, 581, ber. S. 698), zuletzt geändert durch Gesetz vom 21.05.2019 (GBl. S. 161, 186).

247 Gemeindeordnung für den Freistaat Bayern (BayGO) in der Fassung der Bekanntmachung vom 22.08.1998 (GVBl. 198, 796), zuletzt geändert durch Gesetz vom 26.03.2019 (GVBl. S. 98).

248 Kommunalverfassung des Landes Brandenburg (BbgKVerf) vom 18.12.2007 (GVBl. I 2007, 286), zuletzt geändert durch Gesetz vom 19.06.2019 (GVBl. I Nr. 38).

249 Hessische Gemeindeordnung (HGO) in der Fassung der Bekanntmachung vom 07.03.2005 (GVBl. I 2005, 142), zuletzt geändert durch Gesetz vom 21.06.2018 (GVBl. S. 291).

250 Kommunalverfassung für das Land Mecklenburg-Vorpommern (KV MV) vom 13.07.2011 (GVOBl. MV 2011, 777).

251 Niedersächsisches Kommunalverfassungsgesetz (NKomVG) vom 17.12.2010 (Nds. GVBl. 2010, 576), zuletzt geändert durch Gesetz vom 27.03.2019 (Nds. GVBl. S. 70).

252 Gemeindeordnung Rheinland-Pfalz (GemO RP) in der Fassung vom 31.01.1994 (GVBl. 1994, 153), zuletzt geändert durch Gesetz vom 19.12.2018 (GVBl. S. 448).

253 Kommunalselbstverwaltungsgesetz Saarland (KSVG) vom 15.01.1964 in der Fassung vom der Bekanntmachung vom 27.06.1997 (Amtsbl. I, S. 682), zuletzt geändert durch Gesetz vom 15.06.2016 (Amtsbl. I S. 840).

254 Gemeindeordnung für den Freistaat Sachsen (SächsGemO) in der Fassung der Bekanntmachung vom 09.03.2018 (SächsGVBl. 2018, 62, 63).

255 Kommunalverfassungsgesetz des Landes Sachsen-Anhalt (KVG LSA) in der Fassung vom 17.06.2014 (GVBl. LSA 2014, 288), zuletzt geändert durch Gesetz vom 05.04.2019 (GVBl. LSA S. 66).

256 Gemeindeordnung für Schleswig-Holstein (GO) in der Fassung vom 28.02.2003 (GVOBl. 2003, 57), zuletzt geändert durch Gesetz vom 04.01.2018 (GVOBl. 2018, S. 6)

257 Thüringer Gemeinde- und Landkreisordnung (ThürKO) in der Fassung der Bekanntmachung vom 28.01.2003 (GVBl. 2003, 41), zuletzt geändert durch Gesetz vom 10.04.2018 (GVBl. S. 74).

eine Sonderabgabe in Betracht zu ziehen, bevor die Leistung durch allgemeine Steuermittel beglichen werden kann. Die Voraussetzungen *„Gebotenheit"* und *„Vertretbarkeit"* führen allerdings nicht dazu, dass auf die Erhebung von gesetzlich vorgeschriebenen Entgelten grundsätzlich verzichtet werden kann.[258] Sie fungieren im Lichte des verfassungsrechtlichen Verhältnismäßigkeitsgrundsatzes und Sozialstaatsprinzips vielmehr als sozialer Regler, der die wirtschaftliche Leistungsfähigkeit des Entgeltschuldners berücksichtigt und dem Gesetzgeber oder Satzungsgeber einen Gestaltungsspielraum eröffnet. Diesem Gestaltungsspielraum und der Berücksichtigung sozialer Gesichtspunkte werden jedoch wiederum durch das Äquivalenzprinzip und den Grundsatz der speziellen Entgeltlichkeit enge Grenzen gesetzt, soweit keine speziellen gesetzliche Regelungen die Berücksichtigung sozialer Gesichtspunkte ausdrücklich erlauben, wie es beispielsweise einige Bundesländer in Bezug auf Kindergartengebühren getan haben.[259] Das Merkmal der Vertretbarkeit zusammen mit dem Rücksichtnahmegebot stellt auf die Belastung der Gesamtheit der Abgabepflichtigen durch die Gesamtheit der Abgaben ab. Daraus folgt, dass erst dann, wenn die von der insgesamt zu leistenden Abgaben ein zumutbares Maß überschreiten und die Finanzkraft der Gemeinde es zulässt, Abgabensenkungen in Betracht kommen können.[260]

Der Zusatz *„soweit vertretbar und geboten"* hat nicht in jede der landesrechtlichen Vorschriften Eingang gefunden. Dies bedeutet allerdings nicht, dass in diesen Ländern kein Raum für eigene Ermessensentscheidungen im Einzelfall bleibt. Eine solche Einschränkung würde den Kern der durch das Selbstverwaltungsrecht in Art. 28 Abs. 2 GG verbürgten Finanzhoheit[261] berühren und mithin

---

258 VGH Kassel, Beschluss vom 15.03.1991 – 5 TH 642/89 –, NVwZ 1992, 807 = juris Ls.; OVG Magdeburg, Beschluss vom 08.12.2009 – 4 L 159/09 – juris Rn. 4; OVG Münster, Urteil vom 18.05.1992 – 2 A 2024/89 –, NVwZ-RR 1992, 48, 49 = juris Rn. 27 ff.; OVG Münster, Beschluss vom 24.05.2007 – 15 B 778/07 –, NWVBl. 2007, 347, 347 = juris Rn. 6; OVG Münster, Beschluss vom 22.08.2007 – 15 B 1328/07 –, NVwZ-RR 2008, 50, 50 f. = juris Rn. 6 f.; OVG Bautzen, Urteil vom 23.03.2004 – 5 B 6/03 –, SächsVBl. 2005, 112, 117 = juris Rn. 78 ff.; OVG Weimar, Urteil vom 31.05.2005 – 4 KO 1499/04 –, ThürVBl. 2006, 63, 64 = juris Rn. 36 ff.; OVG Bautzen, Urteil vom 31.01.2007 – 5 B 522/06 –, juris Rn. 78.

259 Siehe hierzu auch unter *B. III. 1. b) (3) (c) Gleichheitsgrundsatz*. Vgl. darüber hinaus OVG Bautzen, Urteil vom 31.01.2007 – 5 B 522/06 –, juris Rn. 74 ff.

260 OVG Bautzen, Urteil vom 31.01.2007 – 5 B 522/06 –, juris Rn. 74 ff.

261 Eine kommunale Finanzhoheit war schon bereits vor der ausdrücklichen Normierung in Satz 3 anerkannt, vgl. *Hellermann*, in: Epping/Hillgruber, GG Kommentar, Art. 28 Rn. 53 f.

verfassungswidrig sein.[262] Die Finanzhoheit bezeichnet die Befugnis zu einer eigenverantwortlichen Einnahmen- und Ausgabenwirtschaft im Rahmen eines gesetzlich geordneten Haushaltswesens[263] sowie das Recht, in diesem Rahmen über die Aufteilung der zur Verfügung stehenden Finanzmittel frei zu disponieren[264]. Das in beispielsweise § 76 Abs. 2 GO SH normierte Subsidiaritätsprinzip stellt genau diesen Rahmen des gesetzlich geordneten Haushaltswesens dar. Würde man das Subsidiaritätsprinzip aber absolut und bedingungslos gelten lassen, so könnte dies die Gemeinde im Einzelfall unverhältnismäßig stark in ihrer Finanzhoheit beschneiden. Das Subsidiaritätsprinzip würde dann als rechtlicher Rahmen fungieren, der das Handlungsermessen der Gemeinde im konkreten Fall auf Null reduzieren könnte. Folglich würde das Subsidiaritätsprinzip die Gemeinde so sehr beschränken, dass ihr jeglicher Handlungs- und Ermessensspielraum verloren ginge. Dies wäre nicht mit der ihr zustehenden Finanzhoheit zu vereinbaren. Daraus folgt, dass die Finanzierung durch Steuern dann nicht mehr subsidiär ist, wenn alle der Gemeinde zur Verfügung stehenden Möglichkeiten zur Erhebung spezieller Entgelte in gebotenem und vertretbarem Rahmen ausgeschöpft sind und daher eine Erhöhung spezieller Entgelte in jedem Einzelfall entweder unvertretbar oder nicht geboten ist.[265] Im Ergebnis wird das Subsidiaritätsprinzip also relativiert, indem den Gemeinden trotz der im Gebühren- und Beitragsrecht geltenden Kostendeckungs- und Äquivalenzprinzipien die Möglichkeit eröffnet wird, im Einzelfall Ermäßigungen aus sozialen Gründen bis zur Grenze der Unentgeltlichkeit vorzunehmen.[266] Generell leitet die Rechtsprechung aus dem Subsidiaritätsprinzip jedoch ab, dass kommunale

---

262 So für Schleswig-Holstein: *Wolf*, in: Bülow/Erps/Schliesky/v. Allwörden, Kommunalverfassungsrecht SH Kommentar, § 76 GO, Rn. 13 ff.; *Wolf*, in: Dehn/Wolf (Hrsg.), GO SH Kommentar, § 76 Abs. 2 Ziff. 1; *Rentsch/Ziertmann*, SH Kommentar, § 76, Rn. 8.

263 BVerfG, Beschluss vom 24.06.1969 – 2 BvR 446/64 –, BVerfGE 26, 228, 244 = NJW 1969, 1843 = juris Rn. 62; *Löwer*, in: von Münch/Kunig, GG Kommentar, Art. 28, Rn. 107; *Hellermann*, in: Epping/Hillgruber, GG Kommentar, Art. 28, Rn. 53 f.

264 *Nierhaus/Engels*, in: Sachs (Hrsg.), GG Kommentar, Art. 28, Rn. 84; *Brüning*, Die Verfassungsgarantie der kommunalen Selbstverwaltung aus Art. 28 Abs. 2 GG, in: JURA 2015, 592, 596.

265 Tiefergehend zu dem Realisierungsgebot hinsichtlich der Erhebung von speziellen Leistungsentgelten im Einzelfall siehe *Dietlein*, in: PdK, RhPf B-1, § 94 GemO, Ziff. 3.4.2.2.

266 So für Schleswig-Holstein: *Wolf*, in: Bülow/Erps/Schliesky/v. Allwörden, Kommunalverfassungsrecht SH Kommentar, § 76 GO, Rn. 13 ff.; *Wolf*, in: Dehn/Wolf (Hrsg.), GO SH Kommentar, § 76 Abs. 2 Ziff. 1; *Rentsch/Ziertmann*, SH Kommentar, § 76, Rn. 8.

Leistungen grundsätzlich in vollem Umfang durch spezielle Leistungsentgelte abgedeckt werden sollen.[267]

Das Subsidiaritätsprinzip bezieht sich nicht nur auf die Finanzierung von öffentlichen Einrichtungen, die durch spezielle Entgelte realisiert werden muss.[268] Auch auftretende Finanzierungslücken, etwa durch eine verringerte Zuweisung von Landesmitteln, hat die Kommune durch eine Erhöhung der speziellen Entgelte auszugleichen. So urteilte etwa das Oberverwaltungsgericht Münster für Nordrhein-Westfalen, dass ein Rückgriff auf Steuer- und Kreditmittel der Kommune auch bei Kindergartenbeträgen aufgrund der Hierarchie der Finanzmittelbeschaffung verwehrt sein können.[269]

Vom Subsidiaritätsprinzip ausgenommen sind die bundesrechtlich geregelten Steuern, die den Gemeinden zufließen, wie etwa die Gewerbesteuer. Der Bundesgesetzgeber hat den Gemeinden in § 16 Abs. 1 GewStG[270] das Recht zur Festsetzung der Hebesätze eingeräumt und damit von seiner konkurrierenden Gesetzgebungsbefugnis gemäß Art. 105 Abs. 2 in Verbindung mit Art. 106 Abs. 6 Satz 1 GG Gebrauch gemacht. Dadurch ist eine Gesetzgebungsbefugnis der Länder nach Art. 72 Abs. 1 GG ausgeschlossen. Zwar gilt das Recht zur Festlegung des Hebesatzes ausweislich Art. 106 Abs. 2 Satz 2 GG *„im Rahmen der Gesetze“*. Hiermit können jedoch nur Bundesgesetze gemeint sein, also Gesetze nach Maßgabe der bestehenden Gesetzgebungsbefugnisse.[271] Anderenfalls würde den Ländern die Möglichkeit gegeben werden, die Gesetzgebungsbefugnisse des Bundes zu beeinträchtigen. Würde man also das den Gemeinden durch Bundesgesetz eingeräumte Recht, die Hebesätze zu bestimmen, durch das landesrechtlich ausgestaltete Subsidiaritätsprinzip dahingehend einschränken, dass diese erst dann heraufgesetzt werden könnten, soweit das Aufkommen aus Vorzugslasten nicht ausreicht, so würde dies eine Beeinträchtigung der Gesetzgebungsbefugnis des

---

267 OVG Koblenz, Urteil vom 01.08.1984 – 10 C 2/84 –, NVwZ 1985, 511; VGH Kassel, Beschluss vom 15.03.1991 – 5 TH 642/89 –, NVwZ 1992, 807; vgl. auch OVG Magdeburg, Beschluss vom 18.03.2005 – 4/2 M 701/04 –, juris Rn. 7; a.A. wohl OVG Münster, Urteil vom 18.05.1991 – 2 A 2024/89 –, NVwZ-RR 1993, 48, 49.

268 So zum Beispiel für Straßenausbaubeiträge OVG Koblenz, Urteil vom 17.09.1985, 7 A 22/85, NVwZ 1986, 148.

269 OVG Münster, Beschluss vom 24.05.2007 – 15 B 778/07 –, NWVBl. 2007, 347, 348; OVG Münster, Beschluss vom 28.05.2010 – 15 A 2759/09 –, NWVBl. 2001, 103, 103 f.

270 Gewerbesteuergesetz in der Fassung der Bekanntmachung vom 15.10.2002 (BGBl. I S. 4167), zuletzt geändert durch Artikel 8 des Gesetzes vom 11.12.2018 (BGBl. I S. 2338) (GewStG).

271 So auch BVerwG, Urteil vom 11.06.1993 – 8 C 32/90 –, juris Rn. 8.

Bundes bedeuten, welcher eine solche Rangordnung der Finanzmittelbeschaffung für die Realsteuern gerade nicht vorgesehen hat.[272] Zudem wäre denkbar, dass in Einzelfällen dann überhaupt keine Hebesätze, beziehungsweise keine Hebesätze, die über Null hinausgehen, festgesetzt werden dürften, was die Kompetenz des Bundes, die Festlegung der Hebesätze zu regeln, mittelbar redundant machen würde.

Sinn und Zweck des Subsidiaritätsprinzips ist die Berücksichtigung des sogenannten Verursacherprinzips.[273] Der Bürger, welcher eine Leistung des Staates in Anspruch nimmt und dadurch einen Sondervorteil genießt, soll für diesen Vorteil auch selbst eine Gegenleistung erbringen. Statt der Allgemeinheit die finanziellen Lasten dieses Sondervorteils des Einzelnen aufzubürden, soll der Einzelne selbst für die Finanzierung des ihm zugutekommenden Sondervorteils aufkommen.[274] Mit anderen Worten folgt die Vorrangigkeit spezieller Entgelte vor Steuern aus dem Gedanken einer gerechteren Lastenverteilung.

2. Exkurs: Verfassungswidrigkeit des Subsidiaritätsprinzips?

Auf den ersten Blick steht das Subsidiaritätsprinzip in einem offenen Widerspruch zum sogenannten Steuerstaatsprinzip. In der Literatur herrscht große Uneinigkeit in Bezug auf Herleitung und Inhalt des Steuerstaatsprinzips; Einigkeit besteht lediglich dahingehend, dass ein – eventuell als Verfassungsprinzip existierendes – Steuerstaatsprinzip darauf ausgerichtet ist, dass der Großteil der staatlichen Einnahmen aus dem Steueraufkommen bezogen werden soll. Das Bundesverfassungsgericht hat sich dieser Frage immerhin in dem Umfang gewidmet, als dass das Gericht davon spricht, dass die Staatsfinanzierung einschließlich der Gemeinden *„grundsätzlich“* aus Steuern[275] oder *„in erster Linie“* aus Steuern[276] zu erfolgen habe. Sofern es sich bei dem Steuerstaatsprinzip um ein Prinzip von Verfassungsrang handelt, welches einfachgesetzlichen Regelungen

---

272 In diese Richtung auch BVerwG, Urteil vom 11.06.1993 – 8 C 32/90 –, juris Rn. 8; differenziert jedoch *Flüshöh*, in: Kleerbaum/Palmen, GO NRW Kommentar, § 77 III.

273 So beispielsweise die Gesetzesbegründung für Schleswig-Holstein in LT-Drs. 7/124, S. 23.

274 *Wolf*, in: Dehn/Wolf (Hrsg.), GO SH Kommentar, § 76 Abs. 2 Ziff. 1; *Dietlein* nennt dies *„Nutzen/Lasten-Prinzip“*, in: PdK RP B-1, § 94 GemO, Erl. 3.3.

275 *„Prinzip des Steuerstaates“*: BVerfG, Beschluss vom 08.06.1988 – 2 BvL 9/85 –, BVerfGE 78, 249, 266 f. = juris Rn. 43 m.V.a. *Vogel*, in: Isensee/Kirchhof, HdStR, Bd. I, 1987, § 27, Rn. 70.

276 BVerfG, Beschluss vom 07.11.1995 – 2 BvR 413/88 –, BVerfGE 93, 319, 342 = juris Rn. 149.

vorgeht und diese verfassungsrechtlich bindet, könnte aus dem Steuerstaatsprinzip die Verfassungswidrigkeit des Subsidiaritätsprinzips folgen. Diese Frage wurde bisher zwar vereinzelt aufgeworfen, jedoch ohne zu einem fundierten Ergebnis zu gelangen oder zur Aufklärung oder Aufarbeitung des Spannungsverhältnisses beizutragen.[277]

a) Der Begriff des Steuerstaates

Der Begriff des Steuerstaates ist weder verfassungsrechtlich noch einfachgesetzlich definiert. Wie bereits in dem Abschnitt zur geschichtlichen Entwicklung aufgezeigt wurde, wurden nichtsteuerliche Abgaben nicht schon seit jeher erhoben. Der Wechsel vom reinen Nachtwächterstaat als Steuerstaat, in dem alle staatlichen Aufgaben, die sich größtenteils auf Sicherheits- und Überwachungsaufgaben beschränkten, mit Steuermitteln beglichen wurden, zum Dienstleistungsstaat, in welchem neben die Steuerfinanzierung die Einnahmequellen der Beiträge, Gebühren und sonstigen Abgaben getreten sind und zunehmend an Bedeutung gewonnen haben, vollzog sich zu Zeiten der Industrialisierung im 19. Jahrhundert. Nichtsdestotrotz ist der Begriff des Steuerstaates nicht obsolet, sondern ganz im Gegenteil fester Bestandteil der rechtswissenschaftlichen Sprache geworden.[278] Dies bedeutet jedoch nicht, dass er bundeseinheitlich definiert ist.

---

277 *Hendler*, Staatsfinanzierung durch Gebühren oder Steuern – Vor- und Nachteile aus juristischer Perspektive, in: Sacksofsky/Wieland (Hrsg.), Vom Steuerstaat zum Gebührenstaat, S. 68, 80 f. beklagt ebenfalls, dass dieses Spannungsverhältnis zumeist *„schlicht ignoriert"* würde. So stellt auch *Heun*, Die Entwicklung des Steuerstaatskonzepts in theoretischer und tatsächlicher Hinsicht, in: Sacksofsky/Wieland (Hrsg.), Vom Steuerstaat zum Gebührenstaat, S. 10, 14 fest, dass auf der kommunalen Ebene die sonstigen Einnahmen die kommunalen Steuereinnahmen überwiegen, was dem in den KAGen verankerten Prinzip der Subsidiarität entspräche; gleichwohl scheint er sich nicht daran zu stoßen, was aber auch daran liegen mag, dass er in dem Steuerstaat kein verfassungsrechtlich verankertes Prinzip mit Imperativcharakter sieht, vgl. dazu weiter unten.

278 So spricht etwa das BVerfG in seinen Urteilen vom BVerfG, Beschluss vom 08.06.1988 – 2 BvL 9/85 –, BVerfGE 78, 249, 266 f. = juris Rn. 43 und BVerfG, Beschluss vom 07.11.1995 – 2 BvR 413/88 –, BVerfGE 93, 319, 342 = juris Rn. 149 vom *„Steuerstaat"*; außerdem *Kirchhof*, Vom Steuerstaat zum Abgabenstaat?, in: Die Verwaltung 1988, 137; *Gramm*, Vom Steuerstaat zum gebührenfinanzierten Dienstleistungsstaat?, in: Der Staat 1997, 267; *Sacksofsky*, Umweltschutz durch nicht-steuerliche Abgaben, S. 153 ff.; zum Hintergrund und der Historie des Begriffs siehe auch S. 129 ff.;

Fast unbestritten ist, dass es sich bei der Bundesrepublik Deutschland um einen Steuerstaat handelt. Dies ergibt sich schon daraus, dass das Grundgesetz in den Art. 104a ff. GG ein System einer (primären) Steuererhebung zu Grunde legt; Gebühren und Beiträge hingegen werden nur am Rande in den Art. 70 ff. GG, nämlich den Art. 74 Abs. 1 Nr. 18 und Nr. 22 GG sowie Art. 80 Abs. 2 GG, erwähnt.[279] Der begriffliche Konflikt des Steuerstaatsprinzips beginnt indes schon bei der Frage, ob es sich bei dem Steuerstaatsprinzip um ein verfassungsrechtlich verankertes Prinzip handelt. Manche sehen im Steuerstaat ein *„verfassungsrechtliches Grundpostulat"* und zum Teil eine verfassungsrechtlich verbindliche Normierung[280], andere hingegen nur eine deskriptive Normierung als *„Realbefund"*[281]. Wie *Drömann* jedoch zutreffend hervorhebt, ist eine Differenzierung zwischen dem Steuervorrang – wie in den Art. 104a ff. GG niedergelegt – als solchem und dem Steuerstaatsprinzip unabdingbar.[282] Während der Steuervorrang, wie er in den Art. 104a ff. GG zum Ausdruck kommt, lediglich sicherstelle, dass die Schutz- und Begrenzungsfunktion der Finanzverfassung durch die einzelnen Vorzugslasten nicht umgangen werde, stelle das Steuerstaatsprinzip ein Finanzierungsimperativ dar, welches dafür Sorge trägt, dass

---

Drömann, Nichtsteuerliche Abgaben im Steuerstaat, S. 114 ff.; *Isensee*, Steuerstaat als Staatsform, in: FS Ipsen, S. 409, 428; u.a.

279 Vgl. hierzu auch *Henneke*, Die Kommunen in der Finanzverfassung des Bundes und der Länder, S. 31 f.; *Drömann*, Nichtsteuerliche Abgaben im Steuerstaat, S. 119; *Droege*, Gemeinnützigkeit im offenen Steuerstaat, S. 25 ff.; *Heun*, Die Entwicklung des Steuerstaatskonzepts in theoretischer und tatsächlicher Hinsicht, in: Sacksofsky/Wieland (Hrsg.), Vom Steuerstaat zum Gebührenstaat, S. 10, 10 f., 16; *Sacksofsky*, Staatsfinanzierung durch Gebühren?, in: Sacksofsky/Wieland (Hrsg.), Vom Steuerstaat zum Gebührenstaat, S. 188, 189; *Isensee*, Steuerstaat als Staatsform, in: FS Ipsen, S. 409 ff.; *Kirchhof*, Vom Steuerstaat zum Abgabenstaat?, in: Die Verwaltung 1988, 137, 147 ff.; *Gramm*, Vom Steuerstaat zum gebührenfinanzierten Dienstleistungsstaat?, in: Der Staat 1997, 267, 273 f.

280 *Meßerschmidt*, Finanzierungsverantwortung jenseits des Steuerstaates, in: DÖV 2015, 220, 221; *Drömann*, Nichtsteuerliche Abgaben im Steuerstaat, S. 115 Fn. 98; *Zitzelsperger*, Umwelt und Besteuerung, in: Zimmermann (Hrsg.), Gedächtnisschrift Soell, S. 47, 50.

281 *Drömann*, Nichtsteuerliche Abgaben im Steuerstaat, S. 115, Fn. 97; ferner *Hendler*, Umweltabgaben und Steuerstaatsdoktrin in: AÖR 115 (1990), 577, 600; *Heun*, Die Entwicklung des Steuerstaatskonzepts in theoretischer und tatsächlicher Hinsicht, in: Sacksofsky/Wieland (Hrsg.), Vom Steuerstaat zum Gebührenstaat, S. 10, 21; *Sacksofsky*, Staatsfinanzierung durch Gebühren?, in: Sacksofsky/Wieland (Hrsg.), Vom Steuerstaat zum Gebührenstaat, S. 188, 199 ff.

282 *Drömann*, Nichtsteuerliche Abgaben im Steuerstaat, S. 114 ff., 140, 141 ff., 184 ff.

der Steuerstaat in seiner Identität nicht angetastet werde: „*In diesem Sinne lässt sich das Steuerstaatsprinzip als Gesetzgebungsauftrag verstehen, den Steuerstaat in möglichst umfassender Weise zu verwirklichen. Das Steuerstaatsprinzip soll daran erinnern, dass nichtsteuerliche Abgaben, vom Grundgesetz nur mit Beiläufigkeit bedacht, auch in der Verfassungswirklichkeit nur die Ausnahme sein sollen.*“[283] *Drömann* ist der Ansicht, dass die in der Literatur nur mangelhafte Differenzierung zwischen diesen beiden Grundpostulaten die Ursache für die divergierenden und widersprüchlichen Aussagen zur Reichweite des Steuerstaatsprinzips seien.[284] In der Tat wird in der Literatur kaum bis gar nicht zwischen der Schutz- und Begrenzungsfunktion der Finanzverfassung, also dem Steuervorrang, und einem Steuerstaatsprinzip unterschieden. Teilweise verwischen auch die Grenzen dergestalt, dass nicht klar wird, ob der Verfasser überhaupt einen Unterschied zwischen den beiden Postulaten annimmt oder nicht.[285]

Zu einfach macht es sich jedenfalls *Sacksofsky*, wenn sie ein Steuerstaatsprinzip allein schon deshalb als nicht existent erachtet, weil es „*für die juristische Beurteilung untauglich*“ sei.[286] Ihrer Meinung nach müsste man „*eine Größe definieren, die die oberste Grenze des zulässigen Anteils an nicht-steuerlichen Abgaben festlegt*“[287]. Die Möglichkeit, dass das Steuerstaatsprinzip vielmehr Staatszielbestimmung[288] und damit Gesetzgebungsauftrag an den Gesetzgeber sein kann,

---

283 *Drömann*, Nichtsteuerliche Abgaben im Steuerstaat, S. 186.

284 *Drömann*, Nichtsteuerliche Abgaben im Steuerstaat, S. 141.

285 So ist etwa bei *Heun*, Die Entwicklung des Steuerstaatskonzepts in theoretischer und tatsächlicher Hinsicht, in: Sacksofsky/Wieland (Hrsg.), Vom Steuerstaat zum Gebührenstaat, S. 10 ff., 21 keine Trennung zwischen dem Steuervorrang und dem Steuerstaatsprinzip erkennbar, wie an dem folgenden Zitat erkennbar ist: „*Schlägt man den Bogen wiederrum zum Steuerstaatskonzept, so lässt sich folgendes festhalten. Beinhaltet der Begriff des Steuerstaates nicht mehr als die bundesstaatlich und gleichheitsrechtlich fundierte Aussage, daß die Steuer der Regeltypus der Geldlasten unter dem Grundgesetz ist und nichtsteuerliche Abgaben besondere Rechtfertigungsanforderungen zu erfüllen haben, dann ist der Staat des Grundgesetzes auch in verfassungsrechtlicher Hinsicht Steuerstaat.*“

286 *Sacksofsky*, Umweltschutz durch nicht-steuerliche Abgaben, S. 154, 156 f.

287 *Sacksofsky*, Umweltschutz durch nicht-steuerliche Abgaben, S. 156; *Gramm*, Vom Steuerstaat zum gebührenfinanzierten Dienstleistungsstaat?, in: Der Staat 1997, 267, 277.

288 Nach *Möstl*, in: Maunz/Dürig, GG Kommentar, Art. 87e, Rn. 182 ist eine Staatszielbestimmung „*eine bindende Direktive […], die Gesetzgebung, Verwaltung und Rechtsprechung objektive Pflichten auferlegt, nicht aber subjektive Rechte des Bürgers begründet, die dem Staat die Verfolgung einer Ziels verbindlich aufgibt, ihm aber nicht bestimmte Mittel der Zielerreichung vorschreibt, und aus der sich für gewöhnlich nicht ein ganz

ohne dem Einzelnen zugleich subjektive Rechte zu vermitteln und ohne Abgabenbescheide, welche über eine bestimmte Anzahl an Vorzugslasten hinausgeht, rechtswidrig werden zu lassen, übersieht sie. Das Steuerstaatsprinzip ist jedoch vielmehr als Staatszielbestimmung und einer Art Gesetzgebungsauftrag oder Finanzierungsimperativ für den Gesetzgeber zu verstehen, welcher dafür Sorge zu tragen hat, dass sich der Staat noch immer zum größten Teil aus Steuern befriedigt. Eine Normierung subjektiv-öffentlicher Rechte geht damit noch nicht einher.

b) Das Steuerstaatsprinzip im Widerspruch zum Subsidiaritätsprinzip

Abhängig davon, welche Regelungsweite und Verfassungsverbindlichkeit man dem Steuerstaatsprinzip beimessen will, stellt sich in der Folge die Frage, ob das Steuerstaatsprinzip in Konkurrenz zu dem in den Gemeindeordnungen bzw. Kommunalverfassungen der Bundesländer normierten Subsidiaritätsprinzip stehen könnte. Misst man dem Steuerstaatsprinzip Verfassungsverbindlichkeit zu und betrachtet es damit als Prinzip mit Verfassungsrang, so würde es zumindest auf den ersten Blick mit dem Subsidiaritätsprinzip in einem Widerspruch stehen. Ein Ansatz, diesen Widerspruch aufzulösen, könnte in der Annahme bestehen, dass nur die Staatsfinanzierung insgesamt, also die des Bundes, der Länder und der Gemeinden zusammengenommen, in erster Linie beziehungsweise grundsätzlich über Steuern zu erfolgen hätte, und das Subsidiaritätsprinzip daher auf kommunaler Ebene dann jedenfalls noch nicht pauschal dem Steuerstaatsprinzip widersprechen würde. Das Steuerstaatsprinzip wäre in der Folge zumindest so lange gewährleistet, wie die Einnahmen der Gemeinden aus Beiträgen, Gebühren und sonstigen Abgaben größenordnungsmäßig hinter den Steuereinnahmen des Staates insgesamt zurückblieben.[289] Dem steht auch die Formulierung des Bundesverfassungsgerichts nicht entgegen, nach welcher die Staatsfinanzierung *„einschließlich der Gemeinden […] grundsätzlich“* aus Steuern

---

bestimmtes Niveau der Zielerreichung ableiten lässt, das vom Staat zwingend verlangt werden könnte: Verletzt ist die Zielbestimmung nur, wenn der Staat überhaupt untätig bleibt oder aber derart ungeeignete Mittel einsetzt, das schon von keiner ernsthaften Zielverfolgung mehr gesprochen werden kann.“ Vgl. auch *Steinberg*, Verfassungsrechtlicher Umweltschutz durch Grundrechte und Staatszielbestimmung, in: NJW 1996, 1985, 1992; ausführlicher außerdem *Schladebach*, Staatszielbestimmungen im Verfassungsrecht, in: JuS 2018, 118.

289 So auch *Hendler*, Staatsfinanzierung durch Gebühren oder Steuern – Vor- und Nachteile aus juristischer Perspektive, in: Sacksofsky/Wieland (Hrsg.)., Vom Steuerstaat zum Gebührenstaat, S. 68, 80 f.

zu erfolgen habe.[290] Diese Formulierung stützt vielmehr die Vermutung, dass nicht jede staatliche Ebene einzeln, sondern der gesamte Staatshaushalt als ein Gesamtgebilde zu betrachten ist.[291]

Faktisch stellt sich auch die Frage, ob ein auf die kommunale Ebene gesondert anzuwendendes verfassungsrechtliches Steuerstaatsprinzip mangels ausreichender kommunaler Steuerkompetenzen überhaupt realisierbar wäre. Gemäß Art. 105 GG liegt die Steuerkompetenz beim Bund; lediglich örtliche Verbrauchs- und Aufwandsteuern können ausweislich der Finanzverfassung von den Ländern erhoben werden, welche die Erhebungskompetenz wiederum an die Kommunen weitergeleitet haben. Örtliche Verbrauch- und Aufwandsteuern können aber *de facto* nicht den größten Anteil der kommunalen Einnahmen darstellen, weil sich nicht ausreichend viele Steuertatbestände dafür bilden lassen. Mithin wäre ein verfassungsrechtlich verankertes Steuerstaatsprinzip auf kommunaler Ebene faktisch schon gar nicht umsetzbar. Da das Grundgesetz lediglich die Verbrauch- und Aufwandsteuern den Ländern zugewiesen hat und dem Bund die Kompetenz über alle übrigen Steuern zugeteilt hat, würde es sich bei einem separat auf die kommunale Ebene anzuwendendem Steuerstaatsprinzip in einen nicht aufzulösenden Widerspruch verstricken. Daher kann das im Grundgesetz verankerte Steuerstaatsprinzip schon gar nicht für alle staatlichen Ebenen separat gelten.

Franz setzt mit seinen Überlegungen bereits an anderer Stelle an und gelangt daher schon zu Konflikt. Er hebt hervor, dass in dem Passus *„soweit die sonstigen Einnahmen nicht ausreichen"* bereits die eigene Subsidiarität der Einnahmebeschaffungsgrundsätze zur Geltung käme. Die grundgesetzlich vorgesehenen staatlichen Schlüssel- und Ergänzungszuweisungen, welche die Kommunen im Rahmen des Finanzausgleiches von ihren Ländern aus Steuermitteln erhielten, ginge den Einnahmebeschaffungsgrundsätzen insoweit vor, als dass diese erst dann zur Anwendung kämen, wenn diese Steuermittel nicht ausreichten. Damit liege der Gesetzessystematik bereits das Leitbild der primären Steuerfinanzierung zu Grunde.[292]

Laut *Dietlein* haben sich die Zweifel an der Verfassungsmäßigkeit des Subsidiaritätsprinzips jedenfalls nicht durchsetzen können.[293] Die Erhebung von

---

290 *„Prinzip des Steuerstaates"*: BVerfG, Beschluss vom 08.06.1988 – 2 BvL 9/85 –, BVerfGE 78, 249, 266 f. = juris Rn. 43 m.V.a. Vogel in: Isensee/ Kirchhof (Hrsg.), HdStR, Bd. I, 1987, § 27, Rn. 70.

291 Ebenso *Hendler*, Gebührenstaat statt Steuerstaat?, in: DÖV 1999, 749, 756.

292 *Franz*, Gewinnerzielung durch kommunale Daseinsvorsorge, S. 390 ff., 507 ff.

293 *Dietlein*, in: PdK RP, § 94 GemO Erl. 3.3; ebenso *Kube*, Finanzgewalt in der Kompetenzordnung, S. 118.

nicht-steuerlichen Abgaben, insbesondere von Beiträgen und Gebühren, seien unproblematisch verfassungsrechtlich anerkannt, und dies auch unabhängig von der Höhe der Steuererhebung.[294] Wo *Sacksofsky* noch die Existenz eines Steuerstaates wegen des nicht einmal 50%igen Steueraufkommens an dem Gesamthaushalt allgemein infrage stellt,[295] merkt *Dietlein* zu recht an, dass sich die Steuerposten auf einen höheren Prozentsatz belaufen, als die Vorzugslasten und deshalb im Ergebnis das Subsidiaritätsprinzip nicht im Widerspruch zu einem (vermeintlichen) Steuerstaatsprinzip stehe.[296]

Im Jahre 2015 betrug das Steueraufkommen aller deutschen Gemeinden kumuliert 84,8 Milliarden Euro netto, das Gebührenaufkommen 17,9 Milliarden Euro und das Beitragsaufkommen 1,5 Milliarden Euro (siehe Abbildungen 1 und 2).[297]

Einnahmeart	Mrd. €								
	2013			2014*)			2015*)		
	Gemeinden/GV in			Gemeinden/GV in			Gemeinden/GV in		
	Deutschl. insg.	alten Ländern	neuen Ländern	Deutschl. insg.	alten Ländern	neuen Ländern	Deutschl. insg.	alten Ländern	neuen Ländern
Steuern u. steuerähnl. Einnahmen	76,9	68,8	8,1	79,5	71,1	8,4	84,8	76,0	8,8
dar.: Gewerbesteuer (netto)	32,6	29,2	3,4	33,1	29,6	3,5	34,9	31,4	3,5
Gemeindeanteil an der ESt	28,5	25,8	2,7	30,3	27,3	2,9	32,5	29,3	3,2
Gemeindeanteil an der USt	3,6	3,1	0,5	3,7	3,2	0,5	4,3	3,7	0,6
Grundsteuern	11,0	9,7	1,4	11,3	9,9	1,4	11,8	10,4	1,4
nachr.: Gewerbesteuerumlage	6,8	6,4	0,4	6,7	6,3	0,4	7,0	6,7	0,4
Zuweisungen von Ländern	64,9	51,3	13,7	68,1	54,1	14,0	74,2	59,9	14,3
dav.: allgemeine Zuweisungen	39,7	30,4	9,2	42,1	32,6	9,5	43,0	33,9	9,2
zweckgebundene Zuweisungen	25,3	20,8	4,4	26,0	21,5	4,5	31,2	26,0	5,2
Gebühren	17,0	14,9	2,2	17,5	15,3	2,2	17,9	15,7	2,3
sonstige Einnahmen (abzgl. Zahlungen von gleicher Ebene)	25,1	21,6	3,5	25,0	21,4	3,6	25,2	21,7	3,5
dar.: Konzessionsabgaben	3,5	3,0	0,4	3,4	2,9	0,5	3,2	2,8	0,4
Verwaltungshaushalt insgesamt	183,9	156,5	27,4	190,0	161,9	28,1	202,1	173,2	28,9

Abbildung 1: Einnahmen der Gemeinden/Gemeindeverbände 2013 bis 2015; Quelle: Finanzbericht 2017 des Bundesministeriums der Finanzen, S. 187.

294 BVerfG, Beschluss vom 07.11.1995 – 2 BvR 413/88 –, BVerfGE 93, 319, 343 f. = juris Rn. 148 ff.

295 *Sacksofsky*, Umweltschutz durch nicht-steuerliche Abgaben, S. 155.

296 *Dietlein*, in: PdK RP, § 94 GemO Erl. 3.3. Im Ergebnis so auch *Kube*, Finanzgewalt in der Kompetenzordnung, S. 118.

297 Finanzbericht 2017 des Bundesministeriums der Finanzen, Stand: 12.08.2016, S. 184 ff., 202, abrufbar unter https://www.bundesfinanzministerium.de/Content/DE/Standardartikel/Themen/Oeffentliche_Finanzen/Wirtschafts_und_Finanzdaten/Finanzberichte/Finanzbericht-2017-anl.pdf?__blob=publicationFile&v=2 (zuletzt abgerufen am 12.07.2019).

	2006	2007	2008	2009	2010	2011	2012	2013	2014*)	2015*)
Deutschland insgesamt										
Gebühren in Mrd. Euro	16,1	16,1	15,9	15,8	16,2	16,5	16,7	17,0	17,5	17,9
Veränderung gegenüber Vorjahr in %	0,8	0,1	-1,3	-0,8	2,7	1,9	0,9	2,1	2,6	2,6
Anteil an den bereinigten Einnahmen des Verwaltungshaushalts in %	11,3	10,5	9,9	10,2	10,3	9,9	9,5	9,3	9,2	8,9
Beiträge in Mrd. Euro	1,6	1,5	1,4	1,3	1,3	1,4	1,4	1,4	1,4	1,5
Veränderung gegenüber Vorjahr in %	-8,1	-8,4	-8,0	-2,9	-0,2	6,4	0,2	-0,6	1,3	6,1
Anteil an den bereinigten Einnahmen des Vermögenshaushalts in %	9,3	9,1	8,9	8,4	7,4	8,1	9,4	9,3	9,2	9,4

Abbildung 2: Einnahmen der Gemeinden/Gemeindeverbände aus Gebühren und Beiträgen, Quelle: Finanzbericht 2017 des Bundesministeriums der Finanzen, S. 202.

Damit stellen die Steuern mit einem Anteil von 42 % an den Einnahmen der Gemeinden nach wie vor den größten Posten dar; Gebühren sorgen hingegen für 8,9 % der kommunalen Einnahmen (siehe Abbildungen 2 und 3). Bei einem Beitragsvolumen von 1,5 Milliarden Euro bei einem Gesamteinkommen der Gemeinden von 202,1 Milliarden Euro kommen Beiträge sogar nur auf einen prozentualen Anteil am kommunalen Einnahmenhaushalt von 0,74 %.

Einnahmeart	Anteil an den Einnahmen im Verwaltungshaushalt in %								
	2013			2014*)			2015*)		
	Gemeinden/GV in			Gemeinden/GV in			Gemeinden/GV in		
	Deutschl. insg.	alten Ländern	neuen Ländern	Deutschl. insg.	alten Ländern	neuen Ländern	Deutschl. insg.	alten Ländern	neuen Ländern
Steuern u. steuerähnl. Einnahmen	41,8	44,0	29,4	41,8	43,9	29,9	42,0	43,9	30,6
dar.: Gewerbesteuer (netto)	17,7	18,7	12,4	17,4	18,3	12,4	17,3	18,1	12,2
Gemeindeanteil an der ESt	15,5	16,5	9,9	15,9	16,9	10,4	16,1	16,9	11,1
Gemeindeanteil an der USt	2,0	2,0	1,8	1,9	2,0	1,8	2,1	2,1	2,0
Grundsteuern	6,0	6,2	5,0	6,0	6,1	5,0	5,9	6,0	4,9
Zuweisungen von Ländern	35,3	32,8	49,9	35,8	33,4	49,7	36,7	34,6	49,6
dav.: allgemeine Zuweisungen	21,6	19,4	33,7	22,2	20,1	33,8	21,3	19,6	31,7
zweckgebundene Zuweisungen	13,7	13,3	16,2	13,7	13,3	15,9	15,4	15,0	17,9
Gebühren	9,3	9,5	7,8	9,2	9,4	7,8	8,9	9,0	7,8
sonstige Einnahmen (abzgl. Zahlungen von gleicher Ebene)	13,6	13,8	12,8	13,1	13,2	12,6	12,5	12,5	12,0
dar.: Konzessionsabgaben	1,9	1,9	1,6	1,8	1,8	1,7	1,6	1,6	1,5
Verwaltungshaushalt insgesamt	100,0	100,0	100,0	100,0	100,0	100,0	100,0	100,0	100,0

Abbildung 3: Einnahmen der Gemeinden/Gemeindeverbände 2013 bis 2015; Quelle: Finanzbericht 2017 des Bundesministeriums der Finanzen, S. 187.

Somit belaufen sich die Steuereinnahmen der Kommunen zwar nicht auf einen absolut mehrheitlichen Anteil von über 50 %. Dies ist aber aus den bereits genannten Gründen der faktischen Durchsetzbarkeit, der vorzunehmenden Gesamtbetrachtung des Staates und der Annahme des Steuerstaatsprinzips als Finanzierungsimperativ keine Voraussetzung für die Verwirklichung und

Realisierung des Steuerstaatsprinzips. In Einklang mit der Wertung des Bundesverfassungsgerichts, dass die „*Finanzierung der staatlichen Aufgaben in Bund und Ländern einschließlich der Gemeinden grundsätzlich*" oder „*in erster Linie*" aus Steuern zu erfolgen habe, wäre selbst bei isolierter Betrachtung der kommunalen Ebene Genüge getan, solange Steuern faktisch den größten Anteil der kommunalen Einnahmen darstellen.

c) Ergebnis

Der Wortlaut des Subsidiaritätsprinzips mag auf den ersten Blick in einem Widerspruch zum Steuerstaatsprinzip stehen. Bei näherer Betrachtung ist dieser Widerspruch jedoch nicht gegeben. Das Steuerstaatsprinzip stellt keine absolute obere Grenze für die Erhebung von nicht-steuerlichen Abgaben dar und generiert erst recht kein subjektives Recht, auf dessen Grundlage ein Bürger einen Bescheid über Beiträge oder Gebühren als rechtswidrig angreifen könnte. Vielmehr ist das Steuerstaatsprinzip als Staatszielbestimmung eine Art Gesetzgebungsauftrag oder Finanzierungsimperativ für den Gesetzgeber, welcher dafür Sorge zu tragen hat, dass sich der Staat noch immer zum größten Teil aus Steuern befriedigt. Die Kommunen sind außerdem nicht einzeln, sondern als Teil des Staates zu betrachten. Soweit daher der größte Teil der staatlichen Einnahmen kumuliert aus Steuern besteht, ist dem Steuerstaatsprinzip Genüge getan. Die kommunale Ebene ist dabei nicht isoliert ausschlaggebend. Dass das Subsidiaritätsprinzip normiert, dass vor Steuern zunächst Vorzugslasten in Betracht zu ziehen sind, ist insoweit nicht schädlich, als dass es das Gleichgewicht der gesamten staatlichen Finanzierung nicht stört. Abgesehen davon haben die Kommunen auch tatsächlich ihre größte Einnahmequelle in den ihnen zugewiesenen Steuern. Zuletzt ist die Tatsache nicht zu vernachlässigen, dass sich der Finanzierungsimperativ des Steuerstaates nicht radikal auf kommunaler Ebene durchsetzen ließe, da die Verfassung den Kommunen nur sehr begrenzte Steuerfindungsrechte zuweist.

V. Wirtschaftliche Auswirkungen der Abschaffung von kommunalen Vorzugslasten

Im Jahr 2015 haben die Gemeinden und Gemeindeverbände ausweislich des Finanzberichts des Bundesministeriums für Finanzen einen Überschuss von insgesamt 3,1 Milliarden Euro erwirtschaftet.[298] Grund dafür seien die gestiegenen

298 Finanzbericht 2017 des Bundesministeriums der Finanzen, Stand: 12.08.2016, S. 184 ff., 202, abrufbar unter https://www.bundesfinanzministerium.de/Content/

Steuereinnahmen sowie die Entlastungen des Bundes bei kommunalen Ausgaben für soziale Leistungen. Die kommunale Gesamtverschuldung sei zum 31.12.2015 gegenüber dem entsprechenden Stichtag 2012 außerdem um 0,5 Milliarden Euro auf 131 Milliarden Euro zurückgegangen. Insgesamt haben die Gemeinden und Gemeindeverbände im Jahre 2015 kumuliert 84,8 Milliarden Euro netto an Steuern eingenommen, durch Vorzugslasten lediglich 19,4 Milliarden Euro. Würden Vorzugslasten abgeschafft werden, müssten die dadurch wegfallenden Einnahmen durch anderweitige Einnahmen kompensiert werden. *Schmitt* stellte schon 1953 fest, dass *„bevor ein solcher Staat das Sozialprodukt verteilt oder umverteilt, er es nehmen [muß], sei es durch Steuern und Abgaben […]"*.[299] Diese Feststellung trifft nicht nur auf Sozialleistungen zu, sondern auf alle Leistungen des Staates, die dieser unentgeltlich erbringt. Selbst wenn davon ausgegangen werden könnte, dass die Gemeinden ihren in 2015 erwirtschafteten Überschuss von 3,1 Milliarden Euro noch steigern können, so würde dies auch bei einer kumulierten Betrachtung nicht ausreichen, um Vorzugslasten gänzlich ersetzen zu können, ohne andere zusätzliche Einnahmequellen zu generieren oder bestehende zu erhöhen. Zu beachten ist außerdem, dass sich in den Überschüssen der Gemeinden je nach Region deutliche Unterschiede ergeben. Und auch, wenn beispielsweise für ein Bundesland ein kumulierter Einnahmenüberschuss festgestellt werden kann, so muss dies längst nicht auf jede Gemeinde zutreffen. Demnach sind die angeführten Zahlen nur bedingt aussagekräftig: Jede Gemeinde ist selbst für ihren eigenen Haushalt, also ihre Einnahmen und Ausgaben, verantwortlich. Insofern ist letztlich einzig relevant, ob jede Gemeinde für sich einen ausgeglichenen Haushalt hat und wegfallende Einnahmen, hervorgerufen durch eine Abschaffung von Vorzugslasten, durch andere Maßnahmen kompensieren kann. Dem Großteil der Kommunen dürfte es jedenfalls nicht gelingen, eine gänzliche Abschaffung von Vorzugslasten über ihren Einnahmenüberschuss zu kompensieren, was zusätzliche Maßnahmen, wie Steuererhöhungen oder die Erfindung neuer Steuern notwendig machen würde. Hierbei darf jedoch nicht übersehen werden, dass der Spielraum der Kommunen diesbezüglich deutlich eingeschränkt ist: ausweislich der Finanzverfassung (Art. 106 Abs. 6 Satz 2 und Art. 105 Abs. 2a GG in Verbindung mit den jeweiligen Landesvorschriften) können die Gemeinden lediglich Verbrauch- und Aufwandsteuern erfinden, soweit

DE/Standardartikel/Themen/Oeffentliche_Finanzen/Wirtschafts_und_Finanzdaten/Finanzberichte/Finanzbericht-2017-anl.pdf?__blob=publicationFile&v=2 (zuletzt abgerufen am 12.07.2019).

299 *Schmitt*, Nehmen/Teilen/Weiden (1953), in: Verfassungsrechtliche Aufsätze, S. 503.

diese nicht bundesgesetzlich geregelten Steuern gleichartig sind und die Hebesätze der Grundsteuer und Gewerbesteuer bestimmen. Auf alle anderen ihnen zufließenden Finanzquellen haben sie in der Höhe keinen (direkten) Einfluss.

Denkbar wäre, diverse kommunal erhobene Steuern zu erhöhen. Dabei wäre jedoch zu bedenken, dass Steuern gegenleistungsunabhängig erhoben werden. Während durch das Gegenseitigkeitsverhältnis bei der Erhebung von Vorzugslasten gewährleistet ist, dass die Einnahmen aus Vorzugslasten tatsächlich dem ihnen zugrunde liegenden Zweck zukommen, so ist dies bei Steuereinahmen nicht der Fall. Der Bürger müsste darauf vertrauen, dass die Gemeinden einen Teil der Steuern für die nötigen finanziellen Aufwendungen beiseitelegen und nicht anderweitig verwenden, damit die Gemeinde zu dem Zeitpunkt, in dem die Aufwendungen getätigt werden müssen, auch liquide genug ist, um diese zu tätigen. Darüber hinaus ist auch zu beachten, dass Steuereinnahmen nicht exakt prognostizierbar sind und jährlich variieren. Denkbar wäre ferner, Landes- und Bundessteuern zu erhöhen und den Gemeinden einen höheren Anteil an den Steuern zukommen zu lassen. Hierbei darf jedoch nicht außer Acht gelassen werden, dass eine Abschaffung von Vorzugslasten höchstens eine Entscheidung des Landes ist, die gegebenenfalls an die Kommunen weitergereicht wurde, nicht aber eine des Bundes. Würden nun beispielsweise nicht alle Länder oder Kommunen Vorzugslasten abschaffen, andere aber nicht, so ließe sich dies bei dieser Variante finanziell nicht trennen.

Sollten Vorzugslasten also generell oder zumindest in weiten Teilen abgeschafft werden – sei es durch Bundesgesetz, Landesgesetz oder durch Satzung (beziehungsweise das rechtmäßige Nichterlassen einer Satzung auf Kommunalebene), so wäre die Mithilfe der Länder beim Auffangen des durch die Abschaffung in die kommunalen Finanzhaushalte gerissenen Lochs unumgänglich. Kaum einer Gemeinde würde es gelingen, die ausbleibenden Einnahmen durch andere Einnahmequellen oder anderweitig gesenkte Ausgaben auszugleichen. Vielmehr wird eine Anpassung anderer Steuersätze, wie etwa der Steuersatz der Grunderwerbssteuer, welcher nach Art. 105 Abs. 2a GG Ländersache ist und nicht an die Kommunen weitergereicht wurde, sowie eine Umverteilung der Steuern, die von Bundesgesetzen nach Art. 105 Abs. 3 GG geregelt werden, unerlässlich sein werden.

C. Vorzugslasten und Verfassungsrecht

I. Sinn und Zweck der Vorzugslasten im verfassungsrechtlichen Licht

Im Gegensatz zu Steuern ergibt sich der Zweck von Vorzugslasten zunächst daraus, dass die Vorteile, die lediglich Einzelnen zugutekommen, nicht der Allgemeinheit angelastet werden sollen. Vielmehr soll der Vorteilsempfänger den erlangten Vorteil durch ein Entgelt begleichen. Dadurch wird für Transparenz und Klarheit dahingehend gesorgt, welche staatlichen Leistungen durch die Abgaben des Einzelnen finanziert werden. So sehen einige Stimmen in der Literatur bei Vorzugslasten den entscheidenden Vorteil darin, dass ihnen kein Entfremdungscharakter immanent sei.[300] *Birk/Eckhoff* stellten im Jahre 2000 fest, dass die Steuer einen Funktionsverlust erlitten habe. Dies sei unter anderem durch massenhafte Steuerverweigerung und -hinterziehung sichtbar, die durch ein zurückgehendes Bewusstsein des Steuerbürgers, er leiste einen angemessenen und den Grundsätzen der Lastenverteilung entsprechenden steuerlichen Beitrag, bedingt seien. Sie fragten, ob die Lösung in einer Abkehr vom Steuerstaat und Hinwendung zum Gebührenstaate liegen könne.[301] Für *Gundlach* folgt eine Notwendigkeit von Vorzugslasten bereits aus dem Gleichheitsgrundsatz aus Art. 3 Abs. 1 GG.[302] Die Existenz von Vorzugslasten würde dafür sorgen, dass diejenigen, die einen besonderen Vorteil erlangen, abgabenrechtlich von der Allgemeinheit zu trennen sind, sodass Ungleiches nicht gleich behandelt werde. Der Gleichheitssatz schütze somit die Allgemeinheit vor der Abwälzung von Kosten, die bestimmten Personen individuell zurechenbar seien. Er verpasst es allerdings, seine These näher zu untersuchen und zu belegen, weshalb dieser, lediglich als Behauptung ausgestaltet, kein ernstzunehmendes Gewicht zukommen kann.

Im Folgenden wird zu untersuchen sein, inwieweit eine Notwendigkeit von Vorzugslasten tatsächlich aus dem Gleichheitsgrundrecht des Art. 3 GG folgt.

---

300 So etwa *Birk/Eckhoff*, Staatsfinanzierung durch Gebühren und Steuern. Vor- und Nachteile aus juristischer Perspektive, in: Sacksofsky/Wieland (Hrsg.), Vom Steuerstaat zum Gebührenstaat, S. 54, 60.

301 *Birk/Eckhoff*, Staatsfinanzierung durch Gebühren und Steuern. Vor- und Nachteile aus juristischer Perspektive, in: Sacksofsky/Wieland (Hrsg.), Vom Steuerstaat zum Gebührenstaat, S. 54, 57 f.

302 *Gundlach*, Die Kommunen im Steuer- und Abgabenstaat, in: LKV 2000, 7, 12.

Daraus leitet sich die Frage ab, ob im Umkehrschluss die Abschaffung von Beiträgen und Gebühren gegen geltendes Verfassungsrecht, wie den allgemeinen Gleichheitsgrundsatz in Art. 3 Abs. 1 GG, verstoßen würde und somit verfassungswidrige Zustände schaffen würde. Herauszuarbeiten ist außerdem, inwieweit verfassungsrechtliche Prinzipien dem Gesetzgeber eine Gesetzgebungspflicht auferlegen können. Außerdem wird zu beleuchten sein, inwieweit diverse verfassungsrechtliche Prinzipien, wie das Steuerstaatsprinzip, das Sozialstaatsprinzip, das Solidaritätsprinzip und das Rechtsstaatsprinzip eine Notwendigkeit von Vorzugslasten und eine etwaige Pflicht des Gesetzgebers zur Gesetzgebung beeinflussen.

II. Artikel 3 Grundgesetz

Eine Pflicht zur Erhebung von Vorzugslasten könnte sich aus dem allgemeinen Gleichheitssatz in Art. 3 Abs. 1 GG ergeben. Um herauszufinden, ob oder in welchem Umfang dies der Fall ist, ist zunächst unabdingbar, sich mit dem Inhalt des Art. 3 Abs. 1 GG zu beschäftigen, bevor in einem zweiten Schritt die dem Art. 3 Abs. 1 GG gegebenenfalls immanenten Gebote herausgearbeitet und näher untersucht werden können.

1. Überblick über Artikel 3 Grundgesetz

Art. 3 GG beinhaltet in Absatz 1 einen allgemeinen und in den Absätzen 2 und 3 spezielle Gleichheitssätze. Grundsätzlich sind die speziellen Gleichheitssätze der Absätze 2 und 3 als Konkretisierungen des allgemeinen Gleichheitssatzes vorrangig zu prüfen. Für die Fragestellung dieser Arbeit sind sie jedoch irrelevant, da sich die generelle verfassungsrechtliche Notwendigkeit der Vorzugslasten auf keines der in den Absätzen 2 und 3 genannten Merkmale bezieht oder beziehen könnte. Die hier zu beleuchtende Frage ist vielmehr allgemeiner Natur, ohne dabei auf etwaige der Person anhaftenden Merkmale einzugehen. Folglich ist allein Absatz 1 einschlägig und relevant.

a) Allgemeines

Trotz seiner allgemeinen Subsidiarität gegenüber den speziellen Gleichheitssätzen hat Art. 3 Abs. 1 GG eine herausragende Bedeutung. Er ist die Kodifizierung eines ganz grundlegenden Rechtsverständnisses des Rechtsstaates, nämlich der Gleichberechtigung und Gleichbehandlung aller Bürger und Menschen im

Allgemeinen.[303] Der allgemeine Gleichheitssatz ist damit einer der wichtigsten und bedeutendsten Grundsätze nicht nur des Grundgesetzes, sondern ebenso der gemeinsamen europäischen Rechtsüberzeugung und vieler westlicher Rechtsordnungen.[304] Auf dem allgemeinen Gleichheitssatz fußen diverse Rechtsprinzipien sowohl im deutschen als auch europäischen und amerikanischen Rechtsraum.[305] *Kirchhof* fasst dies zutreffend folgendermaßen zusammen: „*Der Gleichheitssatz ist* Grundrecht, *aber auch völker- und staatenübergreifendes* Menschenrecht. *Der Universalitätsanspruch dieses Menschenrechts macht in der Realität seiner Nichtuniversalität bewusst, dass grundlegende Verfassungssätze in den moralisch-weltanschaulichen Vorstellungen der Beteiligten wurzeln, dort einen Entstehensgrund finden, Autorität, Überzeugungskraft und Wirksamkeit aber im staatlichen, geschriebenen Gesetz gewinnen.*"[306]

b) Inhalt des allgemeinen Gleichheitssatzes

Die Kernaussage des in Art. 3 Abs. 1 GG verbürgten allgemeinen Gleichheitssatzes „*Alle Menschen sind gleich*" ist, dass Gleiches nicht ungleich und Ungleiches nicht gleich behandelt werden sollen, es sei denn, dass hierfür eine Rechtfertigung besteht. Zu determinieren ist daher in einem ersten Schritt, ob es sich bei den zu vergleichenden Sachverhalten oder Personen(-gruppen) um Gleiches oder Ungleiches handelt. Der Gleichheitssatz kann hierbei jedoch denknotwendigerweise keine absolute Gleichheit der zu vergleichenden Dinge fordern, da es sich bei absoluter Gleichheit um identische Dinge handeln würde.[307] Daher ist

---

303 BVerfG, Urteil vom 05.04.1952 - 2 BvH 1/52 -, BVerfGE 1, 208, 233.

304 S. etwa Art. 20 Grundrechte-Charta der EU (GRCh); Art. 14 Europäische Menschenrechtskonvention (EMRK); Art. 14, 26 f. Internationaler Pakt über bürgerliche und politische Rechte (IPBürgR); 14th Amendment der US Constitution.

305 Vgl. z.B. Art. 18 AEUV; Art. 33 Abs. 2 GG; Art. 7 der Allgemeinen Erklärung der Menschenrechte (AEMR), die „*Equal Protection Clause*" des 14th Amendment der US Constitution, die sogenannte „*Selbstbindung der Verwaltung*" im deutschen Verwaltungsrecht, sowie ganz allgemein die „*Ehe für alle*", die Religionsfreiheit.

306 *Kirchhof*, in: Maunz/Dürig, GG Kommentar, Art. 3 Abs. 1, Rn. 1.

307 vgl. auch BVerfG, Beschluss vom 21.02.1957 - 1 BvR 241/56 -, BVerfGE 6, 273, 280 = NJW 1957, 665 = juris Rn. 25; BVerfG, Beschluss vom 29.11.1989 - 1 BvR 1402/87 -, BStBl II 1990, 479 = BVerfGE 81, 108, 117 = NJW 1990, 2053, 2054 = juris Rn. 35; *Kischel*, in: Epping/Hillgruber, BeckOK GG, Art. 3, Rn. 15; *Sachs*, in: Stern, Das Staatsrecht der Bundesrepublik Deutschland, Bd. IV/2, § 120, S. 1471 spricht von einer „*relativen Gleichheit*"; *Gusy*, Der Gleichheitssatz, in: NJW 1988, 2505; *Kirchhof*, HdStR, Bd. VIII, § 181, Rn. 19; *Huster*, in: Friauf/Höfling (Hrsg.), Berliner Kommentar zum Grundgesetz, Art. 3, Rn. 30; *Robbers*, Der Gleichheitssatz, in: DÖV 1988, 749, 749;

also nicht auf das Ganze des infrage stehenden Gegenstandes oder der infrage stehenden Person oder Personengruppe abzustellen, sondern immer nur auf einzelne, diesem oder dieser anhaftenden Merkmale.[308] Der Vergleich zweier Gegenstände ist nämlich stets nur der Vergleich ihrer Eigenschaften.[309] Daher geht es bei der Bestimmung der Gleichheit zweier Dinge oder Personen um eine auf die spätere Rechtfertigungsprüfung hin ausgerichtete Sammlung derjenigen Eigenschaften, in denen sie sich unterscheiden und nicht unterscheiden.[310] Hierbei muss dem Gesetzgeber ein Spielraum eingeräumt werden, zu bestimmen, welche Eigenschaften verglichen werden und was demnach gleich und was ungleich ist.[311] Daher unterliegt nur die Frage, ob die äußeren Grenzen des allgemeinen Gleichheitssatzes eingehalten sind, der Kontrolle des Bundesverfassungsgerichts, wie im Folgenden noch zu zeigen sein wird.[312]

Indem Gleiches nicht ungleich und Ungleiches nicht gleich behandelt werden darf, begründet der allgemeine Gleichheitssatz des Art. 3 Abs. 1 GG je nach Referenzgruppe entweder ein Gleichbehandlungs- oder ein Ungleichbehandlungsgebot.[313] Das Gleichbehandlungsgebot gibt auf, wesentlich Gleiches gleich zu behandeln. Das Ungleichbehandlungsgebot hingegen gibt auf, wesentlich Ungleiches ungleich zu behandeln und bildet somit quasi die Kehrseite

---

Haller, Die Verrechnung von Vor- und Nachteilen im Rahmen von Art. 3 Abs. 1 GG, S. 205.

308 *Heun*, in: Dreier, GG Kommentar, Art. 3, Rn. 19 nennt dies ein *„tertium comparationis"*.

309 *Alexy*, Theorie der Grundrechte, S. 362; *Robbers*, Der Gleichheitssatz, in: DÖV 1988, 749, 749 f.

310 *Kirchhof*, in: Maunz/Dürig, GG Kommentar, Art. 3 Abs. 1, Rn. 73; so auch *Podlech*, Gehalt und Funktionen des allgemeinen Gleichbehandlungssatzes, S. 31, 33, der sagt, dass Gleichheit stets die dreistellige Beziehung zwischen zwei Individuen und einer Eigenschaft sei, die den beiden Individuen zukommt.

311 So auch das BVerfG, Beschluss vom 09.08.1978 – 2 BvR 831/76 –, BVerfGE 49, 148, 165 = juris Rn. 39.

312 Vgl. auch unter *C. II. 2. a) (2) (a) Spielraum des Gesetzgebers bei der Normschaffung.* Vgl. darüber hinaus BVerfG, Beschluss vom 15.12.1959 – 1 BvL 10/55 –, BVerfGE 10, 234, 246 = juris Rn. 45; ebenso BVerfG, Beschluss vom 17.01.1978 – 1 BvL 13/76 –, BVerfGE 47, 109, 124 = juris Rn. 47; BVerfG, Beschluss vom 17.01.1979 – 1 BvL 25/77 –, BVerfGE 50, 142, 162 = juris Rn. 50; vgl. auch im rechtstheoretischen Ansatz *Somek*, Rationalität und Diskriminierung, S. 272.

313 So auch *Heun*, in: Dreier, GG Kommentar, Art. 3, Rn. 25; *Machado*, Verhältnismäßigkeitsprinzip vs. Willkürverbot: der Streit um den allgemeinen Gleichheitssatz, S. 90 ff., 124; *Pöschl*, Gleichheit vor dem Gesetz, S. 140 ff.; *Kischel*, in: Epping/Hillgruber, BeckOK GG, Art. 3, Rn. 16.

des Gleichbehandlungsgebots. Art. 3 Abs. 1 GG sind sowohl Abwehr- als auch Schutzfunktionen immanent. Der allgemeine Gleichheitssatz vermittelt dem Grundrechtsträger ein subjektiv-öffentliches Recht dahingehend, durch den Staat im Vergleich zu anderen Grundrechtsträgern immer dann gleich beziehungsweise ungleich behandelt zu werden, wenn eine Gleich- beziehungsweise Ungleichbehandlung nicht gerechtfertigt werden kann.[314] Im Gegensatz zu den Freiheitsrechten ist dem allgemeinen Gleichheitssatz aber kein Schutzbereich immanent. Als *„modales Abwehrrecht“*[315] fordert er vielmehr den wertenden Vergleich zweier Sachverhalte, die sich hinsichtlich bestimmter Merkmale unterscheiden.[316]

Im Unterschied zu Art. 3 Abs. 2 GG ist der allgemeine Gleichheitssatz des Art. 3 Abs. 1 GG jedoch kein rechtspolitisches Programm, das die Herstellung umfassender faktischer Gleichheit fordert. Insbesondere ist ihm kein *„Verfassungsauftrag zur Egalisierung der Lebensverhältnisse“* zu entnehmen.[317] Dies wird im Folgenden noch näher herauszuarbeiten sein.

Art. 3 Abs. 1 GG verpflichtet schon wegen Art. 1 Abs. 3 GG alle drei Gewalten des Staates, also nicht nur die Exekutive, sondern auch die Judikative und die Legislative. Sowohl der Gesetzgeber[318] als auch die Rechtsprechung sind angehalten, *„bei der Ausgestaltung der Privatrechtsordnung gleichheitswidrige Regelbildungen auszuschließen“*.[319] Die Verwaltung hat Gesetze im Einklang mit dem Gleichheitssatz auszulegen und anzuwenden.[320] Eine natürliche Grenze findet der Gleichheitssatz aber unter anderem im Föderalismus. Ein Anspruch auf Gleichbehandlung kann gerade nicht über verschiedene Ländergesetzgebungen hinaus bestehen: *„Eine solche unitarisierende Verpflichtung würde […] der demokratischen Einheit des jeweiligen Landesgesetzgebers oder auch der Gemeinde die*

---

314 *Schmidt*, in: Erfurter Kommentar zum Arbeitsrecht, Art. 3 GG, Rn. 9 f.; *Heun*, in: Dreier, GG Kommentar, Art. 3, Rn. 24 ff.

315 *Sachs*, Zur dogmatischen Struktur der Gleichheitsrechte als Abwehrrechte, in: DÖV 1984, 411, 414.

316 *Schmidt*, in: Erfurter Kommentar zum Arbeitsrecht, Art. 3 GG, Rn. 9 f.

317 So auch *Schmidt*, in: Erfurter Kommentar zum Arbeitsrecht, Art. 33 GG, Rn. 1 ff., 4.

318 Zur Bindung des Gesetzgebers vgl. *C. II. 2. a) (2) Bindung der Legislative.*

319 BVerfG, Beschluss vom 11.04.2018 – 1 BvR 3080/09 –, NJW 2018, 1667, 1668; *Schmidt*, in: Erfurter Kommentar zum Arbeitsrecht, Art. 3 GG, Rn. 11; vgl. auch *Hergenröder*, in: Henssler/Willemsen/Kalb, Arbeitsrecht Kommentar, Art. 3, GG, Rn. 1 f.

320 *Kischel*, in: Epping/Hillgruber, BeckOK GG, Art. 3 Rn. 94; *Kirchhof*, in: Maunz/Dürig, GG Kommentar, Art. 3 Abs. 1, Rn. 281; *Schmidt*, in: Erfurter Kommentar zum Arbeitsrecht, Art. 3 GG, Rn. 11.

Eigenständigkeit nehmen."[321] Auch hierauf wird im Folgenden noch näher einzugehen sein.[322]

c) Willkürverbot vs. Neue Formel

Art. 3 Abs. 1 GG ist demnach verletzt, wenn durch denselben Hoheitsträger Gleiches ungleich oder Ungleiches gleich behandelt wird und keine Rechtfertigung besteht. Das Bundesverfassungsgericht differenzierte lange Zeit auf der Rechtfertigungsebene zwischen Gleich- beziehungsweise Ungleichbehandlungen von geringerem und größerem Ausmaß und bei sachverhalts- und personenbezogener Anknüpfung. Sofern es sich um eine Gleich- bzw. Ungleichbehandlung geringeren Ausmaßes bei sachverhaltsbezogener Anknüpfung handelte, war nach älterer Rechtsprechung des Bundesverfassungsgerichts die Willkürformel[323] anzuwenden.[324] Hiernach durfte die differenzierte Behandlung lediglich nicht willkürlich sein; es genügte also irgendein sachlicher Grund für die differenzierte Behandlung. Lag hingegen eine Gleich- bzw. Ungleichbehandlung größeren Ausmaßes oder eine personenbezogene Ungleichbehandlung vor, so prüfte das Bundesverfassungsgericht anhand der sogenannten Neuen Formel[325],

---

321 *Kirchhof*, in: Isensee/Kirchhof (Hrsg.), HdStR, Bd. VIII, § 181, Rn. 34; vgl. im Übrigen grundlegend *Puhl*, Gleichheit und parlamentarisches System – Bindung des Gesetzgebers, der Regierung, der Verwaltung, der Rechtsprechung, in: Mellinghoff/Palm (Hrsg.), Gleichheit im Verfassungsstaat, S. 67 f.

322 S. hierzu unter *C. II. 2. a) (1) Die Grenze des allgemeinen Gleichheitssatzes im Föderalismus.*

323 BVerfG, Urteil vom 23.10.1951 – 2 BvG 1/51 –, BVerfGE 1, 14, 52 = NJW 1951, 877, 878 f.: „*Der Gleichheitssatz ist verletzt, wenn sich ein vernünftiger, sich aus der Natur der Sache ergebender oder sonstwie sachlich einleuchtender Grund für die gesetzliche Differenzierung oder Gleichbehandlung nicht finden lässt, kurzum, wenn die Bestimmung als willkürlich bezeichnet werden muss.*"

324 Der Erste Senat hat die Unterscheidung in sachverhalts- und personenbezogene Sachverhalte mittlerweile aufgegeben und wendet allein eine am Verhältnismäßigkeitsmaßstab orientierte Prüfung an, vgl. BVerfG, Beschluss vom 24.01.2012 – 1 BvL 21/11 –, BVerfGE 130, 131-151, juris Rn. 41 und die Ausführungen weiter unten.

325 BVerfGE 55, 72, 88 f. = NJW 1993, 1517, 1517: „*[Der Gleichheitssatz ist] vor allem dann verletzt, wenn eine Gruppe von Normadressaten im Vergleich zu anderen Normadressaten anders behandelt wird, obwohl zwischen beiden Gruppen keine Unterschiede von solcher Art. und solchem Gewicht bestehen, dass sie die ungleiche Behandlung rechtfertigen könnten. […] Außerhalb des Verbots einer ungerechtfertigten Verschiedenbehandlung mehrerer Personengruppen lässt der Gleichheitssatz dem Gesetzgeber weitgehende Freiheit, Lebenssachverhalte und das Verhalten einer Person je nach dem Regelungszusammenhang verschieden zu behandeln,. […] hier endet der Spielraum*

ob die differenzierte Behandlung gerechtfertigt war. Nach dieser Neuen Formel war Art. 3 Abs. 1 GG immer dann verletzt, wenn zwischen vergleichbaren Normadressaten keine Unterschiede solcher Art und Gewicht bestanden, dass sie die Gleich- bzw. Ungleichbehandlung rechtfertigten. Es war also ein gewichtiger, sachlicher Grund nötig, um eine Rechtfertigung annehmen zu können. Dieser wurde anhand einer Verhältnismäßigkeitsprüfung festgestellt.[326] Maßgeblich für den angelegten Maßstab an den Rechtfertigungsgrund und damit an die Verhältnismäßigkeitsprüfung waren erstens, inwieweit sich die personenbezogenen Merkmale den in Art. 3 Abs. 3 GG genannten Merkmalen annäherten, zweitens, inwiefern die Ungleichbehandlung Freiheitsrechte tangierte und drittens, inwieweit die in Rede stehenden Merkmale von den Betroffenen beeinflussbar waren.[327] Der Erste Senat hat die Unterscheidung in sachverhalts- und personenbezogene Sachverhalte jedoch mittlerweile aufgegeben und wendet allein eine am Verhältnismäßigkeitsmaßstab orientierte Prüfung an. Nach dieser gilt ein stufenloser, am Grundsatz der Verhältnismäßigkeit orientierter verfassungsrechtlicher Prüfungsmaßstab, dessen Inhalt und Grenzen sich nicht abstrakt, sondern nur nach den jeweils betroffenen unterschiedlichen Sach- und Regelungsbereichen bestimmen lassen.[328] Eine strengere Bindung des Gesetzgebers könne sich demnach insbesondere aus den jeweils betroffenen Freiheitsrechten ergeben. Diese Rechtsprechung wird in Anlehnung an die Neue Formel auch Stufenlos-Formel genannt.[329] Im Prinzip fungieren hierbei das Willkürverbot

---

des Gesetzgebers erst dort, wo […] ein einleuchtender Grund für die gesetzliche Differenzierung fehlt." Die Neue Formel wurde in der späteren Entscheidung BVerfG, Beschluss vom 26.01.1993 - 1 BvL 38/92 -, BVerfGE 88, 87, 96 f. = NJW 1993, 1517, 1517 = juris Rn. 35 ff. noch dahingehend verfeinert, dass sie bei personenbezogenen Differenzierungen immer anwendbar ist und die Anforderungen an die Verhältnismäßigkeit steigen, je mehr sich die personenbezogenen Merkmalen den in Art. 3 Abs. 3 GG genannten Merkmalen nähern.

326 Vgl. auch *Kischel*, in: Epping/Hillgruber, BeckOK GG, Art. 3, Rn. 24 ff. und *Schmidt*, in: Erfurter Kommentar zum Arbeitsrecht, Art. 3 GG, Rn. 30 ff.

327 BVerfG, Beschluss vom 26.01.1993 - 1 BvL 38/92 -, BVerfGE 88, 87, 96 = juris Rn. 35 = NJW 1993, 1517; BVerfG, Urteil vom 07.12.1999 - 2 BvR 1533/94 -, BVerfGE 101, 275, 290 f. = NJW 2000, 418; BVerfG, Beschluss vom 26.01.1993 - 1 BvL 38/92 -, BVerfGE 88, 87, 96 = NJW 1993, 1517 = juris Rn. 35; BVerfG, Beschluss vom 08.06.1993 - 1 BvL 20/85 -, BStBl II 1994, 59 = BVerfGE 89, 15, 23 = NJW 1994, 122 = juris Rn. 31; BVerfG, Beschluss vom 27.01.1998 - 1 BvL 15/87 -, BVerfGE 97, 169, 181 = NJW 1998, 1475 = NZA 1998, 470 = juris Rn. 42; *Britz*, Der allgemeine Gleichheitssatz in der Rechtsprechung des BVerfG, in: NJW 2014, 346, 349 f.

328 BVerfG, Beschluss vom 24.01.2012 - 1 BvL 21/11 -, BVerfGE 130, 131, juris Rn. 41.

329 So etwa *Kischel*, in: Epping/Hillgruber, GG Kommentar, Art. 3, Rn. 28.

und die Neue Formel jeweils als „*Endpunkte einer Skala*“[330], welche die Rechtfertigungsanforderungen anhand der Intensität der Gleich- beziehungsweise Ungleichbehandlung festlegt.[331] Bei einer weniger strengen Prüfung reicht etwa, dass die Differenzierung nicht evident unsachlich ist,[332] bei einer strengeren Prüfung hingegen wird die Differenzierung genauer auf Plausibilität, Geeignetheit und Erforderlichkeit geprüft.[333] So ergibt sich im Ergebnis ein einheitlicher Prüfungsmaßstab, ohne dass strikt in Willkürformel oder Verhältnismäßigkeitsprüfung unterteilt werden muss. Vielmehr verschmelzen beide Herangehensweisen zu einer Prüfung, was das Vorgehen des Ersten Senats vorzugswürdig macht. Der Zweite Senat hält bislang weiter an der Unterscheidung zwischen sachverhalts- und personenbezogener Anknüpfung und damit an der Willkürformel fest, misst jedoch sachverhaltsbezogene Unterscheidungen auch dann am Verhältnismäßigkeitsmaßstab, wenn diese nur mittelbar eine Ungleichbehandlung von Personen bewirken und reagiert damit auf die breite Kritik in der Literatur.[334] Von dieser wurde insbesondere angemerkt, dass sich jede sachbezogene Regelung personenbezogen formulieren lasse, indem man auf die Person abstelle, die ein bestimmtes sachliches Tatbestandsmerkmal verwirkliche.[335] Der Vorgehensweise des Zweiten Senats ist jedoch auch mit dieser Anpassung nicht zuzustimmen. Die nötige Unterscheidung im Prüfungsmaßstab stellt auch eine am Verhältnismäßigkeitsmaßstab orientierte Prüfung sicher; es ist nicht

---

330 So *Boysen*, in: von Münch/Kunig, GG Kommentar I, Art. 3, Rn. 103.

331 *Langeloh*, Die Zulässigkeit von finanziellen Einheimischenprivilegierungen, S. 83 f.

332 St. Rspr., so statt vieler BVerfG, Beschluss vom 07.10.1980 – 1 BvL 50/79 –, BVerfGE 55, 72, 90 = NJW 1981, 271 = juris Rn. 50 m.w.N.

333 S. z.B. aus der jüngeren Rspr. BVerfG, Beschluss vom 07.07.2009 - 1 BvR 1164/07 –, BVerfGE 124, 199, 224 ff. = NJW 2010, 1439 = juris Rn. 85; BVerfG, Beschluss vom 21.07.2010 - 1 BvR 611/07 –, BVerfGE 126, 400, 419 ff. = NJW 2010, 2783 = juris Rn. 79 ff; BVerfG, Beschluss vom 12.10.2010 - 1 BvL 14/09 –, BVerfGE 127, 263, 281 ff. = NJW 2011, 1793 = juris Rn. 45 ff.; BVerfG, Beschluss vom 07.02.2012 - 1 BvL 14/07 –, BVerfGE 130, 240, 256 ff. = NJW 2012, 1711 = juris Rn. 42 ff.; BVerfG, Beschluss vom 19.06.2012 – 2 BvR 1397/09 –, BVerfGE 131, 239, 259 ff. = NVwZ 2012, 1304 = NJW 2012, 2790 Ls. = juris Rn. 54 ff.; BVerfG, Beschluss vom 10.07.2012 - 1 BvL 2/10 –, NVwZ-RR 2012, 825, Rn. 39 ff. = juris Rn. 21.

334 So etwa BVerfG, Beschluss vom 19.06.2012 - 2 BvR 1397/09 –, BVerfGE 131, 239, 256 = juris Rn. 55 = NVwZ 2012, 1304 = NJW 2012, 2790 Ls.; BVerfG, Beschluss vom 07.05.2013 - 2 BvR 909/06 –, NJW 2013, 2257, Rn. 75 = juris Rn. 75.

335 So zum Beispiel *Sachs*, Die Maßstäbe des allgemeinen Gleichheitssatzes, in: JuS 1997, 124, 128 und *Brüning*, Gleichheitsrechtliche Verhältnismäßigkeit, in: JZ 2001, 667, 667.

notwendig, die frühere Unterscheidung in sachverhalts- und personenbezogene Anknüpfung künstlich aufrecht zu erhalten.

d) Was bedeutet Gleichheit?

Mit dem Gesagten ist aber noch nicht geklärt, was Gleichheit überhaut bedeutet und wann sie vorliegt oder nicht vorliegt. Art. 3 GG selbst trifft keine Aussage hierzu. Damit ist der allgemeine Gleichheitssatz des Art. 3 Abs. 1 GG viel inhaltsleerer und formaler als die anderen Grundrechte.[336] Um Wirkung zu entfalten und justiziabel zu sein, muss er handhabbar sein und darf nicht nur eine leere Hülle darstellen. Begriff und Umfang der von Art. 3 Abs. 1 GG geforderten Gleichheit sind daher ausfüllungsbedürftig.

Die Gleichheit ist dabei eine wertmäßige Gleichheit (oder Ungleichheit).[337] Dabei muss sie zum einen die Eigenschaften einerseits, an die angeknüpft werden soll, und die infrage stehenden Behandlungen andererseits in Bezug nehmen. Dadurch wird sie auf gewisse Weise relativiert. Erschöpfte sich die Gleichheit in einer wertmäßigen Gleichheit der Individuen schlechthin und würde nicht zwischen den Behandlungen unterscheiden, könnte sie zur Begründung differenzierter Behandlungen nichts beitragen. Es wäre nicht zu erklären, weshalb zwei Personen, die in einer Hinsicht gleich zu behandeln sind, nicht in allen Hinsichten gleich zu behandeln sind.[338] Zudem ist ein Bewertungskriterium nötig, das festlegt, was wertmäßig gleich und was ungleich ist.[339] Die Gleichheit ist also abhängig vom Einzelfall zu bestimmen. Sie betrifft immer nur ausgewählte Eigenschaften der Vergleichspaare bezogen auf bestimmte Situationen, die sodann vom Anwender als gleich oder ungleich gewertet werden müssen.

---

336 *Müller*, Der Gleichheitssatz, in: VVDStRL 47 (1989), 37, 40; *Haller*, Die Verrechnung von Vor- und Nachteilen im Rahmen von Art. 3 Abs. 1 GG, S. 201; etwas differenzierter aber *Rinck*, Gleichheitssatz, Willkürverbot und Natur der Sache, in: JZ 1963, 521, 525, der der Auffassung ist, dass Art. 3 Abs. 1 GG vielmehr in dem Gesamtzusammenhang dieser Verfassung, in die er eingebettet ist, eine konkrete Gestalt gewinne, die sich über das formale Gleichbehandlungsgebot hinaus in dem von der Rechtsprechung präzisierten Willkürverbot zu einer Fülle von materialen Aussagen verdichte.

337 *Alexy*, Theorie der Grundrechte, S. 363. Vertiefend zum allgemeinen Gleichheitssatz und der Bedeutung der Formeln siehe auch S. 357 ff.

338 *Alexy*, Theorie der Grundrechte, S. 363. Vertiefend zum allgemeinen Gleichheitssatz und der Bedeutung der Formeln siehe auch S. 357 ff.

339 *Alexy*, Theorie der Grundrechte, S. 363. Vertiefend zum allgemeinen Gleichheitssatz und der Bedeutung der Formeln siehe auch S. 357 ff.

Der in Art. 3 Abs. 1 GG kodifizierte Gleichheitssatz bietet hierzu keine Hilfestellung, er setzt die zu determinierende Gleichheit vielmehr voraus.[340] Die Tatsache, dass die Wertung durch den Rechtsanwender vorgenommen wird und daher von dem Rechtsbewusstsein der Gesellschaft bestimmt wird,[341] sichert einerseits die Flexibilität und Anpassungsfähigkeit des allgemeinen Gleichheitssatzes.[342] Andererseits ist er so aber auch politischen und gesellschaftlichen Strömungen ungleich anderer Grundrechte ausgesetzt.

Gleichheit kann ferner auch eine rechtliche oder eine faktische Gleichheit bedeuten, je nachdem, ob die Behandlung aktbezogen oder folgenbezogen gleich ist. Hierauf wird im Folgenden noch näher eingegangen werden.[343]

2. Das Gebot des Artikel 3 Absatz 1 Grundgesetz in Bezug auf Vorzugslasten

Rechtlich allgemein anerkannt und unbestritten ist jedenfalls, dass sich bereits bestehende Vorzugslasten an Art. 3 Abs. 1 GG messen lassen müssen.[344] So folgt aus Art. 3 Abs. 1 GG, dass alle Abgabenschuldner im Verhältnis zueinander gleich oder vorteilsgerecht zu behandeln sind, also dass sich die Abgabenhöhe an den ihnen zukommenden Vorteilen zu bemessen hat.[345] Hierbei ist, wie

---

340 So auch *Haller*, Die Verrechnung von Vor- und Nachteilen im Rahmen von Art. 3 Abs. 1 GG, S. 206.

341 *Hesse*, Der Gleichheitsgrundsatz im Staatsrecht, in: AöR 77 (1951/52), 167, 216 ff.; *Rinck*, Gleichheitssatz, Willkürverbot und Natur der Sache, in: JZ 1963, 521, 525; *Leibholz*, Die Gleichheit vor dem Gesetz, S. 56 f., 61, 96.

342 So auch *Haller*, Die Verrechnung von Vor- und Nachteilen im Rahmen von Art. 3 Abs. 1 GG, S. 206.

343 Vgl. hierzu *C. II. 2. b) Nicht-Erhebung von Vorzugslasten als potenzieller Verstoß gegen Artikel 3 Absatz 1 Grundgesetz.*

344 Siehe hierzu schon oben unter *B. III. 1. a) (5) Gleichheitsgrundsatz und Typengerechtigkeit* und unter *B. III. 1. b) (3) (c) Gleichheitsgrundsatz.*

345 Für Gebühren: statt vieler BVerfG, Beschluss vom 06.02.1979 – 2 BvL 5/76 –, BVerfGE 50, 217, 227 = juris Rn. 37 f.; BVerwG, Beschluss vom 19.09.1983 – 8 N 1/83 –, BVerwGE 68, 36, 38 ff. = juris Rn. 3 ff.; BVerwG, Urteil vom 25.08.1982 – 8 C 54/81 –, NVwZ 83, 289. Für Beiträge: statt vieler BVerfG, Beschluss vom 25.06.2014 – 1 BvR 668/10 –, BVerfGE 137, 1, Rn. 43 ff. Darüber hinaus *Jarass*, in: Jarass/Pieroth, Grundgesetz Kommentar, Art. 3, Rn. 65 ff.; *Wienbracke*, Bemessungsgrenzen der Verwaltungsgebühr, S. 154 ff.; *Wienbracke*: Die verfassungskräftige Verankerung des gebührenrechtlichen Kostendeckungsprinzips, in: DÖV 2005, 201, 201 ff.; *Perlitius*, Die vorteilsabschöpfende Verwaltungsgebühr, S. 103 ff.; *Brüning*, Kommunale Gebühren, § 1, Rn. 12.

bereits erwähnt, kein strenger Maßstab anzulegen. Der Gleichheitssatz ist bereits dann gewahrt, wenn in den Grenzen der Praktikabilität und Wirtschaftlichkeit den Abgabenschuldner eine verhältnismäßige Belastungsgleichheit trifft.[346]

Vorzugslasten sind im deutschen Steuerstaat wegen des Steuervorrangs und auch der – ganz grundsätzlich nicht-steuerliche Abgaben – limitierenden Schutz- und Begrenzungsfunktion der Finanzverfassung nur bedingt und in Grenzen möglich. Eine Ausweitung des Status Quo wird daher aus verfassungsrechtlichen Gesichtspunkten höchstens in nur geringem Ausmaß möglich sein, wie es beispielsweise auch *Kube* treffend formuliert: „*Während die Erhebung von Entgelten in Grenzen transparenz- und effizienzförderlich wirken kann, sprechen die verfassungsrechtlichen Gründe für den Steuerstaat zugleich gegen einen ausgeprägten ‚Gebührenstaat'*"[347]. Während also die Ausweitung der Vorzugslasten zulasten der Steuern wegen des Steuervorrangs der Finanzverfassung nur bedingt möglich ist, ist diese Frage für eine Ausweitung in die andere Richtung, also eine Ausweitung der Steuererhebung zulasten der Vorzugslasten, sehr viel schwieriger zu beantworten. Ob Vorzugslasten in Teilen oder gänzlich abgeschafft werden könnten oder ob dies einen Verstoß gegen Art. 3 Abs. 1 GG bedeuten würde, also ob Vorzugslasten verfassungsrechtlich notwendig oder geboten sind, ist bislang gänzlich ungeklärt. Auch ist noch unerforscht, ob bereits aus dem allgemeinen Gleichheitssatz eine Pflicht des Gesetzgebers folgt, die Erhebung von Vorzugslasten zu normieren.

a) Regelungsreichweite des Artikel 3 Absatz 1 Grundgesetz

Wie bereits klargestellt wurde, ist Art. 3 Abs. 1 GG ein fundamentales Rechtsprinzip, das sowohl der Rechtsprechung als auch der Gesetzgebung gewisse äußere Grenzen setzt. Der Gleichheitssatz folgt schon aus dem Wesen des Rechtsstaates und der allgemeinen Gerechtigkeit[348] und ist somit Ausdruck einer überpositiven Rechtsidee, die im Grundgesetz rechtlich normiert ist.[349] Er bindet den Gesetzgeber insoweit, als dass dieser für Rechtsetzungsgleichheit zu sorgen hat.[350]

---

346 Siehe hierzu schon oben unter *B. III. 1. a) (5) Gleichheitsgrundsatz und Typengerechtigkeit* und unter *B. III. 1. b) (3) (c) Gleichheitsgrundsatz*; ferner auch *Vetter*, in: Christ/Oebbecke (Hrsg.), Handbuch Kommunalabgabenrecht, D Rn. 23.

347 *Kube*, in: Epping/Hillgruber, BeckOK GG, Art. 105 GG, Rn. 27.

348 BVerfG, Urteil vom 05.04.1952 – 2 BvH 1/52 –, BVerfGE 1, 208, 233.

349 So beispielsweise *Kirchhof*, in: Maunz/Dürig, GG Kommentar, Art. 3 Abs. 1, Rn. 74.

350 *Jarass*, in: Jarass/Pieroth, GG Kommentar, Art. 3, Rn. 3; *Martini*, Art. 3 Abs. 1 GG als Prinzip absoluter Rechtsgleichheit, S. 5 ff.; *Kloepfer*, Gleichheit als Verfassungsfrage,

(1) Die Grenze des allgemeinen Gleichheitssatzes im Föderalismus

Der allgemeine Gleichheitssatz findet seine natürliche Grenze im Föderalismus. Er kann immer nur denselben Hoheitsträger für seinen eigenen Zuständigkeitsbereich binden.[351] So kann etwa eine Regelung in Hessen den Gleichheitssatz nicht allein deshalb verletzen, weil beispielsweise Rheinland-Pfalz denselben Sachverhalt anders regelt. Demgemäß liegt noch keine Verletzung von Art. 3 Abs. 1 GG allein deshalb vor, weil abweichende Landesregelungen zu unterschiedlichen Rechtsfolgen bei gleichen Sachverhalten führen.[352] Eingängiges Beispiel ist hier die Materie des Schulrechts, die ausweislich des Art. 70 Abs. 1 GG in Verbindung mit Art. 73 f. GG in den Kompetenzbereich der Länder fällt. Unterschiedliche Anforderungen zur Erlangung des Abiturs in den einzelnen Ländern stellen keinen Verstoß gegen Art. 3 Abs. 1 GG dar. Selbiges gilt für Regelungen, die in den kommunalen Kompetenzbereich fallen: auch hier ist eine Regelung einer Gemeinde nicht verfassungswidrig, nur weil eine andere Gemeinde an denselben Sachverhalt eine andere Rechtsfolge knüpft.[353] Diese Begrenzung ist

---

S. 29 ff.; *Michael*, Der allgemeine Gleichheitssatz als Methodennorm komparativer Systeme, S. 224.

351 BVerfG, Beschluss vom 14.10.2008 – 1 BvF 4/05 –, BVerfGE 122, 1, 25; BVerfG, Beschluss vom 21.12.1966 – 1 BvR 33/64 –, BVerfGE 21, 54, 68 = juris Rn. 35; *Jarass*, in: Jarass/Pieroth, GG Kommentar, Art. 3, Rn. 9; *Kirchhof*, HdStR, Bd. VIII, § 181, Rn. 34 ff; *Sachs*, in: Das Staatsrecht der Bundesrepublik Deutschland, Bd. IV/2, § 120, S. 1499 ff.; *Krieger*, in: Schmidt-Bleibtreu/Klein/Hofmann/Henneke, GG Kommentar, Art. 3, Rn. 27; *Boysen*, in: von Münch/Kunig, GG Kommentar, Art. 3, Rn. 71 f.; *Boysen*, Gleichheit im Bundesstaat, S. 100 ff.; *Kirchhof*, HdStR, § 181, Rn. 34; *Heun*, in: Dreier (Hrsg.), GG Kommentar, Art. 3, Rn. 49; *Nußberger*, in: Sachs (Hrsg.), GG Kommentar, Art. 3, Rn. 81; *Jarass*, in: Jarass/Pieroth, GG Kommentar, Art. 3, Rn. 13; *Rüfner*, in: Bonner Kommentar, Art. 3 Abs. 1, Rn. 162; *Engels*, Chancengleichheit und Bundesstaatsprinzip, S. 73 ff.; *Fastenrath*, Inländerdiskriminierung, in: JZ 1987, 170, 173.

352 Beispielhaft BVerfG, Beschluss vom 25.02.1960 – 1 BvR 239/52 –, BVerfGE 10, 354, 371; BVerfG, Dreierausschussbeschluss vom 07.02.1961 – 2 BvR 23/61 –, BVerfGE 12, 139, 143; BVerfG, Beschluss vom 02.05.1961 – 1 BvR 203/53 –, BVerfGE 12, 319, 324; BVerfG, Beschluss vom 02.04.1963 – 2 BvL 22/60 –, BVerfGE 16, 6, 24; BVerfG, Beschluss vom 14.04.1964 – 2 BvR 69/62 –, BVerfGE 17, 319, 331; BVerfG, Beschluss vom 29.10.1969 – 1 BvR 65/68 –, BVerfGE 27, 175, 179; BVerfG, Beschluss vom 12.01.1971 – 2 BvL 2/70 –, BVerfGE 30, 90, 103.

353 Für die Satzungsgebung kommunaler Körperschaften etwa BVerfG, Beschluss vom 21.12.1966 – 1 BvR 33/64 –, BVerfGE 21, 54, 68, für andere Selbstverwaltungsträger etwa BVerfG, Stattgebender Kammerbeschluss vom 29.12.2004 – 1 BvR 113/03 –, NVwZ-RR 2005, 297, 298.

richtig und notwendig, da anderenfalls die *„demokratische Einheit“*[354] der subnationalen Ebenen unterwandert und der Föderalismus unterminiert werden würde. Denn würde man die Bindung an den Gleichheitssatz auch transföderal annehmen, so würde dies Art. 3 Abs. 1 GG zu einem *„subjektiven öffentlichen Recht auf bundesweite Rechtseinheit“*[355] transformieren und die Regelungskompetenz der Länder und Kommunen zu einer leeren Hülle verkommen lassen.

In Art. 20 Abs. 1 GG konstituiert das Grundgesetz den Föderalismus als Staatsform. Durch die Ewigkeitsklausel in Art. 79 Abs. 3 GG[356] wird diesem ein unabänderlicher und damit staatstragender Charakter gegeben. Der Föderalismus ist damit geradezu identitätsstiftend für die Bundesrepublik Deutschland. In Art. 30 GG betont das Grundgesetz die Eigenstaatlichkeit der Länder und *qua* Art. 28 Abs. 2 GG gewährleistet es den Gemeinden das Recht, alle Angelegenheiten der örtlichen Gemeinschaft im Rahmen der Gesetze in eigener Verantwortung zu regeln. Die Verfassung etabliert durch diese Kompetenzverteilung auf die drei verschiedenen Staatsebenen somit mehrere Rechtsordnungen, die die subnationalen Glieder (Länder und Kommunen) selbstständig im Rahmen der Landesverfassung und ihrer Landesgesetze festlegen können.[357] Der Gestaltungsspielraum der Länder mag hierbei nicht unbeschränkt sein, da das Grundgesetz ein gewisses Maß an Homogenität in Art. 28 Abs. 1 Satz 1 GG durchaus einfordert.[358] Diese Homogenität darf aber eben gerade nicht zu einer Egalisierung des Landesrechts verkommen.[359] Denklogisch kann schon nicht gewollt sein, diese Säule des Föderalismus durch ein allumfassendes Gleichheitsrecht zu unterminieren. Indem die föderale Staatsform aber auch durch die Ewigkeitsklausel des

---

354 So *Kirchhof*, in: Isensee/Kirchhof, HdStR, Bd. VIII, § 181, Rn. 34.

355 So zutreffend *Boysen*, in: von Münch/Kunig, GG Kommentar, Art. 3, Rn. 71; *Boysen*, Gleichheit im Bundesstaat, S. 100 ff.; ebenso *Krieger*, in: Schmidt-Bleibtreu/Klein/Hofmann/Henneke, GG Kommentar, Art. 3, Rn. 27.

356 Art. 79 Abs. 3 GG: *„Eine Änderung dieses Grundgesetzes, durch welche die Gliederung des Bundes in Länder, die grundsätzliche Mitwirkung der Länder bei der Gesetzgebung oder die in den Artikeln 1 und 20 niedergelegten Grundsätze berührt werden, ist unzulässig.“*

357 So zutreffend statt vieler *Nierhaus/Engels*, in: Sachs (Hrsg.), GG Kommentar, Art. 28, Rn. 1.

358 BVerfG, Beschluss vom 29.01.1974 – 2 BvN 1/69 –, BVerfGE 36, 342, 361 = juris Rn. 45; BVerfG, Beschluss vom 17.12.1975 – 1 BvR 548/68 –, BVerfGE 41, 88, 119 = juris Rn. 95; BVerfG, Beschluss vom 24.03.1982 – 2 BvH 1/82 –, BVerfGE 60, 175, 207 f. = juris Rn. 118.

359 So BVerfG, Urteil vom 22.02.1994 – 1 BvL 30/88 –, BVerfGE 90, 60, 84 = juris Rn. 133; BVerfG, Urteil vom 27.04.1959 – 2 BvF 2/58 –, BVerfGE 9, 268, 279.

Art. 79 Abs. 3 GG geschützt ist, ist ein Unterlaufen durch eine durch den Gleichheitssatz vereinheitlichende Rechtsordnung schon nicht mit dem identitätstragenden Föderalismus vereinbar und damit auch nicht mit der Verfassung.[360] Dem Argument, dass wegen der Grundrechtsbindung des Art. 1 Abs. 3 GG auch im föderalen Kontext Art. 3 Abs. 1 GG uneingeschränkt und gesetzgeberübergreifend anwendbar sein soll,[361] liegt ein Zirkelschluss zugrunde. Richtig ist, dass Art. 1 Abs. 3 GG den Grundrechten, an welche es die Bindung der drei Gewalten statuiert, inhaltlich nichts hinzufügen kann. Die drei Gewalten können durch Art. 1 Abs. 3 GG also nur inhaltlich in dem Umfang an die Grundrechte gebunden werden, den besagte Grundrechte selbst statuieren.[362] Somit taugt dieses Argument nicht, um eine transföderale Bindung des Gesetzgebers herzuleiten. Gleichwohl können *„kompetenzübergreifende (unechte) Ungleichbehandlungen“*[363] Art. 3 Abs. 1 GG dann verletzen, wenn dieselbe Regelung wesentlich Gleiches ungleich behandelt. Dies war beispielsweise in dem Bremischen Studienkontengesetz von 2005[364] der Fall, welches lediglich auswärtigen Studenten Studiengebühren auferlegte. Das Hochschulsystem ist jedoch ein *„bundesweit zusammenhängendes System“*[365], weil nicht jedes Studium an jeder Universität oder in jedem Bundesland möglich ist. Daher sind gleiche Zugangsvoraussetzungen und -möglichkeiten elementar und eine Nutzung der Ausbildungskapazitäten über die Ländergrenzen hinweg erforderlich.[366] Durch das Bremische Studienkontengesetz von 2005, das sogenannte Landeskinder, in diesem Kontext also Studenten mit Wohnsitz in Bremen, bevorzugte, wurde der notwendigerweise freie und gleiche Hochschulzugang ohne hinreichenden Sachgrund beeinträchtigt.[367] Beim Zugang zum Studium dürfe nicht pauschal nach Ländern differenziert werden. Die Tatsache hingegen, dass einige Länder generell und auf

---

360 Zutreffend so auch *Boysen*, Gleichheit im Bundesstaat, S. 102.

361 *Dittmann*, Gleichheitssatz und Gesetzesvollzug im Bundesstaat, in: FS Dürig, 1990, S. 221, 222.

362 So überzeugend *Boysen*, in: von Münch/Kunig, GG Kommentar, Art. 3, Rn. 71, Fn. 287; *Boysen*, Gleichheit im Bundesstaat, S. 104.

363 *Jarass*, in: Jarass/Pieroth, GG Kommentar, Art. 3 Rn. 13.

364 Bremisches Studienkontengesetz (BremStKG) der Fassung der Bekanntmachung vom 18. 10. 2005 (BremGBl S. 550).

365 BVerfG, Beschluss vom 08.05.2013 – 1 BvL 1/08 –, BVerfGE 134, 1, 23 f. = NJW 2013, 2498, 2501 = juris Rn. 62.

366 BVerfG, Beschluss vom 08.05.2013 – 1 BvL 1/08 –, BVerfGE 134, 1, 23 f. = NJW 2013, 2498, 2501 = juris Rn. 62.

367 BVerfG, Beschluss vom 08.05.2013 – 1 BvL 1/08 –, BVerfGE 134, 1, 23 f. = NJW 2013, 2498, 2501 = juris Rn. 62.

alle anwendbare Studiengebühren einführten, während andere dies nicht taten, verstieß nicht gegen Art. 3 Abs. 1 GG, da diese Entscheidung gerade Ausdruck der Kompetenz der Länder ist, das Schulrecht selbst zu regeln. Da die Studiengebühren in diesen Fällen unterschiedslos auf alle Studenten angewendet wurden, und damit keine Studienbeschränkung einherging, lag hierin kein Verstoß gegen den allgemeinen Gleichheitssatz.[368]

(2) Bindung der Legislative

Art. 1 Abs. 3 GG statuiert, dass der Gesetzgeber an die Grundrechte, daher also auch an Art. 3 GG gebunden ist. Der Gesetzgeber ist verpflichtet, für Rechtssetzungsgleichheit zu sorgen. Dies betrifft jeden Gesetzgeber in seinem jeweiligen Zuständigkeitsbereich. So müssen nicht nur Bundesgesetze mit Art. 3 Abs. 1 GG konform sein, sondern auch Landesgesetze, Rechtsverordnungen und Satzungen.[369] Zwar wurde in Art. 3 Abs. 1 GG lange nur ein Gebot der Rechtsanwendungsgleichheit und gerade kein Gebot der Rechtsetzungsgleichheit hineingelesen, was zur Folge hätte, dass die Legislative ihm nicht unterworfen wäre.[370] Wie *Alexy* zutreffend darstellt, widerspräche ein solches Verständnis jedoch nicht nur dem Wortlaut des Art. 1 Abs. 3 GG, welcher nicht nur vollziehende Gewalt und Rechtsprechung, sondern auch explizit die Gesetzgebung an die nachfolgenden Grundrechte bindet, sondern auch dem historischen Willen des Gesetzgebers.[371] Dieser hatte die Bindung des Gesetzgebers an den Gleichheitssatz in Art. 3 GG (vormals Art. 14) zunächst ausdrücklich formuliert, indem er als Absatz 2 vorbehaltlos einfügte: *„Der Grundsatz der Gleichheit bindet auch den Gesetzgeber.“*[372] Erkennbar wollte der Verfassungsgesetzgeber den Gesetzgeber

368 So auch BVerfG, Beschluss vom 08.05.2013 – 1 BvL 1/08 –, BVerfGE 134, 1, 1. LS: *„Allgemeine Studiengebühren sind mit dem Teilhaberecht auf Zulassung zum Hochschulstudium aus Art. 12 Abs. 1 GG in Verbindung mit dem Gleichheitssatz des Art. 3 Abs. 1 GG und dem Sozialstaatsprinzip der Art. 20 Abs. 1, Art. 28 Abs. 1 Satz 1 GG vereinbar, solange sie nicht prohibitiv wirken und sozial verträglich ausgestaltet sind.“*

369 Statt vieler *Heun*, in: Dreier (Hrsg.), GG Kommentar, Art. 3, Rn. 53.

370 So auch *Alexy*, Theorie der Grundrechte, S. 357; *Thoma*, Ungleichheit und Gleichheit im Bonner Grundgesetz, in: DVBl. 1951, S. 457 ff.

371 Vgl. auch *Martini*, Art. 3 Abs. 1 GG als Prinzip absoluter Rechtsgleichheit, S. 8. Vgl. hierzu *Starck*, Die Anwendung des Gleichheitssatzes, in: Link (Hrsg.), Der Gleichheitssatz im modernen Verfassungsstaat, S. 51, 52 f.

372 Art. 14 des Berichts über den Verfassungskonvent auf Herrenchiemsee vom 10. bis 23. August 1948 des Verfassungsausschusses der Ministerpräsidentenkonferenz der westlichen Besatzungszonen; vgl. darüber hinaus auch die Ausführung im

demnach umfassend an den Gleichheitssatz binden. Der Absatz wurde in der nächsten Lesung lediglich wieder aus Art. 3 GG herausgenommen, da er in Art. 1 Abs. 3 GG verortet wurde und sich dadurch an der Bindung des Gesetzgebers nichts änderte.[373] Darüber hinaus widerspräche ein Verständnis der alleinigen Rechtsanwendungsgleichheit auch der Idee der Grundrechte, dem Bürger Schutz vor dem Staat und seinen Institutionen zu bieten, zu welchen gerade auch die Gesetzgebung gehört.[374] Dieser Auffassung ist auch das Bundesverfassungsgericht, welches seit jeher von einer Bindung des Gesetzgebers an den Gleichheitssatz ausgegangen ist, und konsequenterweise in Art. 3 Abs. 1 GG neben dem Gebot der Rechtsanwendungsgleichheit immer auch ein Gebot der Rechtssetzungsgleichheit hineingelesen hat.[375]

Mit dem Gesagten bleibt aber ungeklärt, wie weit das Gebot der Rechtsetzungsgleichheit wirkt. Richtigerweise kann mit dem Gebot der Rechtsetzungsgleichheit nicht vom Gesetzgeber verlangt sein, dass er Regelungen zu schaffen habe, die alle Menschen exakt gleich behandeln oder durch welche alle Menschen in jeder Hinsicht als gleich angesehen werden sollen. Eine solche Regelung wäre nicht nur realitätsfremd, sie wäre auch schlechterdings nicht möglich.[376] Stattdessen fordern die dem Menschen immanenten Besonderheiten oft eine unterschiedliche Behandlung. Das Alter, der Gesundheitszustand und die finanziellen Verhältnisse sind nur einige der Faktoren, die besonderer Berücksichtigung bei der Normengesetzgebung bedürfen. Ein zu weiter Spielraum bei der Normensetzung hingegen ließe den Bedeutungsgehalt des allgemeinen Gleichheitssatzes leerlaufen.[377] Zu untersuchen ist daher zunächst die Reichweite des Gebots zur Rechtsetzungsgleichheit.

---

vorangestellten darstellenden Teil, S. 22: *„Artikel 14 schlichtet die alte Streitfrage, ob die Gleichheitsforderung auch den Gesetzgeber binde, in bejahendem Sinn.“*

373 Vgl. *Doemming/Füsslein/Matz*, Entstehungsgeschichte der Artikel des Grundgesetzes, in: JöR 1 (1951), 1, 67.

374 *Alexy*, Theorie der Grundrechte, S. 357 ff.

375 St. Rspr., vgl. statt vieler BVerfG, Urteil vom 23.10.1951 – 2 BvG 1/51 –, BVerfGE 1, 14, 52 = juris Rn. 137.

376 Dies würde etwa zur Folge haben, dass alle Menschen – Kinder wie Erwachsene – wählen, Alkohol trinken oder Geschäfte abschließen dürften. Vgl. auch *Alexy*, Theorie der Grundrechte, S. 359 ff.; *Sachs*, in: Stern, Das Staatsrecht der Bundesrepublik Deutschland, Bd. IV/2, S. 1481 f.; *Haller*, Die Verrechnung von Vor- und Nachteilen im Rahmen von Art. 3 Abs. 1 GG, S. 204.

377 So auch *Alexy*, Theorie der Grundrechte, S. 359 ff. und *Haller*, Die Verrechnung von Vor- und Nachteilen im Rahmen von Art. 3 Abs. 1 GG, S. 204.

(a) Spielraum des Gesetzgebers bei der Normschaffung

Initial ist die Normenschaffung zu betrachten. Hier muss dem Gesetzgeber ein Spielraum zukommen; fraglich ist jedoch, wie dieser ausgestaltet ist und wie weit er greift. Das Gesetz verallgemeinert und abstrahiert, um möglichst viele Sachverhalte zu erfassen. Mehr noch – ohne Abstraktion und Verallgemeinerungen wäre das Gesetz überhaupt nicht justiziabel.[378] Bei der Schaffung einer Norm setzt der Gesetzgeber den Fokus auf ein ihm relevant erscheinendes Tatbestandsmerkmal und schafft hier bewusst eine Differenzierung in einer Verallgemeinerung. Dies ist nichts anderes als eine wertende Betrachtung verschiedener Sachverhalte, der durch die von dem allgemeinen Gleichbehandlungsgrundsatz geforderte Gleichheit Grenzen setzt.[379]

Der Spielraum wird dem Gesetzgeber unmittelbar von der Norm selber eingeräumt, deren weite Aussage nur durch den Gesetzgeber mit Inhalt gefüllt werden kann. Der Normeninhalt „*Alle Menschen sind gleich*" dient hier quasi als Richtmaß für den Gesetzgeber. Wie eng oder wie weit er diesen interpretiert, ist zunächst ihm überlassen. Er ist sozusagen „*gestaltender Erstinterpret*"[380] der Norm. Ausweislich des Art 93 Abs. 1 GG ist es Aufgabe des Bundesverfassungsgerichts, das Grundgesetz auszulegen und insoweit auch festzulegen, ob der Gesetzgeber sich in den ihm durch Art. 3 Abs. 1 GG auferlegten Grenzen bewegt. Es agiert folglich als „*Zweitinterpret der Verfassung*".[381] Somit kommt den Entscheidungssprüchen des Bundesverfassungsgerichts erhebliche verfassungsrechtliche Gestaltung zu, wie beispielsweise im *Apotheken-Urteil* zu Art. 12 GG geschehen, in welchem es die sogenannte Drei-Stufen-Theorie etabliert hat, die heute anerkannte Praxis ist.[382] Das Bundesverfassungsgericht überprüft dabei

---

378 So auch *Zippelius*, Der Gleichheitssatz, in: VVDStRL (47) 1989, 7, 20; *Starck*, Die Anwendung des Gleichheitssatzes, in: Link (Hrsg.), Der Gleichheitssatz im modernen Verfassungsstaat, S. 59; *Kirchhof*, Die Verschiedenheit der Menschen und die Gleichheit vor dem Gesetz, S. 26; *Kirchhof*, Die Allgemeinheit des Gesetzes, S. 464 f; *Kirchhof*, in: Maunz/Dürig, GG Kommentar, Art. 3 Abs. 1, Rn. 315 ff.

379 Vgl. in diesem Sinne auch *Kirchhof*, Die Verschiedenheit der Menschen und die Gleichheit vor dem Gesetz, S. 26; *Kirchhof*, Die Allgemeinheit des Gesetzes, S. 464 f; *Kirchhof*, in: Maunz/Dürig, GG Kommentar, Art. 3 Abs. 1, Rn. 315 ff.

380 *Korioth*, in: Schlaich/Korioth, das Bundesverfassungsgericht, 7. Teil, Rn. 530.

381 *Kirchhof*, Rechtsphilosophische Fundierung des Richterrechts: Die Idee des Rechts, in: Bumke (Hrsg.), Richterrecht zwischen Gesetzesrecht und Rechtsgestaltung S. 71, 78.

382 BVerfG, Urteil vom 11.06.1958 – 1 BvR 596/56 –, BVerfGE 7, 377-444.

nur die äußersten Grenzen, die die Norm setzt,[383] wobei diese Grenzen eben nicht bereits den Inhalt des Art. 3 Abs. 1 GG statuieren.[384] Vielmehr beschränkt sich das Bundesverfassungsrecht im Hinblick auf den allgemeinen Gleichheitssatz des Art. 3 Abs. 1 GG darauf, zu sagen, ab wann eine Gleich- beziehungsweise Ungleichbehandlung in einem Sachverhalt erlaubt beziehungsweise nicht mehr erlaubt ist. Dieser Spielraum, der dem Gesetzgeber verbleibt, unterliegt dabei nicht der Kontrolle des Bundesverfassungsgerichts. So ist sichergestellt, dass das Bundesverfassungsgericht als Teil der Judikative nicht die Wertungen des Gesetzgebers durch seine eigenen substituiert;[385] was unter Umständen einen Eingriff in die Gewaltenteilung[386] darstellen könnte. Indem sich die Kontrolle des Bundesverfassungsgerichts über den Gesetzgeber auf die äußeren Grenzen beschränkt, bleibt diesem ausreichend Gestaltungsspielraum, seine eigenen Wertungen *de lege ferenda* umzusetzen. Das Bundesverfassungsgericht

---

383 BVerfG, Beschluss vom 15.12.1959 – 1 BvL 10/55 –, BVerfGE 10, 234, 246 = juris Rn. 45; ebenso BVerfG, Beschluss vom 17.01.1978 – 1 BvL 13/76 –, BVerfGE 47, 109, 124 = juris Rn. 47; BVerfG, Beschluss vom 17.01.1979 – 1 BvL 25/77 –, BVerfGE 50, 142, 162 = juris Rn. 50; vgl. auch im rechtstheoretischen Ansatz *Somek*, Rationalität und Diskriminierung, S. 272.

384 *Michael*, Der allgemeine Gleichheitssatz als Methodennorm komparativer Systeme, S. 230 f.; *Alexy*, Theorie der Grundrechte, S. 375.

385 BVerfG, Urteil vom 17.12.1953 – 1 BvR 323/51 u.a. –, juris 4. LS: „*Der Gleichheitssatz bietet dem Bundesverfassungsgericht keine Möglichkeit, ein Gesetz unter dem Gesichtspunkt ‚allgemeine Gerechtigkeit' nachzuprüfen und damit seine Auffassung von Gerechtigkeit derjenigen des Gesetzgebers zu substituieren.*"

386 Der Begriff der Gewaltenteilung ist ohnehin mit Vorsicht zu gebrauchen. Passender erscheint der anglo-amerikanische Begriff „*checks and balances*" oder der deutsche Begriff „*Gewaltenverschränkung*", denn indem es dem Bundesverfassungsgericht erlaubt ist, Gesetze des Gesetzgebers zu überprüfen und zu verwerfen, findet *de facto* ein Eingriff der Judikative in den Kompetenzbereich der Legislative statt. Dieser ist jedoch notwendiger Bestandteil eines nach Rechtsgrundsätzen funktionierenden Staatsapparats und von dem Grundgesetz genauso vorgesehen. Vgl. für eine tiefergehende Betrachtung etwa *Pöße*, Einschätzungsspielraum des Gesetzgebers als Gegenstand verfassungsgerichtlicher Kontrollbeschränkung, in: Nolte (Hrsg.), Kontrolle im verfassten Rechtsstaat, S. 33 ff. und *Raabe*, Grundrechte und Erkenntnis, S. 26 f., sowie *Meier/Jocham*, Rechtsfortbildung – Methodischer Balanceakt zwischen Gewaltenteilung und materieller Gerechtigkeit, in: JuS 2016, 392 und *Voßkuhle/Kaufhold*, Grundwissen – Öffentliches Recht: Der Grundsatz der Gewaltenteilung, in: JuS 2012, 314. Vgl. darüber hinaus kritische Stimmen wie *Vogel*, Gewaltenvermischung statt Gewaltenteilung?, in: NJW 1996, 1505 und *Lamprecht*, Oligarchie in Karlsruhe: Über die Erosion der Gewaltenteilung, in: NJW 1994, 3272.

„hat nicht zu entscheiden, ob der Gesetzgeber die jeweils gerechteste und zweckmäßigste Regelung getroffen hat, sondern lediglich, ob er die äußersten Grenzen seiner Gestaltungsfreiheit gewahrt hat“.[387] Diese Vorgehensweise einschränkend ist jedoch die neuere Rechtsprechung des Bundesverfassungsgerichts zu erwähnen, die von einer reinen Willkürprüfung in einigen Bereichen hin zu einer am Verhältnismäßigkeitsmaßstab orientierten Prüfung gerückt ist.[388] So hat der Erste Senat des Bundesverfassungsgerichts seit der BAföG-Entscheidung im Jahre 2011[389] mehrmals festgestellt, dass ein stufenloser, am Grundsatz der Verhältnismäßigkeit orientierter verfassungsrechtlicher Prüfungsmaßstab gelte.[390] Aus dem allgemeinen Gleichheitssatz würden sich, je nach Regelungsgegenstand und Differenzierungsmerkmalen, unterschiedliche Grenzen für den Gesetzgeber ergeben, die von gelockerten, auf das Willkürverbot beschränkten Bindungen bis hin zu strengen Verhältnismäßigkeitserfordernissen reichen könnten.[391] Wie bereits herausgearbeitet, orientiert sich die Prüfstrenge des Bundesverfassungsgerichts dabei an den folgenden drei Kriterien: erstens, inwieweit die Merkmale, an die die gesetzliche Differenzierung anknüpft, sich den Merkmalen des Art. 3 Abs. 3 GG annähern, zweitens, inwieweit die Ungleichbehandlung andere Freiheitsrechte betrifft, und drittens, inwieweit die Verwirklichung der Merkmale, die zur Unterscheidung herangezogen werden, von den Betroffenen beeinflussbar ist.[392] Diese Kriterien kommen bei allen Schritten der klassischen

---

387 Richtig so BVerfG, Beschluss vom 10.01.1984 – 1 BvL 5/83 –, BVerfGE 66, 84, 95 = juris Rn. 40.

388 Der Erste Senat begreift das Willkürverbot als Ausprägung einer einheitlich am Verhältnismäßigkeitsgrundsatz orientierten Maßstabsbildung. Vgl. zur Veränderung der Rechtsprechung des Ersten und Zweiten Senats *Britz*, Der allgemeine Gleichheitssatz in der Rechtsprechung des BVerfG, in: NJW 2014, 346.

389 BVerfG, Beschluss vom 21.06.2011 – 1 BvR 2035/07 – NvwZ 2011, 1316.

390 Z.B. in BVerfG, Beschluss vom 24.01.2012 – 1 BvL 21/11 –, BVerfGE 130, 131, juris Rn. 41.

391 BVerfG, Beschluss vom 26.01.1993 – 1 BvL 38/92 –, BVerfGE 88, 87 = juris Rn. 34; BVerfG, Beschluss vom 24.01.2012 – 1 BvL 21/11 –, BVerfGE 130, 131, juris Rn. 41; BVerfG, Beschluss vom 21.06.2011 – 1 BvR 2035/07 –, BVerfGE 129, 49, 69 = NVwZ 2011, 1316; BVerfG, Beschluss vom 24.01.2012 – 1 BvL 21/11 –, BVerfGE 130, 131, 142 = NVwZ-RR 2012, 257; BVerfG, Beschluss vom 08.05.2013 – 1 BvL 1/08 –, NJW 2013, 2498, Rn. 57; BVerfG, Beschluss vom 21.07-2010 – 1 BvR 611/07 –, BVerfGE 126, 400, 416.

392 BVerfG, Beschluss vom 26.01.1993 – 1 BvL 38/92 –, BVerfGE 88, 87 = juris Rn. 35; *Britz*, Der allgemeine Gleichheitssatz in der Rechtsprechung des BVerfG, in: NJW 2014, 346, 349.

Verhältnismäßigkeitsprüfung (legitimer Zweck, Geeignetheit, Erforderlichkeit, Angemessenheit oder Verhältnismäßigkeit im engeren Sinne) zum Tragen. So muss der für eine Gleich- oder Ungleichbehandlung angeführte Grund hinreichend gewichtig sein, um diese zu rechtfertigen. Bei einer weniger strengen Prüfung reicht etwa, dass die Differenzierung nicht evident unsachlich ist;[393] bei einer strengeren Prüfung hingegen wird die Differenzierung genauer auf Plausibilität, Geeignetheit und Erforderlichkeit geprüft.[394] Zwar werden auch hier lediglich die äußeren Grenzen des Art. 3 Abs. 1 GG überprüft. Indem das Bundesverfassungsgericht aber eine Verhältnismäßigkeitsprüfung mit einem unterschiedlichen Strengemaßstab vornimmt, ist es möglich, dass die vom Bundesverfassungsgericht in den Art. 3 Abs. 1 hineingelesenen äußeren Grenzen mit den inneren Grenzen des Gesetzgebers nahezu, wenn nicht sogar vollkommen identisch sein können. Die äußeren Grenzen sind enger je strenger der vom Bundesverfassungsgericht angelegte Maßstab ist. *De facto* kann es sein, dass dem Gesetzgeber im konkreten Einzelfall kein eigener (bedeutender) Gestaltungsspielraum mehr verbleibt, wenn das Bundesverfassungsgericht die äußeren Grenzen des Art. 3 Abs. 1 GG im konkreten Einzelfall des Art. 3 Abs. 1 GG so eng versteht, dass dem Gesetzgeber kein Raum für abweichende oder alternative Regelungen verbleibt. Ob und inwieweit das Bundesverfassungsgericht damit gegebenenfalls seine Kompetenzen überschreitet und in die Kompetenz des Gesetzgebers unzulässigerweise eingreift, soll nicht mehr Gegenstand der hiesigen Untersuchung sein. Verwiesen sei im Übrigen auf die in Fußnote 87 genannte Literatur.[395]

Im Ergebnis ist festzuhalten, dass der Spielraum des Gesetzgebers bei der Normenfindung je nach Gegenstand und Sachverhalt unterschiedlich weit sein

---

393 So bei BVerfG, Beschluss vom 07.10.1980 – 1 BvL 50/79 –, BVerfGE 55, 72, 90 = NJW 1981, 271.

394 S. z.B. aus der jüngeren Rspr. BVerfG, Beschluss vom 07.07.2009 – 1 BvR 1164/07 –, BVerfGE 124, 199, 224 ff. = NJW 2010, 1439; BVerfG, Beschluss vom 14.04.2010 – 1 BvL 8/08 –, BVerfGE 126, 29, 48 ff. = NJOZ 2011, 464; BVerfG, Beschluss vom 21.07.2010 – 1 BvR 611/07 –, BVerfGE 126, 400, 419 ff. = NJW 2010, 2783; BVerfG, Beschluss vom 12.10.2010 – 1 BvL 14/09 –, BVerfGE 127, 263, 281 ff. = NJW 2011, 1793; BVerfG, Beschluss vom 07.02.2012 – 1 BvL 14/07 –, BVerfGE 130, 240, 256 ff. = NJW 2012, 1711; BVerfG, Beschluss vom 19.06.2012 – 2 BvR 1397/09 –, BVerfGE 131, 239, 259 ff. = NVwZ 2012, 1304 = NJW 2012, 2790 Ls.

395 *Kallina*, Willkürverbot und Neue Formel, S. 150 zufolge sei die *„tatsächliche Verschiebung der funktionellen Machtverteilung […] zugunsten eines verbesserten Grundrechtschutzes hinzunehmen."*

kann, die Grenzen des Art. 3 Abs. 1 GG mithin unterschiedlich eng gefasst sein können. Die Grenzen sind anhand einer Verhältnismäßigkeitsprüfung festzulegen, die von einer reinen Willkürprüfung hin zu strengen Verhältnismäßigkeitserfordernissen reichen können. Die Prüfstrenge orientiert sich dabei daran, wie weit sich die Merkmale, an die die gesetzliche Differenzierung anknüpft, den Merkmalen des Art. 3 Abs. 3 GG annähern, wie sehr die Ungleichbehandlung andere Freiheitsrechte betrifft, und inwieweit die Verwirklichung der Merkmale, die zur Unterscheidung herangezogen werden, von den Betroffenen beeinflussbar ist.

(b) Normsetzungspflicht

Ob Art. 3 Abs. 1 GG selbst den Gesetzgeber allerdings dazu verpflichtet, überhaupt Regelungen zu schaffen, um Ungleichheiten entgegenzuwirken oder auszumerzen, oder ob die Norm lediglich statuiert, dass der Gesetzgeber bei der Rechtsetzung die Gleichheit zu berücksichtigen hat, ist damit noch ungeklärt. Grundsätzlich ist der Gesetzgeber in seinem Handeln frei und es obliegt seiner Souveränität, Gesetze zu erlassen oder es zu unterlassen. Mit der Einführung des Grundgesetzes wurde in Art. 1 Abs. 3 GG und Art. 20 Abs. 3 GG jedoch eine Trennung von verfassungsgebender- und gesetzesgebender Gewalt etabliert, die auch den Gesetzgeber an die Verfassung bindet.[396] Das Verfassungsrecht ist höheres Recht, das einfaches Recht gemäß dem Grundsatz *lex superior derogat legi interferiori* bricht. Vorstellbar ist also, dass sich aus dem Verfassungsrecht Pflichten zum gesetzgeberischen Tätigwerden ergeben können.

i. Keine Gesetzgebungspflicht aus den Gesetzgebungskompetenzen

Vorab sei gesagt, dass sich aus den Gesetzgebungskompetenzen in den Art. 70 ff. GG keine Pflicht des Gesetzgebers zum Erlass von Gesetzen und mithin auch nicht von Vorzugslasten ergibt. Die Gesetzgebungskompetenzen statuieren – schon ausweislich ihres Wortlauts[397] – nur das Recht beziehungsweise die Befugnis zur Gesetzgebung, nicht aber eine Pflicht, gewisse Regelungen zu

---

396 Für einen historischen Vergleich siehe *Walecki*, Die Normsetzungspflicht des Gesetzgebers und ihre Erzwingbarkeit, S. 33 ff.

397 So lauten beispielsweise Art. 70 Abs. 1 GG: „*Die Länder haben das Recht der Gesetzgebung, soweit dieses Grundgesetz nicht dem Bunde Gesetzgebungsbefugnisse verleiht*“ und Art. 71 GG: „*Im Bereiche der ausschließlichen Gesetzgebung des Bundes haben die Länder die Befugnis zur Gesetzgebung nur, wenn und soweit sie hierzu in einem Bundesgesetze ausdrücklich ermächtigt werden.*“

treffen.[398] Gesetzgebungspflichten können aber, wie im Folgenden zu zeigen sein wird, aus anderen verfassungsrechtlichen Grundsätzen folgen, wie Grundrechten oder Prinzipien mit Verfassungsrang.

ii. Verfassungsrechtliche Normsetzungsaufträge

Es lassen sich zumindest immer dann konkrete Regelungspflichten für den Gesetzgeber aus den Grundrechten ableiten, wenn in diesen ein Schutzauftrag verankert ist. Aus diesem lässt sich stets, und insbesondere dann ein konkreter Normsetzungsauftrag ableiten, wenn der einfache Gesetzgeber dem Schutzauftrag in Bezug auf eine konkrete Regelungsmaterie nicht oder nicht hinreichend nachgekommen ist.[399] Dies ist im Wege der Verfassungsbeschwerde rügbar, wenn Inhalt und Umfang der Gesetzgebungspflicht im Wesentlichen erkennbar und umgrenzt sind.[400] Wenn bei dieser Voraussetzung der Gesetzgeber den Verfassungsauftrag unrichtig auslegt, demzufolge seiner Gesetzgebungspflicht nur unvollständig nachkommt und durch das Unterlassen einer erschöpfenden Regelung zugleich ein Grundrecht verletzt, muss die Verfassungsbeschwerde ausnahmsweise auch gegen dieses Unterlassen des Gesetzgebers zulässig sein.[401] Anderenfalls würden die Schutzfunktionen der Grundrechte umgangen werden. Solche Normsetzungsaufträge des Grundgesetzes[402] führen dazu, dass *„das*

398 Unstreitig, so statt vieler *Pieroth*, in: Jarass/Pieroth, GG Kommentar, Art. 70, Rn. 4 i.V.m. Art. 30, Rn. 3; *Degenhart*, in: Sachs (Hrsg.), GG Kommentar, Art. 70, Rn. 63; *Rozek*, in: Mangoldt/Klein/Stark, Art. 70, Rn. 18.

399 So etwa in BVerfG, Beschluss vom 20.02.1957 – 1 BvR 441/53 –, BVerfGE 6, 257-273 = juris Rn. 17. In dieser Entscheidung hatte der Beschwerdeführer gerügt, der Gesetzgeber habe den Verfassungsauftrag des Art. 131 GG, die Rechtsverhältnisse aller dort bezeichneten Personen zu regeln, die am 08.05.1945 „im öffentlichen Dienst" standen, nur teilweise ausgeführt. Eine Regelung für die Angehörigen des früheren Deutschen Roten Kreuzes sei unterblieben, obgleich diese öffentlichen Dienst geleistet hätten. Es sei auch nicht etwa eine negative Regelung – Ausschluss des Deutschen Roten Kreuzes – im Gesetz getroffen worden; der Gesetzgeber habe vielmehr insoweit jede Regelung unterlassen, da er den Verfassungsauftrag irrigerweise einschränkend ausgelegt habe.

400 Vgl. diesbezüglich die zutreffenden Ausführungen des BVerfG, Beschluss vom 20.02.1957 – 1 BvR 441/53 –, BVerfGE 6, 257-273 = juris Rn. 17

401 Vgl. diesbezüglich die zutreffenden Ausführungen des BVerfG, Beschluss vom 20.02.1957 – 1 BvR 441/53 –, BVerfGE 6, 257-273 = juris Rn. 17

402 *Walecki*, Die Normsetzungspflicht des Gesetzgebers und ihre Erzwingbarkeit, S. 79 f. merkt richtigerweise an, dass sich Aufträge zur Gesetzgebung auch aus anderen höherrangigen Vorschriften als dem Grundgesetz ergeben können, obgleich er einräumt, dass ein solcher der am häufigsten vorkommende Auftrag zur Normsetzung sei. Für diesen Abschnitt der Dissertation ist der Blick auf das Grundgesetz ausreichend.

rechtlich freie Wollen des Gesetzgebers einem rechtlich gebotenen Müssen gewichen ist“[403], im verwaltungsrechtlichen Jargon also, dass sich das Ermessen des Gesetzgebers hinsichtlich eines Tätigwerdens auf Null reduziert hat. Ein solcher Normsetzungsauftrag findet sich etwa in Art. 6 Abs. 5 GG, welcher der Gesetzgebung explizit aufträgt, die gleichen Bedingungen für die leibliche und seelische Entwicklung für uneheliche wie eheliche Kinder zu schaffen. Art. 3 Abs. 1 GG enthält hingegen keinen solchen expliziten Normsetzungsauftrag.

Ihm ist darüber hinaus auch grundsätzlich kein Normsetzungsauftrag immanent. Gleichermaßen hat der Bürger grundsätzlich keinen aus den Grundrechten ableitbaren Anspruch auf gesetzgeberisches Tun. Würde man annehmen, dass die Grundrechte einen solchen konstituieren, so hätte dies eine Schwächung der gesetzgebenden Gewalt zur Folge, die vom Verfassungsgeber so offensichtlich nicht intendiert ist. Folge eines solchen Anspruchs wäre die gerichtliche Überprüfbarkeit des gesetzgeberischen Unterlassens durch das Bundesverfassungsgericht, was die Entscheidungsfreiheit des Gesetzgebers, Normen zu erlassen, erheblich einschränken würde. Bei der Frage, ob ein Gesetz zu erlassen ist, hat sich der Gesetzgeber im ganz Allgemeinen unter anderem von wirtschaftlichen, politischen und gesellschaftlichen Erwägungen leiten zu lassen, die sich richterlicher Nachprüfung prinzipiell entziehen.[404] Soweit das Bundesverfassungsgericht zur Kontrolle von Gesetzen berufen ist, kann daher seine Aufgabe grundsätzlich nur sein, zu prüfen, ob bereits erlassene Gesetze mit der übergeordneten Norm des Grundgesetzes in Einklang stehen, nicht aber, welche Normen zu erlassen sind, um den übergeordneten Normen des Grundgesetzes noch mehr zu entsprechen.[405] Nicht vollends zu überzeugen vermag hingegen die weitere Begründung des Bundesverfassungsgerichts, dass der Wortlaut des § 95 BVerfGG[406] ebenfalls gegen einen aus den Grundrechten ableitbaren Anspruch auf gesetzgeberisches Tun spreche. Das Bundesverfassungsgericht beruft sich auf die Tatsache, dass § 95 Abs. 3 Satz 1 BVerfGG lediglich die Folgen einer Verfassungsbeschwerde gegen ein bestehendes Gesetz regele, nicht aber die einer

---

403 *Walecki*, Die Normsetzungspflicht des Gesetzgebers und ihre Erzwingbarkeit, S. 79 f.

404 So auch BVerfG, Beschluss vom 19.12.1951 – 1 BvR 220/51 –, BVerfGE 1, 97-108 = juris Rn. 20 f.

405 So auch BVerfG, Beschluss vom 19.12.1951 – 1 BvR 220/51 –, BVerfGE 1, 97-108 = juris Rn. 20 f.

406 Bundesverfassungsgerichtsgesetz in der Fassung der Bekanntmachung vom 11.08.1993 (BGBl. I S. 1473), zuletzt geändert durch Art. 2 des Gesetzes vom 8.10.2017 (BGBl. I S. 3546) (BVerfGG).

etwaig zulässigen Verfassungsbeschwerde gegen eine Unterlassung des Gesetzgebers.[407] Zwar widerspricht diese Vorgehensweise, das Grundgesetz anhand einfachen Bundesrechts auslegen zu wollen, nicht pauschal der Normenhierarchie. Einfaches Bundesrecht kann immer dann zur Konkretisierung des Grundgesetzes herangezogen werden, wenn dessen Regelung nicht abschließend ist. Ausweislich des Art. 94 Abs. 2 GG[408] bedürfen die das Bundesverfassungsgericht betreffenden grundgesetzlichen Regelungen tatsächlich weiterer bundesrechtlicher Konkretisierungen, was durch das Bundesverfassungsgerichtsgesetz geschehen ist. Insofern taugt § 95 BVerfGG grundsätzlich als Auslegungshilfe für die in Art. 93 GG niedergelegten Verfahren. Inwiefern es allerdings darüber hinaus auch festlegen kann, ob eine Verfassungsbeschwerde gegen ein Unterlassen des Gesetzgebers zulässig ist, ist fraglich. Immerhin würde darüber indirekt die Reichweite der Grundrechte an sich eingegrenzt werden, die wiederum nicht einer Konkretisierung durch einfaches Bundesrecht zugänglich sind. Ob den Grundrechten im Allgemeinen, und dem allgemeinen Gleichheitssatz im Besonderen, ein Normsetzungsauftrag immanent ist, ist keine Frage der in Art. 93 GG niedergelegten Verfahrensgrundsätze, sondern allein eine grundrechtliche und muss daher auch allein in diesem Kontext entschieden werden.

Mithin folgt aus Art. 3 Abs. 1 GG zumindest kein subjektives Recht gegen den Gesetzgeber auf Tätigwerden und Normerlass bezüglich einer Erhebung von Vorzugslasten. In Bezug auf Vorzugslasten können sowohl die einzelnen Vorzugslastenregelungen als auch die diese gegebenenfalls ersetzenden Steuernormen auf ihre Verfassungsmäßigkeit anhand Art. 3 Abs. 1 GG überprüft werden, nicht aber kann ihre schiere Nicht-Existenz Gegenstand einer auf Art. 3 Abs. 1 GG gestützten Verfassungsbeschwerde sein.

iii. Sozialstaatsprinzip

Ein konkreter Normsetzungsauftrag folgt darüber hinaus auch nicht aus dem allgemeinen Gleichheitsgrundsatz in Verbindung mit dem Sozialstaatsprinzip. Das Sozialstaatsprinzip ist grundsätzlich zunächst nur eine Staatszielbestimmung, die in Art. 20 Abs. 1 GG und Art. 28 Abs. 1 GG niedergelegt ist. Bei Staatszielbestimmungen handelt es sich lediglich um Gesetzgebungsvorbehalte,

---

407 BVerfG, Beschluss vom 19.12.1951 – 1 BvR 220/51 –, BVerfGE 1, 97-108 = juris Rn. 20.

408 Art. 94 Abs. 2 GG: „*Ein Bundesgesetz regelt seine Verfassung und das Verfahren und bestimmt, in welchen Fällen seine Entscheidungen Gesetzeskraft haben. Es kann für Verfassungsbeschwerden die vorherige Erschöpfung des Rechtsweges zur Voraussetzung machen und ein besonderes Annahmeverfahren vorsehen.*“

die keine korrespondierenden subjektiv-öffentlichen Rechte beinhalten.[409] Zwar lassen sich einzelne Rechte aus dem Sozialstaatsprinzip ableiten, wie etwa das Recht auf ein Existenzminimum, das sich aus dem Sozialstaatsprinzip in Verbindung mit Art. 1 Abs. 1 GG herleitet. Ein konkreter Normsetzungsauftrag lässt sich ihm aber nicht entnehmen.

iv. Untermaßverbot

Normsetzungspflichten für den Gesetzgeber können sich aber aus dem zu wahrenden Untermaßverbot des Art. 3 Abs. 1 GG ergeben. In die Tiefen der Diskussion um die Existenz und Legitimation des Untermaßverbots einzusteigen ist hier nicht von Relevanz. Für die Zwecke dieser Arbeit ist ein kurzer Überblick über den Inhalt und die grundrechtliche Relevanz des Untermaßverbots im Rahmen der Grundrechte ausreichend.[410]

Das Untermaßverbot ist, wie es der Name bereits suggeriert, in gewisser Weise der Gegenspieler zum Übermaßverbot. Während das Übermaßverbot den staatlichen Zugriff auf geschützte Rechtspositionen auf ein noch auszuhaltendes Maximum begrenzt,[411] legitimiert und verpflichtet das Untermaßverbot den Staat gerade zu bestimmten staatlichen Zugriffen und Maßnahmen normativer und tatsächlicher Art, um einen angemessenen und ausreichenden Schutz für die Rechtspositionen der Bürger zu gewährleisten.[412] Zwei wesentliche Merkmale

---

409 *Bethge*, in: Maunz/Schmidt-Bleibtreu/Klein/Bethge, BVerfGG Kommentar, § 90, Rn. 110; nach *Möstl*, in: Maunz/Dürig, GG-Kommentar, Art. 87e, Rn. 182 ist eine Staatszielbestimmung *„eine bindende Direktive […], die Gesetzgebung, Verwaltung und Rechtsprechung objektive Pflichten auferlegt, nicht aber subjektive Rechte des Bürgers begründet, die dem Staat die Verfolgung einer Ziels verbindlich aufgibt, ihm aber nicht bestimmte Mittel der Zielerreichung vorschreibt, und aus der sich für gewöhnlich nicht ein ganz bestimmtes Niveau der Zielerreichung ableiten lässt, das vom Staat zwingend verlangt werden könnte: Verletzt ist die Zielbestimmung nur, wenn der Staat überhaupt untätig bleibt oder aber derart ungeeignete Mittel einsetzt, das schon von keiner ernsthaften Zielverfolgung mehr gesprochen werden kann.“* Vgl. auch *Steinberg*, Verfassungsrechtlicher Umweltschutz durch Grundrechte und Staatszielbestimmung, in: NJW 1996, 1985, 1992; ausführlicher außerdem *Schladebach*, Staatszielbestimmungen im Verfassungsrecht, in: JuS 2018, 118.

410 Für eine vertiefte Darstellung vgl. etwa *Tzemos*, Das Untermaßverbot, 2004 oder *Störring*, Das Untermaßverbot in der Diskussion, 2008 oder *Klein*, Das Untermaßverbot – Über die Justiziabilität grundrechtlicher Schutzpflichterfüllung, in: JuS 2006, 960.

411 Vgl. etwa *Grzeszieck*, in: Maunz/Dürig (Hrsg.), GG Kommentar, Art. 20, Rn. 107 und *Ipsen*, Sozialisierung und Übermaßverbot, in: NVwZ 2019, 527, 528.

412 Vgl. BVerfG, Urteil vom 28.05.1993 – 2 BvF 2/90 –, BVerfGE 88, 203 = juris 6. LS.; *Grzeszieck*, in: Maunz/Dürig (Hrsg.), GG Kommentar, Art. 20, Rn. 126 f.; *Papier*,

sind dem Untermaßverbot dabei immanent. Zunächst beschränkt sich die Prüfung des Untermaßverbots lediglich auf eine Ergebniskontrolle.[413] Aufgrund der Kompetenzverteilung zwischen den drei Staatsgewalten ist die Umsetzung des Untermaßverbots durch eine Normsetzung an sich nicht gerichtlich überprüfbar, da diese vielmehr dem Spielraum des Gesetzgebers obliegt.[414] Die Verfassung gibt den Schutz eines Grundrechts zwar als Ziel vor, jedoch nicht seine konkrete Ausgestaltung. Insofern würde eine verfassungsgerichtliche Kontrolle einen Eingriff in die Kompetenzen des Gesetzgebers bedeuten. Das Untermaßverbot fungiert in diesem Sinne als äußere Grenze eines Grundrechts, sozusagen als zu erreichender Mindestschutz. Soll das Untermaßverbot also nicht verletzt werden, muss die Ausgestaltung des Schutzes durch die Rechtsordnung Mindestanforderungen entsprechen, die dem Grundrecht wiederum immanent sind.[415] Des Weiteren handelt es sich bei einer Überprüfung anhand des Untermaßverbots auch nur um eine Minimalkontrolle, die ausschließlich die Einhaltung dieser Mindestanforderungen überprüft.[416] Anderenfalls liefe der Staat Gefahr, zu sehr in etwaige andere entgegenstehende grundrechtlich geschützte Positionen eines Bürgers einzugreifen. Der gebotene Minimalschutz ist jedenfalls dann verfehlt, wenn der Gesetzgeber seine Schutzpflicht evident verletzt hat. Das Bundesverfassungsgericht stellt dies wiederum anhand einer Evidenzformel fest.[417] Seine Schutzpflicht hat der Gesetzgeber dann evident verletzt, wenn *„die öffentliche Gewalt Schutzvorkehrungen überhaupt nicht getroffen hat oder die getroffenen*

Rechtsstaatlichkeit und Grundrechtsschutz in der digitalen Gesellschaft, in: NJW 2017, 3025, 3027; *Maurer*, Staatsrecht I, § 8, Rn. 58.

413 *Klein*, Das Untermaßverbot – Über die Justiziabilität grundrechtlicher Schutzpflichterfüllung, in: JuS 2006, 960, 961.

414 Siehe zur Kompetenzverteilung auch bereits die vorangegangenen Abschnitte.

415 So auch BVerfG, Urteil vom 28.05.1993 - 2 BvF 2/90 –, BVerfGE 88, 203, 254 = juris Rn. 166 f.

416 BVerfG, Urteil vom 28.05.1993 - 2 BvF 2/90 –, BVerfGE 88, 203 = juris Rn. 167.

417 So führt das BVerfG, Beschluss vom 14.01.1981 - 1 BvR 612/72 –, BVerfGE 56, 54, 80 = juris Rn. 66, aus: *„Diese Erwägungen fallen verstärkt ins Gewicht, wenn es nicht allein um die Frage geht, ob der Gesetzgeber eine aus den Grundrechten herleitbare Schutzpflicht verletzt hat, wenn vielmehr darüber hinaus die weitere Frage strittig ist, ob er diese Verletzung durch unterlassene Nachbesserung begangen hat. Einen Verfassungsverstoß dieser Art kann das Bundesverfassungsgericht erst dann feststellen, wenn evident ist, daß eine ursprünglich rechtmäßige Regelung wegen zwischenzeitlicher Änderung der Verhältnisse verfassungsrechtlich untragbar geworden ist, und wenn der Gesetzgeber gleichwohl weiterhin untätig geblieben ist oder offensichtlich fehlsame Nachbesserungsmaßnahmen getroffen hat.“*

Maßnahmen gänzlich ungeeignet oder völlig unzulänglich sind, das gebotene Schutzziel zu erreichen, oder erheblich dahinter zurückbleiben."[418] Demnach wäre das Untermaßverbot des Art. 3 Abs. 1 GG in solchen Fällen verletzt, in denen das in Rede stehende Gesetz oder die in Rede stehende unterlassene Regelung derart das im Einzelfall statuierte Gleichbehandlungs- oder Ungleichbehandlungsgebot missachtet, dass die Schutzzwecke des Art. 3 Abs. 1 GG gänzlich verfehlt wären. Zu beachten ist, dass das Untermaßverbot dabei nicht die Möglichkeiten der Erfüllung, sondern die Grenzen der Verletzung von Schutzpflichten markiert.[419] Ob das Untermaßverbot des Art. 3 Abs. 1 GG allerdings durch die Nichtexistenz von Vorzugslastenregelungen verletzt wäre ist mehr als fraglich. Um dies anzunehmen, müssten durch die Nicht-Erhebung von Vorzugslasten die Schutzzwecke des Art. 3 Abs. 1 GG gänzlich verfehlt sein. Das ist jedenfalls nicht der Fall, sollte der Gesetzgeber entscheiden, in Zukunft alle Ausgaben über Steuern zu finanzieren. Anderenfalls müsste man annehmen, dass auch das reine Steuerstaatsprinzip das Untermaßverbot des Art. 3 Abs. 1 GG verletzt und dieses infolgedessen verfassungskonform im Lichte des Untermaßverbots des Art. 3 Abs. 1 GG auslegen. Dies zu begründen fällt indes schwer.

Festzuhalten ist, dass eine Verletzung des Untermaßverbots zwar grundsätzlich eine Normsetzungspflicht des Gesetzgebers auslöst, um diesen Zustand zu korrigieren und seinen Schutzpflichten nachzukommen. Bei einer Nicht-Erhebung von Vorzugslasten mangels gesetzlicher Normierung ist dies aber nicht der Fall.

v. Rechtsprechung des Bundesverfassungsgerichts

Abgesehen von dem geschriebenen Recht und dem Untermaßverbot können sich Normsetzungsaufträge[420] aber auch grundsätzlich originär aus der

---

418 BVerfG, Urteil vom 10.01.1995 – 1 BvF 1/90 –, BVerfGE 92, 26, 46 = juris Rn. 74; BVerfG, Kammerbeschluss vom 17.02.1997 – 1 BvR 1658/96 –, NJW 1997, 2509, 2509 = juris OS.

419 So auch *Michael*, Die drei Argumentationsstrukturen des Grundsatzes der Verhältnismäßigkeit – Zur Dogmatik des Über- und Untermaßverbotes und der Gleichheitssätze, in: JuS 2001, 148, 151.

420 Das Bundesverfassungsgericht selbst spricht von „*Appellentscheidungen*", vgl. etwa BVerfG, Beschluss vom 24.06.1992 – 1 BvR 459/87 –, BVerfGE 86, 369, 379 = juris Rn. 31. Richtigerweise merken *Bethge*, in: Maunz/Schmid-Bleibtreu//Klein/Bethge, BVerfGG Kommentar, § 35 Rn. 56 f. und *Gaier*, Die Durchsetzung verfassungsgerichtlicher Entscheidungen, in: JuS 2011, 961, 965, jedoch an, dass dieser Begriff unscharf ist. Sie selber benutzen die Begriffe „*Rechtsetzungsdirektive*" oder „*Normsetzungsauftrag*", die auch im Folgenden der einschlägige Jargon sein sollen.

Rechtsprechung des Bundesverfassungsgerichtes durch sogenannte Normsetzungsaufträge ergeben.[421] Normsetzungsaufträge des Bundesverfassungsgerichts sind gerade nicht lediglich *„staatspädagogische Ermahnungen“*[422], sondern konstituieren eine konkrete Pflicht für den Gesetzgeber zum Tätigwerden, *ergo* zum Erlass eines verfassungsgemäßen Gesetzes.[423] Sollte der Gesetzgeber diesem Normsetzungsauftrag, gegebenenfalls auch innerhalb einer ihm vom Bundesverfassungsgericht gesetzten Frist, nicht nachkommen, so kann das Bundesverfassungsgericht sogar Vollstreckungsmaßnahmen nach § 35 BVerfGG treffen. So etwa hat das Bundesverfassungsgericht im Beschluss „Beamtenkinder“ für den Fall, dass die ihm von dem Gesetzgeber gesetzte Frist nicht eingehalten werden sollte, selbst einen der Höhe nach bestimmten Zahlungsanspruch festgelegt, also quasi ein Surrogatgesetz geschaffen.[424] *Gaier* stellt richtig fest, dass es sich bei einer solchen Maßnahme nach § 35 BVerfGG um die Androhung einer Ersatzvornahme handelt; das Bundesverfassungsgericht hätte sich, hätte der Gesetzgeber die Frist ereignislos verstreichen lassen, als *„Ersatzgesetzgeber“* betätigt.[425] Die Tatsache, dass der Erlass von (Interim-)Gesetzen[426] durch das Bundesverfassungsgericht Praxis ist, darf jedoch nicht darüber hinwegtäuschen, dass dies im Hinblick auf die bereits angesprochene Gewaltenteilung (oder besser Gewaltenverschränkung) höchst problematisch ist und einige Fragen aufwirft. Der Mangel einer expliziten Rechtsgrundlage[427] und die mangelnde demokratische

---

421 So hat das Bundesverfassungsgericht etwa dem Gesetzgeber im Fall *„Beamtenkinder“*, in dem es um eine amtsangemessene Alimentation von Beamten mit mehr als zwei unterhaltsberechtigten Kindern ging, aufgetragen, *„die als verfassungswidrig beanstandete Rechtslage bis zum 31. Dezember 1999 mit der Verfassung in Übereinstimmung zu bringen“*, BVerfG, Beschluss vom 24.11.1998 – 2 BvL 26/91 –, BVerfGE 99, 300, 304 = juris Tenor und Rn. 69 ff.

422 *Bethge*, in: Maunz/Schmid-Bleibtreu/Klein/Bethge, BVerfGG Kommentar, § 35 Rn. 57.

423 *Bethge*, in: Maunz/Schmid-Bleibtreu/Klein/Bethge, BVerfGG Kommentar, § 35 Rn. 57; *Korioth*, in: Schlaich/Korioth, Das Bundesverfassungsgericht, 5. Teil, Rn. 426; *Sauer*, in: Walter/Grünewald, BeckOK BVerfGG, § 35, Rn. 24.

424 BVerfG, Beschluss vom 24.11.1998 – 2 BvL 26/91 –, BVerfGE 99, 300, 304, 331 f. = juris Tenor und Rn. 69 ff.

425 *Gaier*, Die Durchsetzung verfassungsgerichtlicher Entscheidungen, in: JuS 2011, 961, 965.

426 Interimsgesetze verlieren dann ihre Gültigkeit, wenn der Gesetzgeber tätig wird, vgl. *Bethge*, in: Maunz/Schmid-Bleibtreu/Klein/Bethge, BVerfGG Kommentar, § 35 Rn. 59 ff.

427 Siehe hierzu insbesondere *Sauer*, in: Walter/Grünewald, BeckOK BVerfGG, § 35, Rn. 37 m.w.N.

Legitimation dieses Gesetzes[428] sind nur zwei der im Raum stehenden rechtlich nicht geklärten Unstimmigkeiten, die diese weite Auslegung von § 35 BVerfGG durch das Bundesverfassungsgericht mit sich bringt. Praktisch vermögen die in der Literatur weit verbreiteten kritischen Stimmen aber nichts an der Tatsache zu ändern, dass der selbst ernannte „*Hüter der Verfassung*"[429] sich kraft eigener Auslegung diese Kompetenzen auf Grundlage des § 35 BVerfGG zueignet.[430] Im Ergebnis ist festzuhalten, dass sich in der Rechtspraxis Normsetzungsaufträge an den Gesetzgeber also auch aus der Rechtsprechung des Bundesverfassungsgerichts ergeben können.

vi. Zwischenergebnis

Letztlich kommt es also für etwaige auf Art. 3 Abs. 1 GG gestützte Normsetzungspflichten nicht darauf an, ob aus Art. 3 Abs. 1 GG selbst ein konkreter Normsetzungsauftrag folgt. Sollte das Bundesverfassungsgericht ein Gesetz oder einen Zustand für verfassungswidrig erklären, so kann es dem Gesetzgeber ebenfalls den Auftrag zur Setzung einer Norm erteilen. Normsetzungsaufträge für den Gesetzgeber können also nicht nur aus dem *Ius Scriptum* folgen, sondern vielmehr auch aus dem *Ius Dictum*, sodass ein geschriebener verfassungsrechtlicher Normsetzungsauftrag nicht notwendige Voraussetzung für eine Pflicht des Gesetzgebers zum Tätigwerden ist. Mithin erschöpft sich eine Pflicht des Gesetzgebers zur Normsetzung nicht darin, dass eine solche besteht, wenn das Grundgesetz für die konkrete Materie einen Normsetzungsauftrag statuiert. Vielmehr kann sich eine Pflicht zur Normsetzung auch dann – über die Rechtsprechung des Bundesverfassungsgerichts – ergeben, wenn die bestehende Gesetzeslage vom Bundesverfassungsgericht als verfassungswidrig erklärt wird. Im Ergebnis

---

428 Vgl. für einen Ermessensspielraum des Gesetzgebers ausschließende engmaschige Vorgaben für ein zu erlassendes Gesetz, sodass sich im Ergebnis quasi um ein Gesetz des Bundesverfassungsgerichts handelt, etwa die Kritik von *Schneider*, Die Vollstreckungskompetenz nach § 35 BVerfGG – ein Notverordnungsrecht des Bundesverfassungsgerichts?, in: NJW 1994, 2590, 2590 f.

429 BVerfG, Beschluss vom 21.03.1957 – 1 BvB 2/51 –, BVerfGE 6, 300, 304 = juris Rn. 13.

430 Vgl. zur Kritik etwa *Schneider*, Die Vollstreckungskompetenz nach § 35 BVerfGG – ein Notverordnungsrecht des Bundesverfassungsgerichts?, in: NJW 1994, 2590, 2590 f.; *Sauer*, in: Walter/Grünewald, BeckOK BVerfGG, § 35, Rn. 37; *Korioth*, in: Schlaich/Korioth, Das Bundesverfassungsgericht, 5. Teil, Rn. 426 ff.; *Gusy*, Parlamentarischer Gesetzgeber und Bundesverfassungsgericht, S. 199 ff.; *Ipsen*, Rechtsfolgen der Verfassungswidrigkeit von Norm und Einzelakt, S. 238 ff.; *Zembsch*, Verfahrensautonomie des Bundesverfassungsgerichts, S. 135 ff.

reicht also die Verfassungswidrigkeit einer Gesetzeslage, um in der Folge Normsetzungspflichten des Gesetzgebers auszulösen.

Präziserweise muss deshalb im Folgenden untersucht werden, ob die Nicht-Erhebung von Vorzugslasten mangels Existenz einer Rechtsgrundlage ausweislich des Art. 3 Abs. 1 GG verfassungswidrig wäre.

b) Nicht-Erhebung von Vorzugslasten als potenzieller Verstoß gegen Artikel 3 Absatz 1 Grundgesetz

Eine Verfassungswidrigkeit wegen Art. 3 Abs. 1 GG wäre dann anzunehmen, wenn durch die Nicht-Erhebung von Vorzugslasten mangels Rechtsgrundlage Gleiches ungleich oder Ungleiches gleich behandelt wird und keine Rechtfertigung besteht. Eine etwaige Verfassungswidrigkeit wird im Wege einer Abwägung aller relevanten (verfassungsrechtlichen) Positionen festzustellen zu sein. Vorab ist darzulegen, wie diese Abwägung aussehen wird und welche Rechtspositionen in ihr zu berücksichtigen sind.

Wie bereits dargestellt, zielen Vorzugslasten darauf ab, ein Ungleichgewicht, das durch die Gewährung eines Vorteils an nur einzelne Bürger entstanden ist, wieder auszugleichen, indem gerade diese Vorteilsempfänger einen finanziellen Betrag zu entrichten haben, welcher ein Äquivalent zu dem ihnen gewährten Vorteil darstellen soll. Demgemäß ist Ziel der Vorzugslasten, einen Ausgleich zwischen den Vorteilsempfängern und den Nicht-Vorteilsempfängern herzustellen. Der Teil „gleich" des Wortes „Ausgleich" suggeriert bereits, dass hierdurch eine Form von Gleichheit angestrebt werden soll. Möglich ist, dass die Erhebung von Vorzugslasten dementsprechend auf einer „gleichen" Regelung beruht, die Existenz und Erhebung von Vorzugslasten demnach dafür Sorge tragen soll, dass alle Individuen „gleich" behandelt werden, also „wesentlich Gleiches" „gleich" behandelt wird. Denkbar ist hingegen auch, dass die Erhebung von Vorzugslasten gerade auf einer „ungleichen" Regelung beruht, zumal nur einzelne Personen zur Entrichtung von Vorzugslasten herangezogen werden, da bei der Erhebung von Vorzugslasten dahingehend differenziert wird, wer Vorteilsempfänger und wer nicht Vorteilsempfänger ist. Offensichtlich wird, dass bei der Bestimmung von „Gleichheit" im Sinne des allgemeinen Gleichheitssatzes entweder darauf abzustellen sein kann, wie die Normadressaten in der Folge der Regelung gestellt sind, oder aber darauf, wie die Regelung die Normadressaten adressiert. Um der Frage nach einer verfassungsrechtlichen Notwendigkeit von Vorzugslasten und damit einer eventuellen Verfassungswidrigkeit einer Nicht-Erhebung von Vorzugslasten nachzugehen, ist zunächst unabdingbar, dieser letzten Frage auf den Grund zu gehen. Es ist folglich genauer zu untersuchen, was „gleich" und

„ungleich" bedeutet und wie sich eine „Gleichheit" oder „Ungleichheit" feststellen lässt.

(1) Zu dem Begriff der Gleichheit

Gleichheit kann zunächst aktbezogen, also die staatliche Behandlung an sich betreffend, oder folgenbezogen, also die tatsächlichen Konsequenzen der staatlichen Behandlung betreffend, verstanden werden und damit entweder eine rechtliche Gleichheit (bei einem aktbezogenen Verständnis) oder eine faktische Gleichheit (bei einem folgenbezogenen Verständnis) bedeuten.[431] Der Unterschied wird an Entscheidungen zum sogenannten Armenrecht[432] besonders deutlich.[433] Strittig war hier jeweils, ob Prozesskostenhilfe auch für nicht vom Gesetz normierte Rechtsverfahren gewährt werden kann, beziehungsweise ob Prozesskostenhilfe allein deshalb abgelehnt werden darf, weil das Gesetz sie zwar für andere, aber nicht für das in Rede stehende Verfahren vorgesehen hat. Indem die Prozesskostenhilfe für bedürftige Menschen in einigen Verfahren gesetzlich nicht vorgesehen war, wurden bedürftige und nicht bedürftige Menschen in diesen Verfahren aktbezogen gleich behandelt, denn das Gesetz räumte keinem von ihnen ein zusätzliches Recht ein. Es unterschied nicht zwischen bedürftigen und nicht bedürftigen Personen, sondern erklärte dieselben Rechtsnormen auf beide Personengruppen für anwendbar. Im Ergebnis führte dies allerdings dazu, dass bedürftige Menschen im Gegensatz zu nicht bedürftigen Menschen oftmals keinen Rechtschutz erlangen konnten, da ihnen die finanziellen Mittel fehlten, um den Rechtsweg zu beschreiten und die damit einhergehenden Prozesskosten zu tragen. Die rechtliche Gleichbehandlung führte also dazu, dass

---

431 Vgl. für die Begrifflichkeiten etwa *Alexy*, Theorie der Grundrechte, S. 377 ff. *Huster*, in: Friauf/Höfling (Hrsg.), Berliner Kommentar zum Grundgesetz, Art. 3, Rn. 30 ff. spricht hingegen von einer *„tatsächlichen Gleichheit"* statt einer *„faktischen Gleichheit"*, meint aber dasselbe; *Heun*, in: Dreier, GG Kommentar, Art. 3, Rn. 67 spricht unter Verweis auf *Zacher*, Soziale Gleichheit, in: AöR 93 (1968), 341, 360 ff. von *„sozialer Gleichstellung"*. Oftmals wird die *„faktische Gleichheit"* auch als *„Chancengleichheit"* verstanden, etwa bei *Kloepfer*, Gleichheit als Verfassungsfrage, S. 36 ff. Rechtliche Gleichheit wird mitunter auch als *„Rechtsgleichheit"* beschrieben.

432 Das *„Armenrecht"* ist der Vorläufer des in den §§ 114 ff. ZPO geregelten Rechts der Prozesskostenhilfe, das dieses zum 01.01.1981 ersetzte, BGBl. I, 1980, S. 677.

433 BVerfG, Beschluss vom 17.06.1953 – 1 BvR 668/52 –, BVerfGE 2, 336, 340 = juris Rn. 13; BVerfG, Beschluss vom 22.01.1959 – 1 BvR 154/55 –, BVerfGE 9, 124, 131 = juris Rn. 21 ff.; BVerfG, Beschluss vom 03.07.1973 – 1 BvR 153/69 –, BVerfGE 35, 348 = juris Rn. 19.

faktisch eine Ungleichheit gegeben war, und zwar hinsichtlich der Möglichkeit, seine Rechte vor Gericht durchsetzen zu können.[434] In seiner Entscheidung zum Armenrecht hat das Bundesverfassungsgericht festgestellt, dass durch die rechtliche Gleichbehandlung, aber faktische Ungleichbehandlung, ein Verstoß gegen den allgemeinen Gleichbehandlungsgrundsatz des Art. 3 Abs. 1 GG vorlag. So formulierte das Gericht etwa: *„Die grundsätzliche Ablehnung des Armenrechts benachteiligt willkürlich den Beschwerdeführer als Minderbemittelten und hindert ihn, einen vom Gesetz vorgesehenen Rechtsweg zu beschreiten, nur weil er nicht über die notwendigen Geldmittel verfügt. […] Hier liegt es […] so, daß vom Boden des geltenden Rechts aus, das den Anwaltszwang eingeführt hat, nur noch eine Regelung denkbar ist, die dem Gleichheitssatz Rechnung trägt, nämlich die Bewilligung des Armenrechts."*[435] Ansonsten würden gewissermaßen wesentlich gleiche Vergleichsgruppen (Rechtschutzsuchende) zwar rechtlich gleich, aber faktisch ungleich behandelt werden, was einen Verstoß gegen Art. 3 Abs. 1 GG darstelle.[436] In einer anderen Entscheidung wird diese Unterscheidung ebenfalls deutlich. Das Bundesverfassungsgericht hat in dieser sogenannten Pflichtexemplar-Entscheidung ebenfalls einen durch faktische Ungleichbehandlung hervorgerufenen Verstoß gegen Art. 3 Abs. 1 GG bejaht, welche wiederum durch eine rechtliche Gleichbehandlung hervorgerufen wurde. In dieser Entscheidung ging es darum, dass die Pflicht für jeden Verleger eines Druckwerks, jeweils ein Exemplar staatlichen Bibliotheken unentgeltlich zu überlassen, zwar alle Verleger rechtlich gleich behandle. Da aber sowohl gängige und zu Normalkosten verlegte Bücher als auch mit hohen Kosten und in limitierter Stückzahl verlegte Bücher gleichermaßen der Bibliothek ohne finanzielle Entschädigung überlassen werden sollten, lag aufgrund der unterschiedlichen finanziellen Belastung für die jeweiligen Verleger der mit großem Aufwand und in kleiner Auflage

---

434 Das Bundesverfassungsgericht führt dazu in seinem Beschluss vom 03.07.1973 – 1 BvR 153/69 –, BVerfGE 35, 348, juris Rn. 19 aus: *„Ist eine Partei nicht in der Lage, diese mit der Prozeßführung entstehenden finanziellen Aufwendungen zu tragen, so kann sie durch diese Gestaltung des Kostenrechts tatsächlich daran gehindert werden, ihre Rechte vor Gericht zu verfolgen oder zu verteidigen. Die uneingeschränkte Anwendung der an sich für alle geltenden Kostenvorschriften würde nicht nur zu ungleichen prozessualen Chancen führen, sondern könnte den Rechtsschutz der unbemittelten Partei überhaupt gefährden. Dies zu verhindern, ist die Aufgabe des Armenrechts."*

435 BVerfG, Beschluss vom 17.06.1953 – 1 BvR 668/52 –, BVerfGE 2, 336, 340 = juris Rn. 13.

436 Vgl. auch die Darstellung bei *Alexy*, Theorie der Grundrechte, S. 377 f.

hergestellten Werke eine faktische Ungleichbehandlung dar, die wiederrum gegen Art. 3 Abs. 1 GG verstieß.[437]

Faktische Gleichheit ist also dann gegeben, wenn Menschen in der Folge[438] einer staatlichen Handlung oder einer Rechtsnorm gleich sind, also durch eine rechtliche Regelung oder eine staatliche Handlung gleiche Verhältnisse geschaffen werden, die zur selben tatsächlichen Stellung der Normadressaten führen. Um faktische Gleichheit zu erreichen, muss der Staat also teilweise wegnehmen und neu verteilen.[439] Der faktischen Gleichheit liegt damit mit anderen Worten ein dynamisches Gleichheitsverständnis zugrunde.[440] Rechtliche Gleichheit ist hingegen immer dann anzunehmen, wenn das Gesetz nicht zwischen Normadressaten oder der Staat nicht zwischen Adressaten differenziert, sondern dieselben Rechtsfolgen für alle Normadressaten anordnet beziehungsweise der Staat nicht zwischen Adressaten seiner Handlung differenziert. Wie in der Armenrechtsentscheidung oder auch der Pflichtexemplar-Entscheidung erkennbar, führt das Verhältnis zwischen rechtlicher und faktischer Gleichheit oft zu einem Widerspruch. Das Bundesverfassungsgericht hat diesen Widerspruch zutreffend folgendermaßen in Worte gefasst: *„Einzelne Gruppen fördern heißt bereits, andere ungleich zu behandeln“*[441]. Wer also faktische Gleichheit herstellen möchte, der muss oftmals rechtliche Ungleichheit in Kauf nehmen.[442] Andersherum gilt dasselbe: Wer rechtliche Gleichheit herstellen möchte, der muss oftmals faktische Ungleichheit in Kauf nehmen.[443]

---

437 BVerfG, Beschluss vom 14.07.1981 – 1 BvL 24/78 –, BVerfGE 58, 137, 150 = juris Rn. 51. In der Entscheidung ging es darum, dass die Pflicht für jeden Verleger eines Druckwerks, jeweils ein Exemplar an staatliche Bibliotheken unentgeltlich abzuliefern, dann gegen Art. 14 Abs. 1 GG und Art. 3 Abs. 1 GG verstößt, wenn es sich um ein mit großem Aufwand und in kleiner Auflage hergestelltes Werk handelt.

438 *Alexy*, Theorie der Grundrechte, S. 377 ff. spricht auch von der folgenbezogenen Deutung (und der aktbezogenen Deutung) des Gleichheitsbegriffs.

439 Zutreffend so *Haller*, Die Verrechnung von Vor- und Nachteilen im Rahmen von Art. 3 Abs. 1 GG, S. 285.

440 *Haller*, Die Verrechnung von Vor- und Nachteilen im Rahmen von Art. 3 Abs. 1 GG, S. 285.

441 BVerfG, Urteil vom 17.05.1961 – 1 BvR 561/60 –, BVerfGE 12, 354, 367; BVerwG, Urteil vom 29.06.1999 – 1 D 104/97 –, BVerwGE 113, 361, 363 = juris Rn. 15.

442 So auch *Alexy*, Theorie der Grundrechte, S. 378; so auch *Zippelius*, Der Gleichheitssatz, in: VVDStRL (47) 1989, 7, 20.

443 So auch *Heun*, in: Dreier, GG Kommentar, Art. 3, Rn. 68, der es noch drastischer formuliert: *„[...] Rechtliche Gleichbehandlung ermöglicht und bewahrt deshalb Freiheit und damit faktische Ungleichheit.“*. Vgl. zur angeblichen Ungeeignetheit des Art. 3

Unklar bleibt aber, welche Gleichheit – die rechtliche oder die faktische – von dem allgemeinen Gleichbehandlungsgrundsatz des Art. 3 Abs. 1 GG gemeint ist, wenn dieser formuliert, dass „Gleiches gleich" und „Ungleiches ungleich" zu behandeln ist. Klar ist, dass nicht beide Gleichheiten gleichrangig gemeint sein können, da der allgemeine Gleichheitssatz dann zu einer inhaltslosen Hülle verkommen würde, die nicht mehr regeln würde als: Gleiches sollte entweder rechtlich oder faktisch gleich behandelt werden.[444] Naturgemäß würde der allgemeine Gleichheitssatz mit diesem Inhalt nahezu gar keine praktisch relevante Regelung mehr statuieren. *Alexy* spricht insoweit auch von einem *„Paradox der Gleichheit"*, welches leicht zu lösen wäre, würde man auf eine der beiden Gleichheiten gänzlich verzichten.[445] Ob auf eine Gleichheit in vollem Umfang verzichtet werden kann, ist jedoch mehr als fraglich. Während die rechtliche Gleichheit nicht nur wesentlich leichter zu überschauen und zu erreichen ist, ist sie auch ein *„Wert an sich"*[446], bei dem – wie *Alexy* beizupflichten ist – kein Zweifel daran bestehen kann, dass er Bestandteil des geltenden Verfassungsrechts ist.[447] Auf sie kann schlichtweg nicht verzichtet werden. Die faktische Gleichheit hingegen wurzelt unter anderem auch in dem in Art. 20 Abs. 1 GG niedergelegten Grundsatz des sozialen Staates. Auf sie kann in der Verfassungswirklichkeit nicht gänzlich verzichtet werden, ohne dabei gleichzeitig das geltende und für den Staat gewissermaßen identitätstragende Sozialstaatsprinzip zu verletzen. Das Bundesverfassungsgericht hat sich außerdem ebenfalls klar zur faktischen Gleichheit bekannt, indem es sich folgendermaßen geäußert hat: *„Dem Gleichheitssatz ist jedoch nicht schon dann genügt, wenn die Betroffenen dem Gesetzeswortlaut nach gleich behandelt werden; entscheidend sind vielmehr der sachliche Gehalt der Vorschrift und ihre Wirkung. Ergibt sich aus der praktischen Auswirkung einer Norm eine sachlich nicht mehr zu rechtfertigende Ungleichheit und ist diese ungleiche Auswirkung gerade auf die rechtliche Gestaltung der Norm zurückzuführen, so widerspricht diese dem Gleichheitssatz […]."*[448] Allerdings hat es sich bislang weder mit der Frage auseinandergesetzt, welche Gleichheit dem allgemeinen Gleichheitssatz immanent ist, noch, wie das Spannungsverhältnis dieser

---

Abs. 1 GG, soziale Gleichheit durchzusetzen *Davy*, Soziale Gleichheit – Voraussetzung oder Aufgabe der Verfassung, VVDStRL 68 (2009), 122, 137 ff.

444 So auch *Alexy*, Theorie der Grundrechte, S. 379.

445 *Alexy*, Theorie der Grundrechte, S. 379.

446 *Alexy*, Theorie der Grundrechte, S. 379.

447 *Starck*, Die Anwendung des Gleichheitssatzes, in: Link (Hrsg.), Der Gleichheitssatz im modernen Verfassungsstaat, S. 55 ff.; *Alexy*, Theorie der Grundrechte, S. 379 f.

448 BVerfG, Beschluss vom 09.12.1978 – 2 BvR 831/76 –, BVerfGE 49, 148-168, Rn. 40.

beiden divergierenden Gleichheitsverständnisse aufzulösen ist. Weder uneingeschränkte rechtliche Gleichheit noch uneingeschränkte faktische Gleichheit können vom Verfassungsgesetzgeber und dem Grundgesetz selber in dieser Absolutheit beabsichtigt oder gewollt sein.[449] Es scheint schlichtweg nicht mit dem Geist der Verfassung, wie unter anderem dem allgemeinen Gleichheitssatz und dem Sozialstaatsprinzip, vereinbar, auf eine der beiden Gleichheiten zu verzichten. Wann aber der rechtlichen und wann der faktischen Gleichheit der Vorrang zu gewähren ist, ist bislang unklar. Die Verfassung selbst gibt hierzu keine Auskunft und auch das Bundesverfassungsgericht hat keine allgemein-gültigen Richtlinien hierzu aufgestellt. Auch lässt sich in dem Wortlaut des allgemeinen Gleichheitssatzes in Art. 3 Abs. 1 GG keine Antwort auf die Frage finden, welche Gleichheit anzustreben ist. Klar ist, dass beide Gleichheiten im Verfassungssinn existieren und außerdem auch vom Bundesverfassungsgericht angewendet wurden und dadurch eine gewisse Legitimation erfahren.[450]

(a) Vertreter der rechtlichen Gleichheit

In der Literatur ist diese Frage umstritten. Einige Autoren sehen in der von Art. 3 Abs. 1 GG geforderten Gleichheit ausschließlich eine rechtliche Gleichheit.[451] So ist *Starck* der Auffassung, dass es bei dem allgemeinen Gleichheitssatz um die Abschaffung der künstlichen Unterscheidungen ginge, die aus einer diskriminierenden Gesetzgebung resultieren würden: „*Freiheit und Gleichheit gehören zur Natur des Menschen, der nicht erst faktisch gleichgemacht werden muß, um befreit zu werden, ungeachtet der verschiedenen sozialen Bedingungen, in denen er lebt.*"[452] Er führt aus, dass faktische Gleichheit eine Utopie sei, die nicht Ziel

---

449 Vgl. hierzu etwa auch die Ausführungen von *Rüfner*, in: Bonner Kommentar zum GG, Art. 3, Rn. 55: „*Das GG ist die Verfassung eines liberalen demokratischen Sozialstaats. Es will den Bürgern gleiche Freiheit gewährleisten. Das ist nur möglich, wenn die sozialen Unterschiede nicht zu groß werden. […] Andererseits will das GG auch nicht die Egalität, welche die freie Entfaltung der Persönlichkeit unmöglich macht.*"

450 *Bleckmann*, Die Struktur des allgemeinen Gleichheitssatzes, S. 91, weist zutreffend daraufhin, dass sich eine faktische Gleichheit immer mehr etabliert.

451 So etwa *Starck*, Die Anwendung des Gleichheitssatzes, in: Link (Hrsg.), Der Gleichheitssatz im modernen Verfassungsstaat, S. 55 ff., *Martini*, Art. 3 Abs. 1 GG als Prinzip absoluter Rechtsgleichheit, S. 249 f.; *Podlech*, Gehalt und Funktionen des allgemeinen verfassungsrechtlichen Gleichheitssatzes, S. 200 ff.; *Heun*, in: Dreier, GG Kommentar, Art. 3, Rn. 69.

452 *Starck*, Die Anwendung des Gleichheitssatzes, in: Link (Hrsg.), Der Gleichheitssatz im modernen Verfassungsstaat, S. 55. Dem schließt sich ohne weitere eigenständige

einer Staatsverfassung sein könne. Er lässt dabei jedoch außer Acht, dass eine Öffnung des Gleichheitsbegriffs zu einer faktischen Gleichheit nicht notwendigerweise eine allumfassende faktische Gleichheit bedeuten muss, wie noch zu zeigen sein wird. Darüber hinaus führt er an, dass eine faktische Gleichheit nicht mit der Bindungsklausel des Art. 1 Abs. 3 GG vereinbar sei, weil nur die rechtliche Gleichheit die an den Gleichheitssatz gebundene Staatsfunktion garantieren könne. Auch verbiete die Bindungsklausel, beide Gleichheiten im Gleichheitssatz zusammen verwirklicht zu sehen, da aus logischen Gründen keine rechtliche Bindung an ihnen zusammen bestehen könne.[453] Auch *Martini* sieht in dem allgemeinen Gleichheitsgrundsatz des Art. 3 Abs. 1 GG ausschließlich eine rechtliche Gleichheit verbürgt. Er argumentiert ebenfalls mit einem Zirkelschluss: Ein Gebot faktischer Gleichheit wäre seiner Ansicht nach nur durchzusetzen, indem der Staat rechtliche und faktische Ungleichbehandlungen vornähme. Da Art. 3 Abs. 1 GG aber vor rechtlicher Ungleichbehandlung schütze, könne dieser dem Gesetzgeber nicht gleichzeitig auftragen, differenzierende gesetzliche Regelungen zu schaffen, also rechtlich ungleich zu behandeln.[454] Aus demselben Grund lehnt auch *Heun* eine faktische Gleichheit im Rahmen des Art. 3 Abs. 1 GG ab. Außerdem würden wegen der modalen Unbestimmtheit eines Rechts auf Herstellung faktischer Gleichheit funktionell-rechtliche Gründe dagegensprechen.[455]

(b) Vertreter der faktischen Gleichheit

Auch die meisten Gegenstimmen lesen in den allgemeinen Gleichheitssatz keine ausschließliche und absolute faktische Gleichheit hinein. Vielmehr wird hervorgehoben, dass Gleichheit *auch* faktische Gleichheit bedeuten können soll. *Huster* etwa hält der These, Art. 3 Abs. 1 GG könne kein Gebot der faktischen Gleichheit enthalten, da dies der zu schützenden rechtlichen Gleichheit zuwiderlaufe, entgegen, dass dieses Spannungsverhältnis *„keine Besonderheit staatlichen Handelns mit sozialem Impetus“* sei, sondern für das gesamte, notwendigerweise immer differenzierende Recht gelte. Nach ihm würden beide Extrempositionen, die Befürwortung entweder ausschließlich der rechtlichen Gleichheit und oder ausschließlich der faktischen Gleichheit, den *„Sinn des Gleichheitsrechts“*

Begründung auch *Machado*, Verhältnismäßigkeitsprinzip vs. Willkürverbot: der Streit um den allgemeinen Gleichheitssatz, S. 87, an.

453 *Starck*, Die Anwendung des Gleichheitssatzes, in: Link (Hrsg.), Der Gleichheitssatz im modernen Verfassungsstaat, S. 56 f., *Starck*, in: von Mangoldt/Klein/Starck, GG Kommentar, 6. Auflage 2010 (alte Auflage), Art. 3, Rn. 3 ff.

454 *Martini*, Art. 3 Abs. 1 GG als Prinzip absoluter Rechtsgleichheit, S. 249 f.

455 *Heun*, in: Dreier, GG Kommentar, Art. 3, Rn. 69.

verfehlen.[456] Seiner Ansicht nach konkretisiere das Sozialstaatsprinzip den allgemeinen Gleichheitssatz so, dass „*tatsächliche soziale Unterschiede vom Recht nicht ignoriert werden müssen und in manchen Konstellationen auch nicht ignoriert werden dürfen*".[457] *Rodi* liest in den allgemeinen Gleichheitssatz primär eine rechtliche Gleichheit hinein, schlussfolgert aber aus der Rechtsprechung des Bundesverfassungsgericht[458], dass als Ungleichbehandlung im Sinne des Art. 3 Abs. 1 GG „*sowohl eine sich aus dem Tatbestand der Norm ergebende, rechtliche Ungleichbehandlung als auch eine durch die Norm bewirkte erhebliche faktische Ungleichheit (faktische Ungleichbehandlung) anzusehen*" sei.[459] *Hesse* sieht im allgemeinen Gleichheitssatz die faktische Gleichheit verbürgt, merkt aber an, dass der Gleichheitsgrundsatz niemals die allgemeine Gleichheit verwirklichen könne, sondern stets nur für „*Akzentverschiebungen*", also Gleichheit auf einzelnen Gebieten sorgen könne; die Funktion des Gleichheitsgrundsatzes bestehe in der Schaffung des jeweils als gerecht empfundenen Verhältnisses sozialer Zuordnung.[460] *Pietzcker* schließlich ist der Auffassung, dass die faktische Gleichheit schon wegen der im Gleichbehandlungsgebot enthaltenen Pflicht, wesentlich Ungleiches ungleich zu behandeln nicht vernachlässigt werden könne.[461] Ein Gesetz, das wesentliche tatsächliche Unterschiede außer Betracht lassen würde, verstoße schon deshalb gegen das Gleichbehandlungsgebot, welcher die Beachtung der faktischen Lage verlange. Eine Angleichung tatsächlicher Unterschiede fordere der Gleichheitssatz jedoch nicht, da eine solche Forderung die „*demokratisch legitimierte politische Entscheidungsfreiheit*" einengen würde, und diese Forderung bereits durch das Sozialstaatsprinzip zum Ausdruck käme.[462]

---

456 *Huster*, in: Berliner Kommentar zum Grundgesetz, Art. 3, Rn. 119.

457 *Huster*, in: Berliner Kommentar zum Grundgesetz, Art. 3, Rn. 120.

458 *Rodi* bezieht sich auf BVerfGE 8, 51, 64 = NJW 1958, 1131; BVerfGE 24, 300, 358 = NJW 1969, 179 und 413 L.; BVerfGE 49, 148, 165 = NJW 1979, 151 und 534 L.: „*Auch ein Gesetz, das in seinem Wortlaut eine ungleiche Behandlung vermeidet und seinen Geltungsbereich abstrakt-allgemein umschreibt, widerspricht dem Gleichheitssatz dann, wenn sich aus seiner praktischen Auswirkung eine offenbare Ungleichheit ergibt und diese ungleiche Auswirkung gerade auf die rechtliche Gestaltung zurückzuführen ist. Nicht die äußere Form, sondern der materiell-rechtliche Gehalt ist entscheidend.*"

459 *Rodi*, Faktische Nichtbesteuerung und Gleichheitssatz, in: NJW 1990, 3246, 3249.

460 *Hesse*, Der Gleichheitsgrundsatz im Staatsrecht, in: AöR 77 (1951/1952), 167, 180 ff., 208 ff., insb. 211.

461 *Pietzcker*, in: Merten/Papier (Hrsg.), Handbuch der Grundrechte, Bd. V, § 125, Rn. 13.

462 *Pietzcker*, in: Merten/Papier (Hrsg.), Handbuch der Grundrechte, Bd. V, § 125, Rn. 15.

(c) Stellungnahme

In Anbetracht der grundlegend verschiedenen Auffassungen, kann *Scholler* in der Annahme zugestimmt werden, dass die Konkretisierung des Gleichheitssatzes von Staatsbegriff und Staatsbild des jeweiligen Betrachters abhängig sei.[463] Die im Gleichheitssatz enthaltene soziale Komponente lädt die Diskussion zusätzlich politisch auf. Wie der Art. 3 Abs. 1 GG in Bezug auf die normierte Gleichheit verstanden wird, wird nachhaltig von der eigenen Vorstellung des Staates und dem Umfang seiner Pflicht im sozialen Bereich beeinflusst. Dabei drängt sich der Verdacht auf, die Diskussion habe bereits teilweise den Boden des Rechtsdiskurses verlassen und vielmehr politische und idealistische Formen angenommen. Zuzustimmen sind den der faktischen Gleichheit gegenüber kritischen Stimmen darin, dass eine absolute faktische Gleichheit weder justiziabel noch zielführend oder vom Verfassungsgeber intendiert ist. Nicht nur scheint es ein nahezu unmöglich zu verwirklichendes Unterfangen zu sein, alle Menschen absolut (faktisch) gleich stellen zu wollen. Auch würde ein solches Verständnis des allgemeinen Gleichbehandlungsgrundsatzes und der ihn ihm verbürgten Gleichheit einen Paradigmenwechsel hin zum Sozialismus[464] bedeuten. Es würde den Umfang der in der Verfassung festgelegten Prinzipien, wie das des Sozialstaatsprinzips, sprengen. Art. 3 Abs. 1 GG ist als Grundrecht auch immer im Lichte der gesamten Verfassung, insbesondere der identitätsstiftenden und durch die Ewigkeitsklausel gesicherten Prinzipien auszulegen. Art. 3 Abs. 1 GG kann also nicht ein wesentlich weiteres Verständnis der sozialen Gegebenheiten im Staat deklarieren, als von dem Rest der Verfassung vorgesehen. In

---

463 *Scholler*, Die Interpretation des Gleichheitssatzes als Willkürverbot oder als Gebot der Chancengleichheit, S. 13.

464 Der genaue Inhalt des Sozialismus ist umstritten. *Newman*, Socialism – A Very Short Introduction, S. 72 definiert den Sozialismus mit dem Ziel der Schaffung einer egalitären Gesellschaft folgendermaßen: „*In my view, the most fundamental characteristic of socialism is its commitment to the creation of an egalitarian society. Socialists may not have agreed about the extent to which inequality can be eradicated or the means by which change can be affected, but no socialist would defend the current inequalities of wealth and power. In particular, socialists have maintained that, under capitalism, vast privileges and opportunities are derived from the hereditary ownership of capital and wealth at one end of the social scale, while a cycle of deprivation limits opportunities and influence at the other end. To varying extents, all socialists have therefore challenged the property relationships that are fundamental to capitalism, and have aspired to establish a society in which everyone has the possibility to seek fulfilment without facing barriers based on structural inequalities.*“

Art. 3 Abs. 1 GG allein eine faktische Gleichheit verbürgt sehen zu wollen, ist also schon allein deswegen falsch, da dieses Verständnis nicht im Einklang mit der Verfassung stehen würde. Allerdings kann nicht außer Acht gelassen werden, dass ein rein rechtliches Verständnis der Gleichheit soziale Ungerechtigkeit und damit faktische Ungleichheit steigert, was ebenfalls nicht vom Verfassungsgeber gewollt sein kann. Wenn *Starck* sagt, dass gerade Rechtsgleichheit für Chancengleichheit im Sinne von gleichen Bedingungen sorge;[465] so ignoriert er die Tatsache, dass reine Rechtsgleichheit aufgrund der dem Menschen immanenten und angeborenen, aber auch der seit dem Bestehen einer zivilisierten Gesellschaft bestehenden und künstlich geschaffenen Unterschiede schon keine Chancengleichheit schaffen kann. *Kloepfer* bringt hier den – vielleicht schon politischen – Inhalt der Frage nach dem Inhalt der Gleichheit zutreffend auf den Punkt: „*Einer Grundrechtsdogmatik im verfassungsgebotenen Sozialstaat kann und darf es nicht gleichgültig sein, wenn die rechtsstaatlichen Gehalte der Verfassung zwar gleiche Freiheit für alle sichern, die tatsächlich verschiedenen Voraussetzungen und Möglichkeiten der Ausübbarkeit von Freiheit aber außer Betracht lassen.*“[466] Keine akzeptable Lösung ist es also, zugunsten der rechtlichen Gleichheit auf die faktische Gleichheit gänzlich zu verzichten. Dies würde alle sozialstaatlichen Grundsätze, auf denen die Bundesrepublik Deutschland aufbaut, ignorieren und dabei unausweichlich zu einer Verletzung des Sozialstaatsprinzips führen. Vielmehr ist das Spannungsverhältnis der beiden Gleichheitstypen innerhalb des allgemeinen Gleichheitssatzes anders aufzulösen, sodass im Ergebnis beide Gleichheiten koexistieren können, ohne dabei aber Art. 3 Abs. 1 GG zu einer inhaltsleeren Hülle verkommen zu lassen. Erforderlich ist daher eine klare Abgrenzung, wann der allgemeine Gleichheitssatz die rechtliche und wann die faktische Gleichheit anstrebt, um zu vermeiden, dass er an Regelungsschärfe verliert.

(d) Alexys Weg der normtheoretisch fundierten dogmatischen Analyse

Eine solche Abgrenzung und damit einen Ansatz zur Auflösung des Spannungsverhältnisses bietet *Alexy*, der den Weg der normtheoretisch fundierten dogmatischen Analyse beschreitet. Seine zu Art. 3 Abs. 1 GG entwickelten Sätze „*Wenn es keinen zureichenden Grund für die Erlaubtheit einer Ungleichbehandlung gibt, dann ist eine Gleichbehandlung geboten*“ und „*Wenn es einen zureichenden Grund*

465 *Starck*, Die Anwendung des Gleichheitssatzes, in: Link (Hrsg.), Der Gleichheitssatz im modernen Verfassungsstaat, S. 70.

466 *Kloepfer*, Gleichheit als Verfassungsfrage, S. 37 f.; vgl. ferner *Kloepfer*, Grundrechte als Entstehenssicherung und Bestandsschutz, S. 86 ff., 94 ff.

für die Gebotenheit einer Ungleichbehandlung gibt, dann ist eine Ungleichbehandlung geboten" aufgreifend, interpretiert er den Begriff der Behandlung im aktbezogenen Sinn, sodass beide Sätze unmittelbar zunächst nur der rechtlichen Gleichheit dienen und auf diese ausgerichtet sind.[467] Die rechtliche Gleichheit versteht er damit als die primär in Art. 3 Abs. 1 GG verbürgte Gleichheit. Die faktische Gleichheit solle hingegen in einem zweiten Schritt im Rahmen des Begriffs des „zureichenden Grundes" zum Tragen kommen. Für den ersten Satz „*Wenn es keinen zureichenden Grund für die Erlaubtheit einer Ungleichbehandlung gibt, dann ist eine Gleichbehandlung geboten*" könne die faktische Gleichheit also den zureichenden Grund für eine Ungleichbehandlung darstellen.[468] In dem zweiten Satz „*Wenn es einen zureichenden Grund für die Gebotenheit einer Ungleichbehandlung gibt, dann ist eine Ungleichbehandlung geboten*" würde die faktische Gleichheit auf den ersten Blick den zureichende Grund für eine (rechtliche) Ungleichbehandlung darstellen, also für die Schaffung einer Regelung, die der Herstellung faktischer Gleichheit diene. Dies würde jedoch bedeuten, dass die faktische Gleichheit immer dann, wenn sie vorliegt und zureichend im Sinne der Vorschrift sei, ein subjektives Recht für den einzelnen Grundrechtsträger generieren würde. Nach *Alexy* sei daher unerlässlich, dass es sich nur um ein Prinzip[469] der faktischen Gleichheit handle, das eben kein definitives, sondern ein prima-facie-Gebot aufstelle, welches im Einzelfall durch gegenläufige Prinzipien überspielt werden könne. Dem Prinzip der faktischen Gleichheit käme daher nur dann als zureichender Grund subjektive Anspruchsqualität für eine rechtliche Ungleichbehandlung zu, wenn es alle infrage kommenden gegenläufigen Prinzipien überspiele.[470]. Etwaige gegenläufige Prinzipien können etwa das der rechtlichen Gleichheit[471], Prinzipien, die die Kompetenzverteilung zwischen

---

467 *Alexy*, Theorie der Grundrechte, S. 382 ff.

468 So im Ergebnis auch *Huster*, in: Friauf/Höfling (Hrsg.), Berliner Kommentar zum Grundgesetz, Art. 3, Rn. 118 ff.; ebenso im Ergebnis *Scholler*, Die Interpretation des Gleichheitssatzes als Willkürverbot oder als Recht auf Chancengleichheit, S. 13 ff.

469 Prinzipien sind nach *Alexys* Lehre abwägungsfähige Normen, die gebieten, dass ihr Normgehalt relativ auf die rechtlichen und tatsächlichen Möglichkeiten in möglichst hohem Maße realisiert wird. Prinzipien können also – abhängig von den tatsächlichen und rechtlichen Möglichkeiten – in unterschiedlichen Maßen erfüllt sein. Vgl. hierzu unter dem nächsten Abschnitt sowie *Alexy*, Theorie der Grundrechte, S. 87 ff.

470 *Alexy*, Theorie der Grundrechte, S. 383 ff.

471 Hierzu passt auch die Aussage des Bundesverfassungsgerichts in seinem Urteil vom 17.05.1961 – 1 BvR 561/60 –, BVerfGE 12, 354, 367 = juris Rn. 43: „*[…] auch das*

dem Gesetzgeber und dem Bundesverfassungsgericht betreffen[472], Prinzipien, die auf negative Freiheiten abstellen, und zahlreiche weitere sein. Deutlich werde, dass die Einstufung des Prinzips der faktischen Gleichheit als ein möglicher zureichender Grund für die Gebotenheit einer der Herstellung faktischer Gleichheit dienenden rechtlichen Ungleichbehandlung nicht impliziere, dass die rechtliche Gleichheit oder die negative Freiheit durch die faktische Gleichheit auf nicht zu rechtfertigende Weise verdrängt würde.[473] Vielmehr würde durch sie ein Modell geschaffen, das erlaubt, Art. 3 Abs. 1 GG auch das Prinzip der faktischen Gleichheit zuzuordnen und somit diese Bestimmung als Ausdruck eines umfassenden Gleichheitskonzeptes aufzufassen, ohne dass damit bereits eine bestimmte Gleichheitskonzeption präjudiziert würde.[474] Nach diesem Modell garantiert Art. 3 Abs. 1 GG folglich zunächst kein subjektives und damit einklagbares Recht auf faktische Gleichheit oder Chancengleichheit. Auch ist mit der Gleichheit im allgemeinen Gleichheitssatz meist die rechtliche Gleichheit gemeint, jedoch nicht ausschließlich. Immer dann, wenn das Prinzip der faktischen Gleichheit im konkreten Fall so schwer wiegt, dass es das Prinzip der rechtlichen Gleichheit sowie alle anderen gegenläufigen Prinzipien überwiegt, ist diesem gleichwohl der Vorrang zu gewähren. Der entscheidende Unterschied zu der von *Starck* und *Heun* vertretenen Lösung, die die faktische Gleichheit dem Sozialstaatsprinzip zuordnen,[475] besteht darin, dass das Sozialstaatsprinzip eben nicht in den Grundrechten verortet ist, sodass eine Begründung subjektiver Recht auch im Einzelfall bereits von vornherein ausgeschlossen ist. Diese Lösung bietet keinen ausreichenden Schutz und stellt damit keine ernsthaft in Betracht kommende Alternative für einen sozialen Rechtsstaat dar, wie Art. 20 Abs. 3 GG es für die Bundesrepublik Deutschland statuiert. Denn *„einer Grundrechtsdogmatik im verfassungsgebotenen Sozialstaat kann und darf es nicht gleichgültig sein, wenn die rechtsstaatlichen Gehalte der Verfassung zwar gleiche Freiheit für alle sichern, die tatsächlich verschiedenen Voraussetzungen und Möglichkeiten der Ausübbarkeit von Freiheit aber außer Betracht lassen.“*[476] *Alexys* Modell

---

Sozialstaatsprinzip ermächtigt nicht zu beliebiger Sozialgestaltung, die das Gebot der Gleichheit auflösen würde.“

472 Oder auch das *„formelle Prinzip der Gestaltungsfreiheit des zur Sozialgestaltung demokratisch legitimierten Gesetzgebers“*, vgl. *Alexy*, Theorie der Grundrechte, S. 384.

473 *Alexy*, Theorie der Grundrechte, S. 78.

474 *Alexy*, Theorie der Grundrechte, S. 78.

475 *Heun*, in: Dreier, GG Kommentar, Art. 3, Rn. 69; *Starck*, Die Anwendung des Gleichheitssatzes, in: Link (Hrsg.), Der Gleichheitssatz im modernen Verfassungsstaat, S. 57.

476 *Kloepfer*, Gleichheit als Verfassungsfrage, S. 37 f.; vgl. ferner *Kloepfer*, Grundrechte als Entstehenssicherung und Bestandsschutz, S. 86 ff., 94 ff.

ist geeignet, die Spannung zwischen der faktischen und rechtlichen Gleichheit innerhalb des allgemeinen Gleichheitssatz aufzulösen, indem es beide – auf den ersten Blick gegenläufige Prinzipien – miteinander in einen ergänzenden Einklang bringt und im Einzelfall Art. 3 Abs. 1 GG eine Gewährung subjektiver Rechte auf faktische Gleichheit zukommen lässt. Zurecht weist *Alexy* darauf hin, dass sich das Modell relativ unkompliziert gestaltet und für unterschiedlichste Wertungen unterschiedlichster Art Raum lässt.[477] Im Ergebnis wird sein Ansatz weitestgehend von der modernen Literatur geteilt.[478]

Das Modell bedarf jedoch einer Modifikation. *Alexy* geht von einer Argumentationslastregel zugunsten der Gleichbehandlung aus, weshalb er in der durch den Satz *„Wenn es keinen zureichenden Grund für die Erlaubtheit einer Ungleichbehandlung gibt, dann ist eine Gleichbehandlung geboten"* ausgedrückten Gleichbehandlungsnorm für das Gebot einer Ungleichbehandlung das Gelingen einer Begründung dieses Gebots fordert, während er in dem Satz *„Wenn es einen zureichenden Grund für die Gebotenheit einer Ungleichbehandlung gibt, dann ist eine Ungleichbehandlung geboten"* für das Gebot der Gleichbehandlung das Misslingen einer Begründung der Erlaubnis einer Differenzierung ausreichen lässt.[479] Es überzeugt jedoch nicht, von einer Argumentationslastregel zugunsten einer Gleichbehandlung auszugehen. Der klassische Satz, der aus Art. 3 Abs. 1 GG folgt, *„Gleiches ist gleich, Ungleiches ist ungleich zu behandeln"*, lässt keine Präferenz zugunsten einer Gleich- oder einer Ungleichbehandlung erkennen. Vielmehr kommt es ausschließlich darauf an, ob die gebildeten Vergleichsgruppen gleich oder ungleich sind. Hiernach richtet sich, ob sie gleich oder ungleich zu behandeln sind. Es ist nicht möglich, von vornherein eine Präferenz zugunsten einer Gleichbehandlung mithilfe einer Argumentationslastregel zu statuieren. Der Punkt, dass dem Prinzip der rechtlichen Gleichheit, also der aktbezogenen Betrachtung, grundsätzlich der Vorrang einzuräumen ist, lässt sich auch über einen anderen Weg realisieren. Im Rahmen einer bei einer Grundrechtsprüfung vorzunehmenden Abwägung verschiedener grundrechtsrelevanter Positionen

---

477 *Alexy*, Theorie der Grundrechte, S. 389.

478 So im Ergebnis etwa *Kischel*, in: Epping/Hillgruber, BeckOK GG, Art. 3, Rn. 101; *Huster*, in: Friauf/Höfling (Hrsg.), Berliner Kommentar zum Grundgesetz, Art. 3, Rn. 119 f.; *Rüfner*, in: Bonner Kommentar zum GG, Art. 3, Rn. 56; *Zacher*, in: Isensee/Kirchhof, HdStR, Bd. II, § 28, Rn. 37; *Haller*, Die Verrechnung von Vor- und Nachteilen im Rahmen von Art. 3 Abs. 1 GG, S. 295 ff.; wohl auch *Krieger*, in: Schmidt-Bleibtreu/Hofmann/Henneke, GG Kommentar, Art. 3, Rn. 6 f.; mit Kritikpunkten auch *Schoch*, Der Gleichheitssatz, in: DVBl. 1988, 863, 866 f.

479 *Alexy*, Theorie der Grundrechte, S. 371 ff.

ist die *Gewichtsformel*, auf die im Folgenden noch näher einzugehen sein wird, relevant. Anhand dieser wird den abzuwägenden Prinzipien jeweils ein abstraktes und ein konkretes Gewicht zugeteilt. Um der aktbezogenen Betrachtung grundsätzlich einen Vorrang einzuräumen, reicht aus, dem Prinzip der rechtlichen Gleichheit ein abstrakt höheres Gewicht beizumessen, sobald es mit dem Prinzip der faktischen Gleichheit konkurriert. Damit erhält es ein situationsbedingtes abstrakt höheres Gewicht als die faktische Gleichheit. Darauf, was das genau zu bedeuten hat, wird im Rahmen der Prinzipientheorie eingegangen werden.[480]

Gleichheit nach Art. 3 Abs. 1 GG bedeutet also rechtliche Gleichheit. Danach sind alle (gleichen) Menschen grundsätzlich rechtlich, also im aktbezogenen Sinne, gleich zu behandeln. Die faktische Gleichheit kann hingegen als Grund für eine rechtliche Ungleichbehandlung von rechtlich Gleichem dienen, wenn es alle entgegenstehenden Prinzipien überspielt. Zu untersuchen ist also, basierend auf *Alexys* Modell und seiner normtheoretisch fundierten dogmatischen Analyse der Gleichheit, ob durch die Nicht-Erhebung von Vorzugslasten mangels Rechtsgrundlage eine Gleich- oder eine Ungleichbehandlung gleicher oder ungleicher Gruppen gegeben ist und ob diese gegebenenfalls gerechtfertigt ist. Zu beachten ist, dass es sich im Falle der Vorzugslasten um eine Ungleichheit zwischen den Vergleichsgruppen handelt, wie noch zu zeigen sein wird, und es daher um die rechtliche *Un*gleichheit und die faktische *Un*gleichheit geht. Auswirkungen hat dies aber nur auf die Begrifflichkeiten an sich, nicht auf die soeben etablierten Grundsätze, dass der rechtliche (Un-)Gleichheit vorrangige Anwendung einzuräumen ist und nur dann die faktische (Un-)Gleichheit als Gleichheit im Sinne des Art. 3 Abs. 1 GG zu verstehen ist, wenn sie alle gegenläufigen Prinzipien überspielt. Im Folgenden sollen die Begriffe „(Prinzip der) rechtliche(n) Gleichheit“ und „(Prinzip der) faktische(n) Gleichheit“ lediglich als Oberbegriffe dienen. Die zugehörige Ungleichheit ist dabei ebenso umfasst. Es soll nur eine akt- und folgenbezogene Betrachtung erfolgen.

(2) Die Prinzipientheorie

Rechtsnormen lassen sich grob in Prinzipien und in Regeln unterteilen. Sowohl die faktische Gleichheit als auch die rechtliche Gleichheit stellen beide Prinzipien im Sinne von *Alexys* Prinzipientheorie dar. Prinzipien sind abwägungsfähige Normen, die gebieten, dass der in ihnen verbürgte Normengehalt relativ auf die rechtlichen und tatsächlichen Möglichkeiten in möglichst hohem Maße

480 Vgl. hierzu unter *C. II. 2. b) (2) Die Prinzipientheorie.*

realisiert wird.[481] Prinzipien können also in unterschiedlichem Maße erfüllt sein, wohingegen Regeln, gewissermaßen die Gegenposition zu Prinzipien, lediglich erfüllt oder nicht erfüllt sein können. Sie stellen ein definitives Gebot auf und sind – anders als Prinzipien – gerade nicht graduell erfüllbar.[482] Folglich sind Regeln nicht der Abwägung zugänglich. Beispiele für Regeln sind etwa jegliche Gesetze, die einen Tatbestand und eine Rechtsfolge bei Erfüllen dieses Tatbestands statuieren.[483] Wenn der Tatbestand erfüllt ist, so gilt stets die statuierte Rechtsfolge, es sei denn, der konkrete Einzelfall erfüllt einen Ausnahmetatbestand.[484] Prinzipien hingegen sind aufgrund ihrer Möglichkeit, graduell erfüllbar zu sein, der Abwägung zugänglich. Ihr Erfüllungsgrad ist abhängig von den tatsächlichen und rechtlichen Gegebenheiten und Möglichkeiten. Die rechtlichen Möglichkeiten können etwa eingeschränkt sein, wenn ein anderes Prinzip oder eine Regel entgegensteht. Darlegen lässt sich dies am Beispiel der Grundrechte. Grundrechte können in unterschiedlichen Maßen erfüllt oder nicht erfüllt sein und stellen deshalb Prinzipien dar. Aber allein die Tatsache, dass sie einschränkbar sind, bedeutet noch keinen Grundrechtsverstoß. Beispielsweise stellt das

---

481 *Alexy*, Theorie der Grundrechte, S. 87 f.; vgl. auch *Alexy*, Zur Struktur der Rechtsprinzipien, in: Schilcher/Koller/Funk (Hrsg.), Regeln, Prinzipien und Elemente im System des Rechts, S. 32; *Alexy*, Ideales Sollen und Optimierung, in: Saliger (Hrsg.), FS Neumann, Rechtstaatliches Strafrecht, S. 17; *Clérico*, Die Struktur der Verhältnismäßigkeit, S. 147; *Kallmeyer*, Ideales Sollen, S. 181 ff.

482 *Dworkin*, Taking Rights Seriously, S. 24 („*all-or-nothing-fashion*"); *Alexy*, Theorie der Grundrechte, S. 76; vgl. im Übrigen auch *Alexy*, Die Gewichtsformel, in: Jickeli/Kreutz/Reuter (Hrsg.), Gedächtnisschrift für Jürgen Sonnenschein, S. 771. So auch *Sieckmann*, Regelmodelle und Prinzipienmodelle des Rechtssystems, S. 85.

483 Nichts anderes gilt für Ermessensvorschriften. Diese lassen dem Rechtsanwender zwar – innerhalb eines abgesteckten Rahmens – offen, welche Rechtsfolge er bei Erfüllung des Tatbestandes herbeiführen möchte. Dennoch sind sie, im Gegensatz zu Prinzipien, nicht graduell erfüllbar. Damit fallen auch sie unter den Oberbegriff der Regeln.

484 *Alexy*, Zur Struktur der Rechtsprinzipien, in: Schilcher/Koller/Funk (Hrsg.), Regeln, Prinzipien und Elemente im System des Rechts, S. 33 führt als Beispiel für einen Regel-Ausnahmetatbestand eine Schulordnung an, die verbietet, das Klassenzimmer vor dem Ertönen des Pausenzeichens zu verlassen, andererseits aber gebietet, dies im Falle eines Feueralarms zu tun. Das Gebot, das Klassenzimmer bei Feueralarm vorzeitig zu verlassen, stellt einen Ausnahmetatbestand dar. Sollte nicht infrage kommen, einen Ausnahmetatbestand einzufügen, so bleibe nur, eine der Regeln als ungültig zu erklären, wie es etwa bei den Kollisionsregeln „*lex superior derogat lex inferirori*", „*lex posterior derogat lex priori*" und „*Bundesrecht bricht Landesrecht*" (Art. 31 GG) der Fall ist.

Haltenmüssen an einer roten Ampel zwar einen Eingriff in die allgemeine Handlungsfreiheit nach Art. 2 Abs. 1 GG dar. Dieser ist jedoch aus Sicherheitsgründen gerechtfertigt. Zwar sorgt er dafür, dass die allgemeine Handlungsfreiheit nicht zu 100 % erfüllt ist, dennoch entfaltet das Grundrecht weiter Rechtswirkung. Ist hingegen der Tatbestand einer Regel nicht erfüllt ist, so entfaltet diese auch keine Rechtswirkung im konkreten Einzelfall mehr. Trifft beispielsweise auf eine Person das Tatbestandsmerkmal „verheiratet" nicht zu, so ist beispielsweise der Tatbestand des § 1357 BGB[485] nicht erfüllt, sodass diese Norm für sie keinerlei Rechtswirkungen entfaltet.

Für die Fragestellung dieser Arbeit kommen ausschließlich Prinzipien in Betracht, sodass eine Abwägung angezeigt ist. Auch das Bundesverfassungsgericht führt Prinzipien einer Abwägung zu, um sie so bestmöglich miteinander in Einklang zu bringen. Beispielsweise hat es in seinem Beschluss „Verhandlungsunfähigkeit des Angeklagten" ebenfalls zwei konkurrierende gleichrangige Prinzipien, namentlich die *„Pflicht des Staates zur Gewährleistung einer funktionstüchtigen Strafrechtspflege"* und *„dem Interesse des Beschuldigten an der Wahrung seiner verfassungsmäßig verbürgten Rechte"* miteinander abgewogen.[486] Es führte aus, dass keinem der Prinzipien ein absoluter Vorrang einzuräumen sei, stattdessen sei das *„Spannungsverhältnis*[487] *durch Abwägung der einander widerstreitenden Interessen"* zu lösen.[488]

Detailliertere Fragen der Rechtsphilosophie zu Regeln und Prinzipien sind für den Untersuchungsgegenstand dieser Arbeit nicht relevant und sind daher hier zu vernachlässigen. Stattdessen sei auf einschlägige Literatur verwiesen.[489] Im Folgenden seien überblicksartig *Alexys* Kollisionsgesetz und Abwägungsgesetz

---

485 Bürgerliches Gesetzbuch (BGB) in der Fassung der Bekanntmachung vom 02.01.2002 (BGBl. I, S. 42, 2909; BGBl. 2003 I S. 738), zuletzt geändert durch Gesetz vom 31.01.2019 (BGBl. I, S. 54).

486 BVerfG, Beschluss vom 19. 06.1979 – 2 BvR 1060/78 –, BVerfGE 51, 324 = juris.

487 Insoweit *Alexy* von einer *„Kollision"* spricht, aber dasselbe meint, unterscheiden sich die Terminologien.

488 BVerfG, Beschluss vom 19.06.1979 – 2 BvR 1060/78 –, BVerfGE 51, 324 = juris Rn. 69 f.

489 *Alexy*, Theorie der Grundrechte, S. 71 ff. m.w.N.; *Alexy*, Zur Struktur der Rechtsprinzipien, in: Schilcher/Koller/Funk (Hrsg.), Regeln, Prinzipien und Elemente im System des Rechts S. 32 ff. m.w.N.; *Alexy*, Ideales Sollen und Optimierung, in: Saliger (Hrsg.), Rechtsstaatliches Strafrecht, S. 17 ff. m.w.N.; *Alexy*, Die Gewichtsformel, in: Jickeli/Kreutz/Reuter (Hrsg.), Gedächtnisschrift für Jürgen Sonnenschein, S. 771 ff. m.w.N.; *Kallmeyer*, Ideales Sollen, S. 151 ff. m.w.N.; *Sieckmann*, Regelmodelle und Prinzipienmodelle des Rechtssystems m.w.N.; *Dworkin*, Taking Rights Seriously m.w.N.

mitsamt der hierfür relevanten Gewichtsformel dargestellt, um den Abwägungsprozess an sich näher zu beleuchten. Da die von *Alexy* entwickelte Gewichtsformel die Möglichkeit mehrerer Prinzipien auf einer Seite nicht berücksichtigt, ist diese zu modifizieren und zu erweitern, um sie auch auf den vorliegenden Fall anwendbar zu machen. Auf Grundlage dieser Formel soll sodann der Abwägungsprozess durchgeführt werden.

(a) Das Kollisionsgesetz

Das Kollisionsgesetz beschreibt das Verhalten von Prinzipien im Fall ihrer Kollision[490] mit gegenläufigen Prinzipien. Eine Kollision zwischen zwei oder mehreren Prinzipien ist dann gegeben, wenn sie in einer bestimmten Situation nicht gleichzeitig vollständig verwirklicht werden können.[491]

Prinzipien enthalten prima-facie-Gebote, das heißt, dass sie so lange gelten, wie sich etwas Gegenteiliges einstellt.[492] Zudem sind sie graduell erfüllbar, können daher auch nur in Teilen verwirklicht werden.[493] Mit anderen Worten lässt sich allein aus der Tatsache, dass ein Prinzip gilt, noch nicht folgern, dass das, was das Prinzip in diesem Fall verlangt, im Ergebnis auch umfassend oder gar überhaupt Berücksichtigung findet. Vielmehr können Prinzipien durch gegenläufige Prinzipien überspielt werden, ohne dass sie dadurch verletzt sind.[494] Ganz allgemein werden Prinzipien dann überspielt, wenn dem gegenläufigen Prinzip im zu entscheidenden Fall ein größeres Gewicht zukommt.[495] Dies führt dazu, dass das Prinzip in einem bestimmten Fall im Ergebnis nicht zur Anwendung kommen beziehungsweise nicht realisiert werden kann. Möglich ist eine solche Überspielung durch andere Prinzipien sowohl bereits auf abstrakter Ebene,

490 Das Bundesverfassungsgericht spricht statt von einer Kollision von einem „*Spannungsverhältnis*“, meint aber dasselbe, vgl. etwa BVerfG, Beschluss vom 19.06.1979 – 2 BvR 1060/78 –, BVerfGE 51, 324, 345 = juris Rn. 69; *Clérico*, Die Struktur der Verhältnismäßigkeit, S. 148 nutzt beide Begriffe; vgl. außerdem *Alexy*, Theorie der Grundrechte, S. 80.

491 *Clérico*, Die Struktur der Verhältnismäßigkeit, S. 147; *Kallmeyer*, Ideales Sollen, S. 181 ff.

492 Statt vieler: *Alexy*, Grundrechte und Verhältnismäßigkeit, in: Schliesky/Ernst/Schulz, Die Freiheit des Menschen in Kommune, Staat und Europa, S. 3; anders wohl aber *Sieckmann*, Regelmodelle und Prinzipienmodelle des Rechtssystems, S. 69 ff.

493 *Clérico*, Die Struktur der Verhältnismäßigkeit, S. 147; *Kallmeyer*, Ideales Sollen, S. 181 ff.

494 *Alexy*, Theorie der Grundrechte, S. 88; i.E. so auch *Dworkin*, Taking Rights Seriously, S. 24, 26.

495 *Alexy*, Theorie der Grundrechte, S. 89; vgl. auch *Kallmeyer*, Ideales Sollen, S. 209 f.

wenn dem gegenläufigen Prinzip bereits ein abstrakt höheres Gewicht zukommt, als auch erst im konkreten Einzelfall, wenn beide Prinzipien abstrakt gleich gewichtet sind, aber die Umstände des Einzelfalls dazu führen, dass einem der Prinzipien ein höheres Gewicht zukommt. *Alexy* spricht insofern von einer „*Vorrangrelation*" zwischen den Prinzipien, im Falle eines absolut höheren Gewichts von einer „*absoluten Vorrangrelation*", im Fall einer relativ höheren Gewichtung von einer „*bedingten Vorrangrelation*".[496] Wenn beispielsweise in einem Fall die Menschenwürde mit dem Umweltschutz konkurriert und der Menschenwürde ein abstrakt höheres Gewicht einzuräumen ist, als dem Umweltschutz, so geht die Menschenwürde dem Umweltschutz bereits abstrakt vor. Würde man nun annehmen, dass die Menschenwürde auch einen absoluten Vorrang genießt, sie also immer und ohne Einschränkungen den anderen Prinzipien vorgeht, ohne dass es auf den Einzelfall ankommt, bestünde folglich eine absolute Vorrangrelation.[497]

Alexy stellt Vorrangrelationen folgendermaßen dar, wobei (1) und (2) unbedingte oder absolute Vorrangrelationen und (3) und (4) bedingte, also vom Einzelfall abhängige Vorrangrelationen sind:[498]

(1) $P_1 \boldsymbol{P} P_2$
(2) $P_2 \boldsymbol{P} P_1$
(3) $(P_1 \boldsymbol{P} P_2)\,C$
(4) $(P_2 \boldsymbol{P} P_1)\,C$.[499]

Sollte einem Prinzip ein abstrakt höheres Gewicht und damit eine absolute Vorrangrelation gegenüber einem entgegenstehenden Prinzip zukommen, so überspielt dieses Prinzip das entgegenstehende in jeder denkbaren Situation. Es kommt dann nicht auf einen konkreten Einzelfall an, da dieses Prinzip unabhängig von den Umständen des konkreten Falls einen absoluten Vorrang genießt. Auf den konkreten Einzelfall kommt es hingegen dann an, wenn keinem der kollidieren Prinzipien ein absoluter Vorrang immanent ist. Hier sind dann die Umstände des Einzelfalles zu betrachten, die eine Bedingung formulieren, unter der das eine Prinzip dem anderen vorgeht. Diese Bedingung ist als C notiert. So liest sich $(P_1 \boldsymbol{P} P_2)\,C$ dann etwa folgendermaßen: Unter den Bedingungen C geht das Prinzip P_1 dem Prinzip P_2 vor.

Das Kollisionsgesetz fasst *Alexy* folgendermaßen zusammen:

---

496 *Alexy*, Theorie der Grundrechte, S. 80 ff.

497 Nach *Alexy*, Theorie der Grundrechte, S. 95 ff. ist dies jedoch nicht der Fall.

498 Legende: P_1 = Prinzip 1; $\boldsymbol{P}$ = Vorrangrelation; P_2 = Prinzip 2; C = Vorrangbedingung(en).

499 *Alexy*, Theorie der Grundrechte, S. 79 ff., insb. S. 82.

„Wenn das Prinzip P_1 dem Prinzip P_2 unter den Umständen C vorgeht: $(P_1 \mathbf{P} P_2)C$, und wenn sich aus P_1 unter den Umständen C die Rechtsfolge R ergibt, dann gilt eine Regel, die C als Tatbestand und R als Rechtsfolge enthält: $C \rightarrow R$."[500]

Sollte ein Prinzip mit einer Argumentationslastregel bestückt sein, so ist trotzdem in einem zweiten Schritt noch die Vorrangbedingung im Einzelfall festzulegen. Die Argumentationslastregel hat lediglich zur Folge, dass bei konkret gleich gewichtigen Gründen im Zweifel diesem Prinzip der Vorrang vor dem entgegenstehenden Prinzip zu gewähren ist.[501]

Anhand des Einzelfalls ist durch eine Abwägung zu ermitteln, welches Prinzip dem anderen im konkreten Fall vorgeht: *„Die Lösung der Kollision besteht darin, daß im Blick auf die Umstände des Falls eine bedingte Vorrangrelation zwischen den Prinzipien festgesetzt wird. Die Festsetzung der bedingten Vorrangrelation besteht darin, daß unter Bezug auf den Fall Bedingungen angegeben werden, unter denen das eine Prinzip dem anderen vorgeht."*[502] In einem anderen Fall mit anderen Bedingungen könne die Kollision anders zu lösen sein. Wenn einem Prinzip im konkreten Einzelfall gegenüber einem gegenläufigen Prinzip der Vorrang eingeräumt wird, bedeutet dies jedoch nicht, dass das gegenläufige Prinzip verletzt ist oder gar nicht gilt.[503]

(b) Das Abwägungsgesetz

Das Abwägungsgesetz beschreibt den Vorgang der (rationalen) Abwägung von Prinzipien.[504] Prinzipien können, anders als Regeln[505], bereits abstrakt oder auch erst abhängig vom Regelungsfall unterschiedlich zu gewichten sein, was anhand einer Abwägung zu ermitteln ist. Ein bereits abstrakt höheres Gewicht kommt beispielsweise der Menschenwürde oder dem Recht auf Leben zu.[506] Diesen Prinzipien ist *qua* Wertung der Verfassung grundlegend schon ein höheres Gewicht beizumessen, als anderen Verfassungsprinzipien. In einer Abwägung

---

500 *Alexy*, Theorie der Grundrechte, S. 83.

501 *Alexy*, Theorie der Grundrechte, S. 90.

502 *Alexy*, Theorie der Grundrechte, S. 81.

503 *Alexy*, Theorie der Grundrechte, S. 79; *Sieckmann*, Regelmodelle und Prinzipienmodelle des Rechtssystems, S. 71 f.

504 *Alexy*, Die Gewichtsformel, in: Jickeli/Kreutz/Reuter, Gedächtnisschrift für Jürgen Sonnenschein, S. 771, 777; *Clérico*, Die Struktur der Verhältnismäßigkeit, S. 152 f.

505 *Dworkin*, Taking Rights Seriously, S. 26 f.

506 *Alexy*, Die Gewichtsformel, in: Jickeli/Kreutz/Reuter (Hrsg.), Gedächtnisschrift für Jürgen Sonnenschein, S. 778; *Alexy*, Theorie der Grundrechte, S. 79 ff.

sind logischerweise sowohl das abstrakte Gewicht des jeweiligen in Rede stehenden Prinzips (sofern vorhanden) als auch dessen konkretes Gewicht im Einzelfall zu berücksichtigen. Diese kommen in der Verhältnismäßigkeit im engeren Sinne[507] zum Tragen und sind nach dem Abwägungsgesetz gegeneinander abzuwägen.[508]

Alexy formuliert das Abwägungsgesetz folgendermaßen:

> *„Je höher der Grad der Nichterfüllung oder Beeinträchtigung des einen Prinzips ist, desto größer muss die Wichtigkeit der Erfüllung des anderen sein.“*[509]

Auch das Bundesverfassungsgericht handhabt die Abwägung entsprechend, wenn es etwa ausführt: *„Je mehr der gesetzliche Eingriff elementare Äußerungen der menschlichen Handlungsfreiheit berührt, um so sorgfältiger müssen die zur Rechtfertigung vorgebrachten Gründe gegen den grundsätzlichen Freiheitsanspruch des Bürgers abgewogen werden“*[510] oder *„Soweit das Eigentum die persönliche Freiheit des Einzelnen im vermögensrechtlichen Bereich sichert, genießt es einen besonders ausgeprägten Schutz. Demgegenüber ist die Gestaltungsfreiheit des Gesetzgebers umso größer, je stärker der soziale Bezug des Eigentumsobjekts ist […]“*.[511]

Nach *Alexy* lasse sich die Abwägung in drei Teilschritte zerlegen. Zuerst sei der Grad der Nichterfüllung oder Beeinträchtigung des einen Prinzips festzustellen. Dem habe in einem zweiten Schritt sodann die Feststellung der Wichtigkeit der Erfüllung des gegenläufigen Prinzips zu folgen. Zuletzt sei schließlich festzustellen, ob die Wichtigkeit der Erfüllung des gegenläufigen Prinzips die Beeinträchtigung oder Nichterfüllung des anderen rechtfertige.[512] Hieraus hat *Alexy* die *Gewichtsformel* geformt, die im Folgenden näher erläutert werden soll,

---

507 Auch *„Grundsatz der Proportionalität“* genannt, vgl. *Clérico*, Die Struktur der Verhältnismäßigkeit, S. 140 ff. oder *Alexy*, Die Gewichtsformel, in: Jickeli/Kreutz/Reuter (Hrsg.), Gedächtnisschrift für Jürgen Sonnenschein, S. 772.

508 *Alexy*, Die Gewichtsformel, in: Jickeli/Kreutz/Reuter (Hrsg.), Gedächtnisschrift für Jürgen Sonnenschein, S. 772 ff.; *Alexy*, Theorie der Grundrechte, S. 100 ff., 143 ff.

509 *Alexy*, Theorie der Grundrechte, S. 146; *Alexy*, Zur Struktur der Rechtsprinzipien, in: Schilcher/Koller/Funk (Hrsg.), Regeln Prinzipien und Elemente im System des Rechts, S. 36; *Alexy*, Ideales Sollen und Optimierung, in: Saliger (Hrsg.), Rechtsstaatliches Strafrecht, S. 23.

510 BVerfG, Urteil vom 05.08.1966 – 1 BvF 1/61 –, BVerfGE 20, 150, 159 = juris Rn. 27.

511 BVerfG, Beschluss vom 16.02.2000 – 1 BvR 242/91 –, BVerfGE 102, 1 = juris Rn. 45.

512 *Alexy*, Die Gewichtsformel, in: Jickeli/Kreutz/Reuter (Hrsg.), Gedächtnisschrift für Jürgen Sonnenschein, S. 773.

und welche (in modifizierter Form) die Basis der vorzunehmenden Abwägung bilden wird.[513]

(c) Die Gewichtsformel

Die Gewichtsformel ist eine Formel, anhand derer sich bestimmen lässt, wie schwer bestimmte Prinzipien im konkreten Fall wiegen, um anschließend bestimmen zu können, welches Prinzip *P* dem oder den anderen entgegenstehenden Prinzipien vorgeht. Dabei ist *Alexys* triadische Skalierung zu nutzen, bestehend aus leicht (*l*), mittel (*m*) und schwer (*s*), um die für die Gewichtsformel nötigen Einstufungen vorzunehmen.[514] Er ordnet den Faktoren der Formel also entweder ein *l*, ein *m*, oder ein *s* zu. In der Übersetzung später können für die Stufen die Werte 1, 2 und 3 eingesetzt werden. Vorerst ist der besseren Verständlichkeit halber aber auf der abstrakten Ebene zu verbleiben. Das dreigliedrige System stellt sicher, dass genügend Abstufungen vorhanden sind, um dem Einzelfall ausreichend Rechnung zu tragen, aber dabei gleichzeitig die Rechnung nicht unnötigerweise verkompliziert. Eine feinere Abstufung, wie sie beispielsweise *Effer-Uhe* mit zehn verschiedenen Skalierung vornimmt, ist aufgrund ihrer Unpraktikabilität abzulehnen.[515] Je umfangreicher die Skalierung ausfällt, desto schwieriger wird es, dem einzelnen Prinzip effektiv und vor allem auch in der Folge konsequent den richtigen Wert zuzuordnen. Eine Auswahl aus lediglich drei Werten hingegen trägt diesem Umstand Rechnung und garantiert eine durchgehend konsequente Bewertung. Sie ist daher vorzugswürdig.

Alexys Gewichtsformel lässt sich wie folgt ausdrücken:[516]

$$G_{i,j} = \frac{I_i \bullet G_i}{I_j \bullet G_j}$$

Dabei steht $G_{i,j}$ für das konkrete Gewicht von P_i, also für das Gewicht von P_i unter den Umständen des zu entscheidenden Falles. I_i steht für die Intensität des Eingriffs in das Prinzip P_i unter den konkreten Umständen, und I_j steht für die Wichtigkeit der Erfüllung des entgegenstehenden Prinzips P_j, oder mit anderen

---

513 Vgl. zur *„Gewichtsformel"* etwa *Alexy*, Die Gewichtsformel, in: Jickeli/Kreutz/Reuter (Hrsg.), Gedächtnisschrift für Jürgen Sonnenschein, S. 771, insb. S. 783 ff.; *Alexy*, Ideales Sollen und Optimierung, in: Saliger (Hrsg.), Rechtsstaatliches Strafrecht, S. 23.

514 *Alexy*, Die Gewichtsformel, in: Jickeli/Kreutz/Reuter, Gedächtnisschrift für Jürgen Sonnenschein, S. 771, 777 ff.

515 *Effer-Uhe*, Die Bindungswirkung von Präjudizien, S. 46 ff.

516 *Alexy*, Die Gewichtsformel, in: Jickeli/Kreutz/Reuter (Hrsg.), Gedächtnisschrift für Jürgen Sonnenschein, S. 783 ff.

Worten die Intensität des Eingriffs in das Prinzip P_j. G_i und G_j stehen jeweils für das abstrakte Gewicht des jeweiligen Prinzips. Aus dieser Formel ergeben sich W_i und W_j, also die Wichtigkeit von den Prinzipien P_i und P_j, die ins Verhältnis zu setzen sind. Es gilt somit:

$$G_{i,j} = \frac{I_i \bullet G_i}{I_j \bullet G_j} = \frac{W_i}{W_j}$$

Anhand dieser Formel lassen sich also verschiedene Prinzipien gegeneinander abwägen. Das Ergebnis gibt sodann vor, welchem Prinzip der Vorrang einzuräumen ist. Der ausschlaggebende Vorteil dieser Vorgehensweise ist, dass die Abwägung durch ihre Mathematisierung berechenbar wird und Willkür nahezu ausschließt. Der Gedanken- und damit auch der Abwägungsprozess selber werden nachvollziehbar visualisiert und dadurch nachprüfbar.

(d) Die modifizierte Gewichtsformel bei kumulierten Prinzipien

Essenziell ist nun aber für die vorzunehmende Untersuchung, dass meist nicht nur zwei, sondern mehrere Prinzipien gegeneinander abzuwägen sind. Diesem Problem wurde sich in der bisherigen Literatur nur sehr vereinzelt gewidmet. Eine überzeugende Lösung wird indes nicht angeboten.

Möglich ist eine einfache Addition,[517] beispielsweise:

$$G_{i,j+k} = \frac{P_i}{P_j + P_k}$$

Problematisch ist bei diesem Ansatz jedoch, dass dieser unweigerlich dazu führt, dass der Quantität der Prinzipien im Ergebnis ein höherer Stellenwert beigemessen wird als der Qualität der Prinzipien beziehungsweise als ihrem Gehalt im konkreten Einzelfall. Eine Kumulation von Prinzipien würde – in einer Mehrzahl der denkbaren Fälle – zu einer höheren Gewichtung der durch diese ausgedrückten Lösung kommen. Um also auch die Qualität des einzelnen Prinzips zu gewichten und vernünftig ins Verhältnis setzen zu können, muss ein Weg gefunden werden, die Kumulation nicht derart stark ins Gewicht fallen zu lassen. Umsetzbar ist dies durch einen sogenannten „*Abschwächungseffekt*“.[518]

517 So etwa auch *Alexy*, Die Gewichtsformel, in: Jickeli/Kreutz/Reuter (Hrsg.), Gedächtnisschrift für Jürgen Sonnenschein, S. 791 f., der allerdings die berechtigte Frage aufwirft, was überhaupt additiv kumulierbar sei.

518 So *Reßing*, Die Grundrechtskonkurrenz, S. 159 ff., der einen solchen aber ablehnt.

Möglich ist, auf der Seite der Gleichung, auf der mehrere Prinzipien kumuliert zur Anwendung kommen, das additive Ergebnis durch den Faktor der Anzahl der Prinzipien zu teilen. Das obige Ergebnis aufgreifend würde die Formel dann so aussehen:

$$G_{i,j+k} = \frac{P_i}{(P_j + P_k):2}$$

So ist garantiert, dass die schiere Quantität an Prinzipien nicht unverhältnismäßig hoch gewertet wird. Problematisch bei diesem Ansatz ist aber eine Überkompensation. Streiten zum Beispiel drei Prinzipien für eine Seite, wobei nur einem ein abstrakt hohes Gewicht zukommt und stark beeinträchtigt wäre, während die anderen beiden jeweils nur leicht zu gewichten sind und nur leicht beeinträchtigt wären, so sorgen die beiden letzteren dafür, dass das Gewicht des Prinzips insgesamt geringer ausfällt, als wenn nur das erstgenannte Prinzip alleine stehen würde. Auch dieser Ansatz ist also nicht zielführend.

Um dieses Problem zu lösen, soll ein additiver Faktor je zusätzlichen Prinzips, also je Prinzip, das zu dem ersten Prinzip zahlenmäßig noch hinzukommt, eingefügt werden:[519]

$$G_{i,j+k} = \frac{P_i}{((P_j + P_k):2)+2}$$

Hier wurde 2 gewählt, da dies der Mittelwert zwischen 1 und 3, also auf der Skala der Werte für leicht (*l*), mittel (*m*) und schwer (*s*), ist. Bei drei Prinzipien auf einer Seite würde die Formel folglich so aussehen:

$$G_{i,j+k+l} = \frac{P_i}{((P_j + P_k + P_l):3)+4}$$

et cetera.

Abstrahiert sähe die Formel folgendermaßen aus:

$$G_{i,n} = \frac{P_i}{((P_1 + \sum_{x=2}^{n} P_x):n)+(2n-2)}$$

wobei $\forall x \in \mathbb{N}$. Das heißt, dass alle x ein Element von natürlichen Zahlen sein müssen. $\sum_{x=2}^{n} P_x$ (Summe über P von $x = 2$ bis n) bedeutet, dass zu dem

519 Für andere Ansätze vgl. *Breckwoldt*, Grundrechtskombinationen, S. 228 und *Effer-Uhe*, Die Bindungswirkung von Präjudizien, S. 46 ff. und *Reßing*, Die Grundrechtskonkurrenz, S. 131 ff. und *Hofmann*, Grundrechtskonkurrenz oder Schutzbereichsverstärkung, in: AöR 133 (2008), 523, 545 ff.

ersten Prinzip P_1 (oder P_j) beliebig viele Prinzipien P_2, P_3, … P_n hinzukommen können. n stellt die Anzahl der Prinzipien (hier auf der Nennerseite) dar.

Einen anderen Ansatz zur Auflösung des Problems von kumulierten Prinzipien bietet *Effer-Uhe* an, der mit algebraischen Formeln arbeitet.[520] Stehen zwei Prinzipien auf derselben Seite, so sei die Formel $(x + y - xy)$ anzuwenden. Übertragen auf die hier genutzte Sprache wäre dies $(P_j + P_k - (P_j P_k))$. Der Vorteil an dieser Lösung ist, dass sie dem Umstand Rechnung trägt, dass, wenn mehrere Prinzipien für ein und dieselbe Lösung sprechen, die Prinzipien kumuliert zwar insgesamt einen stärkeren Einfluss auf das Abwägungsergebnis haben können, aber gleichzeitig der Einfluss jedes einzelnen Prinzips abnimmt, je mehr Prinzipien für die eine Lösung sprechen.[521]

Breckwoldt kritisiert an diesem Ansatz jedoch zurecht unter anderem, dass er sich nicht in die triadische Skalierung einfügen ließe, sondern den Variablen Werte zwischen 0 und 1 zuzuweisen seien, da sich ansonsten negative Brüche ergeben könnten, die die Gewichtsformel jedoch nicht kennen würde.[522] Sie selber fügt einen Heterogenitätssubtrahenden H ein, um das Defizit der einfachen Addition bei der Rekonstruktion ganz oder teilweise homogener Prinzipienbündel auszugleichen. Mit H würde der Grad der substanziellen Überschneidung beziehungsweise der Heterogenität der kumulierenden Prinzipien ausgedrückt, sodass berücksichtigt werden könne, dass die Schnittmenge der kumulierenden Prinzipien keine doppelte Berücksichtigung finden dürfe. H füge sich wie folgt in die Formel ein:

$$G_{i,\,j+k} = \frac{P_i}{P_j + P_k - H}$$

H sei ein Wert nach dem Vorbild der triadischen Skalierung zuzuordnen, und zwar zwischen 0 und dem Wert des schwächer gewichteten verstärkenden Prinzips. Überzeugend ist dieser Ansatz jedoch auch nicht, zumal H nach diesem Ansatz auch eine nicht natürliche Zahl, wie etwa eine periodische Dezimalzahl wie 1,33333… annehmen kann, mit der sich – gerade in Anbetracht der bewusst simpel gehaltenen triadischen Skalierung von 1, 2 und 3 – schlecht rechnen lässt.

Letztlich ist festzuhalten, dass noch nicht geklärt ist, wie eine Abwägung mit mehreren Prinzipien mathematisch durchzuführen ist, mit der allen nötigen Umständen Rechnung getragen werden kann, wie etwa der degressive generelle

---

520 *Effer-Uhe*, Die Bindungswirkung von Präjudizien, S. 46 ff.

521 *Effer-Uhe*, Die Bindungswirkung von Präjudizien, S. 52.

522 *Breckwoldt*, Grundrechtskombinationen, S. 232 f. Ausführlich zu diesem Problem *Breckwoldt/Kleiber*, Grundrechtskombinationen, in: Klatt, Prinzipientheorie und Theorie der Abwägung, S. 1, 16 ff.

Einfluss der hinzukommenden Prinzipien bei einem insgesamt steigenden Einfluss einer höheren Zahl von Prinzipien auf das Endergebnis. Keiner der wenigen bisher entwickelten Ansätze vermag vollends zu überzeugen. Um den Vorgang der Abwägung und den Einfluss der Prinzipien zu vermitteln, reicht es hingegen, den in dieser Arbeit entwickelten Ansatz mit dem Dividenden und dem additiven Faktor als sogenannte *modifizierte Gewichtsformel* als Grundlage für die Abwägung zu nehmen.

(e) Vorzüge einer Abwägung nach der Gewichtsformel

Oft wird kritisiert, dass eine Abwägung nicht rational sei und damit nicht objektiv und somit unvergleichbar.[523] Im Ergebnis sei sie Produkt ihres Anwenders und seiner Lebenswelt. Wo die Abwägung beginne, höre die Kontrolle durch Normen und Methode auf.[524] Die Prinzipientheorie und die Gewichtsformel stellen sicher, dass der Abwägungsvorgang so rational und logisch wie möglich ist. Wird die Abwägung anhand dieser Werkzeuge vorgenommen, so bietet der Vorgang selbst keinen Platz für Willkür. Zudem gewährleistet die Gewichtsformel, dass alle Abwägungsschritte auch für andere logisch und mathematisch nachvollziehbar sind.[525] Somit garantiert sie die größtmögliche Rationalisierung und Transparenz des Abwägungsvorgangs. Darin liegen die konkreten Vorzüge der Gewichtsformel.

(3) Die Nicht-Erhebung von Vorzugslasten als Gleich- oder Ungleichheit

Bevor in die Abwägung eingestiegen werden kann, ist zunächst herauszuarbeiten, ob die Erhebung beziehungsweise Nicht-Erhebung von Vorzugslasten eine Gleich- oder Ungleichbehandlung im Sinne des Art. 3 Abs. 1 GG bedeutet, da dies wegweisend für die weitere Prüfung ist. Hierfür sind Vergleichspaare zu bilden. Die Vergleichsgruppen sind sodann in einen Vergleichsmaßstab einzubetten („in Bezug worauf?").[526]

---

523 *Windisch*, „Abwägung" als Relationsnorm-Konstruktion, in: Müller/Mastronardi (Hrsg.), „Abwägung", S. 19, 25 f.; *Alexy*, Theorie der Grundrechte, S. 143 ff.; *Alexy*, Die Konstruktion der Grundrechte, in: Clérico/Siekmann (Hrsg.), Grundrechte, Prinzipien und Argumentation, S. 9, 12 ff.; *Alexy*, The Reasonableness of Law, in: Bongiovanni (Hrsg.), Reasonableness and Law, S. 5 ff.; *Sieckmann*, Zur Begründung von Abwägungsurteilen, in: Rechtstheorie 26 (1995), 45, 53 ff.; *Jansen*, Die normativen Grundlagen rationalen Abwägens im Recht, in: Sieckmann (Hrsg.), Die Prinzipientheorie der Grundrechte, S. 39, 39 ff.

524 Vgl. etwa *Alexy*, Theorie der Grundechte, S. 143.

525 Vgl. auch *Alexy*, Theorie der Grundrechte, S. 143 ff.

526 U.a. *Hufen*, Staatsrecht II, § 39, Rn. 4.

Die potenziell in Betracht kommenden Gruppen setzen sich zunächst abstrakt aus Steuerzahlern, Vorteilsempfängern und Vorzugslastenschuldnern zusammen, da das all die Gruppen sind, die auf die ein oder andere Weise von einer Erhebung oder einer Nicht-Erhebung von Vorzugslasten direkt betroffen sind. Schwierigkeiten bereitet bei der Findung der im vorliegenden Fall einer zu betrachtenden Vergleichsgruppe insbesondere, dass die potenziell in Betracht kommenden Gruppen von sehr vielen Variablen durchzogen sind. So ist etwa die Steuerlast für jeden Bürger unterschiedlich, da sie von diversen Faktoren abhängig ist, wie der Höhe des Einkommens oder dem Familienstand. Auch gibt es Bürger, die überhaupt keine Steuerlast trifft, etwa mangels eigenen oder zu geringen Einkommens. Auch Vorzugslasten berechnen sich anhand teils höchst komplexer Verteilungsmaßstäbe, die für jede einzelne Vorzugslast unterschiedlich festgelegt sind. Dies hat zur Folge, dass viele Vorzugslasten nicht einmal unter den Vorteilsempfängern selbst in gleicher Höhe erhoben werden, da der ihnen zukommende Vorteil ebenfalls variiert. Dies ist beispielsweise der Fall bei Straßenausbaubeiträgen. Die Größe und Tiefe des Grundstücks, etwaige Teilflächen, die Geschosszahl der Bebauung, die Lage des Grundstücks und die Nutzung des Grundstücks sind nur einige der Faktoren, die bei der Bemessung des zu erhebenden Straßenausbaubeitrags eine Rolle spielen können.[527] Ähnlich verhält es sich bei der Abwassergebühr und dem Erschließungsbeitrag. Sie alle haben nur gemein, dass in ihrem Hoheitsgebiet die Berechnung jeweils nach demselben Maßstab erfolgt (wie aber auch schon der Grundsatz des Vorbehalts des Gesetzes für den Bereich der Kostenerhebung im Rahmen der Eingriffsverwaltung verlangt). Nur wenige Vorzugslasten werden durch einen generellen Betrag erhoben, wie es etwa bei dem Öffentlichen Rundfunkbeitrag oder einiger Verwaltungsgebühren der Fall ist. Zudem unterstehen viele Vorzugslasten der kommunalen Kompetenz, sodass die Höhe der jeweiligen Vorzugslast von Kommune zu Kommune – auch innerhalb desselben Bundeslandes – variiert. Ferner ist in Ausnahmefällen auch ein Absehen von der Erhebung von Vorzugslasten aus sogenannten Billigkeitsgründen möglich. Fraglich ist, wie also alle in Rede stehenden Parameter überhaupt verglichen werden können. Des Schlüssels Lösung liegt darin, alle Variablen auf eine gemeinsame Größe zu abstrahieren, sodass sie handhabbar und vergleichbar werden. Für den folgenden Teil der Untersuchung soll also nicht auf die Diversität der Steuerlast und der Vorzugslasten an sich eingegangen werden. Auch soll außen vorgelassen werden,

527 Vgl. für eine genaue Darstellung der Bemessung von Straßenausbaubeiträgen etwa *Arndt*, Straßenbaubeiträge, § 10, S. 224 ff.

dass im Einzelfall nicht notwendigerweise alle Vorteilsempfänger auch gleichzeitig eine Steuerlast zu tragen haben, also gleichsam Steuerschuldner sind. Wie bereits herausgearbeitet, orientiert sich die Steuerlast selbst an Art. 3 GG, weshalb sich Leistungsgrundsätze herausgebildet haben, die für eine unterschiedliche Steuerlast je nach Einkommen, Familienstand und anderer Faktoren sorgen. Die Bemessung der Steuer ist, ebenso wie die Bemessung der Vorzugslasten, ein in sich abgeschlossenes und bereits an dem allgemeinen Gleichheitssatz orientiertes System. Es wäre nicht zielführend, diese geschlossenen und in sich dependenten Systeme nochmals einer Prüfung des Art. 3 Abs. 1 GG zu unterziehen. Konsequenterweise soll im Folgenden also nur abstrakt von „der Steuerlast", die grundsätzlich erst einmal jeden Bürger betrifft, und „den Vorzugslasten", die auch zunächst grundsätzlich jeden Vorteilsempfänger treffen, als solchen ausgegangen werden. Mithin lassen sich also die drei bereits genannten relevanten Gruppen bilden, die alle auch ihre Negation umfassen: die Steuerschuldner, die Vorzugslastenschuldner und die Vorteilsempfänger.

Bleibt also die Frage, ob für die zu bildenden Vergleichspaare an die Steuerschuld, die Vorzugslastenschuld oder den Empfang von Vorteilen anzuknüpfen ist. Bei einer Rekapitulation des obig Gesagten wird deutlich, dass die drei potenziellen Gruppen weniger miteinander konkurrieren, als vielmehr teilweise ineinander übergehen. In der Abstraktion des zu betrachtenden Szenarios betrifft die Steuerlast jeden, also zwingendermaßen auch die Vorteilsempfänger, die Nicht-Vorteilsempfänger, die Vorzugslastenschuldner und die Nicht-Vorzugslastenschuldner. Diese Gruppe ist demzufolge vielmehr ein Oberbegriff, als eine taugliche Gruppe, die zu einem Vergleich herangezogen werden kann. In der Abstraktion wird darüber hinaus deutlich, dass Vorteilsempfänger und Vorzugslastenschuldner (bei einer Erhebung beziehungsweise einer Existenz von Vorzugslasten) miteinander identisch sind, ebenso wie die Nicht-Vorteilsempfänger und die Nicht-Vorzugslastenschuldner. In der Konsequenz bleiben somit genau diese beiden Gruppen, nämlich die Vorteilsempfänger (oder Vorzugslastenschuldner) und die Nicht-Vorteilsempfänger (oder Nicht-Vorzugslastenschuldner). Mithin sind diese beiden Gruppen der Vorteilsempfänger und die der Nicht-Vorteilsempfänger gegenüberzustellen, die beide zur Gruppe der Steuerzahler gehören. Diese beiden Referenzgruppen sind ungleich. Nach Art. 3 Abs. 1 GG wären sie somit auch ungleich zu behandeln. Indem die eine Gruppe der Vorteilsempfänger bei einer Existenz von Vorzuglasten durch die Vorzugslast zusätzlich belastet ist, die der Nicht-Vorteilsempfänger aber nicht, besteht eine rechtliche Ungleichbehandlung, denn die Regeln zur Entrichtung von Vorzugslasten finden nicht auf beide Gruppen unterschiedslos Anwendung, sondern lediglich auf die eine der beiden Gruppen, und zwar die der Vorteilsempfänger. Wie bereits aufgezeigt, ist für den Begriff der Gleichheit an eine rechtliche Gleichheit anzuknüpfen, nicht an eine faktische. Entscheidend ist also, wie die Gruppen vor dem Gesetz gestellt sind. Zunächst einmal ist offenkundig, dass die Erhebung von Vorzugslasten für eine faktische Gleichstellung der zu betrachtenden Gruppen der Vorteilsempfänger und der Nicht-Vorteilsempfänger sorgt. Dies folgt auch schon aus ihrer Erhebungsintention. Das Ziel der Vorzugslasten ist, entstehende individuelle Vorteile finanziell auszugleichen, um nicht der Gesamtheit der Steuerzahler die Finanzierung einzelner, individuell zurechenbarer Leistungen oder Vorteile aufzubürden. Die Gewährung eines Vorteils hat also grundsätzlich immer zur Folge, dass hierfür ein entsprechender finanzieller Betrag zu entrichten ist, der sich qualitativ an dem gewährten Vorteil bemisst. Diese faktische Gleichheit bedeutet jedoch rechtliche Ungleichheit. Während Vorteilsempfänger zu zusätzlichen Abgaben neben ihrer Steuerlast herangezogen werden, werden die Nicht-Vorteilsempfänger dies nicht. Durch die Vorzugslasten werden also ungleiche Gruppen (Vorteilsempfänger und Nicht-Vorteilsempfänger) auch (rechtlich oder aktbezogen) ungleich behandelt. Würden keine Vorzugslasten erhoben werden, so würde dies dazu führen, dass ungleiche Gruppen (Vorteilsempfänger und Nicht-Vorteilsempfänger) rechtlich gleich und dabei faktisch (oder folgenbezogen) ungleich behandelt werden. Somit würde Ungleiches rechtlich gleich behandelt werden, und nicht, wie eigentlich von Art. 3 Abs. 1 GG gefordert, ebenfalls ungleich. Damit diese Gleichbehandlung (Nicht-Erhebung von Vorzugslasten) ungleicher Gruppen (Vorteilsempfänger und Nicht-Vorteilsempfänger) nicht einen Verstoß gegen Art. 3 Abs. 1 GG bedeutet und damit verfassungswidrig ist, muss eine Rechtfertigung bestehen. Nur wenn eine Rechtfertigung besteht, die rechtliche Gleichbehandlung der ungleichen Gruppen durch die Nicht-Erhebung von Vorzugslasten also verfassungsrechtlich gerechtfertigt ist, besteht keine verfassungsrechtliche Pflicht, Vorzugslasten zu erheben. Selbiges gilt dann, wenn die geforderte Ungleichheit als eine faktische Ungleichheit statt einer rechtlichen Ungleichheit auszulegen ist. Dies ist dann der Fall, wenn die faktische Ungleichheit alle gegenläufigen Prinzipien, die für eine rechtliche Ungleichheit sprechen, überspielt. Auch dann ist die Nicht-Erhebung von Vorzugslasten mit Art. 3 Abs. 1 GG vereinbar, da dann ungleiche Gruppen faktisch ungleich behandelt werden.

Zu untersuchen ist demnach, ob Gründe existieren können, die für eine durch eine Nicht-Erhebung von Vorzugslasten etablierte rechtliche Gleichheit beziehungsweise faktische Ungleichheit sprechen und ob diese Gründe einer Verhältnismäßigkeitsprüfung standhalten. Wie bereits gezeigt, ergeben sich zwar je nach Regelungsgegenstand und Differenzierungsmerkmalen eine unterschiedliche Prüfstrenge des Art. 3 Abs. 1 GG, die von gelockerten, auf das Willkürverbot beschränkten Bindungen bis hin zu strengen Verhältnismäßigkeitserfordernissen reichen kann.[528] Wie zuvor herausgearbeitet, orientiert sich die Prüfstrenge dabei an den folgenden drei Kriterien: erstens, inwieweit sich die Merkmale, an die die gesetzliche Differenzierung anknüpft, den Merkmalen des Art. 3 Abs. 3 GG annähern, zweitens, wie sehr die Ungleichbehandlung andere Freiheitsrechte betrifft, und drittens, inwieweit die Verwirklichung der Merkmale, die zur Unterscheidung herangezogen werden, von den Betroffenen beeinflussbar ist.[529] Bei einer weniger strengen Prüfung reicht etwa, dass die Differenzierung nicht evident unsachlich ist,[530] bei einer strengeren Prüfung hingegen wird die Differenzierung genauer auf Plausibilität, Geeignetheit und Erforderlichkeit geprüft.[531] So ergibt sich im Ergebnis ein einheitlicher Prüfungsmaßstab, ohne dass strikt in Willkürformel oder Verhältnismäßigkeitsprüfung unterteilt werden muss. Vielmehr verschmelzen beide Herangehensweisen zu einer Prüfung. *Brüning* und *Albers* merken diesbezüglich allerdings richtigerweise an, dass eine Verhältnismäßigkeitsprüfung aufgrund der strukturellen Unterschiede des allgemeinen Gleichheitssatzes zu den Freiheitsgrundrechten nur mit gewissen Modifikationen auf den Gleichheitssatz anwendbar ist.[532] Dies, und die Tatsache, dass auch der Zweite Senat des Bundesverfassungsgerichts immer wieder hervorhebt, dass

528 St. Rspr., so statt vieler: BVerfG, Beschluss vom 26.01.1993 – 1 BvL 38/92 –, BVerfGE 88, 87 = juris Rn. 34; BVerfG, Beschluss vom 24.01.2012 – 1 BvL 21/11 –, BVerfGE 130, 131 = juris Rn. 41; BVerfG, Beschluss vom 21.06.2011 – 1 BvR 2035/07 –, BVerfGE 129, 49, 69 = juris Rn. 64.

529 BVerfG, Beschluss vom 26.01.1993 – 1 BvL 38/92 –, BVerfGE 88, 87, = juris Rn. 35; *Britz*, Der allgemeine Gleichheitssatz in der Rechtsprechung des BVerfG, in: NJW 2014, 346, 349.

530 BVerfG, Beschluss vom 07.10.1980 – 1 BvL 50/79 –, BVerfGE 55, 72, 90 = juris Rn. 50.

531 S. z.B. aus der jüngeren Rspr. BVerfG, Beschluss vom 07.07.2009 – 1 BvR 1164/07 –, BVerfGE 124, 199, 224 = juris Rn. 84; BVerfG, Beschluss vom 14.04.2010 – 1 BvL 8/08 –, BVerfGE 126, 29, 48 ff. = NJOZ 2011, 464; BVerfG, Beschluss vom 21.07. 2010 – 1 BvR 611/07 –, juris OS, Rn. 79 = BVerfGE 126, 400, 419 ff.; BVerfG, Beschluss vom 12.10.2010 – 1 BvL 14/09 –, BVerfGE 127, 263, 281 ff. = NJW 2011, 1793; BVerfG, Beschluss vom 07.02.2012 – 1 BvL 14/07 –, BVerfGE 130, 240, 256 ff. = NJW 2012, 1711; BVerfG, Beschluss vom 19.06.2012 – 2 BvR 1397/09 –, BVerfGE 131, 239, 259 ff. = NVwZ 2012, 1304 = NJW 2012, 2790 Ls.

532 *Albers*, Gleichheit und Verhältnismäßigkeit, in JuS 2008, 945, 947; *Brüning*, Gleichheitsrechtliche Verhältnismäßigkeit, in JZ 2001, 669, 671 ff. Zu den strukturellen Unterschieden vgl. bereits *Müller*, Der Gleichheitssatz, in: VVDStRL 47 (1989), 37, 41. Siehe bereits *Lerche*, Übermaß und Verfassungsrecht, S. 29 ff.; *Heun*, in: Dreier, GG Kommentar, Art. 3, Rn. 27; *Sachs*, Die Maßstäbe des allgemeinen Gleichheitssatzes, in: JuS 1997, 124, 129; *Odendahl*, Der allgemeine Gleichheitssatz: Willkürverbot und *„neue Formel“* als Prüfungsmaßstäbe, in: JA 2000, 170, 172.

sich genauere Maßstäbe und Kriterien nicht allgemein und abstrakt, sondern nur bezogen auf die jeweils betroffenen Sach- und Regelungsbereiche bestimmen ließen, führt in der Konsequenz dazu, dass es für diese Arbeit nicht ratsam ist, eine klassische Verhältnismäßigkeitsprüfung durchzuführen. Vielmehr wäre grundsätzlich anzustreben, die Prüfung möglichst abstrakt zu halten und die Verhältnismäßigkeitsüberlegungen sodann in die Gewichtung der einschlägigen gegenläufigen Prinzipien mit einfließen zu lassen. Dass eine abstrakte Betrachtung jedoch nur in Teilen möglich ist und indes nicht zu brauchbaren Ergebnissen führt, wird im Folgenden noch zu zeigen sein. In einem zweiten Schritt soll sodann der Versuch gewagt werden, allgemein-gültige Kriterien für die verfassungsrechtliche Notwendigkeit von Vorzugslasten zu entwickeln.

(4) Gründe für die Erhebung von Vorzugslasten

Durch die Erhebung von Vorzugslasten werden die ungleichen Vergleichsgruppen der Vorteilsempfänger und Nicht-Vorteilsempfänger rechtlich ungleich behandelt. Außer der rechtlichen Ungleichheit, die Vorrang vor der faktischen Ungleichheit hat, können für die Erhebung von Vorzugslasten noch diverse andere Verfassungsprinzipien streiten. Im Folgenden sind mögliche Prinzipien herauszuarbeiten und näher zu beleuchten, bevor ihre Gewichtung analysiert werden kann.

(a) Rechtliche Ungleichheit

Die Prinzipien der rechtlichen Gleichheit und der faktischen Gleichheit stehen nahezu immer in einem Spannungsverhältnis. Eine Regelung, die auf die Herstellung faktischer Gleichheit zielt, bedeutet fast immer rechtliche Ungleichheit. Im Gegenzug sorgt eine Regelung, die rechtlich gleich ist, häufig für faktische Ungleichheit. Die Erhebung von Vorzugslasten stellt grundsätzlich, wie bereits gezeigt, eine rechtliche Ungleichbehandlung und eine faktische Gleichbehandlung dar. Die Erhebung von Vorzugslasten läuft also dem Prinzip der faktischen Ungleichheit zunächst zuwider.

Rechtliche Gleichheit bedeutet, dass eine Norm grundsätzlich alle Bürger gleich behandelt, ohne dabei aufgrund der mitunter unterschiedlichen Auswirkungen zu differenzieren. Es stellt vielmehr allein auf den Behandlungsakt als solchen ab, die Betrachtung erfolgt mithin aktbezogen.[533] Die rechtliche Ungleichheit bedeutet folglich eine Ungleichbehandlung im aktbezogenen Sinne. Bezogen auf die Erhebung von Vorzugslasten bedeutet das, dass Vorteilsempfänger

533 Vgl. hierzu schon unter *C. II. 2. b) (1) Zu dem Begriff der Gleichheit.*

mit Vorzugslasten belastet werden, während Nicht-Vorteilsempfänger nicht mit Vorzugslasten belastet werden. Die beiden Gruppen werden also entsprechend ihrer Ungleichheit rechtlich ungleich behandelt. Die rechtliche Gleichheit ist als „*Wert an sich*“ fester Bestandteil des geltenden Verfassungsrechts.[534] Sie sollte, wie bereits festgestellt, grundsätzlich von der Rechtsordnung angestrebt werden, es sei denn, das Prinzip der rechtlichen Gleichheit wird von gegenläufigen Prinzipien, wie dem Prinzip der faktischen Gleichheit, überlaufen. Übertragen auf die Fragestellung dieser Arbeit bedeutet das, dass Vorzugslasten dann abgeschafft werden können, die Vergleichsgruppen also dann faktisch ungleich (rechtlich gleich) behandelt werden können, wenn die hierfür sprechenden Gründe das Prinzip der rechtlichen (Un-)Gleichheit überspielen. Dies wird später im Rahmen einer Abwägung zu ermitteln sein.

(b) Die Gesetzgebungsfreiheit des Gesetzgebers

Wie bereits herausgearbeitet, ist dem zur Sozialgestaltung demokratisch legitimierten Gesetzgeber ein gewisser Gestaltungsspielraum in seiner Gesetzgebung einzuräumen.[535] Insbesondere muss es grundsätzlich dem Gesetzgeber überlassen bleiben, die Merkmale zu bestimmen, nach denen Sachverhalte als hinreichend gleich oder ungleich anzusehen sind.[536] Daraus folgt, dass das Bundesverfassungsgericht nur feststellen kann, ob der Gesetzgeber die äußersten Grenzen des ihm offenstehenden weiten Ermessensbereich überschritten hat.[537] Es obliegt nicht seiner Prüfungskompetenz, ob der Gesetzgeber die jeweils gerechteste und zweckmäßigste Regelung getroffen hat, sondern lediglich, ob er die äußersten Grenzen seiner ihm durch Art. 3 Abs. 1 GG eingeräumten Gestaltungsfreiheit gewahrt hat.[538] Die äußersten Grenzen können zwar, wie bereits erwähnt, je nach Regelungsgegenstand enger oder

---

534 *Alexy*, Theorie der Grundrechte, S. 379 f.

535 Vgl. hierzu bereits unter *C. II. 2. a) (2) Bindung der Legislative.*

536 Vgl. hierzu bereits unter *C. II. 2. a) (2) Bindung der Legislative.* Vgl. darüber hinaus auch BVerfG, Beschluss vom 09.08.1978 – 2 BvR 831/76 –, BVerfGE 49, 148-168, Rn. 39.

537 Vgl. hierzu bereits unter *C. II. 2. a) (2) Bindung der Legislative.* Vgl. darüber hinaus auch BVerfG, Beschluss vom 15.12.1959 – 1 BvL 10/55 –, BVerfGE 10, 234, 246 = juris Rn. 45; ebenso BVerfG, Beschluss vom 17.01.1978 – 1 BvL 13/76 –, BVerfGE 47, 109, 124 = juris Rn. 47; BVerfG, Beschluss vom 17.01.1979 – 1 BvL 25/77 –, BVerfGE 50, 142, 162 = juris Rn. 50; vgl. auch im rechtstheoretischen Ansatz *Somek*, Rationalität und Diskriminierung, S. 272.

538 BVerfG, Beschluss vom 10.01.1984 – 1 BvL 5/83 –, BVerfGE 66, 84, 95 = juris Rn. 40.

weiter sein, grundsätzlich hat aber ein Ermessensspielraum des Gesetzgebers zu verbleiben.

Das Prinzip der Gesetzgebungsfreiheit des Gesetzgebers kann sowohl als Grund für die Vorzugslasten, als auch als Grund gegen die Vorzugslasten wirken – je nachdem, wie sich der Wille des Gesetzgebers im konkreten Einzelfall ausgestaltet. Daher ist dieses Prinzip hier sowohl als Grund für als auch als Grund gegen Vorzugslasten zu berücksichtigen.

(c) Das Äquivalenzprinzip

Das Äquivalenzprinzip leitet sich aus dem Grundsatz der Verhältnismäßigkeit und damit dem Rechtsstaatsprinzip ab und wäre damit als Verfassungsprinzip grundsätzlich ebenfalls in die Abwägung miteinfließen zu lassen, wenn diesem vorliegend Relevanz zukommt.[539] Das Äquivalenzprinzip besagt konkret, dass der dem Bürger zukommende Vorteil (etwa in Gestalt einer Verwaltungsleistung) nicht in einem gröblichen Missverhältnis zu der Vorzugslast, die der Bürger hierfür zu entrichten hat, stehen darf; die Werte der einen und der anderen Leistung dürfen also nicht außer Verhältnis zueinander stehen.[540]

Allerdings ist das Äquivalenzprinzip stets erst dann anwendbar, wenn auch tatsächlich bereits Abgaben in Form von Vorzugslasten erhoben werden. Als Ausfluss des Verhältnismäßigkeitsgrundsatzes ist es dann anzuwenden, wenn eine Maßnahme und Abgabe, die zueinander im Gegenseitigkeitsverhältnis stehen, auf ihre jeweilige Verhältnismäßigkeit überprüft werden. Über eine generelle Pflicht, Abgaben für bestimmte Leistungen (und diese dann nach dem Äquivalenzprinzip) zu erheben, sagt es nichts aus. Es ist daher untauglich für die dieser Arbeit zugrunde liegende Fragestellung nach der Notwendigkeit von Vorzugslasten nach verfassungsrechtlichen Gesichtspunkten. Demzufolge ist es vorliegend nicht in die Abwägung mit einzubeziehen.

(d) Der Gerechtigkeitsaspekt

Sowohl die Gegner als auch die Befürworter von Vorzugslasten beanspruchen das Argument der Gerechtigkeit für sich. Sie halten jeweils die Nicht-Erhebung

539 Vgl. hierzu bereits unter *B. III 1. a) (3) Äquivalenzprinzip*. Vgl. darüber hinaus auch BVerwG, Urteil vom 14.04.1967 – IV C 179.65 –, BVerwGE 26, 305, 308 ff. = juris Rn. 20; BVerwG, Urteil vom 26.02.1988 – 7 C 34/87 –, BVerwGE 79, 90 = juris Rn. 11.

540 Vgl. hierzu bereits unter *B. III 1. a) (3) Äquivalenzprinzip*; BVerwG, Urteil vom 14.04.1967 – IV C 179.65 –, BVerwGE 26, 305, 308 ff. = juris Rn. 20; BVerwG, Urteil vom 25.08.1999 – 8 C 12/98 –, BVerwGE 109, 272 = juris Rn. 20.

beziehungsweise die Erhebung für die gerechtere Alternative. Damit die Gerechtigkeit aber überhaupt in die Abwägung mit einbezogen werden kann, muss es sich bei dieser zunächst um ein Prinzip von Verfassungsrang handeln.

Unklar ist bereits, was Gerechtigkeit überhaupt meint und was diese umfasst. Schon *Klein* stellte fest, dass zahlreiche verschiedene Auffassungen über den Inhalt und den Umfang der Gerechtigkeit existieren würden[541] und *Mahlmann* hebt zurecht hervor, dass hoch umstritten sei, was Gerechtigkeit im Einzelnen bedeute.[542] Eine schier unüberschaubare Anzahl an Literatur bietet sich demjenigen, der versucht, die Gerechtigkeit begrifflich zu erfassen.[543] *Creifelds* definiert Gerechtigkeit „*objektiv als Ideal [der] vollkommenen Ordnung im Rahmen des Rechts. Man unterscheidet schon seit Aristoteles die ausgleichende (kommutative = austauschende) Gerechtigkeit als Prinzip gerechter Regelung der Verhältnisse der Einzelnen untereinander und die austeilende (distributive) Gerechtigkeit als Grundlage der Regelung von Rechten und Pflichten des einzelnen gegenüber der Gemeinschaft […]. Sie ist Richtschnur für jedes staatliche Handeln in Gesetzgebung und Verwaltung; aus ihr resultiert insbesondere der Grundsatz der Gleichheit vor dem Gesetz. Die subjektive Gerechtigkeit ist das dem einzelnen zuteil werdende Recht, also die Verwirklichung der objektiven Gerechtigkeit.*“[544] Nach *Luhmann* ist Gerechtigkeit allerdings nichts weiter als eine „*Kontingenzformel*“, die beliebig benutzt werden könne, um die Geschlossenheit des Systems zu gewährleisten, die aber inhaltlich keinen allgemeinen oder gar objektiv bestimmbaren Gehalt habe.[545] Auch *Kelsen* und *Huster* sind der Auffassung, die Gerechtigkeit sei inhaltsleer.[546] Möglich ist, dass Gerechtigkeit also vielleicht sogar nur eine

541 *Klein*, Gleichheitssatz und Steuerrecht, S. 19.

542 *Mahlmann*, Konkrete Gerechtigkeit, § 13, Rn. 7.

543 So etwa *Platon*, Politeia, 366a ff., 433a ff., 558c; *Aristoteles*, Nikomachische Ethik, Fünftes Buch, 1129 a 3; *Rawls*, A Theory of Justice, 1999; *Gosepath*, Gleiche Gerechtigkeit, 2004; *Rümelin*, Die Gerechtigkeit, 1920; *Kersting*, Recht, Gerechtigkeit und demokratische Tugend, S. 141 ff.; *Kersting*, Gerechtigkeit und öffentliche Vernunft, S. 58 ff.; *Kersting*, Kritik der Gleichheit, 2002; *Kelsen*, Das Problem der Gerechtigkeit, in: Reine Rechtslehre, S. 611 ff.; *Radbruch*, Rechtsphilosophie, in: Dreier/Paulson (Hrsg.), S. 34 ff.; *Walz/Schrey*, Gerechtigkeit in biblischer Sicht, 1956; *Schlothfeldt*, Gerechtigkeit, 2012; *Robbers*, Gerechtigkeit als Rechtsprinzip, 1980; *Forst*, Das Recht auf Rechtfertigung, 2007; *Kramer*, Soziale Gerechtigkeit, Inhalt und Grenzen, 1992; *König*, Gerechtigkeit in Europa, 2008; und viele mehr.

544 *Creifelds*, Rechtswörterbuch, 22. Auflage 2017.

545 *Luhmann*, Das Recht der Gesellschaft, S. 214 ff.

546 *Kelsen*, Reine Rechtslehre, S. 26 f.; als „*höchste, aber […] inhaltsleere Tugend*“ beschreibt indes *Huster*, Rechte und Ziele, S. 196 die Gerechtigkeit.

persönliche Meinung ist, die von der subjektiven Wahrnehmung und der eigenen Lebenswelt abhängig ist und dabei ein Begriff, der je nach Kulturkreis, Weltanschauung und persönlicher Erfahrung ein anderer sein wird. Denn während man in Europa wohl einen breiten Konsens für die Aussage finden würde, dass eine Regelung, die Männer und Frauen unterschiedlich behandelt, ungerecht ist, so mag das in einigen Teilen der arabischen Welt nicht der Fall sein. Aber es ist nicht einmal notwendig, in einen anderen Kulturkreis zu schauen, um unterschiedliche Vorstellungen von Gerechtigkeit zu erleben. Allein die Tatsache, dass die Heranziehung zu Straßenausbaubeiträgen innerhalb derselben Gemeinde von einigen als gerecht und von einigen als ungerecht empfunden wird, ist ein Zeugnis dafür, wie individuell besetzt der Begriff der Gerechtigkeit sein kann. Dies darf aber kein Grund dafür sein, sich nicht weiter mit dem Gerechtigkeitsbegriff auseinanderzusetzen und die Gerechtigkeit als idealistischen, aber konturlosen Begriff abzutun. So führt auch *Zöllner* aus: *„Auch wenn es uns schwer fällt, wir dürfen der Gerechtigkeitsfrage nicht ausweichen, dies schon deshalb nicht, weil sie uns zu einer umfassenderen Erörterung der Probleme führt als die stets verengende verfassungsrechtliche Sicht. Gerechtigkeit ist freilich kein Zauberbegriff, der fertig subsumierbare Regeln bereit hält.“*[547] Aber gerade, weil die Gerechtigkeit keine fertig subsumierbaren Regeln bereithält, ist ihr Regelungsinhalt nicht greifbar und lässt denjenigen, der sie als Norm begreifen will, unweigerlich an seine Grenzen stoßen. Ohne determinierbaren Regelungsinhalt kann der Begriff nicht in eine Abwägung mit einbezogen werden, da außer der Tatsache, dass etwas „gerecht“ sein muss, weder Tatbestand noch Rechtsfolge klar sind. Die Gerechtigkeit als Regelung würde zu einem Zirkelschluss führen. Auch *Robbers* merkt an, dass die Gerechtigkeit in ihrer Vielschichtigkeit und des unklaren Inhalts ungeeignet sei, um als präzise Erwägung zu einem Urteilsspruch zu führen.[548] Teilweise wird unter Bezugnahme auf *Aristoteles* die Gerechtigkeit mit der Gleichheit gleichgesetzt.[549] Allerdings ist nicht alles gerecht, was gleich ist und nicht alles ist gleich, was gerecht ist, da man auch gleichsam, also zu gleichen Teilen, Unrecht wiederfahren lassen kann.[550] In der Gleichheit kann folglich nicht die Antwort auf die Gerechtigkeit liegen. Betrachtet man die genannte

---

547 *Zöllner*, Vertragskontrolle und Gerechtigkeit, in: NZA-Beilage 2006, 99, 102; ebenso *Robbers*, Gerechtigkeit als Rechtsprinzip, S. 163 f.

548 *Robbers*, Gerechtigkeit als Rechtsprinzip, S. 164.

549 *Radbruch*, Rechtsphilosophie, in: Dreier/Paulson (Hrsg.), S. 35 ff.; *Heun*, in: Dreier, GG Kommentar, Art. 3, Rn. 2.

550 So auch *Stern*, Gesetzesauslegung und Auslegungsgrundsätze des Bundesverfassungsgerichts, S. 22 ff.

Gleichheit allerdings eher als Gleichheitsgrundsatz, der auch Ungleichbehandlungen von wesentlich Ungleichem erfasst, dann passt diese Annahme schon eher. Wie bereits erläutert, ist der allgemeine Gleichbehandlungsgrundsatz ein fundamentales Rechtsprinzip, das in Art. 3 Abs. 1 GG verpositiviert wurde. Seine Bedeutung ist weit grundlegender, als die eines einfachen Grundrechts – es ist vielmehr eine Rechtsidee. Art. 3 Abs. 1 GG wird auch vom Bundesverfassungsgericht als Ausdruck der Gerechtigkeit angesehen, die als allgemeiner Rechtsgrundsatz auch schon aus dem Wesen des Rechtstaats folge.[551] Allerdings kann die Gerechtigkeit bei Zugrundelegung dieses Verständnisses dann nur sinnvoll als Individualgerechtigkeit verstanden werden, und gerade nicht als allgemeines Gebot zur Richtigkeit staatlichen Handelns.[552]

Das Grundgesetz nennt die Gerechtigkeit in Art. 1 Abs. 2 GG: *„Das Deutsche Volk bekennt sich darum zu unverletzlichen und unveräußerlichen Menschenrechten als Grundlage jeder menschlichen Gemeinschaft, des Friedens und der Gerechtigkeit in der Welt.“* Ein direktes Handlungsgebot enthält Art. 1 Abs. 2 GG nicht, ihm kommt, wenn überhaupt, nur eine geringe Steuerungswirkung zu.[553] Deutlich wird aus der Norm, dass Gerechtigkeit ein Zustand ist, der grenzübergreifend Geltung erlangen soll, und zu dem Menschenrechte unabdingbar sind. Die Grundrechte, die teils universelle Menschenrechte verkörpern, sind daher ein unverzichtbares Element der Gerechtigkeit, sie folgen aus der Gerechtigkeit und sind notwendiger Teil, um diese zu erreichen.[554] Gerechtigkeit ist daher weniger als Verfassungsprinzip anzusehen, sondern vielmehr als Ideal, das es anzustreben gilt, und dem sowohl die Grundrechte als auch die in der Verfassung verkörperten Rechtsideen dienen. Sie alle sind Verfassungsprinzipien, die sich aus der Gerechtigkeit herleiten lassen und dort sowohl ihren Ursprung haben als auch ihr Ziel finden. Die Gerechtigkeit selbst ist als überpositives Rechtsideal und mangels determinierbaren Normeninhalts aber kein Verfassungsprinzip. Sie ist somit auch nicht als Faktor in die anzustellende Abwägung mit einzubeziehen.

---

551 BVerfG, Beschluss vom 19.12.1967 – 2 BvL 4/65 –, BVerfGE 23, 12, 24 = juris Rn. 103: *„In Art. 3 Abs. 1 GG kommt jedoch zugleich ein allgemeiner Rechtsgrundsatz zum Ausdruck, der bereits aus dem Wesen des Rechtsstaats, dem Prinzip der allgemeinen Gerechtigkeit folgt […]“*. Vgl. darüber hinaus ebenso BVerfG, Urteil vom 23.10.1951 – 2 BvG 1/51 –, BVerfGE 1, 14, 52; BVerfG, Beschluss vom 02.05.1967 – 1 BvR 578/63 –, BVerfGE 21, 362, 372; außerdem *Robbers*, Gerechtigkeit als Rechtsprinzip, S. 40 ff.

552 So auch *Heun*, in: Dreier, GG Kommentar, Art. 3, Rn. 35; ferner *Huster*, Rechte und Ziele, S. 195 ff.

553 *Heun*, in: Dreier, GG Kommentar, Art. 1 II, Rn. 23.

554 Zutreffend so *Mahlmann*, Konkrete Gerechtigkeit, § 13, Rn. 37.

(5) Gründe gegen die Erhebung von Vorzugslasten

Als mögliche gegenläufige Prinzipien kommen die faktische Gleichheit, das Prinzip der Gesetzgebungsfreiheit des Gesetzgebers, das Sozialstaatsprinzip, das Solidaritätsprinzip, die Daseinsvorsorge und das Leistungsfähigkeitsprinzip in Betracht. Ob all diese Prinzipien tatsächlich Verfassungsprinzipien darstellen und somit Teil der Abwägung sein können, und darüber hinaus gegenläufige Prinzipien zu der Erhebung von Vorzugslasten darstellen, ist im Folgenden näher zu beleuchten.

(a) Faktische Ungleichheit

Wie bereits erwähnt, kann das Prinzip der faktischen Gleichheit in diesem Fall als faktische Ungleichheit einen Grund gegen die Erhebung von Vorzugslasten darstellen. Wenn die ungleichen Gruppen entsprechend ihrer Ungleichheit faktisch ungleich behandelt werden, dann folgt daraus, dass nicht jeder für den ihm zukommenden Vorteil entsprechend dem Äquivalenzprinzip zahlen muss, sondern dass die Vorteile und die damit einhergehenden staatlichen Leistungen beispielsweise über eine Steuer finanziert und damit über das Leistungsfähigkeitsprinzip abgegolten werden, weil keine Vorzugslasten erhoben werden. Insofern könnte man sich zunächst zu der Aussage hingerissen sehen, bei Vorzugslasten laufe das Prinzip der faktischen Gleichheit Hand in Hand mit dem im Steuerrecht präsenten Leistungsfähigkeitsprinzip. Diese pauschale Aussage ist grundsätzlich der abstrakten Behandlung der Thematik und des daraus folgenden Außerachtlassens von Billigkeitsgründen geschuldet. In einer Analogie zur bereits vorgestellten Armenrechtsprechung hat die faktische Gleichheit innerhalb der Vorzugslasten auch dafür zu sorgen, dass alle dahingehend gleich gestellt sind, dass sie dieselben Möglichkeiten haben, staatliche Leistungen oder öffentliche Einrichtungen in Anspruch nehmen zu können, und dadurch einen Vorteil zu erlangen. Sollten nämlich die finanziellen Mittel im Einzelfall nicht vorhanden sein und der Betroffene daher an der Inanspruchnahme von staatlichen Leistungen oder öffentlichen Einrichtungen gehindert sein, und ihm so kein Vorteil zukommen, so kann[555] die faktische Gleichheit Grund für staatliche Ausgleichsmaßnahmen, Hilfen oder ähnliches sein. Dieser Aspekt kommt jedoch erst im Rahmen von Billigkeitsgründen bei den einzelnen Vorzugslasten zum Tragen, er schließt freilich nicht von vornherein kategorisch die generelle Erhebung von Vorzugslasten aus. Vielmehr sind wegen der anzustellenden

---

555 Auch diese Frage müsste wiederum durch eine Abwägung der widerstreitenden Prinzipien im Wege der normtheoretisch fundierten Analyse untersucht werden.

Abstraktion alle Einzelfälle, auch die der Bedürftigkeit, außen vor zu lassen. In dieser generellen und abstrakten Betrachtung ist der faktischen Gleichheit gleichwohl eher durch die Nicht-Erhebung von Vorzugslasten gedient. Wieviel abstraktes Gewicht dem Prinzip der faktischen Gleichheit jedoch tatsächlich beizumessen ist, wird in einem nächsten Schritt zu ermitteln sein. Es sei hier zunächst einmal als verfassungsrechtliches Prinzip identifiziert, dass gegen eine Erhebung von Vorzugslasten angeführt werden kann.

(b) Sozialstaatsprinzip und Solidaritätsprinzip

Des Weiteren können sowohl das Sozialstaatsprinzip als auch das Solidaritätsprinzip als gegenläufige Gründe zu den Vorzugslasten in Betracht kommen.

i. Allgemein zum Sozialstaatsprinzip

Das Sozialstaatsprinzip folgt aus Art. 20 Abs. 1 GG und Art. 28 Abs. 1 Satz 1 GG. Durch die Ewigkeitsklausel des Art. 79 Abs. 3 GG erfreut es sich *„besonderer Härtung“*[556] und ist als *„fundamentales Staatsstrukturprinzip“*[557] von herausragender Bedeutung. Art. 20 Abs. 1 GG konstatiert: *„Die Bundesrepublik Deutschland ist ein demokratischer und sozialer Bundesstaat.“* Das Sozialstaatsprinzip ist eine Staatszielbestimmung, sodass es den Staat verpflichtet und fungiert somit als eine richtungsweisende Direktive, ohne dem Bürger dabei jedoch subjektiv-öffentliche Rechte einzuräumen.[558] Das Sozialstaatsprinzip ist ein

---

556 So *Heinig*, Der Sozialstaat im Dienst der Freiheit, S. 4.

557 So *Voßkuhle/Wischmeyer*, Grundwissen – Öffentliches Recht: Das Sozialstaatsprinzip, in: JuS 2015, 693, 693.

558 Nach *Möstl*, in: Maunz/Dürig, Grundgesetz-Kommentar, Art. 87e, Rn. 182 ist eine Staatszielbestimmung *„eine bindende Direktive […], die Gesetzgebung, Verwaltung und Rechtsprechung objektive Pflichten auferlegt, nicht aber subjektive Rechte des Bürgers begründet, die dem Staat die Verfolgung einer Ziels verbindlich aufgibt, ihm aber nicht bestimmte Mittel der Zielerreichung vorschreibt, und aus der sich für gewöhnlich nicht ein ganz bestimmtes Niveau der Zielerreichung ableiten lässt, das vom Staat zwingend verlangt werden könnte: Verletzt ist die Zielbestimmung nur, wenn der Staat überhaupt untätig bleibt oder aber derart ungeeignete Mittel einsetzt, das schon von keiner ernsthaften Zielverfolgung mehr gesprochen werden kann.“* Vgl. auch *Steinberg*, Verfassungsrechtlicher Umweltschutz durch Grundrechte und Staatszielbestimmung, in: NJW 1996, 1985, 1992; ausführlicher außerdem *Schladebach*, Staatszielbestimmungen im Verfassungsrecht, in: JuS 2018, 118; *Volkmann*, Solidarität – Programm und Prinzip der Verfassung, S. 378 nennt das Sozialstaatsprinzip sogar ein *„Staatsziel par excellence“* m.w.N. Vgl. ferner *Wittreck*, in: Dreier, GG Kommentar, Bd. II, Art. 20 (Sozialstaat), Rn. 26.

ausfüllungsbedürftiger Begriff, der von der Verfassung nicht näher definiert oder beschrieben wird. Folglich erschöpft sich die Literatur naturgemäß in zahlreichen Aufsätzen, Monografien, Dissertations- und Habilitationsschriften, die allesamt den Versuch wagen, den Begriff des Sozialstaatsprinzips zu definieren, einzugrenzen oder überhaupt zu begreifen. Auf diese Versuche mitunter geschichtlicher und philosophischer Art soll im Folgenden nicht eingegangen werden. Stattdessen kann lediglich ein Überblick über den Inhalt, wie er sich heute darstellt, gegeben werden, da jede Auseinandersetzung mit dem Sozialstaatsprinzip über dessen Grundlagen und das aktuelle Verständnis hinaus, insbesondere (rechts-) philosophischer Art, den Umfang dieser Untersuchung sprengen und ihr keinen Mehrwert liefern würde. Für tiefgreifendere Ausführungen sei auf die einschlägige Literatur verwiesen.[559]

Das Grundgesetz bietet nicht nur keine weitere Definition für das Sozialstaatsprinzip. Es hat sich auch gegen eine Normierung sozialer Rechte im Allgemeinen sowie gegen die Normierung sozialer Grundrechte entschieden und bedient sich stattdessen lediglich eines einzigen einfachen, ausfüllungsbedürftigen und daher auch wandelbaren[560] Begriffs: „*sozial*“. Unklar ist jedoch, was genau unter

559 So z.B. *Zacher*, Grundlagen der Sozialpolitik in der Bundesrepublik Deutschland, in: Geschichte der Sozialpolitik in Deutschland seit 1945, S. 333 ff.; *Zacher*, in: Isensee/Kirchhof, HdStR, Bd. II, § 28; *Kingreen*, Das Sozialstaatsprinzip im europäischen Verfassungsverbund; *Thurn*, Welcher Sozialstaat?; *Kempen*, Sozialstaatsprinzip und Wirtschaftsordnung; *Noack*, Sozialstaatsklauseln und juristische Methode; vgl. auch die Aufsätze bei *Forsthoff* (Hrsg.), Rechtsstaatlichkeit und Sozialstaatlichkeit; *Heinig*, Der Sozialstaat im Dienst der Freiheit, insb. S. 50 ff., 110 ff.; *Kersting*, Grundriß einer liberalen Sozialstaatsbegründung, in: Schmücker/Steinvorth (Hrsg.), Gerechtigkeit und Politik, 2002, S. 117 ff.; *Kersting*, Philosophische Sozialstaatsbegründungen, in: Goldschmidt/Wohlgemuth (Hrsg.), Die Zukunft der sozialen Marktwirtschaft, 2004, S. 9 ff. Vgl. für eine breite Darstellung der prominentesten Meinungen im Wandel der Zeit *Thurn*, Welcher Sozialstaat?, S. 22 ff.

560 *Zacher*, in: Isensee/Kirchhof, HdStR, Bd. II, § 28, Rn. 3 führt hierzu treffend aus: „*Das Wort ‚sozial‘ steht so im Mittelpunkt eines komplexen Gefüges. Es steht für die normative Antwort auf alle Herausforderungen die mit ‚sozial‘ assoziiert werden können. Und es steht für den Auftrag an den demokratischen Rechts- und Bundesstaat, diese Herausforderungen anzunehmen und zu beantworten. Dabei ist der Kreis der Herausforderungen offen und unendlich. […] Der Sinn des Wortes ‚sozial‘ verdichtet sich daher nach Maßgabe der gesellschaftlichen, politischen und rechtlichen Wahrnehmungen sozialer Herausforderungen und nach Maßgabe der gesellschaftlichen, politischen und rechtlichen Diskussionen und Formulierung sozialer Antworten. […]*“; vgl. auch *Zacher*, Grundlagen der Sozialpolitik in der Bundesrepublik Deutschland, in: Geschichte der Sozialpolitik in Deutschland seit 1945, S. 345 f. Vgl. ferner *Suhr*, Rechtsstaatlichkeit

„sozial" und damit einhergehend dem *„Sozialstaatsprinzip"* verstanden wird. Nach *Zacher* besteht die *„verfassungspolitische und verfassungsrechtliche Würde des sozialen Staatsziels"* in der Abhängigkeit des Menschenbildes, wonach die Menschenwürde durch Gleichheit, Freiheit und Individualität geprägt sei sowie von der staatlichen Umsetzung sozialer Ziele und der generellen Inkorporation des Sozialen in Bundesstaat, Rechtsstaat und Demokratie.[561] Für ihn sei das Soziale notwendige Bedingung für die Ermöglichung, Etablierung und Praktizierung eines solchen Menschenbildes. Der Sozialstaat habe mithin zur Aufgabe, Hilfe gegen Not und Armut zu leisten und ein menschenwürdiges Existenzminimum zu garantieren, für mehr Gleichheit durch eine Verringerung von Wohlstandsdifferenzen zu sorgen, Sicherheit gegen die vom Bundesverfassungsgericht genannten *„Wechselfälle des Lebens"*[562] zu bieten, und wirtschaftliche Verhältnisse zu schaffen, die allen Bürgern ermöglichen, am Wohlstand teilzuhaben.[563] *Heinig* bedient sich bei dem Versuch, sich dem Sozialstaat begrifflich zu nähern, gleichartiger Begriffe wie *Zacher*, nämlich der Begriffe Sicherheit, Solidarität, Demokratie, Gleichheit und Freiheit.[564] *Neuner* beschreibt den Sozialstaat ebenfalls ähnlich, indem er in ihm einen Staat sieht, der materiellen, informationellen, ideellen und gruppenspezifischen Schutz gewährleiste und dabei das Ziel verfolge, die Vorbedingungen für Freiheit und Demokratie zu schaffen, Ungleichheiten abzubauen und umfassend der Menschenwürde zu dienen.[565] Nach dem Bundesverfassungsgericht begründe das Sozialstaatsprinzip *„die Pflicht des Staates, für eine gerechte Sozialordnung zu sorgen"*[566] und das Grundgesetz enthalte die Forderung des Fortschritts zu ‚sozialer Gerechtigkeit' als einem leitenden

---

und Sozialstaatlichkeit, in: Kempen (Hrsg.), Sozialstaatsprinzip und Wirtschaftsordnung, S. 156 ff.

561 *Zacher*, in: Isensee/Kirchhof, HdStR, Bd. II, § 28, Rn. 23.

562 Siehe hierzu etwa BVerfG, Beschluss vom 27.05.1970 – 1 BvL 22/63 –, BVerfGE 28, 324, 348 = juris Rn. 64.

563 *Zacher*, in: Isensee/Kirchhof, HdStR, Bd. II, § 28, Rn. 25, 32 ff.

564 *Heinig*, Der Sozialstaat im Dienst der Freiheit, S. 110 ff.

565 *Neuner*, Privatrecht und Sozialstaat, S. 119.

566 BVerfG, Beschluss vom 13.01.1982 – 1 BvR 848/77 –, BVerfGE 59, 231, 263 = juris Rn. 67; BVerfG, Urteil vom 16.07.1985 – 1 BvL 5/80 –, BVerfGE 69, 272, 314 = juris Rn. 141; BVerfG, Beschluss vom 12.03.1996 – 1 BvR 609/90 –, BVerfGE 97, 169, 185 = juris Rn. 62; ferner BVerfG, Beschluss vom 27.04.1999 – 1 BvR 2203/93 –, BVerfGE 100, 271, 284 = juris Rn. 56; BVerfG, Beschluss vom 08.06.2004 – 2 BvL 5/00 –, BVerfGE 110, 412, 445 = juris Rn. 96.

Prinzip aller staatlichen Maßnahmen.[567] Es beinhalte die Pflicht der Gemeinschaft, die Lasten auszugleichen, „*die aus einem von der Gesamtheit zu tragenden Schicksal, namentlich durch Eingriffe von außen, entstanden sind und mehr oder weniger zufällig nur einige Bürger oder bestimmte Gruppen getroffen haben*".[568] Dies bedeute jedoch keine automatische Abwälzung solcher Lasten auf den Staat mit der Wirkung, dass dieser nunmehr den Betroffenen unmittelbar zum vollen Ausgleich verpflichtet wäre. Vielmehr könne sich aus den genannten Rechtsgrundsätzen zunächst nur die Pflicht zu einer Lastenverteilung ergeben.[569] Außerdem sei der Sozialstaat verpflichtet, ein Mindestmaß an sozialer Sicherheit zu gewährleisten, indem er eine Absicherung gegen die „*Wechselfälle des Lebens*" (zum Beispiel Alter, Invalidität, Krankheit, Tod, Arbeitslosigkeit, Unfall, Pflegebedürftigkeit) zur Verfügung stellt,[570] was durch die deutschen Sozialversicherungssysteme sichergestellt ist.[571]

Den angeführten Auffassungen ist dahingehend zuzustimmen, dass Kern des Sozialstaatsprinzips ist, soziale Sicherheit zu gewährleisten und so ein Auffangnetz für alle Bürger zu bieten. Es kann jedoch nicht Ziel des Sozialstaates sein, alle Ungleichheiten abzubauen, was in einer Egalisierung der Lebensverhältnisse resultieren würde. Es wurde bereits für den allgemeinen Gleichheitssatz festgestellt, dass dieser nicht die restlose Angleichung der Lebensverhältnisse und damit auch keine absolute faktische Gleichheit verfolgt oder zum Ziel hat. Würde man dieses Ziel nun aber dem Sozialstaatsprinzip zuschreiben, so würde dies die bereits zu Art. 3 Abs. 1 GG aufgestellten Prinzipien und Ziele konterkarieren. Richtig ist, dass auch das Sozialstaatsprinzip der Ungleichheit Rechnung trägt und diese nur da beseitigen will, wo sie unangemessen ist.[572] Wann

---

567 BVerfG, Urteil vom 17.08.1956 – 1 BvB 2/51 –, BVerfGE 8, 85, 198 = juris Rn. 494; BVerfG, Beschluss vom 07.11.1979 – 2 BvR 513/73 –, BVerfGE 52, 303, 348; BVerfG, Beschluss vom 08.05.2013 – 1 BvL 1/08 –, BVerfGE 134, 1, 14 f.

568 BVerfG, Beschluss vom 03.12.1969 – 1 BvR 624/56 –, BVerfGE 27, 253, 283 = juris LS., Rn. 83.

569 BVerfG, Beschluss vom 03.12.1969 – 1 BvR 624/56 –, BVerfGE 27, 253, 283 = juris LS., Rn. 83.

570 BVerfG, Beschluss vom 27.05.1970 – 1 BvL 22/63 –, BVerfGE 28, 324, 348 = juris Rn. 64.

571 *Huster/Rux*, in: Epping/Hillgruber, BeckOK GG, Art. 20, Rn. 211.

572 *Zacher*, in: Isensee/Kirchhof, HdStR, Bd. II, § 28 Rn. 34 ff., 68 formuliert dieses Programm als „*mehr Gleichheit unter dem Vorbehalt der Ungleichheit*". Der Versuch einer absoluten Egalisierung würde nach ihm zu einer Transzendierung zum Totalitarismus führen. Vgl. auch *Zacher*, Grundlagen der Sozialpolitik in der Bundesrepublik Deutschland, in: Geschichte der Sozialpolitik in Deutschland seit 1945, S. 345 ff.,

sie unangemessen ist, ist, wie schon das Sozialstaatsprinzip selbst, auslegungsbedürftig und unterliegt dem Gestaltungsspielraum des Gesetzgebers. Damit ist es auch unmittelbar dem Wandel der Geisteshaltungen und dem Verlauf der Zeit unterworfen. Das Sozialstaatsprinzip birgt also einen Auftrag zum Ausgleich der sozialen Gegensätze und einer Angleichung der sozialen Standards.[573] Darüber hinaus folgt aus dem Sozialstaatsprinzip auch eine Pflicht des Staates, die Chancengleichheit zu fördern.[574] Sinn und Zweck und Ziel des Sozialstaates sind also im Allgemeinen der Abbau von Ungleichheiten, Hilfeleistung für Bedürftige und, daraus resultierend, die Herstellung tatsächlicher Freiheit. Der Sozialstaat soll also allen Bürgern die Möglichkeit gewähren, ihre rechtlichen Freiheiten auch wahrnehmen zu können, indem er ihnen faktische Freiheiten in Form von tatsächlichen Möglichkeiten gewährt, zwischen dem Erlaubten zu wählen.[575]

Tatsächlich hat der Gesetzgeber den Begriff des *„Sozialstaates"*, oder besser den Begriff *„sozial"* in der Gesetzesrealität vielfach mit Leben gefüllt, etwa durch die Sozialhilfe, soziale finanzielle Förderungen wie BaföG (Bundesausbildungsförderungsgesetz), BAB (Berufsausbildungsbeihilfe) oder Kindergeld, soziale Entschädigungen, wie Waisenrente oder Witwenrente, Arbeitsschutzmaßnahmen und viele andere. Darin erschöpft sich jedoch nicht der Gehalt des Sozialstaatsprinzips. Das Sozialstaatsprinzip dient vielmehr als ein Optimierungsgebot[576], das nie ganz erreicht werden kann, aber der Wille zur Erreichung immer als Maxime gelten sollte. Wie gezeigt wurde, ist das Sozialstaatsprinzip

---

insb. S. 363. *Von Hayek*, Die Verfassung der Freiheit, S. 387 ff. sieht die Idee sozialer Gerechtigkeit hingegen als Bedrohung für die individuelle Freiheit; kritisch hierzu *Heinig*, Der Sozialstaat im Dienst der Freiheit, S. 142 f.

573 *Voßkuhle/Wischmeyer*, Grundwissen - Öffentliches Recht: Das Sozialstaatsprinzip, in: JuS 2015, 693, 693.

574 *Huster/Rux*, in: Epping/Hillgruber, BeckOK GG, Art. 20, Rn. 212; *Kingreen*, Das Sozialstaatsprinzip im europäischen Verfassungsverbund, S. 130; *Jarass*, in: Jarass/Pieroth, GG Kommentar, Art. 20, Rn. 160.

575 *Alexy*, Theorie der Grundrechte, S. 458 ff. stellt richtig fest, dass die rechtliche Freiheit ohne eine faktische Freiheit wertlos sei. In diese Richtung auch *Heinig*, Der Sozialstaat im Dienst der Freiheit, S. 7 ff., 171 ff.; *Zacher*, Grundlagen der Sozialpolitik in der Bundesrepublik Deutschland, in: Geschichte der Sozialpolitik in Deutschland seit 1945, S. 380. Zu *Alexys* Begriffen der rechtlichen und faktischen Freiheiten vgl. *Alexy*, Theorie der Grundrechte, S. 202 ff.

576 Nach *Alexy*, Theorie der Grundrechte, S. 75 ff. sind alle Prinzipien Optimierungsgebote, *„die dadurch charakterisiert sind, daß sie in unterschiedlichen Geraden erfüllt werden können und daß das gebotene Maß ihrer Erfüllung nicht nur von den tatsächlichen, sondern auch den rechtlichen Möglichkeiten abhängt"*.

wie kaum ein anderes Prinzip den gesellschaftlichen, politischen und demografischen Wandlungen erlegen und erfordert so immer wieder Reformen und Neuerungen der Sozialgesetze.[577] Um es mit den Worten *Zachers* zu formulieren: „*Das Soziale ist ein Prozess und bleibt ein Prozess*".[578] Das Sozialstaatsprinzip ist jedoch mehr, als ein Auftrag an den Gesetzgeber, ein soziales Netz der Sicherheit zu kreieren und für Chancengleichheit zu sorgen. Es ist ebenso Auslegungsmaxime bei allen Entscheidungen des Staates. Es ist, ähnlich wie die Gerechtigkeit, richtungsweisende Direktive, an der sich jedes staatliche Handeln messen lassen muss und von dem sich jedes staatliche Handeln leiten lassen soll.

ii. Allgemein zum Solidaritätsprinzip

Solidarität ist ein schwammiger und schillernder Begriff, der zwar in Rechts- und alltäglicher Sprache geläufig ist. Dennoch bereitet der Versuch, ihn auf eine Definition herunterbrechen zu wollen, gewisse Schwierigkeiten.[579] Als nicht ausreichend oder nicht präzise genug erscheinen Definitionsversuche wie „*füreinander einstehen*" oder „*die Unterstützung der sozial Schwächeren*". Der *Duden*

577 *Zacher*, Grundlagen der Sozialpolitik in der Bundesrepublik Deutschland, in: Geschichte der Sozialpolitik in Deutschland seit 1945, S. 681 formuliert hierzu: „*Soziale Problemlösungen werden immer unter bestimmten politischen, rechtlichen, wirtschaftlichen und gesellschaftlichen Voraussetzungen geschaffen. Wenn es schlecht geht, werden sie schon diesen Bedingungen nicht gerecht und bedürfen deshalb einer Korrektur. Wenn es gut geht, werden die Lösungen den Problemen gerecht. Die Bedingungen aber verändern sich. Und* nicht selten sind es die Problemlösungen selbst, die früher oder später das Problem oder die Bedingungen seiner Lösung verändern. *Regulative des Sozialen haben eine Wirkung, wenn sie geschaffen werden; und sie haben andere Wirkungen, wenn sich die Gesellschaft auf sie eingerichtet hat. Leistungen, die vorgesehen werden, um zu helfen, wenn einzelne von schicksalhaften Verläufen betroffen werden, können – mag dies der Absicht des Gesetzgebers entsprechen oder nicht – zu Spielräumen individueller Lebensgestaltung werden. Aber weit darüber hinaus verändern vor allem soziale Leistungen die gesellschaftlichen Verhältnisse. Man denke nur, welche Entwicklung der medizinischen Versorgung die gesetzliche Krankenversicherung möglich gemacht hat. Dies alles hat Rückwirkungen auf die Gesamtsituation der Gesellschaft und des Gemeinwesens und damit wohl auch auf die Möglichkeiten, die Gestaltung und die Wirkung der sozialen Intervention.*"

578 *Zacher*, Grundlagen der Sozialpolitik in der Bundesrepublik Deutschland, in: Geschichte der Sozialpolitik in Deutschland seit 1945, S. 680.

579 *Volkmann*, Solidarität – Programm und Prinzip der Verfassung, S. 3 nennt die Solidarität einen „*Proteus […], der sich so leicht nicht fassen läßt*". Auch *Zacher*, in: Isensee/Kirchhof, HdStR, Bd. II, § 28, Rn. 166 ff. spricht von einer „*Vieldeutigkeit*" des Begriffs der Solidarität.

bietet als Bedeutungen *„unbedingtes Zusammenhalten mit jemanden aufgrund gleicher Anschauungen und Ziele"* und *„(besonders in der Arbeiterbewegung) auf das Zusammengehörigkeitsgefühl und das Eintreten füreinander sich gründende Unterstützung"* an.[580] Als Synonyme schlägt der *Duden* Begriffe wie *„Affinität"*, *„Gemeinschaftsgefühl"*, *„Verbundenheit"* und *„Zusammenhalt"* vor.[581] Der *Brockhaus* definiert die Solidarität als das *„Zusammengehörigkeitsgefühl von Individuen oder Gruppen in einem Sozialgefüge, das sich in gegenseitiger Hilfe und Unterstützung äußert"*.[582] Nach einer Analyse der bestehenden Definitionen und Definitionsversuche bietet *Volkmann* die treffendste Definition, indem er Solidarität beschreibt als *„eine Form gegenseitiger und gemeinschaftsstiftender Verbundenheit zwischen verschiedenen Personen, die ein Element der Verantwortung und der Sorge für andere einschließt"*.[583] Bricht man diese Definition noch weiter herunter, so stellen sich drei Arten der Solidarität dar: die Solidarität als Eintreten für (sozial oder im sonstigen Sinne) Schwächere, Solidarität als füreinander eintreten innerhalb einer bestimmten Gemeinschaft (als Beispiel seien hier etwa Sozialversicherungen genannt), und Solidarität als *„gemeingesellschaftlicher Zusammenhalt, der über die funktionale Inklusion hinausgeht"*.[584]

Solidarität ist also mehr als ein Rechtsbegriff. Solidarität bedeutet ebenso das Zusammenleben von Gruppen und eine Gruppenzugehörigkeit ohne Intervention des Staates. Durch die Verrechtlichung unseres Lebens und Alltags sowie der generellen Präsenz des Staates, in welchen heutzutage grundsätzlich alle Individuen integriert sind, existiert Solidarität nicht nur im individuellen Bereich, sondern ebenso in staatlichen Institutionen und Einrichtungen.[585] Beispielsweise sind die deutschen Sozialversicherungssysteme als Solidarsysteme aufgebaut, indem sich die Beitragslast in gewissen Zügen nach der eigenen

580 *Duden*, https://www.duden.de/rechtschreibung/Solidaritaet (zuletzt abgerufen am 12.07.2019).

581 *Duden*, https://www.duden.de/rechtschreibung/Solidaritaet (zuletzt abgerufen am 12.07.2019).

582 *Brockhaus*, https://www.brockhaus.de/ecs/julex/article/solidarit%C3%A4t (zuletzt abgerufen am 12.07.2019); Für weitere Definitionsversuche vgl. *Volkmann*, Solidarität – Programm und Prinzip der Verfassung, S. 4 f.

583 *Volkmann*, Solidarität – Programm und Prinzip der Verfassung, S. 4 m.w.N.

584 *Heinig*, Der Sozialstaat im Dienst der Freiheit, S. 123 ff.

585 *Scholz*, Solidarität – ein Rechtsprinzip?, in: Di Fabio/Huber/Robbers (Hrsg.), AöR Beiheft 2014, S. 2. Vgl. zu den Herausforderungen, durch den Staat funktionierende und akzeptierte Solidaritätsbeziehungen in modernen Gesellschaften aufzubauen und erhalten zu lassen *Heinig*, Der Sozialstaat im Dienst der Freiheit, S. 129 ff.

Leistungsfähigkeit richtet, ohne dabei notwendigerweise mit Einbußen hinsichtlich des Leistungsspektrums einherzugehen. So gibt es einen Basissatz an Versorgungsleistungen, den alle Mitglieder der gesetzlichen Krankenkassen in Deutschland erhalten, ungeachtet ihrer persönlichen Beitragslast zu diesem Solidarsystem. Solidarität auf einem staatlichen Niveau beinhaltet also – zumindest auf der hier interessierenden wirtschaftlichen Ebene – eine Umverteilung der Leistungen innerhalb der Solidargemeinschaft: leistungsfähigere Mitglieder der Solidargemeinschaft zahlen entsprechend ihrer Leistungsfähigkeit mehr als weniger leistungsfähigere Mitglieder, aber alle erhalten unabhängig davon zumindest einen festgelegten Basissatz an Leistungen. Die erhaltenen Leistungen sind damit nicht an die erbrachten Leistungen im Sinne eines Äquivalenzverhältnisses gekoppelt. Das Solidaritätsprinzip steht damit schon naturgemäß in einem Spannungsverhältnis zum Äquivalenzprinzip.[586] *Ruland* formuliert dazu treffend: *„Je enger das Verhältnis zwischen Beitrag und Leistung am Äquivalenzprinzip orientiert ist, umso mehr überwiegt das Prinzip der Individualität, je mehr das Äquivalenzprinzip durch Elemente des sozialen Ausgleichs überlagert wird, umso mehr dominiert das Solidarprinzip.“*[587]

Eine Normierung der Solidarität im Grundgesetz sucht man zunächst vergeblich. Während das Sozialstaatsprinzip immerhin noch in Art. 20 Abs. 1 und Art. 28 Abs. 1 Satz 1 GG durch den Begriff *„sozial“* anklingt, taucht die Solidarität auch nicht in irgendeiner verwandten Form im Grundgesetz auf. Dennoch ist die Solidarität – oder das Solidaritätsprinzip – heutzutage ein fester Bestandteil der Rechtswirklichkeit, namentlich durch die einschlägigen Sozialsysteme, den Solidaritätszuschlag und zahlreicher anderer Instrumentarien. In der Tat führt das Grundgesetz in Art. 74 Abs. 1 Nr. 7, 12 GG die öffentliche Fürsorge und die Sozialversicherung und damit einige der *„wichtigsten Institutionen gesellschaftlicher Solidarität“*[588] auf, normiert in Art. 14 Abs. 2 GG die Sozialpflichtigkeit des Eigentums und garantiert mit dem Schutz der Menschenwürde in Art. 1 Abs. 1 GG zumindest indirekt eine Mindestsicherung („Existenzminimum“)[589]. Ob sich hieraus jedoch auch ein verfassungsrechtliches Prinzip der Solidarität ableiten lässt, das damit in die Abwägung im Rahmen des allgemeinen Gleichheitssatzes des Art. 3 Abs. 1 GG hineinspielen würde und im Rahmen

586 *Wernsmann*, in: Hübschmann/Hepp/Spitaler, AO/FGO, § 3 AO, Rn. 328.

587 *Ruland*, Solidarität, in: NJW 2002, 3518, 3518.

588 *Ruland*, Solidarität, in: NJW 2002, 3518, 3518.

589 Vgl. etwa aus der Zeit, bevor durch § 1 Abs. 1 BSHG das Existenzminimum normiert wurde: BVerwG, Urteil vom 24. 06.1954 – V C 78.54 –, BVerwGE 1, 159, 161 f.= juris Rn. 28.

der praktischen Konkordanz zu berücksichtigen ist, ist jedoch nicht klar. Auch bei Staatsphilosophen und Staatsrechtlern ist diese Frage sowohl im grundsätzlichen Sinne als auch im konkreten Einzelfall der Auslegung des Grundgesetzes umstritten.

Ruland sieht in der Solidarität eine *„Verfassungserwartung"* und einen *„verfassungsrechtlichen Grundwert"* und damit durchaus ein verfassungsrechtliches Prinzip.[590] Er begründet diese Annahme mit der im Grundgesetz erwähnten Sozialstaatlichkeit und den bereits angesprochenen solidarischen Zügen. Dem schließt sich *Volkmann* mit seiner Annahme an, das Grundgesetz beinhalte in der Tat ein Solidaritätsprinzip.[591] Zwar sei das Solidaritätsprinzip seiner Ansicht nach nicht unbedingt eine Staatszielbestimmung, da sich das Solidaritätsprinzip, anders als eine Staatszielbestimmung, nicht nur an den Staat, sondern auch an das Individuum richte, und eine Klassifizierung als Staatszielbestimmung das Individuum aus der Verantwortung entlassen würde.[592] Vielmehr sei das Solidaritätsprinzip daher *„Verfassungsprogramm und Verfassungsprinzip"*.[593] Auch *Zacher* spricht von einem *„Prinzip der Solidarität"*, zu dem sich der Sozialstaat verpflichtet wisse, ohne hierfür jedoch eine Herleitung oder dogmatische Analyse anzubieten.[594] Anders sieht dies *Scholz*, der im Allgemeinen schon keine Existenz eines universellen Solidaritätsprinzips annimmt und auch dem Grundgesetz gerade kein verfassungsrechtliches Solidaritätsprinzip entnimmt. Das Letztere ließe sich nach ihm auch gerade nicht aus dem Sozialstaatsprinzip herleiten: *„Wenn eine auf das Sozialstaatsprinzip gegründete Gesetzgebung bestimmte Solidaritätspflichten o.ä. zu begründen sucht, so kann dies nur unter den Voraussetzungen geschehen, dass die spezifisch Betroffenen ihrerseits in entsprechend*

---

590 *Ruland*, Solidarität, in: NJW 2002, 3518, 3518; anders sieht dies *Scholz*, Solidarität – ein Rechtsprinzip?, in: Di Fabio/Huber/Robbers (Hrsg.), AöR Beiheft 2014, S. 4, der zwar einen moral- oder rechtsphilosophischen *„Grundwert"* in der Solidarität sieht, jedoch hieraus nicht den Bestand eines verpflichtenden Rechtssatzes folgert.

591 *Volkmann*, Solidarität – Programm und Prinzip der Verfassung, S. 217 ff., S. 369, der sagt, Solidarität liege der Verfassung als ein zu verwirklichendes Programm zugrunde, auch ohne, dass sie darin ausdrückliche Erwähnung gefunden habe.

592 *Volkmann*, Solidarität – Programm und Prinzip der Verfassung, S. 377 ff.

593 *Volkmann*, Solidarität – Programm und Prinzip der Verfassung, S. 382 ff. Zum Begriff des *„Prinzips"* vgl. *Alexy*, Theorie der Grundrechte, S. 75 ff. m.w.N. *Volkmann* schließt sich *Alexys* Prinzipienbegriff als *„Optimierungsgebot"* im Großen und Ganzen an, mit der Klarstellung, dass auch Prinzipien den Charakter eines rechtlichen Sollens haben würden, vgl. S. 385.

594 *Zacher*, in: Isensee/Kirchhof, HdStR, Bd. II, § 28, Rn. 166, 169 m.w.N. in Fn. 718.

faktischer Solidarität bzw. Gruppenhomogenität angesprochen werden."[595] Nach *Scholz* gilt Solidarität zunächst lediglich im realen als im normativen Sinne.[596] Es gelte das Prinzip der verfassten Solidarität, also *„einer erst normativ spezifizierten und normativ im Einzelfall konstituierten Form von Zusammengehörigkeit oder gegenseitigen Unterstützung"*.[597] Mithin gelte das Solidaritätsprinzip nicht naturgemäß, sondern bedürfe einer Normierung und damit einer rechtlichen Verpflichtung durch den Gesetz- oder Verfassungsgeber. *Scholz* sieht in dem Solidaritätsprinzip also keinerlei Handlungsverpflichtung für den Gesetzgeber, da dieses gerade kein eigenständiges Rechtsprinzip darstelle.[598] Er zieht daraus den folgenden Schluss, dass ein etwaiger Versuch des Gesetzgebers entgegen dieser *„institutionellen Voraussetzungen"* eine bestimmte Solidargemeinschaft zu begründen, oder unter fälschlicher Berufung auf angeblich bestehende Solidaritätsbezüge eine Solidargemeinschaft zu begründen, so würde ein solches Gesetzgebungsvorhaben in aller Regel schon am Willkürverbot des Art. 3 Abs. 1 GG scheitern, weil zu Unrecht Gleiches ungleich oder Ungleiches gleich behandelt worden sei.[599] Allerdings verpasst es *Scholz*, diese These näher zu belegen oder herzuleiten und stützt sich lediglich auf die These, dass dem Grundgesetz eben kein Solidaritätsprinzip entnommen werden könne. Dies ist jedoch nicht zutreffend. Richtig ist hingegen, dass das Solidaritätsprinzip ein verfassungsrechtliches Prinzip ist und daher schon von sich heraus Geltung beansprucht. Die Bundesrepublik ist als Sozialstaat konstituiert. Notwendigerweise ist die Solidarität untrennbar mit einem Sozialstaat verbunden, denn es ist schwer denkbar, dass etwas sozial im Sinne des Sozialstaatsprinzip ist und dabei aber nicht solidarische Anforderungen erfüllt. Die Solidarität ist vielmehr ein Teil des Sozialstaatsprinzips. Es leuchtet darüber hinaus ebenfalls nicht ein, warum der Verfassungsgeber die Bundesrepublik Deutschland als sozialen Staat hätte konstituieren, die Solidarität aber nicht – zumindest als Teil dessen – hätte etablieren wollen. Richtig ist zwar, dass das Solidaritätsprinzip nicht schon aufgrund seiner puren Existenz

---

595 *Scholz*, Solidarität – ein Rechtsprinzip?, in: Di Fabio/Huber/Robbers (Hrsg.), AöR Beiheft 2014, S. 5.

596 *Scholz*, Solidarität – ein Rechtsprinzip?, in: Di Fabio/Huber/Robbers (Hrsg.), AöR Beiheft 2014, S. 3.

597 *Scholz*, Solidarität – ein Rechtsprinzip?, in: Di Fabio/Huber/Robbers (Hrsg.), AöR Beiheft 2014, S. 3.

598 *Scholz*, Solidarität – ein Rechtsprinzip?, in: Di Fabio/Huber/Robbers (Hrsg.), AöR Beiheft 2014, S. 4 f.

599 *Scholz*, Solidarität – ein Rechtsprinzip?, in: Di Fabio/Huber/Robbers (Hrsg.), AöR Beiheft 2014, S. 4.

subjektiv-öffentliche Rechte vermittelt, sondern dafür vielmehr einer positiven Normierung bedarf, was sich im Übrigen auch beim Sozialstaatsprinzip nicht anders darstellt. Allerdings verpflichtet das Solidaritätsprinzip, ebenso wie das Sozialstaatsprinzip, den Staat und insbesondere den Gesetzgeber, dort solidarische Lösungen zu finden, wo es angebracht erscheint und eine nicht-solidarische Lösung unangemessen wäre. Dies zu determinieren, obliegt letztlich der Façon des Gesetzgebers, welcher sich wiederum dem Einfluss von aktuellen gesellschaftlichen Strömungen und der politischen Lage ausgesetzt sieht.

Mithin ist das Solidaritätsprinzip als verfassungsrechtliches Prinzip ebenfalls grundsätzlich in der Abwägung im Rahmen des Art. 3 Abs. 1 GG zu berücksichtigen. Die Auswirkungen des Solidaritätsprinzips auf eine Abwägung im Rahmen einer Prüfung des allgemeinen Gleichheitssatzes des Art. 3 Abs. 1 GG können als eine Ausstrahlungswirkung bezeichnet werden, welche Impulse an den Staat und seine Organe, namentlich der Gesetzgebung, Gerichte, Verwaltung, und auch dem Bürger vermittelt.[600] Indem das Solidaritätsprinzip aus den gleichen Vorschriften wie das Sozialstaatsprinzip folgt und damit gewissermaßen einen Unterfall des Sozialstaatsprinzips bildet, kommt es naturgemäß zu Übereinstimmungen und Überschneidungen zwischen den beiden Prinzipien. Der Unterschied zum Sozialstaatsprinzip lässt sich so begreifen, dass die Solidarität vielmehr auf ein bestimmtes Verhältnis der Bürger untereinander abzielt und an den Staat appelliert, hierfür Räume zu schaffen.[601] Das Sozialstaatsprinzip hingegen nimmt eher den Staat in die Pflicht, für seine Bürger zu sorgen. Ist von einer Solidargemeinschaft die Rede, so sorgt diese untereinander für sich, ohne dass der Staat – über das von ihm normativ geschaffene Regelwerk hinaus – eingreift. Spricht man vom Sozialstaatsprinzip, so schreibt man dem Staat meist eine wesentlich aktivere Rolle zu als beim Solidaritätsprinzip, sei es durch die Schaffung von Institutionen, die Verteilung von Fördergeldern oder die Wahrnehmung einer schützenden Rolle. Eine trennscharfe Abgrenzung der beiden Prinzipien ist jedoch gesetzmäßig nicht möglich.

---

600 So auch *Volkmann*, Solidarität – Programm und Prinzip der Verfassung, S. 392, der zutreffend weiter zur Solidarität ausführt: *„Ihre spezielle Funktion innerhalb juristischer Argumentationen besteht freilich darin, Gründe für bereits getroffene oder noch zu treffende Entscheidungen zu liefern, wenn immer sie von ihrem Sachgehalt her einschlägig oder berührt ist. Diese Gründe vermögen, dem Prinzipiencharakter entsprechend, die Entscheidung zwar für sich allein nicht zu tragen, fließen in sie aber potentiell ein und können jedenfalls nicht kommentarlos übergangen oder beiseitegeschoben, sondern ihrerseits nur durch Gegengründe aufgehoben werden.“*

601 *Volkmann*, Solidarität – Programm und Prinzip der Verfassung, S. 405.

iii. Auswirkungen der beiden Prinzipien auf Vorzugslasten

Inwieweit das Sozialstaatsprinzip und das Solidaritätsprinzip aber tatsächlich als Gründe gegen Vorzugslasten anzuführen sind, ist durch das Gesagte noch nicht geklärt. Das Sozialstaatsprinzip etwa hat zum Auftrag, soziale Gegensätze auszugleichen und soziale Standards anzugleichen. Auf die Vorzuglasten übertragen bedeutet das, dass eine Nicht-Erhebung von Vorzugslasten das Sozialstaatsprinzip insofern erfüllen könnte, als dass dadurch diejenigen, die einen Vorteil erhalten, diesen nicht äquivalent durch zusätzliche Abgaben abgelten müssen, da dieser durch das Steueraufkommen finanziert wird, welches wiederum anhand des Leistungsfähigkeitsprinzips erhoben wird. Dies könnte gegebenenfalls zur Folge haben, dass sozialen Ungleichheiten Rechnung getragen wird. Bei dem Sozialstaatsprinzip geht es eben nicht darum, dass alle Vorteilsempfänger den Vorteil durch eine finanzielle Abgabe ausgleichen, sondern dass alle Vorteilsempfänger in den Genuss von Vorteilen kommen, unabhängig davon, ob sie wirtschaftlich dazu in der Lage sind, oder nicht. Beide Prinzipien, das Sozialstaatsprinzip und das Solidaritätsprinzip als Ausfluss dessen, stehen jedoch nicht für eine Egalisierung der Lebensverhältnisse. Demnach stehen sie auch nicht für eine Egalisierung der finanziellen Verhältnisse. So gesehen treffen sie zunächst keine Aussage darüber, ob Vorteile, die dem Einzelnen zukommen, von der Allgemeinheit zu tragen sind oder nicht. In Bezug auf Vorzugslasten sollen sie vielmehr ein Auffangnetz für die weniger Wohlhabenden bilden und sicherstellen, dass auch diese ungeachtet ihrer finanziellen Verhältnisse in der Lage sind, staatliche Leistungen und öffentliche Einrichtungen in Anspruch zu nehmen und so Vorteile zu erlangen. Dies bedeutet aber noch nicht notwendigerweise, dass dem eher dann gedient wird, wenn alle Vorteile finanziell nur noch von der Allgemeinheit über Steuerabgaben getragen werden und keine Vorzugslasten mehr erhoben werden. Abstrakt gesehen lässt sich also nicht sagen, dass sie grundsätzlich eher zur Erfüllung kommen, wenn gar keine Vorzugslasten erhoben werden. Im Einzelfall kann dies jedoch durchaus anders aussehen. Dem Sozialstaatsprinzip wird es aber, generell betrachtet, ebenso gerecht, wenn sichergestellt ist, dass durch die Allgemeinheit genügend Mittel für finanziell Bedürftige zur Verfügung gestellt sind und nur durch diese in Anspruch genommen werden können. Das bedeutet auch, dass das Sozialstaatprinzip eben nicht (nur) dann erfüllt ist, wenn alle Bürger nur noch gemäß dem Leistungsfähigkeitsprinzip zu Steuern zur Kasse gebeten werden. Ebenso verhält es sich mit dem Solidaritätsprinzip. Die generelle Existenz von Vorzugslasten beeinträchtigt weder das eine noch das andere Prinzip dahingehend, dass sie nicht mehr zur Erfüllung gelangen. Im Ergebnis führt dies dazu, dass sich nicht abstrakt sagen lässt, ob

Sozialstaatsprinzip und Solidaritätsprinzip (eher) erfüllt sind, wenn überhaupt keine Vorzugslasten erhoben werden. Stattdessen kommt es stets auf eine Einzelfallbetrachtung an, die sich nicht prophezeien lässt. Insofern können beide Prinzipien im Einzelfall zweifellos gegen Vorzugslasten streiten, sie tun dies gleichwohl aber nicht pauschal.

(c) Prinzip der Gesetzgebungsfreiheit des Gesetzgebers

Wie bereits dargestellt, ist das Prinzip der Gesetzgebungsfreiheit des Gesetzgebers auch als Grund gegen die Vorzugslasten zu berücksichtigen, da immer vom Einzelfall abhängig ist, wie sich der Wille des Gesetzgebers konkret ausgestaltet. Dieser ist als einer der Kerne der staatsgewaltlichen Kompetenzverteilung somit immer zu beachten.

(d) Prinzip der Daseinsvorsorge

Ebenso wie der Begriff des Solidaritätsprinzips ist auch der Begriff der Daseinsvorsorge im Grundgesetz nicht zu finden, trotz seiner allgemeinen sprachlichen Geläufigkeit in Recht und Politik. Eingang hat er hingegen in einige Bundes- und Landesgesetze[602] und auch in die Rechtsprechung der Gerichte[603] gefunden. In Brandenburg existiert seit 2011 sogar das *„Gesetz zur Stärkung der kommunalen Daseinsvorsorge"*.[604] Damit ist die Daseinsvorsorge aber noch nicht automatisch ein Rechtsbegriff, aus dem Rechte und Pflichten folgen,[605] und ob sie darüber

---

602 So z.B. § 1 Abs. 1 Gesetz zur Regionalisierung des öffentlichen Personennahverkehrs (RegG), § 102 Abs. 1 Nr. 3 GO BW, Art. 87 Abs. 1 Nr. 4 BayGO, § 71 Abs. 2 Nr. 4 ThürKO.

603 So etwa BVerfG, Beschluss vom 16.05.1989 – 1 BvR 705/88 –, juris 1. und 2. OS, Rn. 3, 5; BVerfG, Nichtannahmebeschluss vom 10.09.2008 – 1 BvR 1914/02 –, juris Rn. 12 ff.; OLG München, Beschluss vom 19.01.2012 – Verg 17/11 –, juris Rn. 32; OLG Düsseldorf, Beschluss vom 28.03.2012 – VII-Verg 37/11 –, juris Rn. 54; s.a. Nachweise in Fn. 608 bis 615; kritisch zur Unschärfe des Begriffs hingegen OLG Hamburg, Beschluss vom 14.12.2010 – 1 Verg 5/10 –, juris Rn. 60 m.V.a. *Kahle*, Die Elektrizitätsversorgung zwischen Versorgungssicherheit und Umweltverträglichkeit, S. 136 ff.

604 GVBl. I 2012, Nr. 1, verkündet am 09.01.2012.

605 Verneinend *Schink*, Wirtschaftliche Betätigung kommunaler Unternehmen, in: NVwZ 2002, 129, 132, der in dem Begriff der Daseinsvorsorge lediglich einen politischen Leitbegriff und eine soziologische Dimension sieht; so ebenfalls *Ossenbühl*, Daseinsvorsorge und Verwaltungsprivatrecht, in: DÖV 1971, 513, 517; ebenfalls *Ipsen*, Zur Legalität des Werbefernsehens, in: NJW 1963, 2049, 2055; ebenfalls *Dümke*, Daseinsvorsorge, Wettbewerb und kommunale Selbstverwaltung im Bereich der liberalisierten Energiewirtschaft, S. 25; ebenfalls *Schmidt*, Die Liberalisierung der

hinaus sogar ein Verfassungsprinzip ist, ist mehr als fraglich.[606] Um als gegenläufiges Prinzip zur rechtlichen Gleichheit im Rahmen der Abwägung zum Tragen zu kommen, müsste die Daseinsvorsorge jedoch ein verfassungsrechtliches Prinzip darstellen.

Für die Beantwortung dieser Frage ist zunächst einmal zu beleuchten, was die Daseinsvorsorge bedeutet und darstellt. Wie auch bei den anderen Begriffen liegt die Schwierigkeit bei der Definition des Begriffs der Daseinsvorsorge darin, dass der Begriff sowohl ein rechtlicher als auch ein politischer ist.[607] Den politischen Aspekt bei der Suche nach dem rechtlichen Gehalt außen vor zu lassen, ist eine Herausforderung. Erschwerend kommt hinzu, dass sich bisher noch kein Gericht, das in seiner Rechtsprechung die Daseinsvorsorge erwähnt, die Mühe gemacht hat, eine Herleitung anzubieten, oder strukturiert darzulegen, was es unter dem Begriff der Daseinsvorsorge versteht. Vielfach begnügt sich die Rechtsprechung damit, einzelne Gebiete der Daseinsvorsorge zuzuordnen. So wurden etwa die Energieversorgung[608], die Wasserversorgung[609], Verkehrsunternehmungen[610], Telekommunikationsdienstleistungen[611], die

---

Daseinsvorsorge, in: Der Staat 2003, 225, 229; ebenfalls verneinend *Krajewski*, Grundstrukturen des Rechts öffentlicher Dienstleistungen, S. 31 f.; bejahend hingegen *Ronellenfitsch*, Daseinsvorsorge als Rechtsbegriff – Aktuelle Entwicklungen im nationalen und europäischen Recht, in: Blümel, Kolloquium aus Anlass des 100. Geburtstages von Prof. Dr. Dr. h.c. Ernst Forsthoff, S. 53, 73 ff.; wohl auch *Waller*, „Neue Energie" für die kommunale Selbstverwaltung, S. 23 f.; unentschieden *Hänsle*, Streik und Daseinsvorsorge, S. 210, wohl aber mit leichter Tendenz zur Bejahung.

606 *Rüfner*, in: Isensee/Kirchhof, HdStR, Bd. IV, § 96, Rn. 21 spricht zumindest von einer *„Aufgabe von Verfassungsrang"*; *Hänsle*, Streik und Daseinsvorsorge, S. 210 spricht von der Daseinsvorsore als einer *„besondere[n], durch das Grundgesetz indizierte[n] Staatsaufgabe"*, vgl. auch S. 211 ff.

607 Nach Schweitzer, Daseinsvorsorge, „service public", Universaldienst, S. 80 läuft der Daseinsvorsorgebegriff Gefahr, ein *„Einfallstor für Politik ins Recht"* zu sein.

608 BVerfG, Urteil vom 10.12.1974 – 2 BvK 1/73 –, BVerfGE 38, 258, 270 = juris Rn. 49; BVerfG, Beschluss vom 20.03.1984 – 1 BvL 28/82 –, BVerfGE 66, 248, 258 = juris Rn. 37; BVerfG, Kammerbeschluss vom 16.05.1989 – 1 BvR 705/88 –, juris 1. und 2. OS.

609 BVerfG, Urteil vom 10.12.1974 – 2 BvK 1/73 –, BVerfGE 38, 258, 270 = juris Rn. 49; BVerfG, Beschluss vom 07.06.1977 – 1 BvR 108/73 –, BVerfGE 45, 63, 78 = juris Rn. 47.

610 BVerfG, Urteil vom 10.12.1974 – 2 BvK 1/73 –, BVerfGE 38, 258, 270 = juris Rn. 49; BVerfG, Beschluss vom 24.05.1967 – 1 BvL 18/65 –, BVerfGE 22, 28, 38 = juris Rn. 34; BVerfG, Urteil vom 24.03.1987 – 1 BvR 1046/85 –, BVerfGE 74, 264, 286 = juris Rn. 54; BVerwG, Urteil vom 15.03.1989 – 7 C 42/87 –, BVerwGE 81, 312, 314 = juris Rn. 8.

611 BVerfG, Urteil vom 22.02.2011 – 1 BvR 699/06 –, juris Rn. 59.

Post[612], die Abfallbeseitigung[613], Gesundheits- und Pflegedienstleistungen[614], Schulen und Kindergärten[615] und andere der Daseinsvorsorge zugeteilt, freilich ohne eine dogmatische Herleitung oder gar Kriterien für die Zuteilung der Gebiete zum Begriff der Daseinsvorsorge anzubieten. Geht man mit der Einteilung der Rechtsprechung, so gehören viele der Bereiche, die durch Vorzugslasten finanziert werden, dem Bereich der Daseinsvorsorge an.

Das erste Mal wurde der Begriff der Daseinsvorsorge von *Forsthoff* im Jahre 1938 erwähnt.[616] Nach ihm sollte die Daseinsvorsorge die durch die moderne Lebensweise der Menschen entstandene Lücke in der Selbstversorgung schließen, indem der Staat die erhöhte soziale Bedürftigkeit des Menschen stillt.[617] Seither hat

---

612 BVerfG, Urteil vom 22.02.2011 – 1 BvR 699/06 –, juris Rn. 59; BVerfG, Beschluss vom 07.10.2003 – 1 BvR 1712/01 –, BVerfGE 108, 370, 393 = juris Rn. 96.

613 BVerfG, Urteil vom 10.12.1974 – 2 BvK 1/73 –, BVerfGE 38, 258, 270 = juris Rn. 49.

614 BVerfG, Urteil vom 10.12.1974 – 2 BvK 1/73 –, BVerfGE 38, 258, 270 = juris Rn. 49; BVerfG, Beschluss vom 16.06.1959 – 1 BvR 71/57 –, BVerfGE 9, 338, 347 = juris Rn. 28; BVerfG, Beschluss vom 07.02.1991 – 2 BvL 24/84 –, BVerfGE 83, 363, 384 f. = juris Rn. 75.

615 BVerfG, Urteil vom 10.12.1974 – 2 BvK 1/73 –, BVerfGE 38, 258, 270 = juris Rn. 49; BVerfG, Kammerbeschluss vom 18.02.1999 – 1 BvR 1367/88 –, juris 4. OS.

616 *Forsthoff*, Die Verwaltung als Leistungsträger, S. 1 ff. Es sei darauf hingewiesen, dass der Begriff vor dem Hintergrund der Nähe *Forsthoffs* zum NS-Regime nicht unproblematisch und gewissermaßen negativ konnotiert ist, vgl. hierzu etwa S. 9: „*[…] Die Revolution ist nur noch als Machtübernahme, das heißt in legalen Formen, möglich. Nur unter diesem Gesichtspunkt ist die nationalsozialistische Revolution als eine legale begreiflich. […]*" und S. 16: „*Um das Gemeinschaftsgedenken den in dieser Schrift vornehmlich erörterten Fragen der Daseinsvorsorge (im Sinne der empirisch wichtigsten Verwaltungsleistung) voll zu erschließen, bedarf es einer allgemeinen geistesgeschichtlichen und soziologischen Erwägung, welche, wie mir scheint, bisher noch nicht gebührend berücksichtigt worden ist. Das Gemeinschaftsdenken und die Aufrichtung des Führertums in Deutschland ist Ausdruck einer allgemeinen Bewegung von – man darf wohl sagen – weltpolitischer und damit auch weltgeschichtlicher Natur. Der Kernvorgang dieser Bewegung ist, auf die allgemeine Formel gebracht, die Wiederherstellung des Ranges des Menschen durch Wiedererrichtung seines Primates über die Dinge. Die Übertragung einer spezifischen naturwissenschaftlichen, oder besser naturgesetzlichen Denkweise auf das Sozialgeschehen hatte jenen Siegeszug des Gesetzdenkens eingeleitet, dessen einzelne Etappen zugleich die Etappen der Unterwerfung des Menschen unter die Dinge wurden.*" Nichtsdestotrotz gilt *Forsthoff* bis heute als Vater des Begriffs der Daseinsvorsorge, vgl. u.a. *Waller*, „Neue Energie" für die kommunale Selbstverwaltung, S. 22.

617 *Forsthoff*, Die Verwaltung als Leistungsträger, S. 1 ff. Für eine vertiefte Darstellung und Analyse *Forsthoffs* Begriff auch nach 1938 vgl. auch *Kersten*, Die Entwicklung des Konzepts der Daseinsvorsorge im Werk von Ernst Forsthoff, in: Der Staat 2005, 543

sich der Begriff stets weiterentwickelt.[618] Obwohl es an einer einheitlichen Dogmatik oder einem einheitlichen Konzept mangelt,[619] ist heute unter der Daseinsvorsorge wohl grob die Bereitstellung und Darreichung von als notwendig erachteten Diensten und Gütern jeder Art zu verstehen,[620] zum Teil mit der Einschränkung, dass diese, wenn durch das Gemeinwesen erbracht, nicht oder nicht mehr durch die Gesellschaft selbst erfolgen, es also kein Angebot dieser Dienstleistung auf dem freien Markt gibt[621]. Kennzeichnend für die Daseinsvorsorge sind die Gewährung gleichberechtigten Zugangs aller Bürger und die Versorgungssicherheit, Kontinuität, Verfügbarkeit und hohe Qualität zu erschwinglichen Preisen.[622]

Ob die Daseinsvorsorge ein Rechtsbegriff oder sogar ein Verfassungsprinzip ist, ist weder abschließend geklärt, noch hat sich in irgendeiner Weise eine Meinung als die herrschende herausgebildet.[623] Das Bundesverfassungsgericht sieht die Daseinsvorsorge als *„materielles Recht“*, das zu den Fundamenten der sozialen Ordnung gehöre, begründet dies jedoch ebenfalls nicht weitergehend.[624] Grundsätzlich erscheint der Begriff der Daseinsvorsorge zu unscharf, um ihn als (aus dem Sozialstaatsprinzip oder der kommunalen Selbstverwaltung abgeleitetes) Verfassungsprinzip gelten zu lassen. Allerdings ist einzuräumen, dass auch

---

und *Krajewski*, Grundstrukturen des Rechts öffentlicher Dienstleistungen, S. 16 ff. sowie *Ringwald*, Daseinsvorsorge als Rechtsbegriff, S. 30 ff.

618 Für eine vertieftere Darstellung vgl. etwa *Knauff*, Der Gewährleistungsstaat: Reform der Daseinsvorsorge, S. 22 ff. oder *Dümke*, Daseinsvorsorge, Wettbewerb und kommunale Selbstverwaltung im Bereich der liberalisierten Energiewirtschaft, S. 18 ff.

619 So etwa auch *Krajewski*, Grundstrukturen des Rechts öffentlicher Dienstleistungen, S. 35, 37, 42; *Knauff*, Der Gewährleistungsstaat: Reform der Daseinsvorsorge, S. 47 f.; *Hänsle*, Streik und Daseinsvorsorge, S. 210; *Dümke*, Daseinsvorsorge, Wettbewerb und kommunale Selbstverwaltung im Bereich der liberalisierten Energiewirtschaft, S. 23.

620 *Zacher*, in: Isensee/Kirchhof, HdStR, Bd. II, § 28, Rn. 65; *Rüfner*, in: Isensee/Kirchhof, HdStR, Bd. IV, § 96, Rn. 6 ff.; *Ried*, Gesundheitsversorgung im ländlichen Raum, in: Herbst/Dünkel/Stahl (Hrsg.), Daseinsvorsorge und Gemeinwesen im ländlichen Raum, S. 6; *Meljnik*, Das Verhältnis von Daseinsvorsorge und Wettbewerb: Neues aus Lissabon?, S. 26.

621 So etwa *Waller*, „Neue Energie“ für die kommunale Selbstverwaltung, S. 24.

622 Zutreffend so *Meljnik*, Das Verhältnis von Daseinsvorsorge und Wettbewerb: Neues aus Lissabon?, S. 26 und *Knauff*, Der Gewährleistungsstaat: Reform der Daseinsvorsorge, S. 50.

623 Vgl. allein zu den bereits angeführten Quellen die Nachweise bei *Schäfer*, Die koordinierte Bedarfsplanung der Elektrizitätsnetze als Anwendungsfeld staatlicher Gewährleistungsverantwortung, S. 9, Fn. 26.

624 BVerfG, Beschluss vom 22.01.1959 – 1 BvR 154/55 –, BVerfGE 9, 124, 133 = juris Rn. 31.

das Sozialstaatsprinzip und das aus ihm abgeleitete Solidaritätsprinzip zuweilen unscharf sind und ihr Bedeutungsgehalt teilweise umstritten ist. Hingegen ist ebenfalls anzumerken, dass die Unschärfen sowohl bei dem Sozialstaatsprinzip als auch bei dem Solidaritätsprinzip nicht solche Ausmaße annehmen, dass bei ihnen von einer *„Konturenlosigkeit"* gesprochen werden kann, wie es mitunter *Kühling* für den Begriff der Daseinsvorsorge tut. *Dieser* empfindet den Begriff der Daseinsvorsorge daher für die Herleitung von Hoheitspflichten als unbrauchbar.[625] Für diese Untersuchung ist jedoch gar nicht entscheidend, ob die Daseinsvorsorge als Verfassungsprinzip zu qualifizieren ist, da sie schon aus anderen Gründen für die vorliegende Fragestellung keinen Mehrwert bieten kann. Würde man die Daseinsvorsorge aus dem Sozialstaatsprinzip[626] oder der kommunalen Selbstverwaltung in Art. 28 Abs. 2 GG[627] ableiten und ihr damit die Qualität eines Rechtsbegriffs zuschreiben, so bedeutet dies jedoch noch nicht, dass der Staat notwendigerweise alle Leistungen selbst erbringen muss. Vielmehr hat *Forsthoffs* Feststellung von 1938 nach wie vor Aktualität, dass der Staat der aus der Daseinsvorsorge erwachsenden Verantwortung nicht nur durch eigene Leistungserbringung, sondern eben auch durch Steuerung und Lenkung privatwirtschaftlicher Leistungen nachkommen kann.[628] Dem Staat kommt hier oftmals vielmehr eine überwachende und gewährleistende Funktion zu, dass alle notwendigen Güter und Dienstleistungen auch für jeden verfügbar sind, als dass er sich selbst in der Rolle des Leistungserbringers wiederfindet. Auch hieße eine Etablierung der Daseinsvorsorge als Rechtsbegriff oder gar Verfassungsprinzip

---

625 *Kühling*, Sektorspezifische Regulierung in den Netzwirtschaften, S. 451; anders wohl jedoch *Rüfner*, in: Isensee/Kirchhof, HdStR, Bd. IV, § 96, Rn. 21, der in der Daseinsvorsorge eine *„Aufgabe von Verfassungsrang"* sieht; allerdings mit der Einschränkung, dass er Aufgaben nicht mit Rechtspflichten gleichsetzt, vgl. Rn. 34 ff.

626 So etwa *Waller*, „Neue Energie" für die kommunale Selbstverwaltung, S. 24 f.; *Wittreck*, in: Dreier, GG Kommentar, Art. 20, Rn. 30 ff.

627 *Papier*, Kommunale Daseinsvorsorge im Spannungsfeld zwischen nationalem Recht und Gemeinschaftsrecht, in: DVBl. 2003, 686, 688; *Pieroth*, in: Jarass/Pieroth, GG Kommentar, Art. 28, Rn. 25; *Mehde*, in: Maunz/Dürig, Grundgesetz-Kommentar, Art. 28 Abs. 2, Rn. 92.

628 *Forsthoff*, Die Verwaltung als Leistungsträger, S. 49; *Krajewski*, Grundstrukturen des Rechts öffentlicher Dienstleistungen, S. 42; *Ried*, Gesundheitsversorgung im ländlichen Raum, in: Herbst/Dünkel/Stahl (Hrsg.), Daseinsvorsorge und Gemeinwesen, S. 7. Vgl. für eine Analyse dieser Entwicklung *Schäfer*, Die koordinierte Bedarfsplanung der Elektrizitätsnetze als Anwendungsfeld staatlicher Gewährleistungsverantwortung, S. 11 ff. So z.B. bei BVerfG, Kammerbeschluss vom 16.05.1989 – 1 BvR 705/88 –, juris 1. und 2. OS.

gerade nicht, dass der Staat die Leistungen, die er selbst erbringt, unentgeltlich (das heißt ohne konkrete Gegenleistung und nur durch Steuermittel) erbringen muss. Die Daseinsvorsorge erschöpft sich in der Gewährleistung, dass alle notwendigen Güter und Dienstleistungen für jeden verfügbar sind – sie enthält hingegen kein darüberhinausgehendes Element, dass dem Staat die alleinige Finanzierung aufbürdet. Teilweise wird die Entgeltlichkeit sogar als zwingendes Merkmal der Daseinsvorsorge gesehen, etwa durch die bei den Vorzugslasten geltenden Einnahmebeschaffungsgrundsätze.[629] Dies mag zwar auch anders gesehen werden, allerdings wird, soweit ersichtlich, nicht vertreten, dass die Daseinsvorsorge eine unentgeltliche Leistungserbringung der notwendigen Güter erfordere. Eine solche Auffassung wäre in der Tat schwer zu begründen. Auch ist der Daseinsvorsorge keine soziale Staffelung automatisch immanent.[630] Bis auf den Punkt, dass die Daseinsvorsorge für jeden erschwinglich sein soll, ist ihr keine Wertung oder gar ein Auftrag zur unentgeltlichen Leistungsbereitstellung zu entnehmen. Mangels einer imperativen Unentgeltlichkeit der Daseinsvorsorge taugt diese – egal, ob als Verfassungsprinzip zu qualifizieren oder nicht – daher nicht als gegenläufiges Prinzip zur rechtlichen Gleichheit. Sie ist somit nicht in die Abwägung mit einzubeziehen.

(e) Leistungsfähigkeitsprinzip

Auf das Leistungsfähigkeitsprinzip wurde bereits im Rahmen der Steuer als eines der der Steuer zugrundeliegenden Prinzipien eingegangen. Das Leistungsfähigkeitsprinzip folgt aus dem allgemeinen Gleichheitssatz, dem Sozialstaatsprinzip und dem Verhältnismäßigkeitsprinzip. Es ist als Ausfluss des Verhältnismäßigkeitsprinzips ebenso wenig wie das Äquivalenzprinzip eine von vornherein verfassungsrechtlich vorgegebene allgemeine Verteilungsentscheidung,[631] sondern

---

629 So zum Beispiel *Knauff*, Der Gewährleistungsstaat – Reform der Daseinsvorsorge, S. 49; *Franz*, Gewinnerzielung durch kommunale Daseinsvorsorge, S. 817; vgl. auch *Ringwald*, Daseinsvorsorge als Rechtsbegriff, S. 137 f.; *Klein*, Die Teilnahme des Staates am wirtschaftlichen Wettbewerb, S. 20 sieht diese Entgeltlichkeit und Zweiseitigkeit als Unterscheidungskriterium zur staatlichen Fürsorge. Vgl. ferner *Louis*, Die Besteuerung der öffentlichen Unternehmen und Einrichtungen der Daseinsvorsorge, S. 14, der sagt, dass, soweit möglich, ein kostendeckendes Entgelt für Verwaltungsleistungen im Rahmen der Daseinsvorsorge zu entrichten sei. Dagegen jedoch *Dümke*, Daseinsvorsorge, Wettbewerb und kommunale Selbstverwaltung im Bereich der liberalisierten Energiewirtschaft, S. 33 f.

630 *Zacher*, in: Isensee/Kirchhof, HdStR, Bd. II, § 28, Rn. 65 ff.

631 So zutreffend *Schmehl*, Das Äquivalenzprinzip im Recht der Staatsfinanzierung, S. 104 und *Kirchhof*, Der Weg zur verfassungsgerechten Besteuerung, StuW 2002, 185, 187.

lediglich die typische Rechtfertigung von Finanzzwecksteuern.[632] Das heißt, dass das Leistungsfähigkeitsprinzip erst dann zur Anwendung kommt, wenn eine bereits bestehende Abgabe auf ihre Verfassungsmäßigkeit überprüft wird. Es müssen also bereits solche öffentlichen Lasten, denen kein dem Individuum zurechenbares Äquivalent gegenübersteht, als Tatbestand vorhanden sein, damit das Leistungsfähigkeitsprinzip in einem nächsten Schritt als Rechtsfolge eine Verteilungsregel statuieren kann.[633]

Dieses Ergebnis kann auch nur das einzig richtige sowohl für das Äquivalenzprinzip als auch das Leistungsfähigkeitsprinzip sein. Anderenfalls würden beide Prinzipien stets in einem Widerspruch stehen, da sie für alle zukünftigen Lasten grundsätzlich Gegenteiliges fordern würden, nämlich zum einen, dass Abgaben nach dem Leistungsfähigkeitsprinzip erhoben würden und zum anderen, dass diese nach dem Äquivalenzprinzip erhoben würden. So aber kann der Gesetzgeber zunächst entscheiden, ob er eine Abgabe als Vorzugslast für eine staatliche Leistung oder als eine Steuer ohne Gegenleistung statuieren möchte. Diese muss sich dann erst entsprechend ihrer Art entweder an dem einen oder dem anderen Prinzip messen lassen.

(6) Zusammenfassung

Damit sind diejenigen Gründe identifiziert, die am wahrscheinlichsten in eine konkrete Abwägung bezüglich der Frage, ob Vorzugslasten wegen Art. 3 Abs. 1 GG notwendig sind, mit einzubeziehen wären. Diese Aufzählung der genannten Prinzipien als mögliche Gründe ist aber selbstverständlich nicht als abschließende Aufzählung zu verstehen. Jeder Einzelfall birgt seine eigenen Besonderheiten, die stets einer Berücksichtigung bedürfen.

(7) Verfassungsrechtliche Rechtfertigung einer Nicht-Erhebung von Vorzugslasten unter Artikel 3 Absatz 1 Grundgesetz

Einer verfassungsrechtlichen Rechtfertigung bedarf es nur bei einer Ungleichbehandlung von wesentlich Gleichem oder einer Gleichbehandlung von wesentlich Ungleichem.[634] Würden keine Vorzugslasten erhoben werden, so würde Ungleiches – nämlich Vorteilsempfänger und Nicht-Vorteilsempfänger – rechtlich

---

632 So *Kirchhof*, Der Weg zur verfassungsgerechten Besteuerung, StuW 2002, 185, 187.

633 *Birk*, Das Leistungsfähigkeitsprinzip als Maßstab der Steuernormen, S. 118 f; *Schmehl*, Das Äquivalenzprinzip im Recht der Staatsfinanzierung, S. 104.

634 *Kingreen/Poscher*, Grundrechte, Rn. 485 m.V.a. st. Rspr., u.a. BVerfG, Beschluss vom 09.08.1978 – 2 BvR 831/76 –, BVerfGE 49, 148, 165.

gleich behandelt werden, indem keine Gruppe mit Vorzugslasten belastet wird. Diese Gleichbehandlung müsste folglich gerechtfertigt sein, damit sie nicht gegen Art. 3 Abs. 1 GG verstößt und damit verfassungswidrig ist. Abzuwägen sind also zum einen die Gründe, die für Vorzugslasten sprechen, gegen die Gründe, die gegen Vorzugslasten sprechen. Es werden in jedem Fall die faktische Gleichheit, die rechtliche Gleichheit und die Gesetzgebungsfreiheit des Gesetzgebers zur Beurteilung herangezogen. Andere Prinzipien, wie das Sozialstaatsprinzip und das Solidaritätsprinzip, können im konkreten Fall hinzukommen.

Wie bereits gezeigt, ergibt sich je nach Regelungsgegenstand und Anknüpfungsmerkmalen für die Differenzierung eine unterschiedliche Prüfstrenge des Art. 3 Abs. 1 GG, die von einer gelockerten, auf das Willkürverbot beschränkten Bindung bis hin zu einer streng am Verhältnismäßigkeitsmaßstab orientierten Prüfung reichen kann.[635] So ergibt sich im Ergebnis ein einheitlicher Prüfungsmaßstab, ohne dass strikt in Willkürformel oder Verhältnismäßigkeitsprüfung unterteilt werden muss. Vielmehr verschmelzen beide Herangehensweisen zu einer Prüfung.

(a) Prüfstrenge

Zunächst ist daher die auf Vorzugslasten anzuwendende Prüfstrenge zu ermitteln. Die Faktoren, die das Bundesverfassungsgericht für die Strenge der Rechtfertigungsprüfung entwickelt hat, sind bei der zu untersuchenden Frage teilweise nur in etwas modifizierter Form einschlägig. Bei der Entwicklung dieser Kriterien hatte das Bundesverfassungsgericht den Fall einer rechtlichen Ungleichbehandlung bei gleichen Personengruppen zu entscheiden. So liest sich beispielsweise der gesamte Absatz in der Transsexuellen-Entscheidung wie folgt:

> *„Da der Grundsatz, daß alle Menschen vor dem Gesetz gleich sind, in erster Linie eine ungerechtfertigte Verschiedenbehandlung von Personen verhindern soll, unterliegt der Gesetzgeber bei einer Ungleichbehandlung von Personengruppen regelmäßig einer strengen Bindung. Diese Bindung ist um so enger, je mehr sich die personenbezogenen Merkmale den in Art. 3 Abs. 3 GG genannten annähern und je größer deshalb die Gefahr ist, daß eine an sie anknüpfende Ungleichbehandlung zur Diskriminierung einer Minderheit führt. Die engere Bindung ist jedoch nicht auf personenbezogene Differenzierungen beschränkt. Sie gilt vielmehr auch, wenn eine Ungleichbehandlung von Sachverhalten mittelbar eine*

---

635 St. Rspr., so etwa BVerfG, Beschluss vom 26.01.1993 – 1 BvL 38/92 –, BVerfGE 88, 87 = juris Rn. 34; BVerfG, Beschluss vom 24.01.2012 – 1 BvL 21/11 –, BVerfGE 130, 131, juris Rn. 41; BVerfG, Beschluss vom 21.06.2011 – 1 BvR 2035/07 –, BVerfGE 129, 49, 69 = NVwZ 2011, 1316; BVerfG, Beschluss vom 24.01.2012 – 1 BvL 21/11 –, BVerfGE 130, 131, 142.

Ungleichbehandlung von Personengruppen bewirkt. Bei lediglich verhaltensbezogenen Unterscheidungen hängt das Maß der Bindung davon ab, inwieweit die Betroffenen in der Lage sind, durch ihr Verhalten die Verwirklichung der Merkmale zu beeinflussen, nach denen unterschieden wird. Überdies sind dem Gestaltungsspielraum des Gesetzgebers um so engere Grenzen gesetzt, je stärker sich die Ungleichbehandlung von Personen oder Sachverhalten auf die Ausübung grundrechtlich geschützter Freiheiten nachteilig auswirken kann."[636]

Auch die in diesem Beschluss zitierten Entscheidungen, sowie nahezu alle anderen ergangenen Entscheidungen, die eine Rüge hinsichtlich Art. 3 Abs. 1 GG zum Gegenstand haben, gehen von einer rechtlichen Ungleichbehandlung aus, die angesichts der geringen Unterschiede wesentlich gleicher Vergleichsgruppen nicht gerechtfertigt sein soll. Die hier entwickelten Kriterien blind auf den entgegengesetzten Fall, nämlich der rechtlichen Gleichbehandlung (wesentlich) ungleicher Vergleichsgruppen, zu übertragen, scheint nur auf den ersten Blick eine Selbstverständlichkeit zu sein. Sie bedürfen stattdessen einer Modifikation.

i. Das Merkmal der Beeinflussbarkeit

Das Bundesverfassungsgericht geht im Fall einer Ungleichbehandlung mitunter dann von einer gelockerten Bindung aus, je mehr der Betroffene das Differenzierungsmerkmal beeinflussen kann und dadurch in der Lage ist, mittelbar Einfluss auf die auf ihn anzuwendende Rechtsfolge zu nehmen. So kann er durch eine Veränderung in etwa seinem Verhalten oder seiner Person von der einen Vergleichsgruppe in die andere Vergleichsgruppe gelangen und kann so – zumindest theoretisch – beeinflussen, welche Rechtsfolge auf ihn anwendbar ist. Bei einer Gleichbehandlung aber steht die Rechtsfolge bereits fest. Dem Betroffenen ist es gerade nicht möglich, durch eine Veränderung in seinem Verhalten oder seiner Person in die andere Vergleichsgruppe zu wechseln, um die auf ihn anzuwendende Rechtsfolge zu ändern, da diese bei beiden Vergleichsgruppen gleich ist. Im Ergebnis macht es einen nicht zu vernachlässigenden Unterschied, ob der Betroffene die auf ihn anwendbare Rechtsfolge zumindest mittelbar beeinflussen kann, oder ob er das nicht kann, einfach weil diese aufgrund der Gleichbehandlung schon feststeht. Sinn und Zweck der Rechtsprechung, dass die Anforderungen an die Rechtfertigungsprüfung einer Ungleichbehandlung umso geringer sind, je eher das Differenzierungskriterium von den Betroffenen beeinflussbar ist, ist, dass die Betroffenen dem Staat so nicht schutzlos ausgesetzt sind. Vielmehr obliegt ihnen ein Handlungsspielraum, der ihnen erlaubt, bei Änderungen ihres Verhaltens beispielsweise in den Bereich der anderen Regelung zu fallen.

636 BVerfG, Beschluss vom 26.01.1993 – 1 BvL 38/92 –, BVerfGE 88, 87 = juris Rn. 35.

Indem sie es letztlich in der Hand haben, zu entscheiden, in welchen Regelungsbereich sie fallen wollen, sind sie weniger dem Risiko ausgesetzt, vom Staat diskriminiert zu werden. Bei einer rechtlichen Gleichbehandlung aber steht die anzuwendende Rechtsnorm und damit die Rechtsfolge schon fest. Zwar ist nicht undenkbar, dass der Betroffene durch sein Verhalten bewirken kann, von einer Vergleichsgruppe in die andere zu wechseln. Trotzdem bleibt die Rechtsfolge gleich. Es ließe sich aber argumentieren, dass im Ergebnis irrelevant sei, ob der Betroffene die auf ihn anwendbare Rechtsfolge mittelbar ändern kann, oder aber mittelbar die Tatbestandsseite beziehungsweise die Voraussetzungen. Am Ende mutet diese Diskussion sehr rechtstheoretisch an, ist doch in dem konkret zu betrachtendem Fall der Vorzugslasten beziehungsweise ihrer Nichterhebung kaum vorstellbar, dass sich ein Vorteilsempfänger wünschen würde, Vorzugslasten zu zahlen. Für die anzustellende Untersuchung und die Festlegung der Prüfstrenge beziehungsweise eines Maßstabes, um diese zu bestimmen, ist diese Fragestellung jedoch von nicht zu unterschätzender Bedeutung.

Selbst, wenn man argumentieren wollte, dass allein aufgrund der strukturellen Unterschiede zwischen einer Ungleichbehandlung wesentlich Gleichem und einer Gleichbehandlung wesentlich Ungleichem eine Anwendung der für den ersteren Fall entwickelte Rechtsprechung des Bundesverfassungsgerichts noch nicht ausgeschlossen ist, so kann das Merkmal der Beeinflussbarkeit aber schon aus anderen Gründen vorliegend lediglich modifiziert anwendbar sein. Das Merkmal der Beeinflussbarkeit besagt, dass je weniger die (von der Ungleichbehandlung) Betroffenen in der Lage sind, das Differenzierungskriterium zu beeinflussen, desto höher sollen die Anforderungen an die Rechtfertigung der Ungleichbehandlung sein. Würde man dies auf den hier infrage stehenden Fall übertragen, so hieße das, dass die Anforderungen an die Rechtfertigung der Gleichbehandlung umso höher wären, je weniger das Differenzierungsmerkmal durch die von der Gleichbehandlung Betroffenen beeinflussbar ist. Ob man zur Gruppe der Vorteilsempfänger oder der Nicht-Vorteilsempfänger gehört, ist immer nur dann durch den Betroffenen beeinflussbar, wenn es Vorzugslasten für aus eigenem Antrieb in Anspruch genommene Leistungen sind, für die auch keine Rechtspflicht besteht. Auswirken würde sich die Frage bei den Vorzugslasten, die erhoben werden, weil der Vorteilsempfänger explizit und aus freien Stücken eine Leistung des Staates beansprucht hat oder einen Vorteil anderweitig durch den Staat zugewendet bekommen hat. Klassischerweise trifft dies auf einen Großteil der Gebühren zu, da diese immer als Gegenleistung zu einer konkret in Anspruch genommenen Leistung oder öffentlichen Einrichtung erhoben werden, nicht aber auf Beiträge, da diese lediglich für die Möglichkeit der Nutzung einer Leistung oder öffentlichen Einrichtung erhoben werden und daher eine konkrete Nutzung keine Voraussetzung ist.

Die Verwaltungsgebühr für den Personalausweis ist zwar eine aus eigenem Antrieb in Anspruch genommene Leistung. Denn der Staat entscheidet hier nicht im Alleingang, eine Leistung zu tätigen und danach einen Vorteilsempfänger finanziell in Anspruch zu nehmen, wie er es etwa bei Straßenausbaubeiträgen oder dem Rundfunkbeitrag tut, sondern stellt einen Personalausweis gemäß § 9 Abs. 1 Satz 1 Personalausweisgesetz (PAuswG)[637] nur auf Antrag des Vorteilsempfängers aus. Allerdings besteht eine Rechtspflicht für jeden Bürger über 16 Jahren, einen gültigen Personalausweis zu besitzen. Die Inanspruchnahme der Verwaltungsleistung ist daher nicht freiwillig. Freiwillig ist die Inanspruchnahme hingegen etwa bei Verwaltungsleistungen in Form der Erteilung einer Baugenehmigung, die von der jeweiligen Kommune durch Gebührensatzung geregelt wird. Schließlich besteht zwar eine Rechtspflicht, für einen beabsichtigten Bau eine Baugenehmigung einzuholen. Allerdings besteht keine Rechtspflicht, einen Neubau zu errichten, für den eine solche Baugenehmigung notwendig ist. Diese Entscheidung beruht in Gänze auf Freiwilligkeit. Für den Bürger ist es also beeinflussbar, ob er im Hinblick auf Baugenehmigungsgebühren zur Gruppe der Vorteilsempfänger oder der Gruppe der Nicht-Vorteilsempfänger gehört. Bei Anwendung des Kriteriums des Bundesverfassungsgerichts würde dies bedeuten, dass die Anforderungen an die Rechtfertigungsprüfung für eine rechtliche Gleichbehandlung der Baugenehmigungssteller und der Nicht-Baugenehmigungssteller eher gering sind. Das hieße, dass hier – im Vergleich zu etwa Straßenausbaubeiträgen – eher diese rechtliche Gleichbehandlung, folglich eine Abschaffung der Vorzugslasten angezeigt ist, als bei beispielsweise den Verwaltungsgebühren für den Personalausweis. Dieses Ergebnis kann aus mehreren Gründen nicht stimmen. Zum einen würde dies der Wesentlichkeit zuwiderlaufen. Wie noch zu zeigen sein wird, sind die Anforderungen an die Rechtfertigung der Gleichbehandlung niedriger, je unwesentlicher sich der Unterschied zwischen den Vergleichsgruppen darstellt. Eine Beeinflussbarkeit der Gruppenzugehörigkeit, also die dem Bürger obliegende Wahl, ob er einen Vorteil empfangen möchte, oder nicht, kann dies aber konterkarieren. Zum anderen hieße das, dass eine Gleichbehandlung und damit eine Verteilung der Finanzierungslast auf den Steuerzahler angezeigt ist, nur weil der Bürger sich aussuchen kann, ob er eine Leistung in Anspruch nehmen möchte. Ganz abgesehen davon, dass

637 Personalausweisgesetz (PAuswG) vom 18.06.2009 (BGBl. I S. 1346), zuletzt geändert durch Art. 4 des Gesetzes vom 18.07.2017 (BGBl. I S. 2745).

dies praktisch zu einem großen Ungleichgewicht zwischen den verschiedenen Gruppen führen könnte, fehlt es auch an jeglicher Korrelation zwischen der Beeinflussbarkeit und der Verteilung auf den Steuerzahler. Bei dem Fall der Ungleichbehandlung ist Sinn und Zweck dieser Regelung, dass der Bürger sich, je eher er das Differenzierungsmerkmal beeinflussen kann, vielmehr aussuchen kann, welche Regelung auf ihn Anwendung finden soll, indem er sich entsprechend verhält. Wenn die Regelung jedoch grundsätzlich gleich Anwendung findet, dann geht der Sinn und Zweck des Merkmals der Beeinflussbarkeit durch den Betroffenen ins Leere.

Daher ist bezüglich der Vorzugslasten der umgekehrte Fall angezeigt: Je eher es durch den Bürger beeinflussbar ist, ob er eine Leistung in Anspruch nimmt oder nicht, also in den Genuss eines Vorteils kommt, weil er sich zu der Inanspruchnahme einer Leistung aktiv entschließt, desto eher soll er hierfür auch zu Vorzugslasten herangezogen werden können, da hier die Risiken der Überraschung, der finanziellen Überforderung und der Bevormundung durch den Staat minimiert beziehungsweise nicht existent sind. Folglich sind die Anforderungen an die Rechtfertigung einer Gleichbehandlung umso höher, je beeinflussbarer es durch den Bürger ist, ob er einen Vorteil in Anspruch nimmt. In dieser modifizierten Form ist das Merkmal der Beeinflussbarkeit also mit in die Determinierung der Prüfstrenge einzubeziehen.

ii. Annäherung an die Merkmale des Artikel 3 Absatz 3 Grundgesetz

Das zweite Merkmal des Bundesverfassungsgerichts, das danach unterscheidet, inwieweit sich die Differenzierungskriterien an den Merkmalen des Art. 3 Abs. 3 GG annähern, kann hingegen unmodifiziert zur Anwendung gelangen. Die Merkmale des Art. 3 Abs. 3 GG sind das Geschlecht, die Abstammung, die Rasse, die Sprache, die Heimat und Herkunft, der Glauben, die religiösen oder politischen Anschauungen und die physische und psychische Verfassung. Praktisch jedoch hat dieses Kriterium keine Auswirkungen. Es ist schwer vorstellbar, dass eine generelle Abschaffung von Vorzugslasten oder die Abschaffung einer bestimmten Vorzugslast und die damit einhergehende rechtliche Gleichbehandlung ungleicher Personengruppen mittelbar oder unmittelbar an eines der Merkmale anknüpfen. Daher kann das Merkmal der Annäherung an die in Art. 3 Abs. 3 GG aufgezählten Eigenschaften für die anzustellende Rechtfertigungsprüfung vernachlässigt werden.

iii. Betroffensein von Freiheitsrechten

Auch das dritte der von dem Bundesverfassungsgericht entwickelten Kriterien kann vorliegend unmodifiziert zur Anwendung gelangen. Sowohl bei einer Gleichbehandlung von Ungleichem als auch bei einer Ungleichbehandlung von

Gleichem können Freiheitsrechte gleichermaßen betroffen sein. Eine Modifikation dieses Merkmals ist daher nicht nötig. An betroffenen Freiheitsrechten kommt im Fall der Vorzugslasten allenfalls die allgemeine Handlungsfreiheit aus Art. 2 Abs. 1 GG in Betracht. Aber auch hier fällt es schwer, einen Sachverhalt zu konstruieren, in dem die Nicht-Erhebung von Vorzugslasten die allgemeine Handlungsfreiheit beeinträchtigt. Durch eine Nicht-Erhebung werden viel eher Zahlungspflichten gelockert, sodass Art. 2 Abs. 1 GG nicht beeinträchtigt wäre. Daher wird dieses Merkmal – vorbehaltlich Besonderheiten des Einzelfalls – mangels Beeinträchtigung keine strenge, am Verhältnismäßigkeitsstab orientierte Prüfung verlangen.

iv. Wesentliche Gleichheit

Werden lediglich die drei Kriterien des Bundesverfassungsgericht angewendet, so würde dies in der Regel dazu führen, dass Gebührentatbestände eher einer strengeren Prüfung unterliegen, da sie meist auf einer freiwillig in Anspruch genommenen Leistung beruhen und daher dem Merkmal der Beeinflussbarkeit unterfallen, wohingegen Beitragstatbestände dies aller Wahrscheinlichkeit nach nicht tun und daher einer gelockerten Prüfung unterliegen würden. Diese Lösung ist zu simpel und wird der Diversität innerhalb der Vorzuglastentatbestände nicht gerecht. Daher ist als weiteres Merkmal ein Korrektiv einzubauen. Dieses Korrektiv bildet die Wesentlichkeit. Nach Art. 3 Abs. 1 GG soll „wesentlich“ Gleiches gleich beziehungsweise „wesentlich“ Ungleiches ungleich behandelt werden. Zum Teil wird vertreten, dass die Wesentlichkeit lediglich darauf hindeuten solle, dass keine Identität der Vergleichsgruppen zu fordern sei, sondern stattdessen eine Vergleichbarkeit zwischen den Vergleichsgruppen bestehen müsse.[638] Es deutet darüber hinaus jedoch noch auf deutlich mehr hin. Die geforderte Wesentlichkeit zeigt, dass im Hinblick auf den zu beurteilenden Sachverhalt die Personengruppen „wesentlich“ gleich beziehungsweise ungleich sein müssen. Das Merkmal der Wesentlichkeit ist damit als konstruktiver Teil in der Rechtfertigung zu verorten, nicht in der Feststellung der Ungleichbehandlung.[639] Denn ob ein Unterschied als wesentlich oder als nicht wesentlich

638 So beispielsweise *Epping*, Grundrechte, Rn. 780 und *Gröpl*, in: Studienkommentar GG, Art. 3, Rn. 28.

639 So auch *Heun*, in: Dreier, GG Kommentar, Art. 3, Rn. 25; *Jarass*, in: Jarass/Pieroth, GG Kommentar, Art. 3, Rn. 11 f.; so wohl auch *Pietzcker*, in: Merten/Papier (Hrsg.), Handbuch der Grundrechte, § 125, Rn. 39; *Kischel*, in Epping/Hillgruber, BeckOK GG, Art. 3, Rn. 17; in diese Richtung auch *Schmehl*, das Äquivalenzprinzip im Recht der Staatsfinanzierung, S. 109.

anzusehen ist, kann je nach angelegtem Maßstab oder dem zu beurteilenden Sachverhalt unterschiedlich sein. So formuliert auch das Bundesverfassungsgericht, dass der Rechtfertigungsgrund in einem *„angemessenem Verhältnis zu dem Grad der Ungleichbehandlung"* stehen müsse.[640] Mit anderen Worten stellt die Wesentlichkeit der Ungleichheit beziehungsweise Gleichheit die erste Stellschraube für die Prüfung dar, inwieweit eine Nicht-Erhebung von Vorzugslasten gegen Art. 3 Abs. 1 GG verstoßen würde. Je wesentlicher die Gleichheit, desto höhere Anforderungen sind an die Rechtfertigung einer Ungleichbehandlung zu stellen; je wesentlicher die Ungleichheit, desto höhere Anforderungen sind an die Rechtfertigung einer Gleichbehandlung zu stellen. Mit anderen Worten: Je wesentlicher die Unterschiede zwischen zwei Vergleichsgruppen sind, desto schwieriger ist eine Gleichbehandlung der zwei Vergleichsgruppen zu rechtfertigen, *ergo* desto eher ist eine Ungleichbehandlung angezeigt.

Bei der Antwort auf die Frage, wie wesentlich der Unterschied zwischen den zu betrachtenden Vergleichsgruppen der Vorteilsempfänger und der Nicht-Vorteilsempfänger ist, liegt es nahe, auf den Vorteil einzugehen, der dem Vorteilsempfänger im Vergleich zum Nicht-Vorteilsempfänger zufließt. Schließlich ist der Vorteil der entscheidende Unterschied zwischen den Gruppen der Vorteilsempfänger und der Nicht-Vorteilsempfänger. Je geringer der Vorteil für die Gruppe der Vorteilsempfänger ausfällt, desto geringer ist auch der Unterschied zwischen den beiden Vergleichsgruppen, mithin desto weniger wesentlich. Dies hat zur Folge, dass die Anforderungen an eine Rechtfertigung einer Gleichbehandlung dieser ungleichen Gruppen sinken. Der Umfang beziehungsweise die Qualität des Vorteils kann an der korrespondierenden Vorzugslast abgelesen werden. Wie bereits erwähnt, ist Sinn und Zweck der Vorzugslasten, den Vorteil abzugelten, der dem Vorteilsempfänger zugutekommt. In der zu betrachtenden Abstraktion, in der Einzel- und Sonderfälle, wie etwa Reduzierungen aus Billigkeitsgründen außen vor zu lassen sind, ist dies immer zutreffend. Zum anderen ist zu beachten, wie viele Personen hiervon betroffen wären, beziehungsweise inwieweit und wie häufig davon jeder einmal betroffen sein wird. Zu beleuchten ist in diesem Rahmen auch, inwieweit sich Vorteile und die durch die rechtliche Gleichbehandlung ergebenen Nachteile kompensieren können.

a. Umfang des zugutekommenden Vorteils

Je wesentlicher der Unterschied ist, desto höhere Anforderungen sind an die Rechtfertigung einer Gleichbehandlung der beiden ungleichen Gruppen der Vorteilsempfänger und der Nicht-Vorteilsempfänger zu stellen. Im

640 BVerfG, Beschluss vom 15.03.2000 – 1 BvL 16/96 –, BVerfGE 102, 68, 87 = juris Rn. 72.

Umkehrschluss sind die Anforderungen an die Rechtfertigung umso geringer, je unwesentlicher sich der Unterschied zwischen den beiden Vergleichsgruppen darstellt. Zum einen ist der Unterschied weniger wesentlich, umso geringer der Vorteil ist, der der Gruppe der Vorteilsempfänger zugewandt wird. Der Umfang des Vorteils kann mitunter an der entsprechenden Vorzugslast abgelesen werden. Wie bereits erwähnt, ist Sinn und Zweck der Vorzugslasten, den Vorteil abzugelten, der dem Vorteilsempfänger zugutekommt, um so am Ende faktische Gleichheit herzustellen. Das bedeutet, dass der Vorteil und die Vorzugslast miteinander korrespondieren und in einem Abhängigkeitsverhältnis stehen.[641] Je geringer die Vorzugslast, desto geringer ist daher auch der mit ihr abgegoltene Vorteil, und desto unwesentlicher ist am Ende der Unterschied zwischen den Vergleichsgruppen.

In der Konsequenz reicht für die Rechtfertigung einer Gleichbehandlung bei sehr geringen Vorteilen irgendein sachlicher Grund. Dieser könnte etwa die Verringerung von Verwaltungsaufwand oder das Begehren der Bürger sein. Als Beispiel sei etwa die Verwaltungsgebühr für den Personalausweis herangezogen. Ausweislich des § 1 Abs. 1 Personalausweisgebührenverordnung (PAusw GebV)[642] beträgt die Gebühr 28,80 Euro für alle Ausweise, dessen Inhaber im Zeitpunkt der Antragstellung 24 Jahre oder älter ist. Gemäß § 6 Abs. 1 des Personalausweisgesetzes (PersAuswG)[643] ist der Personalausweis für 10 Jahre gültig. Der dem Beantragenden zukommende Vorteil beträgt also 28,80 Euro über einen Zeitraum von 10 Jahren, auf den Monat heruntergerechnet ist dies ein Vorteil von 0,24 Euro pro Monat. Dies stellt einen relativ geringen Vorteil dar. An die Rechtfertigung einer Abschaffung dieser Verwaltungsgebühr und die daraus resultierende Gleichbehandlung ungleicher Gruppen wären also keine hohen Anforderungen zu stellen. Sollte die Verwaltungsgebühr für die Ausstellung eines Personalausweises abgeschafft werden, so würde dies, vorbehaltlich der anderen Indikatoren und Voraussetzungen, dann nicht gegen Art. 3 Abs. 1 GG verstoßen, wenn sich irgendein sachlicher Grund hierfür finden ließe.

---

641 Es ist noch einmal daran zu erinnern, dass die zu betrachtende Abstraktion es gebietet, Billigkeitsmaßnahmen und andere auf den Einzelfall abgestimmte Maßnahmen außen vor zu lassen.

642 Personalausweisgebührenverordnung vom 1.11.2010 (BGBl. I S. 1477), zuletzt geändert durch Art. 2 der Verordnung vom 1.07.2015 (BGBl. I S. 1101).

643 Personalausweisgesetz vom 18.06.2009 (BGBl. I S. 1346), zuletzt geändert durch Art. 4 des Gesetzes vom 18.07.2017 (BGBl. I S. 2745).

b. Universalität des Vorteils und Kompensation verschiedener Behandlungen
Als Faktor zur Bestimmung der Wesentlichkeit dient ebenfalls die Häufigkeit der Inanspruchnahme beziehungsweise die Universalität des Vorteils für die Person. Kommt allen Personen oder der überwiegenden Mehrheit der Personen dieser Vorteil zu, besteht also ein starkes Ungleichgewicht zulasten der Nicht-Vorteilsempfänger, dann ist der Vorteil (nahezu) universell. Dies kann eine entscheidende Auswirkung auf die Wesentlichkeit des Unterschieds zwischen den Vergleichsgruppen haben – vorbehaltlich der anderen Indikatoren und Voraussetzungen. Sind alle Personen zu nahezu gleichen Teilen mal Vorteilsempfänger des infrage stehenden Vorteils und mal nicht, so ist eine Gesamtbetrachtung der Vergleichsgruppen anzustellen, was dazu führt, dass sich die Vorteile für die Vorteilsempfänger und das Ausbleiben der Vorteile für die Nicht-Vorteilsempfänger miteinander kompensieren. Auch dies hat eine entscheidende Auswirkung auf die Wesentlichkeit der Ungleichbehandlung. Werden nämlich alle Personen zu nahezu gleichen Teilen mal mit Vorteilen bedacht, ohne dafür Vorzugslasten zu entrichten, und mal nicht, so stellt sich die Ungleichbehandlung der beiden (fluktuierenden) Gruppen unter dem Strich als nicht so wesentlich dar. *Haller* hat bereits festgestellt, dass Gesamtbetrachtungen zwecks einer Kompensation im Rahmen des Art. 3 Abs. 1 GG angestellt werden können.[644] Obgleich er dabei eine etwas andere Situation bedacht hat, nämlich die, in der mindestens zwei rechtliche Ungleichbehandlungen die faktische Gleichheit wiederherstellen, und die Kompensation auch nur auf noch nicht abgeschlossene Ungleichbehandlungen anwenden möchte,[645] so ist doch der Grundgedanke auf die vorliegende Fragestellung übertragbar. Wenn ein innerer Zusammenhang zwischen mehreren Ungleichbehandlungen besteht, die Ungleichbehandlungen also jeweils aufgrund derselben Rechtsnorm erfolgen, und von diesen Ungleichbehandlungen die Personen nahezu identisch – wenn auch über einen langen Zeitraum – betroffen sind, so kann eine Gesamtbetrachtung angestellt werden, die im Ergebnis zu einer Kompensation zwischen den Ungleichbehandlungen führt. Konkret auf Vorzugslasten übertragen bedeutet dies, dass immer dann eine Gesamtbetrachtung der Ungleichheit der Vergleichsgruppen angestellt werden kann, wenn dieselbe (Un-)Gleichbehandlung im Laufe der Zeit alle Personen gleich oder nahezu gleich betrifft. Als Beispiel sei hier wieder die Verwaltungsgebühr für die

---

644 *Haller*, Die Verrechnung von Vor- und Nachteilen im Rahmen von Art. 3 Abs. 1 GG, S. 281 ff., 331 ff.

645 *Haller*, Die Verrechnung von Vor- und Nachteilen im Rahmen von Art. 3 Abs. 1 GG, etwa S. 344.

Ausstellung eines Personalausweises angeführt. Ausweislich des § 1 PersAuswG sind alle Deutschen verpflichtet, einen gültigen Ausweis zu besitzen, sobald sie 16 Jahre alt sind und der allgemeinen Meldepflicht unterliegen oder, ohne ihr zu unterliegen, sich überwiegend in Deutschland aufhalten. Generalisiert und abstrakt betrachtet bedeutet dies also, dass sich jeder Bürger ab dem Alter von 16 Jahren einen Personalausweis ausstellen lassen muss. Da die Gültigkeitsbestimmungen gemäß § 6 PersAuswG ebenfalls für alle gleich sind, bedeutet dies, dass sich jeder (bis zu seinem Ableben) in gleichen Abständen einen neuen Personalausweis ausstellen lassen muss. Dies bedeutet, dass jeder zu nahezu gleichen Anteilen[646] mal Teil der Gruppe der Vorteilsempfänger und mal Teil der Gruppe der Nicht-Vorteilsempfänger ist. Teil der Gruppe der Vorteilsempfänger ist er immer in dem Turnus, in dem er sich gerade einen Personalausweis ausstellen lässt, und Teil der Gruppe der Nicht-Vorteilsempfänger ist er immer in dem Turnus, in dem er sich keinen ausstellen lässt. In einer Gesamtbetrachtung aller Behandlungen dieser beiden Gruppen in Bezug auf die Verwaltungsgebühren bei der Ausstellung eines Personalausweises ist der Unterschied zwischen den Gruppen daher nicht mehr wesentlich, da sich die faktischen Ungleichbehandlungen weitestgehend miteinander kompensieren. Unter dem Strich sind die beiden Gruppen höchstens unwesentlich ungleich.

c. Ergebnis: Einfluss der Wesentlichkeit auf die Rechtfertigungsprüfung

Die Wesentlichkeit der Ungleichheit der beiden Gruppen der Vorteils- und der Nicht-Vorteilsempfänger ist somit ein entscheidender Faktor in der Determinierung, wie streng der anzulegende Maßstab an die Rechtfertigungsprüfung zu sein hat. Je wesentlicher der Unterschied zwischen den Gruppen im Einzelfall ist, desto strenger hat die Rechtfertigungsprüfung zu erfolgen.

Dies lässt sich auf die folgende Formel herunterbrechen:

> *Je wesentlicher die Ungleichheit ist, desto höhere Anforderungen sind an die Rechtfertigung einer Gleichbehandlung zu stellen.*

Die Wesentlichkeit lässt sich durch die folgende Formel determinieren:

> *Je größer der Vorteil, und je ungleicher er verteilt ist, desto wesentlicher ist der Unterschied und damit die Ungleichheit zwischen den beiden Vergleichsgruppen der Vorteilsempfänger und der Nicht-Vorteilsempfänger.*

---

646 Unterschiede ergeben sich im Einzelfall nur aufgrund der Länge des Lebens der einzelnen Personen. Diese fallen aber, generell betrachtet, nicht so eklatant aus, dass es eine andere Beurteilung erfordern würde.

Daraus folgt, dass für die Abschaffung von Vorzugslasten für Vorteile, die entweder sehr ungleich verteilt sind, und/oder solche, die relativ umfangreich sind, höhere Anforderungen an die Rechtfertigung geknüpft sind. Diese sind folglich schwieriger abzuschaffen, als solche, die für relativ gleichmäßig verteilte und/ oder geringe Vorteile erhoben werden. Für erstere müssen gewichtige Gründe sprechen.

v. Zwischenergebnis

Nur wenn der konkrete Sachverhalt nach den genannten Kriterien ergibt, dass ein enger, am Verhältnismäßigkeitsmaßstab orientierter Prüfungsmaßstab anzulegen ist, ist eine Abwägung im Rahmen der Verhältnismäßigkeitsprüfung vorzunehmen. Anderenfalls reicht nach dem am Willkürmaßstab orientierten gelockerten Prüfungsmaßstab, dass ein sachlicher Grund vorliegt, der die Gleichbehandlung rechtfertigt.

vi. Besonderheiten im Steuer- und Abgabenrecht

Einige Besonderheiten ergeben sich jedoch immer dann, wenn fiskalpolitische Entscheidungen des Gesetzgebers betroffen sind. So hat das Bundesverfassungsgericht entschieden, dass der Gesetzgeber im Steuerrecht grundsätzlich einen weiten Entscheidungs- und Gestaltungsspielraum sowohl bei der Auswahl des Steuergegenstandes als auch bei der Bestimmung des Steuersatzes habe.[647] Dieser schließe allerdings nicht aus, dass die nähere Ausgestaltung einer strengeren verfassungsgerichtlichen Kontrolle unterliegt, die sich nach den bereits ermittelte Faktoren richtet.[648] Je nach Intensität der Ungleichbehandlung könne dies zu einer strengeren Kontrolle der Förderziele durch das Bundesverfassungsgericht führen.[649] Ähnlich hat es das Bundesverfassungsgericht auch für Abgaben entschieden. In seinen Entscheidungen zu den wiederkehrenden Beiträgen und dem Rundfunkbeitrag stellte das Gericht fest, dass der weite Gestaltungsspielraum grundsätzlich auch im Abgabenrecht bei der Bestimmung des Abgabensatzes gelte.[650] Dabei muss jedoch der Kontext beachtet werden, in dem diese

647 St. Rspr., statt vieler BVerfG, Urteil vom 17. 12.2014 – 1 BvL 21/12 –, BStBl II 2015, 50 = BVerfGE 138, 136 = juris Rn. 123; BVerfG, Beschluss vom 04.02.2009 – 1 BvL 8/05 –, BVerfGE 123, 1, 19 = juris Rn. 55.

648 BVerfG, Urteil vom 17.12.2014 – 1 BvL 21/12 –, BStBl II 2015, 50, BVerfGE 138, 136 = juris Rn. 126.

649 BVerfG, Urteil vom 17.12.2014 – 1 BvL 21/12 –, BStBl II 2015, 50, BVerfGE 138, 136 = juris Rn. 123, 126.

650 BVerfG, Beschluss vom 25.06.2014 – 1 BvR 668/10 –, BVerfGE 137, 1 = juris Rn. 49; BVerfG, Urteil vom 18.07.2018 – 1 BvR 1675/16 –, juris Rn. 65.

Entscheidungen ergangen sind. Das Bundesverfassungsgericht hatte hierbei jeweils zu entscheiden, ob die Erhebung einer bereits bestehenden Abgabe oder Steuer gegen Art. 3 Abs. 1 GG verstößt und entschied, dass der Gesetzgeber einen weiten Ermessenspielraum bei der Findung von Abgabentatbeständen hat. Keine Aussage hat es darüber getroffen, ob einige Abgabenarten aus verfassungsrechtlichen Gründen schon bestehen müssen und daher nicht abgeschafft werden dürfen. Aus den angeführten Entscheidungen ist nicht zu folgern, dass sich der weite Ermessenspielraum des Gesetzgebers auch auf die Abschaffung von Abgabentatbeständen erstreckt, er also immer und unabhängig vom Regelungsgegenstand einen weiten Entscheidungsspielraum habe und daher auch jede Entscheidung über eine Abschaffung von bestehenden Abgabentatbeständen durch einen sachlichen Grund gerechtfertigt werden kann. Vielmehr sind auch hier die vom Bundesverfassungsgericht entwickelten Faktoren sowie die Wesentlichkeit anzuwenden.[651] Die Schwelle, ab wann ein sachlicher Grund nicht mehr ausreicht, ist allerdings höher anzusehen, um dem Umstand Rechnung zu tragen, dass dem Gesetzgeber aufgrund der Komplexität bei fiskalpolitischen Entscheidungen ein weiterer Spielraum einzuräumen ist als bei anderen Entscheidungen. Hier ist im Einzelfall zu entscheiden, ob trotz des grundsätzlich weiteren Ermessensspielraum eine am Verhältnismäßigkeitsmaßstab orientierte Prüfung angezeigt ist. Grundsätzlich ist also ein gelockerter, an einer Willkürprüfung orientierter Maßstab anzulegen. Folglich ist der Gesetzgeber also prinzipiell darin frei, keine Vorzugslasten zu erheben, solange die Gleichbehandlung der ungleichen Gruppen durch einen sachlichen Grund gerechtfertigt werden kann. Außer, wenn die in der Folge einer Abschaffung, also Nicht-Erhebung, von Vorzugslasten faktische Ungleichbehandlung derart stark die herausgearbeiteten Faktoren betrifft, ist ein an der Verhältnismäßigkeit orientierter Prüfungsmaßstab angezeigt.

(b) Abwägung der widerstreitenden Prinzipien

Sodann ist zu entscheiden, welcher Prüfungsmaßstab anzulegen ist. Sofern dieser strenger ist, sind die widerstreitenden Prinzipien im Rahmen einer Verhältnismäßigkeitsprüfung gegeneinander abzuwägen.

---

651 In BVerfG, Beschluss vom 07.03.2017 – 1 BvR 1314/12 –, BVerfGE 145, 20 = juris Rn. 173, etwa legte das Gericht einen über eine bloße Willkürkontrolle hinausgehenden Verhältnismäßigkeitsmaßstab zugrunde.

i. Eine abstrakt-generelle Abwägung ist nicht möglich

Ursprünglich war angestrebt, eine abstrakte Prüfung durchzuführen, um so eine generelle Aussage darüber treffen zu können, ob Vorzugslasten ausweislich des allgemeinen Gleichheitssatzes notwendig sind. Dies ist jedoch nicht möglich, wie im Folgenden zu zeigen ist.

Selbst, wenn man unterstellte, dass in jedem Fall ein strenger an Verhältnismäßigkeitsgrundsätzen orientierter Prüfungsmaßstab anzulegen ist und es daher immer auf die modifizierte Gewichtsformel im Rahmen einer Abwägung ankommt, so ist es dennoch nicht möglich, die Rechtfertigungsprüfung durchzuführen. Um herauszufinden, wie gewichtig die aufgeführten Gründe bezogen auf die Vorzugslasten sein können, also wie ihre Vorrangrelation bezogen auf die (Nicht-)Erhebung von Vorzugslasten ausgestaltet ist, sind sie gegeneinander abzuwägen. Die Formel „$(P_1 \mathbf{P} P_2) C \leftrightarrow$ *Unter den Bedingungen C geht das Prinzip P_1 dem Prinzip P_2 vor*" aufgreifend, sind die verschiedenen Prinzipien zu identifizieren und dann die Bedingung *C* herauszuarbeiten, unter der einige der Prinzipien den anderen vorgehen. Bliebe man bei einem abstrakten Ansatz, so wären das Prinzip der rechtlichen Gleichheit (rechtliche Ungleichheit), das Sozialstaatsprinzips, das Solidaritätsprinzips, das Prinzip der faktischen Gleichheit (faktische Ungleichheit) und das Prinzip der Gesetzgebungsfreiheit des Gesetzgebers gegeneinander abzuwägen.

Bei einer Abwägung ist die Gewichtsformel zu nutzen. Sie hat abstrakt die folgende Form:

$$G_{i,j} = \frac{I_i \bullet G_i}{I_j \bullet G_j}$$

Fest steht zunächst, dass das Prinzip der rechtlichen (Un-)Gleichheit in Form der rechtlichen Ungleichbehandlung für eine Erhebung von Vorzugslasten streitet, während die faktische (Un-)Gleichheit in Form der faktischen Ungleichbehandlung für eine Nicht-Erhebung der Vorzugslasten streitet. Diesen beiden Prinzipien sind in jedem Fall gegenläufig. Die rechtliche Ungleichheit ist P_r zu nennen und die faktische Ungleichheit ist P_f zu nennen. Es wurde festgestellt, dass die Gesetzgebungsfreiheit des Gesetzgebers abstrakt für beide Seiten streiten kann. Sie ist damit auf beiden Seiten vorhanden. Ihr ist P_g zuzuordnen. Auf den ersten Blick schwieriger scheint die Einordnung des Sozialstaatsprinzips und des Solidaritätsprinzips. Oben wurde festgestellt, dass sie im Einzelfall zweifellos gegen Vorzugslasten streiten können, sie dies gleichwohl aber nicht pauschal tun. Denkbar ist vielmehr, dass sie sich in vielen Fällen enthalten, also weder durch eine Erhebung noch durch eine Nicht-Erhebung tangiert werden. Wenn sie nicht gegen die Vorzugslasten streiten, so heißt das zunächst nur, dass die in dem Fall nicht durch die Erhebung von Vorzugslasten beeinträchtigt sind.

Sollten sie nicht beeinträchtigt sein, so ist vielmehr in der Abwägung festzustellen, dass sie in diesem Fall kein Gewicht haben und daher in der Endformel nicht ins Gewicht fallen. Das Sozialstaatsprinzip erhält den Faktor P_s, das Solidaritätsprinzip erhält den Faktor P_d. Herauszufinden wäre sodann, unter welchen Bedingungen die Nicht-Erhebung von Vorzugslasten gegen Art. 3 Abs. 1 GG verstößt, mithin wann Vorzugslasten erhoben werden müssen. Folglich ist herauszuarbeiten, unter welchen Bedingungen C_x die rechtliche Ungleichheit der faktischen Ungleichheit vorgeht, *ergo* die folgende Formel wahr ist: $(P_r, P_{x^n} \mathbf{P} P_f, P_{y^n}) C_x$.

Durch Einsetzen der Prinzipien würde sich ergeben:

$$G_{r+g,f+g+s} = \frac{(I_r \bullet G_r) + (I_g \bullet G_g)}{((I_f \bullet G_f) + (I_g \bullet G_g) + (I_s \bullet G_s) + (I_d \bullet G_d) : 4) + 6}$$

Werden Vorzugslasten erhoben, so ist das Prinzip der rechtlichen (Un-)Gleichheit, also das Prinzip einer Betrachtung der Gleichheit im aktbezogenen Sinne, zu 100 % erfüllt, da dann ungleiche Gruppen auch aktbezogen ungleich behandelt werden. Werden Vorzugslasten nicht erhoben, so ist das Prinzip der faktischen Gleichheit zu 100 % erfüllt, also das Prinzip einer Betrachtung im folgenbezogenen Sinne, da dann ungleiche Gruppen folgenbezogen auch ungleich behandelt werden. Folglich wären sowohl für I_r als auch I_f ein l einzusetzen, mithin eine 3. Da das abstrakte Gewicht der rechtlichen Gleichheit G_r immer dann höher als das der faktischen Gleichheit ist, wenn sie miteinander konkurrieren, wäre für G_f ein s, also eine 1, und für G_r ein m, also eine 2, einzusetzen. Weitere Erkenntnisse können auf abstrakter Ebene jedoch nicht gezogen werden. In der Notwendigkeit einer abstrakten Betrachtung der Vorzugslasten liegt auch ihre Schwäche, nämlich, dass die Vielzahl von möglichen Einzelfällen nicht berücksichtigt werden kann. Bei näherer Betrachtung fällt nämlich auf, dass keines der herausgearbeiteten Prinzipien zur abstrakten Frage einer Erhebung von Vorzugslasten viel beizusteuern hat. Vielmehr gewinnen die von der rechtlichen und faktischen Gleichheit jeweils unterstützten Lösungen an Gewicht, indem andere Prinzipien hinzukommen und eine der beiden Lösungen unterstützen. Für den Fall der Sozialhilfe beispielsweise ist es das Sozialstaatsprinzip, das der Lösung mit der faktischen Gleichheit ein derartiges Gewicht verleiht, dass das Prinzip der faktischen Gleichheit die Ungleichbehandlung von Gleichem rechtfertigt. Es lässt sich jedoch nicht pauschal feststellen, ob eine Existenz oder Nicht-Existenz von Vorzugslasten nun generell das Sozialstaatsprinzip, das Solidaritätsprinzip oder das Prinzip der Gesetzgebungsfreiheit des Gesetzgebers fördert oder nicht fördert. Deutlich wird vielmehr, dass es hier – mehr noch als ohnehin schon – auf den Einzelfall ankommt.

Eher als dass es dem Sozialstaatsprinzip darauf ankommt, generell das Leistungsfähigkeitsprinzip durch eine alleinige Steuererhebung zu etablieren, geht es dem Sozialstaatsprinzip darum, dass auch finanziell benachteiligte Bürger im Hinblick auf den Empfang staatlicher Vorteile die Chance haben, diese wahrzunehmen und zu empfangen. Das bedeutet auch, dass das Sozialstaatsprinzip eben nicht ausschließlich dann erfüllt ist, wenn alle Bürger nur noch gemäß dem Leistungsfähigkeitsprinzip zur Kasse gebeten werden. Ebenso verhält es sich mit dem Solidaritätsprinzip. Die generelle Existenz von Vorzugslasten beeinträchtigt weder das eine noch das andere Prinzip dahingehend, dass sie nicht mehr zur Erfüllung gelangen. Lediglich die rechtliche und faktische Gleichheit sind durch die Existenz oder Nicht-Existenz von Vorzugslasten entweder erfüllt oder nicht erfüllt. Aber auch hier lässt sich nicht abstrakt-generell einer der beiden Gleichheiten der Vorrang zuschreiben. Vielmehr wird offensichtlich, dass eine abstrakte Abwägung schlichtweg nicht möglich ist. Wegen des abstrakt höheren Gewichts der rechtlichen Gleichheit im Fall einer Konkurrenz mit der faktischen Gleichheit würde immer die rechtliche Gleichheit die Überhand behalten, und andere Prinzipien könnten nicht berücksichtigt werden, da zumindest deren Faktor I_x nicht determiniert werden kann. Passend dazu wirft auch *Clérico* das Problem der Abwägung und ihrer „*Universalisierbarkeit*" auf.[652] Sie führt aus, dass das Ergebnis einer rationalen Abwägung mehr als ein Abwägungsergebnis sei, sondern vielmehr eine Abwägungsergebnisregel, die mit dem Anspruch konstruiert sei, bei gleichen oder ähnlichen Fällen *prima facie* verbindlich zu sein, die gleichzeitig aber auch die Berücksichtigung der Umstände des Einzelfalles erfordere, da sich sonst die für die Anwendung der Abwägungsergebnisregel notwendigen Ähnlichkeiten nicht finden ließen. Mithin sei eine Abwägung, ohne die Umstände des Einzelfalls zu berücksichtigen, nicht möglich. Eine rein abstrakte Abwägung ist also nicht möglich – schon gar nicht, um eine Abwägungsergebnisregel zu statuieren, die einen *prima facie* (partiell) universellen Gültigkeitsanspruch erhebt, wie es diese Arbeit zu ihrem Anspruch gemacht hat. Daraus folgt, dass anstelle der Vornahme einer abstrakten Abwägung einige Vorzugslasten exemplarisch herauszugreifen sind, um eine konkrete Abwägung an ihnen vorzunehmen, und um sodann eine Abwägungsergebnisregel zu statuieren, die universell auf die anderen Vorzugslasten gleichermaßen angewendet werden kann.

652 *Clérico*, Die Struktur der Verhältnismäßigkeit, S. 152 f.

ii. Konkrete Abwägung

Bei der Untersuchung, ob eine Abschaffung beziehungsweise eine Nicht-Erhebung von Vorzugslasten gegen Art. 3 Abs. 1 GG verstoßen würde beziehungsweise ob ihre Erhebung verfassungsrechtlich notwendig ist, ist zu beachten, dass diese Beispiele noch immer auf gewisse Weise abstrahiert sind, da es unmöglich und auch nicht nötig ist, alle Einzelheiten eines Gesetzes zur Abschaffung zu konstruieren. Diese Beispiele erheben daher nicht den Anspruch, dass ihre Ergebnisse ohne Modifizierung auf jeden Fall und jedes Gesetz, das die Abschaffung der hier porträtierten Abgabenarten zum Gegenstand hat, anwendbar sind. Vielmehr sind immer die Einzelheiten eines jeden Falls zu beachten und in der Rechtfertigungsprüfung zu berücksichtigen. Die hier vorzunehmenden Prüfungen bieten jedoch ein Grundgerüst und einen Leitfaden.

a. Verwaltungsgebühren für die Ausstellung eines Personalausweises nach dem Personalausweisgesetz

Das Beispiel der Verwaltungsgebühren für den Personalausweis wurde bereits aufgeworfen und ist daher noch einmal aufzugreifen. Würde der Gesetzgeber diese Verwaltungsgebühr abschaffen, so würden dadurch ungleiche Gruppen, nämlich die der Personalausweisempfänger und die der Nicht-Empfänger, gleich behandelt werden. Diese Gleichbehandlung von Ungleichem müsste durch ausreichend gute Gründe gerechtfertigt sein. Die Prüfstrenge bestimmt sich dabei zunächst nach den drei herausgearbeiteten und modifizierten Faktoren (erstens, inwieweit die in Rede stehenden Merkmale von den Betroffenen beeinflussbar sind, zweitens, inwieweit sich die personenbezogenen Merkmale den in Art. 3 Abs. 3 GG genannten Merkmalen annähern und drittens, inwiefern die Gleichbehandlung Freiheitsrechte tangiert) und in einem zweiten Schritt nach der Wesentlichkeit der Gleichbehandlung als Korrektiv. Als einzig betroffener Faktor der drei modifizierten Faktoren kommt gegebenenfalls noch das der Beeinflussbarkeit in Betracht, aber auch dieses ist hier nicht betroffen. Auf den Vorteil, der dem Personalausweisbeantragendem durch die Ausstellung eines Personalausweises durch die Verwaltung zukommt, hat der Einzelne deswegen kaum Einfluss, weil er gesetzlich verpflichtet ist, ab dem 16. Lebensjahr einen gültigen Personalausweis zu besitzen. Insofern unterliegt er keiner Entscheidungsfreiheit, einen Personalausweis zu beantragen, oder nicht. Nach den drei Kriterien wäre demnach ein gelockerter Prüfmaßstab anzulegen. Dieses Ergebnis bedarf auch keiner Korrektur durch das Merkmal der Wesentlichkeit. Je wesentlicher der Unterschied, desto höhere Anforderungen sind grundsätzlich an die Rechtfertigung zu stellen. Wie bereits herausgearbeitet sind die Unterschiede zwischen den Vergleichsgruppen bei der Verwaltungsgebühr für die Ausstellung eines

Personalausweises nicht wesentlich. Das bedeutet für die Verhältnismäßigkeitsprüfung im engeren Sinne, dass eine am Willkürmaßstab orientierte Prüfung ausreichend ist, um festzustellen, ob die Gleichbehandlung gerechtfertigt ist. In der Folge wäre sie das, wenn irgendein sachlicher und vernünftiger Grund für die Abschaffung der Vorzugslast gefunden werden kann. Solche könnten etwa ein aus der Abschaffung resultierender, geringerer Verwaltungsaufwand oder der Wille des Volkes sein. Dies allein würde bereits reichen, um eine Gleichbehandlung des Ungleichen durch eine Abschaffung der Vorzugslasten unter Art. 3 Abs. 1 GG zu rechtfertigen. Da hier ein gelockerter, am Willkürmaßstab orientierter Prüfungsmaßstab anzulegen ist, ist keine Verhältnismäßigkeitsprüfung und damit auch keine Abwägung anhand der modifizierten Gewichtsformel angezeigt.

b. Verwaltungsgebühren für die Ausstellung eines Reisepasses

Auch bei der Gebühr für die Ausstellung eines Reisepasses ist keine Abwägung im Sinne der modifizierten Gewichtsformel angezeigt. Es existiert, anders als beim Personalausweis, zwar keine Pflicht, einen Reisepass zu besitzen. Einen solchen benötigt man nur, wenn man außerhalb des Schengenraumes (und der Staaten, mit denen die EU ein Freizügigkeitsabkommen geschlossen hat) reisen möchte. Der Reisepass wird daher ausweislich § 6 Abs. 1 Satz 1 PaßG[653] nur auf Antrag ausgestellt, welcher dem freien Entschluss des Beantragenden unterworfen ist. Demgemäß ist von dem Betroffenen beeinflussbar, ob er zur Gruppe der Vorteilsempfänger oder der Nicht-Vorteilsempfänger gehört. Daher ist eine zumindest strengere Prüfung angezeigt als bei der Gebühr für die Ausstellung eines Personalausweises. Berücksichtigt man aber auch die hoch anzulegende Schwelle wegen des grundsätzlich weiten Ermessenspielraums des Gesetzgebers und das Korrektiv der Wesentlichkeit, dann wird offensichtlich, dass hier noch keine an Verhältnismäßigkeitsgrundsätzen ausgerichtete Prüfung angezeigt ist. Vielmehr deutet dies auf eine mittlere Prüfstrenge hin.

Eine Korrektur durch das Merkmal der Wesentlichkeit ist nicht angezeigt. Die Kosten für einen Reisepass sind zwar höher als für einen Personalausweis. Er beläuft sich mit 60 Euro (§ 15 Abs. 1 Nr. 1 a) PassV[654]) derzeit auf etwa das Doppelte an Verwaltungsgebühren bei einer Gültigkeitsdauer von ebenfalls zehn Jahren bei Pässen für Personen ab 24 Jahren (§ 5 Abs. 1 PaßG). Der daraus

653 Paßgesetz (PaßG) vom 19.04.1986 (BGBl. I S. 537), zuletzt geändert durch Art. 2 des Gesetzes vom 07.07.2017 (BGBl. I S. 2310).

654 Passverordnung (PassV) vom 19.10.2007 (BGBl. I S. 2386), zuletzt geändert durch Art. 1 der Verordnung vom 15.02.2017 (BGBl. I S. 162).

resultierende Vorteil ist aber noch immer vergleichsweise gering: Wenn man davon ausgeht, dass eine Person ab dem 24. Lebensjahr durchgängig einen Pass bis zu ihrem Lebensende hat, so beläuft sich der Vorteil auf etwa 0,50 Euro pro Monat. Diese Höhe rechtfertigt noch nicht, den strengsten Prüfungsmaßstab anzulegen. Angezeigt ist vielmehr ein mittlerer Prüfungsmaßstab. Dies stützt auch die Universalität des Vorteils: Diese weicht bei einem Reisepass von der bei einem Personalausweis ab. Eine offizielle Statistik war zwar nicht zu finden, jedoch ist anzunehmen, dass längst nicht jeder Deutsche einen gültigen Reisepass besitzt. Die Anzahl an Reisepässen, die jeder Deutsche im Laufe seines Lebens besitzt und besitzen wird, variiert daher deutlich stärker als bei dem Personalausweis. Aus diesem Grund ist der Kompensationsgedanke nicht anwendbar. Allerdings ist auch nicht davon auszugehen, dass Reisepassbesitzer eine kleine Minderheit darstellen.

Die Unterschiede sind hier zwischen den Vergleichsgruppen also schon wesentlicher als bei den Verwaltungsgebühren für den Personalausweis. Da aber zumindest der Vorteil noch recht gering ist, und der Vorteil nicht nur einer kleinen Minderheit zugutekommt, ist noch von einer gelockerten Bindung des Gesetzgebers auszugehen. An die Rechtfertigung sind – im Lichte des fließenden Übergangs von der Willkürformel zur sogenannte Neuen Formel – jedoch etwas gesteigerte Anforderungen zu stellen. Es reicht nicht aus, dass der Grund für die Abschaffung irgendeinen sachlichen Grund darstellt. Er muss darüber hinaus – in Anlehnung an die Dreistufenformel bei Art. 12 GG[655] – auch dem Gemeinschaftswohl dienen.

c. *Straßenausbaubeiträge*

Bei Straßenausbaubeiträgen kommt bei der Determinierung des Prüfungsmaßstabes grundsätzlich wieder lediglich das Merkmal der Beeinflussbarkeit in Betracht. Wie bei Beiträgen üblich, entsteht der Vorteil nicht aufgrund ausdrücklichen Wunsches des Vorteilsempfängers, sondern weil der Staat – bei Straßenausbaubeiträgen aufgrund der ihm obliegenden Straßenbaulast, die in den Straßen- und Wegegesetzen der Länder geregelt ist – eine Leistung erbringt und dadurch einen Vorteil schafft, den insbesondere der Vorteilsempfänger zu nutzen in der Lage ist. Auf eine konkrete Nutzung durch den Vorteilsempfänger kommt es nicht an, vielmehr wird die Möglichkeit der Nutzung durch den Beitrag abgegolten. Ob dem Bürger durch eine Straßenerneuerung also ein Vorteil zukommt oder nicht, und er daraufhin zu Vorzugslasten herangezogen wird, ist

---

655 Vgl. hierzu das „*Apotheken-Urteil*“, BVerfG, Urteil vom 11.06.1958 – 1 BvR 596/56 –, BVerfGE 7, 377-444.

grundsätzlich nicht durch ihn beeinflussbar. Dies würde auf eine lockere, am Willkürmaßstab orientierte Prüfung hindeuten, die keine erhöhten Anforderungen im Sinne eines Verhältnismäßigkeitsmaßstabes stellt. Fraglich ist, ob diese Erkenntnis durch das Merkmal der Wesentlichkeit korrigiert werden muss. Das wäre dann der Fall, wenn die Ungleichheit zwischen den Vergleichsgruppen der Vorteilsempfänger und der Nicht-Vorteilsempfänger wesentlich ist. Sie ist je wesentlicher, desto größer der Vorteil ausfällt und desto ungleicher er verteilt ist. Ein Straßenausbaubeitragsbescheid beläuft sich in der Regel auf etwa 5.000 bis 10.000 Euro[656] und wird in der Regel alle 25 Jahre fällig. Dies bedeutet einen monatlichen Vorteil von rund 17 bis 34 Euro (oder einen jährlichen Vorteil von rund 200 bis 400 Euro) für den an der Straße anliegenden Grundstückseigentümer. Auch ist der Vorteil, der dem anliegenden Grundstückseigentümer zukommt, deutlich weniger universell, als der Vorteil des Personalausweises: Lediglich Grundstückeigentümer werden zu Straßenausbaubeiträgen herangebeten, nicht jedoch Mieter oder anderweitige Bewohner des an der Straße gelegenen Hauses. Laut einer Statistik zu der Wohnsituation in ausgewählten europäischen Ländern beträgt die Wohneigentumsquote in Deutschland etwa 50 %.[657] Da aber auch nur solche Grundstücke zu Beiträgen herangezogen werden, die nicht an einer Landesstraße oder Bundesstraße anliegen, ist die Zahl der Beitragsschuldner letztlich also deutlich geringer, als es die Quote von 50 % zunächst suggeriert. Abzuziehen sind auch diejenigen, die nur im Wohneigentum eines anderen wohnen und dort eigentlich Mieter oder Angehöriger sind. Das Korrektiv der Wesentlichkeit muss also in Anbetracht des hohen Vorteils (bei einer angenommenen Summe von 5.000 Euro je 25 Jahre immerhin das knapp 74-fache des Vorteils bei einem Personalausweis) und der nicht vorhandenen Universalität greifen und den Prüfungsmaßstab nach oben korrigieren. Im Lichte des fließenden Übergangs von der Willkürformel zur sogenannte Neuen Formel sind daher etwas gesteigerte Anforderungen zu stellen. Für die Gleichbehandlung in Folge der Abschaffung reicht nicht jeder sachliche Grund, sondern dieser muss, ebenso wie bei den Verwaltungsgebühren für den Reisepass, auch am Gemeinwohl orientiert sein beziehungsweise dieses fördern. Auf

---

656 Hierbei ist allerdings das eingangs Gesagte zu beachten, dass der Straßenausbaubeitragsbescheid nicht nur kommunenübergreifend deutlichen Schwankungen unterliegt und es kaum möglich ist, durch eine Schätzung oder einen zu bildenden Mittelwert alle Beitragsbescheide gerecht abzubilden.

657 Statistik von 2017, erhoben durch Eurostat, abrufbar unter https://de.statista.com/statistik/daten/studie/155734/umfrage/wohneigentumsquoten-in-europa/ (zuletzt abgerufen am 12.07.2019).

eine Prinzipienabwägung anhand der modifizierten Gewichtsformel kommt es also auch hier nicht an.

Straßenausbaubeiträge wurden unter anderem in Bayern abgeschafft. Dort war die Begründung, dass Straßenausbaubeiträge in der Bevölkerung mehrheitlich abgelehnt würden. Die Instandhaltung und Erneuerung der Straßen käme der Allgemeinheit zugute und nicht nur der Anlieger. Zudem würden Beitragsforderungen die Beitragspflichtigen durch zum Teil „enorme Summen" vor existenzielle Probleme stellen.[658] Die Verhinderung finanzieller Nöte der Beteiligten, der Wille des Volkes und die Absicht, zu verhindern, dass ein der Allgemeinheit zugutekommender Vorteil auf einzelne Anlieger abgewälzt wird, sind Gründe, die nicht abwegig erscheinen und die dem Gemeinwohl dienlich sind. Insofern reichen diese aus, um eine Abschaffung der Straßenausbaubeiträge zu rechtfertigen. Straßenausbaubeiträge sind also dann nicht verfassungsrechtlich geboten, wenn sich ein sachlicher, dem Gemeinwohl dienender Grund für ihre Abschaffung finden lässt.

d. Der Rundfunkbeitrag

Wie auch bei den Straßenausbaubeiträgen ist das Merkmal der Beeinflussbarkeit bei dem Rundfunkbeitrag ebenso wenig einschlägig wie die anderen Faktoren. Demnach ist eine lockere am Willkürmaßstab ausgerichtete Prüfung angezeigt. Dieses Ergebnis ist auch nicht durch das Korrektiv der Wesentlichkeit zu berichtigen. Der Beitrag wird von allen Haushalten in gleicher Höhe, nämlich 17,50 Euro monatlich, erhoben. Der Vorteil ist demnach zwar verglichen mit den Verwaltungsgebühren für die Ausstellung des Personalausweises und Reisepasses relativ hoch, aber kommt grundsätzlich – vorbehaltlich Einzelfällen – allen gleichermaßen zugute. Er wird deswegen sogar als verkappte Steuer kritisiert.[659] Das Bundesverfassungsgericht hat dieser Kritik zum Trotz den Rundfunkbeitrag als verfassungsgemäß eingestuft. Wegen der hohen Universalität des Vorteils ist deshalb kein strengerer Maßstab an die Prüfung anzulegen, als sich aus der Analyse der drei Faktoren bereits ergibt. Der Rundfunkbeitrag ist demnach dann nicht ausweislich des Art. 3 Abs. 1 GG notwendig, wenn sich für seine Abschaffung irgendein sachlicher Grund finden lässt.

e. Gebühren für einen Antrag auf Baugenehmigung

Anders sieht es hingegen beispielsweise bei den zu entrichtenden Verwaltungsgebühren für einen Antrag auf Baugenehmigung aus. Jeder Neubau oder

658 BayLT-Drs. 17/21586.

659 So etwa *Terschüren*, Die Reform der Rundfunkfinanzierung in Deutschland, S. 162 f.

Änderung an einem bestehenden Gebäude bedarf grundsätzlich – vorbehaltlich normierter Ausnahmen – der Baugenehmigung. In Hessen ist dies beispielsweise in §§ 62 Abs. 1 Satz 1, 69, 74 Hessische Bauordnung (HBO)[660] geregelt. Ausweislich § 69 Abs. 5 Satz 1 HBO ist der Bauantrag von der Bauherrschaft und von der für den Entwurf verantwortlichen Person zu unterzeichnen und einzureichen. Gemäß §§ 2, 9 HKAG in Verbindung mit § 93 Abs. 2 HGO und § 1 Hessisches Verwaltungskostengesetz (HVwKostG)[661] sind hierfür Verwaltungsgebühren von den Kommunen durch Satzung zu erheben. Die Stadt Frankfurt hat beispielsweise die Satzung über die Bauaufsichtsgebühren der Stadt Frankfurt am Main (Bauaufsichtsgebührensatzung)[662] als Rechtsgrundlage für die Erhebung von Verwaltungsgebühren für den Bauantrag erlassen. Diese soll im Folgenden als Berechnungsgrundlage dienen.

Bei einer fiktiven Abschaffung von Gebühren für Bauanträge kommt grundsätzlich wieder lediglich das Merkmal der Beeinflussbarkeit in Betracht, da – aller Voraussicht nach und vorbehaltlich der Umstände im konkreten Fall – weder an die Merkmale des Art. 3 Abs. 3 GG angeknüpft wird noch Freiheitsrechte von einer Nicht-Erhebung betroffen wären. Wie bereits herausgearbeitet, sind die Vorteile, die anhand von Gebührentatbeständen abgegolten werden, meist beeinflussbar, vorausgesetzt es besteht keine Pflicht, den Vorteil in Anspruch zu nehmen. Genauso verhält es sich hier: Es besteht keine Pflicht, Neubauten zu errichten oder Änderungen an bestehenden Bauten vorzunehmen, die die Notwendigkeit eines Bauantrags auslösen. Daher ist die Tatsache, ob jemand zur Gruppe der Vorteilsempfänger oder der Nicht-Vorteilsempfänger gehört, durch ihn beeinflussbar. Dies würde auf eine engere, am Verhältnismäßigkeitsmaßstab orientierte Prüfung hindeuten, die erhöhte Anforderungen an die Rechtfertigung der durch eine Abschaffung resultierende Gleichbehandlung stellt. Dieser enge Prüfungsmaßstab muss auch nicht durch das Merkmal der Wesentlichkeit korrigiert werden. Vielmehr bestätigt das Merkmal der Wesentlichkeit diese prüfungsrechtliche Erkenntnis. In Frankfurt beträgt die Gebühr für Baugenehmigungsverfahren im vereinfachten Verfahren ausweislich der

660 Hessische Bauordnung (HBO) vom 28.05.2018, verkündet als Art. 1 des Gesetzes zur Neufassung der Hessischen Bauordnung und zur Änderung landesplanungs-, ingenieurberufs- und straßenrechtlicher Vorschriften vom 28.05.2018 (GVBl. 2018, 198).

661 Hessisches Verwaltungskostengesetz (HVwKostG) in der Fassung vom 12.01.2004 (GVBl. I 2004 S. 36), zuletzt geändert durch Gesetz vom 23.06.2018 (GVBl. S. 330).

662 Bauaufsichtgebührensatzung vom 26.03.2009, verkündet am 14.04.2009, ABl. Nr. 16 (140. Jahrgang), S. 421.

Bauaufsichtsgebührensatzung nach § 57 HBO (jetzt § 65 HBO) 5 Euro je 1.000 Euro Rohbausumme und dabei mindestens 100 Euro; im Baugenehmigungsverfahren für Gebäude der Gebäudeklassen 4 und 5[663] nach § 58 HBO (jetzt § 66 HBO), die keine Wohngebäude sind, 8 Euro je 1.000 Euro Rohbausumme und dabei mindestens 100 Euro; und 18 Euro je 1.000 Euro Rohbausumme und dabei mindestens 100 Euro im Baugenehmigungsverfahren nach § 58 HBO (jetzt § 66 HBO) für Sonderbauten sowie zugehörige Nebengebäude und Nebenanlagen. Das Berechnungsverfahren soll hier nicht weiter aufgeschlüsselt werden. Die Bauaufsichtsbehörde der Stadt Frankfurt hat aber eine Broschüre veröffentlicht, in der sie ein Beispiel für eine Gebührenberechnung im Baugenehmigungsverfahren aufschlüsselt:[664] Danach beträgt die Grundgebühr für ein Zweifamilienhaus bei 1.250 m^3 umbauten Raum und damit 158.750 Euro Rohbausumme 795 Euro. Zusätzlich können noch Gebührenbeträge für die Zulassung von Ausnahmen, Abweichungen und Befreiungen anfallen, wie zum Beispiel eine Unterschreitung der Mindestfläche, wobei die Mindestgebühr jeweils 100 Euro beträgt. Im Beispiel der Stadt würde die Abweichungsgebühr für 15 m^2 erforderliche Grundstücksfläche, um die Abstandsgrenzen einzuhalten, bei 1.125 Euro liegen, der wegen der Kappungsgrenze auf 797 Euro reduziert werden würde. Darüber fallen noch Gebühren für Bauüberwachungen, Bauzustandsbesichtigungen, wiederkehrende Prüfungen wie Sonderbaukontrollen und den Erlass bauaufsichtlicher Anordnungen an. Die Gesamtsumme, die an zu zahlenden Gebühren anfällt, ist also sehr variabel und kaum vorherzusagen. Diese ist abhängig vom Bau selbst, von der Planung und Durchführung und äußeren sowie bauspezifischen Umständen. Der konkrete Vorteil lässt sich demnach nicht allgemein beziffern, dürfte sich im Mittel bei einem Zweifamilienhaus aber auf eine Summe zwischen 1.000 Euro und 7.000 Euro belaufen, je nach Umfang und den konkreten Umständen des Baus. Bei größeren Bauten mit einer höheren Rohbausumme, oder bei Bauten, die mit einem höheren Satz berechnet werden, fällt diese Summe deutlich höher aus. Hier könnte über die Höhe nur gemutmaßt werden, sie dürfte sich aber weit im fünfstelligen Bereich

663 § 2 Abs. 4 Satz 1, Nr. 4 und 5 HBO: *„Gebäude der Gebäudeklasse 4 sind solche bis zu 13 m Höhe und Nutzungseinheiten mit jeweils nicht mehr als 400 m^2 Grundfläche in einem Geschoss, Gebäude der Gebäudeklasse 5 sind sonstige Gebäude einschließlich unterirdischer Gebäude."*

664 Abrufbar unter https://www.bauaufsicht-frankfurt.de/fileadmin/Downloads__alle/Publikationen/Broschuere_Bauen_in_FFM/Kapitel_B13.pdf (zuletzt abgerufen am 12.07.2019).

bewegen. Der Vorteil kann also mitunter sehr hoch ausfallen, insbesondere wenn es um Hochhäuser geht, die keinen Wohnzwecken dienen sollen.

Laut des Statistischen Bundesamtes wurden im Jahre 2017 von insgesamt 146.012 gestellten Anträgen auf Baugenehmigung für einen Neubau 99.243 von privaten Haushalten gestellt, was einer Quote von 67,97 % entspricht.[665] Das bedeutet, dass ein Drittel aller Bauanträge entweder von Unternehmen oder von öffentlichen Stellen gestellt werden. Typischerweise stellen öffentliche Stellen und Bauunternehmen in Summe mehrere Bauanträge und, je nach Größe und Konjunkturlage, teilweise sogar mehrere im Monat. Von einer Nicht-Erhebung der Gebühren würden diese beiden Stellen überproportional profitieren. Im Jahre 2018 waren nur 47,5 % der Haushalte in Deutschland Haushalte mit Haus- und Grundbesitz.[666] Wenn noch bedacht wird, dass von diesen 47,5 % ein beträchtlicher Teil ihre Immobilie gekauft und nicht gebaut haben und damit auch keinen Bauantrag gestellt haben, so wird klar, dass nur ein geringer Teil von Personen irgendwann in ihrem Leben einmal einen Bauantrag stellen wird und zu den Gebühren hierfür herangezogen werden wird. Eine Kompensation ist also mangels auch nur annähernder Universalität nicht möglich.

Eine Nicht-Erhebung beziehungsweise Abschaffung der Gebühr wäre also am Verhältnismäßigkeitsmaßstab zu messen. Die Abschaffung müsste einem legitimen Zweck dienen, geeignet sein, diesen zu erreichen und hierfür auch

---

665 Statistik des Statistischen Bundesamts, abrufbar unter https://www.destatis.de/SiteGlobals/Forms/Suche/Servicesuche_Formular.html?nn=2408&resourceId=2414&input_=2408&pageLocale=de&templateQueryString=Baugenehmigung+Bauherr&submit.x=0&submit.y=0 (zuletzt abgerufen am 12.07.2019).

666 Statistik des Statistischen Bundesamts vom 16.04.2019, abrufbar unter https://www.destatis.de/DE/Themen/Gesellschaft-Umwelt/Einkommen-Konsum-Lebensbedingungen/Vermoegen-Schulden/Tabellen/haus-grundbbesitz-evs.html (zuletzt abgerufen am 12.07.2019); Definition Haus- und Grundbesitz, ebd.: „*Die Angaben zum Haus- und Grundbesitz erstrecken sich auf das gesamte Eigentum an unbebauten Grundstücken, Gebäuden und Eigentumswohnungen […], unabhängig davon, ob diese Immobilien selbst errichtet, gekauft oder durch Schenkung bzw. Erbschaft erworben wurden oder ob sie selbst genutzt oder vermietet werden. Die Frage nach dem Haus- und Grundbesitz umfasste folgende Immobilienarten: Einfamilienhäuser (auch mit Einliegerwohnung), Zweifamilienhäuser, Wohngebäude mit drei und mehr Wohnungen, Eigentumswohnungen (auch Zweit- und Freizeitwohnungen), Sonstige Gebäude (Wochenend- und Ferienhäuser, Lauben und Datschen in Kleingärten, kombinierte Wohn- und Geschäftsgebäude sowie Betriebsgebäude, die nicht für eigene geschäftliche Zwecke genutzt werden) und unbebaute Grundstücke (ohne landwirtschaftlich genutzte Flächen).*“

erforderlich sein. Sollte im konkreten Fall die Förderung des Sozialstaatsprinzips oder eine Bewahrung von Bürgern vor existenziellen Nöten einer der Zwecke sein, so ist hier genau zu prüfen, ob die Abschaffung hierfür erforderlich ist. Denn dem Sozialstaatsprinzip wird es nicht eher gerecht, wenn niemand mehr für Sonderleistungen zahlt und stattdessen alles über das Leistungsfähigkeitsprinzip und die Steuer abgegolten wird. Das soziale Staatsziel richtet sich nicht auf mehr Gleichheit schlechthin, sondern auf mehr Gleichheit unter dem Vorbehalt der Ungleichheit.[667] Es ermächtigt nicht zu beliebiger Sozialgestaltung, die das Gebot der Gleichheit (und damit das Gebot, Ungleiches auch seiner Ungleichheit entsprechend ungleich zu behandeln) auflösen würde.[668] Es ist vorstellbar, dass oftmals ausdifferenziertere oder weniger strenge Billigkeitsgründe das Sozialstaatsprinzip mehr fördern würden und daher eine Abschaffung einer Förderung des sozialen Zwecks nicht dienlich wäre. In der Verhältnismäßigkeit im engeren Sinne ist schließlich die Abwägung vorzunehmen. Abzuwägen ist anhand der herausgearbeiteten Gewichtsformel. Zu fragen ist hierfür zunächst, welche Prinzipien gegeneinander abzuwägen sind. Immer zu berücksichtigen sind die Prinzipien der rechtlichen und der faktischen Gleichheit. Entschließt sich der Gesetzgeber dazu, die Gebühren abzuschaffen, so stünde in jedem Fall auch das Prinzip der Gestaltungsfreiheit des Gesetzgebers hinter dieser Entscheidung, die ebenfalls als verfassungsrechtliches Prinzip zu berücksichtigen ist. Zudem könnte – je nachdem wie das Ergebnis der Erforderlichkeit ausfällt – auch mit dem Sozialstaatsprinzip argumentiert werden.

Würde man das Sozialstaatsprinzip mit einbeziehen können, dann sähe die Formel folgendermaßen aus:

$$P_{r,f+g+s} = \frac{P_r}{((P_f + P_g + P_s):3)+4} =$$

$$G_{r,f+g+s} = \frac{I_r \bullet G_r}{((I_f \bullet G_f)+(I_g \bullet G_g)+(I_s \bullet G_s)):3)+4}$$

wobei $G_{r,\, f+g+s}$ das konkrete Gewicht von dem Prinzip der rechtlichen Gleichheit P_r mit den Gegenspielern P_f, P_g und P_s unter den *konkreten* Umständen darstellt. Ist der Wert größer als 1, so geht das Prinzip der rechtlichen Gleichheit vor, ist er geringer als 1, so geht das Prinzip der faktischen Gleichheit vor. Bei einem Wert = 1 steht sowohl die eine als auch die andere Lösung im Einklang

667 So *Zacher*, in: Isensee/Kirchhof, HdStR, Bd. II, § 28, Rn. 86.

668 So BVerfG, Urteil vom 17.05.1961 – 1 BvR 561/60 –, BVerfGE 12, 354, 367 = juris Rn. 43.

mit Art. 3 Abs. 1 GG. I_r stellt die Eingriffsintensität in das Prinzip der rechtlichen Gleichheit dar, I_f die Eingriffsintensität in das Prinzip der faktischen Gleichheit, I_g die Eingriffsintensität in das Prinzip der Gesetzgebungsfreiheit des Gesetzgebers und I_s die Eingriffsintensität in das Sozialstaatsprinzip. G_r stellt das abstrakte Gewicht des Prinzips der rechtlichen Gleichheit dar, G_f das des Prinzips der faktischen Gleichheit und so weiter.

Den Faktoren sind sodann nach der triadischen Skalierung die Werte *l*, *m* oder *s*, die in die numerischen Werte 1, 2 und 3 übersetzt werden können, zuzuordnen. Das abstrakte Gewicht G_r des Prinzips der rechtlichen Gleichheit P_r ist höher als das der faktischen Gleichheit P_f, aber nicht so hoch wie beispielsweise das der Menschenwürde, welches man als schwer (*s*) einordnen würde. Mithin ist es als mittel (*m*) einzustufen, während das abstrakte Gewicht G_f des Prinzips der faktischen Gleichheit P_f als (*l*) einzustufen ist. Das abstrakte Gewicht der Gesetzgebungsfreiheit ist angesichts der abgabenrechtlichen Thematik ebenfalls als mittel (*m*) einzustufen, während dem abstrakten Gewicht des Sozialstaatsprinzips ein (*l*) zuzuweisen ist. Die Eingriffsintensitäten I_r und I_f sind jeweils als schwer (*s*) einzustufen, da beide Prinzipien bei der Realisierung der jeweils anderen Lösung gleichsam nicht zur Anwendung kommen. Die Eingriffsintensität in die Gesetzgebungsfreiheit des Gesetzgebers I_g ist als mittel (*m*) zu bezeichnen. Schließlich würde ihm kein Gesetz wortwörtlich oktroyiert, sondern ihm nur vorgegeben, dass er auf eine Erhebung von Vorzugslasten im konkreten Fall nicht verzichten könne. Ihm verbliebe somit noch ein nicht zu vernachlässigender Spielraum. Die Eingriffsintensität I_s ist mit leicht (*l*) zu verbuchen. Sodann sind die Bewertungen *l*, *m* und *s* durch die Werte 1, 2 und 3 entsprechend zu ersetzen.

Die Formel mit den eingesetzten Werten sähe dann wie folgt aus:

$$G_{r,f+g+s} = \frac{3 \bullet 2}{((3 \bullet 1) + (2 \bullet 2) + (1 \bullet 1)) : 3) + 4}$$

$$= G_{r,f+g+s} = \frac{3 \bullet 2}{((3 + 4 + 1) : 3) + 4}$$

$$= G_{r,f+g+s} = \frac{6}{(8 : 3) + 3}$$

$$= G_{r,f+g+s} = \frac{6}{2{,}67 + 4}$$

$$= G_{r,f+g+s} = \frac{6}{6{,}67} = \frac{1}{1{,}1117} = 0{,}8995$$

Der Wert des konkreten Gewichts $G_{r,f+g+s}$ ist kleiner als 1, somit ginge die Lösung, die das Prinzip der faktischen Gleichheit P_f favorisiert, der Lösung der rechtlichen Gleichheit vor. Unter diesen Umständen C wäre damit P_f **P** P_r. In dem Fall würde eine Nicht-Erhebung von Vorzugslasten angezeigt sein.

Würde man das Sozialstaatsprinzip nicht mit in die Gleichung einbeziehen, so sähe die Rechnung wie folgt aus:

$$P_{r,f+g+s} = \frac{P_r}{((P_f + P_g):2)+2}$$

$$= G_{r,f+g+s} = \frac{I_r \bullet G}{((I_f \bullet G_f)+(I_g \bullet G_g)):2)+2}$$

$$= G_{r,f+g+s} = \frac{3 \bullet 2}{((3 \bullet 1)+(2 \bullet 2)):2)+2}$$

$$= G_{r,f+g+s} = \frac{3 \bullet 2}{((3+4):2)+2}$$

$$= G_{r,f+g+s} = \frac{6}{3,5+2}$$

$$= G_{r,f+g+s} = \frac{6}{5,5}$$

Der Wert des konkreten Gewichts $G_{r,f+g+s}$ ist jetzt größer als 1, somit ginge unter diesen Umständen die Lösung, die das Prinzip der rechtlichen Gleichheit P_r favorisiert, vor. Unter diesen Umständen C wäre damit P_r **P** P_f. Eine Erhebung von Vorzugslasten ist also angezeigt und verfassungsrechtlich sogar notwendig.

Mit anderen Worten: Ist das Sozialstaatsprinzip als Grund in der Abwägung anzuführen, auch wenn es im konkreten Fall nicht besonders gewichtig ist, so vermag dieser Umstand der Lösung der faktischen Gleichheit ein stärkeres Gewicht verleihen, als es die Lösung der rechtlichen Gleichheit im konkreten Fall hat. Ist es jedoch nicht anzuführen, da es nicht tangiert ist und im konkreten Fall der Gleichung nichts beizusteuern hat, so reicht – bei der hier angenommenen Gewichtung – die konkrete Gewichtung der Lösung der faktischen Gleichheit gegenüber der Gewichtung der Lösung der rechtlichen Gleichheit nicht aus, um eine Nicht-Erhebung zu rechtfertigen. In diesen Fällen würde eine Nicht-Erhebung von der Vorzugslast gegen den allgemeinen Gleichheitssatz des Art. 3 Abs. 1 GG verstoßen. Ist das Ergebnis = 1, so ist es dem Gesetzgeber gleichgestellt, ob er Vorzugslasten erhebt oder nicht. In diesem Fall eines Patts überwiegt weder die eine noch die andere Lösung. Eine Erhebung von Vorzugslasten ist dann also nicht verfassungsrechtlich notwendig.

(c) Ergebnis

In den hier gewählten Beispielen wäre – unter den genannten Voraussetzungen – die Erhebung von Verwaltungsgebühren für die Erteilung von Baugenehmigungen verfassungsrechtlich wegen Art. 3 Abs. 1 GG notwendig. Eine Nicht-Erhebung von Straßenausbaubeiträgen oder der Verwaltungsgebühr für die Erteilung eines Reisepasses ist dann gerechtfertigt, wenn sich hierfür ein sachlicher Grund finden lässt, der auch dem Gemeinwohl dient. Dann kommt ihnen keine verfassungsrechtliche Notwendigkeit zu. Die Verwaltungsgebühren für die Ausstellung eines Personalausweises sowie der Rundfunkbeitrag können dann verfassungskonform abgeschafft werden, wenn sich hierfür irgendein sachlicher Grund finden lässt.

(8) Entwicklung allgemeingültiger Kriterien zur Bestimmung der verfassungsrechtlichen Notwendigkeit einer Vorzugslast im Einzelfall

Aus diesen gewonnen Erkenntnissen sollen im Folgenden allgemeingültige Kriterien zur Bestimmung der verfassungsrechtlichen Notwendigkeit einer Vorzugslast im Einzelfall entwickelt werden. Vorab ist festzuhalten, dass eine generelle Notwendigkeit für die Erhebung von Vorzugslasten nicht existiert. Die Frage, ob Vorzugslasten abgeschafft werden können, oder ob aus Art. 3 Abs. 1 GG ein Gebot für (bestimmte) Vorzugslasten folgt, ist für jede Vorzugslast gesondert zu beantworten.

Grundsätzlich ist der weite Gestaltungsspielraum des Gesetzgebers bei fiskalpolitischen Entscheidungen zu beachten, der auch in Bezug auf Vorzugslasten gilt. Dieser gilt jedoch nicht uneingeschränkt, sondern kann dann begrenzt werden, wenn insbesondere solche Vorzugslasten betroffen sind, die für eine konkret beantragte Gegenleistung erhoben werden, und wenn der Unterschied zwischen den Vorteilsempfängern und den Nicht-Vorteilsempfängern wesentlich ist. Dies ist oftmals bei Gebührentatbeständen der Fall, selten jedoch bei Beitragstatbeständen. Der Unterschied und damit die Ungleichheit zwischen den beiden Vergleichsgruppen der Vorteilsempfänger und der Nicht-Vorteilsempfänger ist umso wesentlicher, je größer der Vorteil ist und je ungleicher er verteilt ist. Unterliegt die Nicht-Erhebung einer Vorzugslast einer strengeren, am Verhältnismäßigkeitsmaßstab orientierten Prüfung im Rahmen des Art. 3 Abs. 1 GG, so ist die Abwägung anhand der Gewichtsformel durchzuführen. Sind mehrere Prinzipien additiv für eine Seite zu berücksichtigen, so ist nach der hier entwickelten modifizierten Gewichtsformel vorzugehen.

Eine Erhebung von Vorzugslasten ist immer dann verfassungsrechtlich notwendig, wenn das Ergebnis im Rahmen der Abwägung > 1 ist, und immer dann nicht, wenn das Ergebnis ≤ 1 ist. Das genaue Ergebnis hängt von den Umständen des Einzelfalls ab. Durch die Gewichtung der Prinzipien wird eine rationale Abwägung sichergestellt, die keinen Zugang für Willkür durch den Rechtsanwender bietet.

In den hier gewählten Beispielen ist zumindest die Erhebung von Verwaltungsgebühren für Baugenehmigungen dann verfassungsrechtlich notwendig, wenn die Nicht-Erhebung kein zusätzliches Prinzip außer dass der Gesetzgebungsfreiheit des Gesetzgebers und der faktischen Gleichheit fördert.

Zu beachten ist bei allen hier aufgeführten Beispielen, dass das Prinzip der Gesetzgebungsfreiheit des Gesetzgebers eine entscheidende Rolle spielt. In den hier angebrachten Beispielen wurde davon ausgegangen, dass der Gesetzgeber die entsprechende Vorzugslast abzuschaffen gedenkt. Hat er dies jedoch nicht vor, so streitet das Prinzip der Gesetzgebungsfreiheit des Gesetzgebers für die andere Lösung, für die auch das Prinzip der rechtlichen Gleichheit streitet. Dies würde eine enorme Umverteilung der Gewichtung bedeuten. Hat der Gesetzgeber keinen Willen hinsichtlich der Beibehaltung oder der Abschaffung, so ist dieses Prinzip außen vor zu lassen, da es für beide Seiten gleichermaßen streiten würde und sich daher in der Gleichung wegkürzt.

D. Vorzugslasten und Europarecht

Spätestens seit dem Vertrag von Lissabon[669] genügt ein alleiniger Blick auf das nationale Recht nicht mehr aus. Mit dem zunehmenden Einfluss der europäischen Rechtsmaterie sind immer mehr auch europarechtliche Vorgaben zu beachten. Diese können einschlägig sein, sobald im Einzelfall ein grenzüberschreitender Sachverhalt gegeben ist. Dass insbesondere im Beihilfenrecht keine hohen Anforderungen an das Merkmal des grenzüberschreitenden Sachverhalts zu stellen sind, und das Beihilfenrecht daher nahezu immer im Auge behalten werden muss, wird nachfolgend gezeigt.

Sollten Beiträge und Gebühren zugunsten einer Finanzierung über Steuern in Deutschland abgeschafft werden, sodass Vorteile Einzelner nicht mehr nach dem Äquivalenzprinzip abgegolten werden, sondern stattdessen die Allgemeinheit über ihre Steuerschuld für die Finanzierung der Vorteile Einzelner aufkommt, dann ist zu erwägen, ob diese Lastenallokation europarechtswidrige Subventionen darstellen könnten, sobald ein Unternehmen von der Abgabenerleichterung betroffen ist.

I. Europarechtswidrige Subventionen

Das europäische Beihilfenrecht ist in den Art. 107 ff. AEUV geregelt, wobei Art. 107 AEUV die zentrale Norm darstellt. Sinn und Zweck des Beihilfenrechts ist es, Subventionswettläufe unter den Mitgliedstaaten und die damit verbundenen Wettbewerbsverzerrungen soweit wie möglich zu verhindern, um die Volkswirtschaft nicht zu schädigen.[670] Schutzzweck der Norm ist es demnach, die Wettbewerbsfreiheit und -gerechtigkeit auf einem freien und unabhängigen europäischen Binnenmarkt zu gewährleisten.

1. Begriff der Beihilfe

Das Unionsrecht selber definiert den Begriff der staatlichen Beihilfe in Art. 107 Abs. 1 AEUV als *„staatliche oder aus staatlichen Mitteln gewährte Beihilfe gleich*

669 Vertrag von Lissabon zur Änderung des Vertrags über die Europäische Union und des Vertrags zur Gründung der Europäischen Gemeinschaft, unterzeichnet in Lissabon am 13.12.2007 (ABl. 2007 C 306/01).

670 So auch *Gundel*, in: Gersdorf/Paal, BeckOK Informations- und Medienrecht, Art. 107 AEUV, Rn. 1.

welcher Art, die durch die Begünstigung bestimmter Unternehmen oder Produktionszweige den Wettbewerb verfälschen oder zu verfälschen drohen, [...] soweit sie den Handel zwischen Mitgliedsstaaten beeinträchtigen." Aus deutscher Sicht mutet es eigenartig an, den Begriff der staatlichen Beihilfe als *„staatliche [...] Beihilfe"* zu definieren, weshalb deutsche Rechtsautoren die staatliche Beihilfe verständlicher als Maßnahme beschreiben, die durch ein Tun oder Unterlassen diejenigen Belastungen verringern, die ein Unternehmen normalerweise zu tragen hat.[671] Aktive Beihilfen können etwa klassische finanzielle Zuwendungen sein, wohingegen Beihilfen durch Unterlassen zum Beispiel in Form von sogenannten Verschonungssubventionen, wie Steuer- oder Abgabenerleichterungen, auftreten. Dabei ist für die Qualifizierung einer Maßnahme als Beihilfe allein ihre Wirkung entscheidend; es kommt weder auf die Gründe noch die Ziele der Maßnahme an.[672] So können beispielsweise auch sozial motivierte Maßnahmen als Beihilfen einzuordnen zu sein.[673] Die Motivation hinter der Beihilfengewährung wird erst im Rahmen der Absätze 2 und 3 des Art. 107 AEUV bedeutsam,

---

671 *Haag*, in: Bieber/Epiney/Haag/Kotzur (Hrsg.), Die Europäische Union, § 13, Rn. 7 f.; *Knopf*, Europarecht und kommunale Selbstverwaltung, in: DVBl. 1980, 106, 107; *von Wallenberg/Schütte*, in: Grabitz/Hilf/Nettesheim, EU Kommentar, Art. 107 AEUV, Rn. 28; *Cremer*, in: Calliess/Ruffert, EUV/AEUV Kommentar, Art. 107 Rn. 10. So aber immerhin auch der Europäische Gerichtshof: EuGH, Urteil vom 23.03.2006, Rs. C-237/04, *Enirisorse*, Slg. 2006, I-2843, Rn. 42; EuGH, Urteil vom 03.03.2005, Rs. C-172/03, *Heiser*, Slg. 2005, I-1627, Rn. 36; EuGH, Urteil vom 07.03.2002, Rs. C-310/99, *Italien/Kommission*, Slg. 2002, I-2289, Rn. 51; EuGH, Urteil vom 27.06.2000, Rs. C-404/97, *Kommission/Portugal*, Slg. 2000, I-4897, Rn. 44; EuGH, Urteil vom 17.06.1999, Rs. C-75/97, *Belgien/Kommission*, Slg. 1999, I-3671, Rn. 23.

672 EuGH, Urteil vom 13.06.2002, Rs. C-382/99, *Niederlande/Kommission*, Slg. 2002, I-5163, Rn. 61; EuGH, Urteil vom 27.06.2000, Rs. C-404/97, *Kommission/Italien*, Slg. 2000, I-4897, Rn. 44; EuGH, Urteil vom 17.06.1999, Rs. C-75/97, *Belgien/Kommission*, Slg. 1999, I-3671, Rn. 23; EuGH, Urteil vom 24.02.1987, Rs. C-310/85, *Deufil/Kommission*, Slg. 1987, I-901, Rn. 8; EuGH, Urteil vom 02.07.1974, Rs. C-173/73, *Italien/Kommission*, Slg. 1974, I-709, Rn. 26, 28; *von Wallenberg/Schütte*, in: Grabitz/Hilf/Nettesheim, EU Kommentar, Art. 107, Rn. 30. *Arhold*, in: MüKo Wettbewerbsrecht, Teil 2, Art. 107 AEUV, Rn. 129, 471 nennt dies *„Wirkungs-Doktrin"*. Vgl. darüber hinaus *Müller-Graff*, Die Erscheinungsformen der Leistungssubventionstatbestände aus wirtschaftsrechtlicher Sicht, in: ZHR 1988, 403, 416 f.

673 EuGH, Urteil vom 12.12.2002, Rs. C-5/01, *Cockerill Sambre SA*, Slg. 2002, I-1991, Rn. 46 m.V.a. EuGH, Urteil vom 17.06.1999, Rs. C-75/97, *Kimberly Clark*, Slg. 1999, I-3671, Rn. 21, 25 und EuGH, Urteil vom 5.10.1999, Rs. C-251/97, *Frankreich/Kommission*, Slg. 1999, I-6639, Rn. 37; *Kleine/Sühnel*, in: Birnstiel/Bungenberg/Heinrich (Hrsg.), Europäisches Beihilfenrecht, Kap. 1, § 107 AEUV, Rn. 91.

also bei der Frage, ob eine eigentlich rechtswidrige Beihilfe von der Europäischen Kommission genehmigt werden kann.[674]

Die Europäische Kommission hat im Juli 2016 eine Bekanntmachung zum Begriff der staatlichen Beihilfe im Sinne des Art. 107 AEUV veröffentlicht,[675] welche auf teils heftige Kritik gestoßen ist.[676] Der Kommission wird vorgeworfen, mit ihrer Auslegung des Beihilfenbegriffs teilweise über die bisherige Rechtsprechung hinausgegangen zu sein und damit ihre eigene Prüfungskompetenz überdehnt zu haben.[677] Zwar besitze die Kommission bei der Beurteilung, ob marktgerechtes staatliches Verhalten oder eine Zuwendung mit Beihilfencharakter vorliegt (Überprüfung anhand des sog. Private-Investor-Tests[678]) einen weiten Beurteilungsspielraum.[679] Dieser Beurteilungsspielraum beziehe sich jedoch nicht auf die Auslegung des eigentlichen Beihilfenbegriffs, wie die Kommission selbst in der Einführung zu der Bekanntmachung einräumt,[680] da es sich bei dem Begriff der staatlichen Beihilfe um einen objektiven Rechtsbegriff handele, der direkt im AEUV definiert und vom Europäischen Gerichtshofs voll überprüfbar sei.[681] Dennoch ist die Bekanntmachung trotz der Kritikpunkte mit den entsprechenden Verweisen auf die Rechtsprechung des Europäischen Gerichtshofs geeignet, um sich einen Überblick über den Beihilfenbegriff zu verschaffen.

---

674 *Kleine/Sühnel*, in: Birnstiel/Bungenberg/Heinrich (Hrsg.), Europäisches Beihilfenrecht, Kap. 1, § 107 AEUV, Rn. 92.

675 Bekanntmachung der Kommission zum Begriff der staatlichen Beihilfe im Sinne des Artikels 107 Absatz 1 des Vertrags über die Arbeitsweise der Europäischen Union (ABl. 2016 C 262/1), abrufbar unter http://eur-lex.europa.eu/legal-content/DE/TXT/PDF/?uri=CELEX:52016XC0719(05)&from = DE (zuletzt abgerufen am 12.07.2019).

676 Vgl. statt vieler *Stöbener de Mora*, Überall Beihilfen? – Die Kommissionsbekanntmachung zum Beihilfenbegriff, in: EuZW 2016, 685 m.w.N.

677 *Stöbener de Mora*, Überall Beihilfen? – Die Kommissionsbekanntmachung zum Beihilfenbegriff, in: EuZW 2016, 685, 685.

678 S. hierzu unter *D. I. 2 Sogenannter Private-Investor-Test.*

679 *Cremer*, in: Calliess/Ruffert, EUV/AEUV Kommentar, Art. 107 AEUV, Rn. 11; *Kleine/Sühnel*, in: Birnstiel/Bungenberg/Heinrich (Hrsg.), Europäisches Beihilfenrecht, Art. 107 Abs. 1 AEUV, Rn. 202 ff.

680 Bekanntmachung der Kommission zum Begriff der staatlichen Beihilfe im Sinne des Artikels 107 Absatz 1 des Vertrags über die Arbeitsweise der Europäischen Union (ABl. 2016 C 262/1), Rn. 3; vgl. darüber hinaus EuGH, Urteil vom 22.12.2008, Rs. C-487/06 P, *British Aggregates/Kommission*, Slg. 2009, I-10515, Rn. 111.

681 So auch *von Wallenberg/Schütte*, in: Grabitz/Hilf/Nettesheim, EU Kommentar, Art. 107 AEUV, Rn. 5.

Nach der Definition des Art. 107 Abs. 1 AEUV muss für das Vorliegen einer europarechtswidrigen Beihilfe folglich zunächst ein Unternehmen betroffen sein, das durch eine Finanzierung aus staatlichen Mitteln einen Vorteil erlangt, der selektiv ist und der Auswirkungen auf Handel und Wirtschaft in der Europäischen Union hat. Bevor in eine Prüfung einer Nicht-Erhebung von Vorzugslasten als etwaige europarechtswidrige Subventionen eingestiegen werden kann, sind diese Tatbestandsmerkmale vorab näher zu beleuchten.

a) *Begriff des Unternehmens und der wirtschaftlichen Tätigkeit*

Nach ständiger Rechtsprechung des Europäischen Gerichtshofs umfasst der Begriff des Unternehmens *„jede eine wirtschaftliche Tätigkeit ausübende Einheit, unabhängig von ihrer Rechtsform und der Art ihrer Finanzierung“*.[682] Die Kommission zieht daraus drei wichtige Konsequenzen: erstens sei der Status der Einheit nach nationalem Recht nicht entscheidend, zweitens sei irrelevant, ob die Einheit mit dem Ziel der Gewinnerzielung gegründet wurde,[683] und drittens erfolge die Einstufung einer Einheit als Unternehmen immer in Bezug auf eine bestimmte Tätigkeit.[684] Tätigkeiten, die in Ausübung hoheitlicher Befugnisse erfolgen, haben nach Ansicht des Europäischen Gerichtshofs keinen wirtschaftlichen, sondern hoheitlichen Charakter, mit der Folge, dass sie dann nicht als Unternehmen im Sinne des Beihilfenrechts qualifiziert sind.[685] Jedoch könne eine öffentliche Einheit in Bezug auf nur einen Teil ihrer Tätigkeiten als Unternehmen anzusehen sein, wenn diese Tätigkeiten als wirtschaftliche Tätigkeiten

---

682 EuGH, Urteil vom 12.09.2000, verbundene Rs. C-180/98 bis C-84/98, *Pavlov u. a.*, Slg. 2000, I-6451, Rn. 74; EuGH, Urteil vom 10.01.2006, Rs. C-222/04, *Cassa di Risparmio di Firenze u. a.*, Slg. 2006, I-289, Rn. 107.

683 So auch EuGH, Urteil vom 16.11.1995, Rs. C-244/94, *FFSA u.a./Ministère de l'Agriculture und de la Pêche*, Slg. 1995, I-4013, Rn. 17.

684 Bekanntmachung der Kommission zum Begriff der staatlichen Beihilfe im Sinne des Artikels 107 Absatz 1 des Vertrags über die Arbeitsweise der Europäischen Union (ABl. 2016 C 262/1), Rn. 7 ff.

685 EuGH, Urteil vom 12.07.2012, Rs. C-138/11, *Compass-Datenbank*, ECLI: EU: C:2012:449, Rn. 36: *„Dagegen haben Tätigkeiten, die in Ausübung hoheitlicher Befugnisse erfolgen, keinen wirtschaftlichen Charakter, der die Anwendung der im AEU-Vertrag vorgesehenen Wettbewerbsregeln rechtfertigen würde“*; EuG, Rs. T-309/12, *Zweckverband Tierkörperbeseitigung/Kommission*, ECLI: EU: T:2014:676, Rn. 52: *„Nach der Rechtsprechung des Gerichtshofs weisen Tätigkeiten, die in Ausübung hoheitlicher Befugnisse erfolgen, keinen wirtschaftlichen Charakter auf, der die Anwendung der Wettbewerbsregeln des AEU-Vertrags rechtfertigen würde“*.

einzustufen seien.[686] Soweit eine öffentliche Einheit eine wirtschaftliche Tätigkeit ausübe, die von der Ausübung ihrer hoheitlichen Befugnisse losgelöst werden könne, handele sie in Bezug auf diese Tätigkeit als Unternehmen; sei die wirtschaftliche Tätigkeit dagegen mit der Ausübung ihrer hoheitlichen Befugnisse untrennbar verbunden, blieben sämtliche Tätigkeiten dieser Einheit Tätigkeiten in Ausübung hoheitlicher Befugnisse.[687] Nach der Bekanntmachung der Kommission könne eine Handlung einer Einheit dann als Handlung der öffentlichen Hand angesehen werden, wenn die betreffende Tätigkeit Teil einer der wesentlichen Aufgaben des Staates sei, oder aber sie ihrem Wesen, ihrem Ziel und den für sie geltenden Vorschriften nach mit diesen Aufgaben verbunden sei.[688]

b) *Finanzierung aus staatlichen Mitteln*

Um eine Maßnahme als Beihilfe qualifizieren zu können, muss zum einen die finanzierte Gewährung eines Vorteils unmittelbar oder mittelbar aus staatlichen Mitteln erfolgt und zum anderen muss diese Maßnahme auch dem Staat zurechenbar sein.[689] Staatliche Mittel umfassen sämtliche Mittel des öffentlichen Sektors,[690] einschließlich der Mittel innerstaatlicher Stellen[691]. Ihre Form ist nicht entscheidend; sie können sowohl in Form von direkten Zuschüssen, Darlehen, Garantien oder Beteiligungen am Kapital eines Unternehmens als

---

686 EuGH, Urteil vom 22.10.2002, Rs. C-82/01 P, *Aéroports de Paris/Kommission*, ECLI: EU: C:2002:617, Rn. 74 ff; EuGH, Urteil vom 12.07.2012, Rs. C-138/11, *Compass-Datenbank*, ECLI: EU: C:2012:449, Rn. 37 f.

687 EuGH, Urteil vom 26.03.2009, Rs. C-113/07 P, *SELEX Sistemi Integrati/Kommission*, Slg. 2009, I-2207, Rn. 72 ff.; EuGH, Urteil vom 12.07.2012, Rs. C-138/11, *Compass-Datenbank*, ECLI: EU: C:2012:449, Rn. 37 f.

688 Bekanntmachung der Kommission zum Begriff der staatlichen Beihilfe im Sinne des Artikels 107 Absatz 1 des Vertrags über die Arbeitsweise der Europäischen Union (ABl. 2016 C 262/1), Rn. 17.

689 Bekanntmachung der Kommission zum Begriff der staatlichen Beihilfe im Sinne des Artikels 107 Absatz 1 des Vertrags über die Arbeitsweise der Europäischen Union (ABl. 2016 C 262/1), Rn. 38 m.V.a. EuGH, Urteil vom 16.05.2002, Rs. C-482/99, *Frankreich/Kommission (Stardust)*, Slg. 2002, I-4397, Rn. 24; EuG, Urteil vom 05.04.2006, T-351/02, *Deutsche Bahn AG/Kommission*, Slg. 2006, II-1047, Rn. 103.

690 EuG, Urteil vom 12.12.1996, Rs. T-358/94, *Air France/Kommission*, Slg. 1996, II-2109, Rn. 56.

691 EuGH, Urteil vom 14.10.1987, Rs. C-248/84, *Deutschland/Kommission*, Slg. 1987, 4013, Rn. 17; EuG, Urteil vom 06.03.2002, verbundene Rs. T-92/00 und T-103/00, *Diputación Foral de Álava/Kommission*, Slg. 2002, II-1385, Rn. 57.

auch in Sachleistungen erfolgen.[692] Nach der Rechtsprechung des Europäischen Gerichtshofs sind Mittel öffentlicher Unternehmen ebenfalls als staatliche Mittel im Sinne des Art. 107 Abs. 1 AEUV anzusehen, da der Staat in der Lage sei, die Verwendung dieser Mittel zu steuern.[693] Die Gewährung staatlicher Mittel ist dem Staat außerdem schon „*definitionsgemäß*"[694] zurechenbar. Einer näheren Prüfung bedarf es nur dann, wenn der Vorteil etwa über öffentliche Unternehmen gewährt wird.[695]

c) Vorteilsbegriff

Ein Vorteil oder eine Begünstigung im Sinne des Art. 107 Abs. 1 AEUV ist jede wirtschaftliche Vergünstigung, die ein Unternehmen unter normalen Marktbedingungen, also ohne Eingreifen des Staates, nicht erhalten könnte.[696] Es handelt sich dabei also um jegliche staatliche Leistungen, die über das Marktübliche hinausgehen.[697] Denkbar sind daher nicht nur positive Leistungen, wie Subventionen, sondern auch Leistungen durch Unterlassen, wie Belastungsverminderungen („Verschonungssubventionen"), also auch solche Maßnahmen,

---

692 Bekanntmachung der Kommission zum Begriff der staatlichen Beihilfe im Sinne des Artikels 107 Absatz 1 des Vertrags über die Arbeitsweise der Europäischen Union (ABl. 2016 C 262/1), Rn. 51.

693 EuGH, Urteil vom 16.05.2002, Rs. C-482/99, *Frankreich/Kommission (Stardust)*, Slg. 2002, I-4397, Rn. 38. Siehe auch EuGH, Urteil vom 29.04.2004, Rs. C-278/00, *Griechenland/Kommission*, Slg. 2004, I-3997, Rn. 53 f.; EuGH, Urteil vom 08.05.2003, verbundene Rs. C-328/99 und C-399/00, *Italien und SIM 2 Multimedia/Kommission*, Slg. 2003, I-4035, Rn. 33 f.

694 Bekanntmachung der Kommission zum Begriff der staatlichen Beihilfe im Sinne des Artikels 107 Absatz 1 des Vertrags über die Arbeitsweise der Europäischen Union (ABl. 2016 C 262/1), Rn. 39.

695 Bekanntmachung der Kommission zum Begriff der staatlichen Beihilfe im Sinne des Artikels 107 Absatz 1 des Vertrags über die Arbeitsweise der Europäischen Union (ABl. 2016 C 262/1), Rn. 40 m.w.V.

696 EuGH, Urteil vom 11.07.1996, Rs. C-39/94, *SFEI u. a.*, Slg. 1996, I-3547, Rn. 60; EuGH, Urteil vom 29.04.1999, Rs. C-342/96, *Spanien/Kommission*, Slg. 1999, I-2459, Rn. 41; EuGH, Urteil vom 29.04.1999, Rs. C-342/96, *Spanien/Kommission*, Slg. 1999, I-2459, Rn. 41; EuG, Urteil vom 13.09.2013, Rs. T-525/08, *Poste Italiane/Kommission*, ECLI: EU: T:2013:481, Rn. 59; *Kühling*, in: Streinz, EUV/AEUV Kommentar, Art. 107 AEUV, Rn. 28 ff.

697 *Risch*, Europäisches Beihilfenrecht, in KommJur 2015, 10, 10; *Kühling*, in: Streinz, EUV/AEUV Kommentar, Art. 107 AEUV, Rn. 28; *Cremer*, in: Calliess/Ruffert, Art. 107 AEUV, Rn. 10.

welche die finanziellen Belastungen des Unternehmens verringern und ihnen dadurch einen finanziellen Vorteil zukommen lassen. Die Leistung kann in jeglicher Form und Ausgestaltung erfolgen.[698] Die Kommission nennt als Beispiele direkte Zuschüsse, Darlehen, Garantien, Beteiligungen am Kapital von Unternehmen und Sachleistungen.[699] Ausreichend ist auch, wenn dem Unternehmen der Vorteil nur mittelbar zufließt. So hat der Europäische Gerichtshof in seinem Urteil *Deutschland vs. Kommission*[700] entschieden, dass solche Steuervergünstigungen, die darin bestehen, dass Steuerpflichtige, die bestimmte Wirtschaftsgüter veräußern und den daraus resultierenden Veräußerungsgewinn von den Kosten der Anschaffung anderer Wirtschaftsgüter abziehen können, diesen einen Vorteil verschaffe. Dieser stelle als eine unterschiedslos auf alle Wirtschaftsteilnehmer anwendbare allgemeine Maßnahme allerdings noch keine Beihilfe an diese Steuerpflichtigen im Sinne der einschlägigen Bestimmungen des Vertrages dar, sondern sei nur insoweit als staatliche Beihilfe zu qualifizieren, als dass sie bestimmte, in den neuen Bundesländern und Westberlin ansässige Unternehmen begünstige. Dies nehme ihr den Charakter einer allgemeinen steuer- oder wirtschaftspolitischen Maßnahme. Der den Unternehmen mittelbar zufließende Vorteil sei der Verzicht Deutschlands auf die Steuereinnahmen, die es normalerweise erzielt hätte, da durch diesen Verzicht die Investoren die Möglichkeit erhalten haben, Beteiligungen an diesen Unternehmen zu steuerlich günstigeren Bedingungen zu erwerben. Dieser sei ausreichend, um eine staatliche Beihilfe anzunehmen.[701] Nach *Arhold* sei ein jüngeres Beispiel für einen mittelbaren Vorteil die deutsche Abwrackprämie für Personenkraftwagen.[702] Diese produktbezogenen Verbraucherbeihilfen würden mittelbar den jeweiligen Produktionssektor, hier also die Kraftfahrzeugindustrie, begünstigen, sodass es nicht darauf ankomme, dass die direkten Empfänger der staatlichen Mittel keine Unternehmen seien. Im Rahmen der Finanz- und Wirtschaftskrise wurde diese

---

698 *Kühling*, in: Streinz, EUV/AEUV Kommentar, Art. 107 AEUV, Rn. 28.

699 Bekanntmachung der Kommission zum Begriff der staatlichen Beihilfe im Sinne des Artikels 107 Absatz 1 des Vertrags über die Arbeitsweise der Europäischen Union (ABl. 2016 C 262/1), Rn. 51.

700 EuGH, Urteil vom 19.09.2000, Rs. C-156/98, *Deutschland/Kommission*, Slg. 2000, I-6857.

701 EuGH, Urteil vom 19.09.2000, Rs. C-156/98, *Deutschland/Kommission*, Slg. 2000, I-6857, Rn. 22 ff.

702 *Arhold*, in: MüKo Wettbewerbsrecht, Teil 2, Art. 107 AEUV, Rn. 174 m.V.a. Kom., ABl. 2007, L 174/1, Tz. 81 ff. (*Italienische Digitaldecoder*).

Beihilfe von der Kommission jedoch vorübergehend als beihilfefrei eingestuft.[703] Irrelevant für das Vorliegen eines Vorteils sind sowohl die Motivation hinter der Beihilfe als auch die genaue Art der Maßnahme. Solange sich die finanzielle Lage des Unternehmens durch die Maßnahme verglichen mit der hypothetischen finanziellen Lage ohne die Maßnahme verbessert hat, ist dem Unternehmen ein Vorteil im Sinne des europäischen Beihilfenrechts zugeflossen.

d) Selektivität

Zentrales Merkmal des EU-Beihilfenrechts ist ferner das der Selektivität, also der Begünstigung nur bestimmter Unternehmen oder Branchen: Allgemeine Maßnahmen oder Regelungen, die der Wirtschaft eines Mitgliedstaats insgesamt und nicht nur einzelnen, bestimmten Unternehmen zugutekommen unterfallen von vornherein nicht der Beihilfenkontrolle.[704] Vielmehr sind solche allgemein wirkenden Maßnahmen Ausdruck der allgemeinen wirtschaftspolitischen Kompetenz der Mitgliedstaaten.[705]

Das Merkmal der Selektivität ist weit auszulegen.[706] Nach ständiger Rechtsprechung liegt Selektivität dann vor, wenn eine nationale Maßnahme im Rahmen einer bestimmten rechtlichen Regelung geeignet ist, bestimmte Unternehmen oder Produktionszweige gegenüber anderen Unternehmen oder Produktionszweigen, die sich im Hinblick auf das mit der betreffenden Regelung verfolgte Ziel in einer vergleichbaren tatsächlichen und rechtlichen Situation befinden, zu begünstigen.[707] Maßgebend ist dabei nicht die Formulierung der Maßnahme,

---

703 Mitteilung der Kommission zum vorübergehender Gemeinschaftsrahmen für staatliche Beihilfen zur Erleichterung des Zugangs zu Finanzierungsmitteln in der gegenwärtigen Finanz- und Wirtschaftskrise, ABl. 2009 C 16/01, Rn. 2.

704 *Gundel*, in: Gersdorf/Paal, BeckOK Informations- und Medienrecht, Art. 107 AEUV, Rn. 3; *Cremer*, in; Calliess/Ruffert, EUV/AEUV Kommentar, Art. 107 AEUV, Rn. 28; *Arhold*, in: MüKo Wettbewerbsrecht, Art. 107 AEUV, Rn. 306.

705 *Arhold*, in: MüKo Wettbewerbsrecht, Teil 2, Art. 107 AEUV Rn. 438, 467 ff.

706 Vgl. EuGH, Urteil vom 13.02.2003, Rs. C-409/00, *Spanien/Kommission*, Slg. 2003, I-1487, Rn. 47 f.; EuGH, Urteil vom 17.06.1999, Rs. C-75/97, *Belgien/Kommission*, Slg. 1999, I-3671, Rn. 32 ff.; EuGH, Urteil vom 17.06.1999, Rs. C-295/97, *Piaggio/Ifitalia*, Slg. 1999, I-3735, Rn. 39; EuGH, Urteil vom 29.06.1999, Rs. C-256/97, *DM Transport*, Slg. 1999, I-3913, Rn. 27.

707 St. Rspr., s. jüngst etwa EuGH, Urteil vom 04.06.2015, Rs. C-5/14, *Kernkraftwerke Lippe-Ems/Hauptzollamt Osnabrück*, ECLI: EU: C:2015:354, Rn. 74 m. w. N.; siehe zur Ablehnung der Selektivität auch EuGH, Urteil vom 14.01.2015, Rs. C-518/13, *Eventech*, ECLI: EU: C:2015:9.

sondern ihre tatsächliche Wirkung. Selbst wenn eine Maßnahme auf den ersten Blick für Unternehmen im Allgemeinen gilt, kann sie selektiv sein und damit eine staatliche Beihilfe darstellen, wenn sie nicht allen Wirtschaftszweigen gleichermaßen zugutekommt.[708] Zum Beispiel sind auch solche Maßnahmen selektiv, die Unternehmen zwar branchenübergreifend, aber nur von einer bestimmten Größe erfassen.[709] Selektivität kann dabei nicht nur materiell vorliegen, sondern auch geografisch. Prinzipiell sind Maßnahmen nur dann nicht von Art. 107 Abs. 1 AEUV erfasst, wenn sie auf dem gesamten Staatsgebiet des Mitgliedsstaates Anwendung finden (sogenannte regionale Selektivität). Dies würde aber im Umkehrschluss bedeuten, dass niedrigere Gewerbesteuersätze in Schleswig-Holstein, verglichen mit höheren Gewerbesteuersätzen in Bayern, eine staatliche Beihilfe für in Schleswig-Holstein ansässige Unternehmen darstellen würden. Generell wären dann jegliche Steuerbefugnisse der Länder in einem föderalen Staat ausgehebelt, da immer befürchtet werden müsste, dass bei Abweichung von anderen Ländern eine europarechtswidrige Subvention im Sinne des Art. 107 Abs. 1 AEUV vorliegen könnte. Dieses Problem hat auch der Europäische Gerichtshof erkannt und sich daher den Schlussanträgen des *Generalanwalts Geelhoed* angeschlossen und das Szenario *„der symmetrischen Devolution von steuerlichen Befugnissen“*[710] in Bezug auf Steuern von dem Merkmal der Selektivität ausgenommen. Immer dann, wenn in einem Staat, der seine Steuerhoheiten zwischen verschiedenen staatlichen Ebenen aufgeteilt hat, auch andere Körperschaften einer subnationalen Ebene durch ein Gesetz ermächtigt wurden, den Steuersatz in ihrem Zuständigkeitsgebiet autark festzulegen, sind die von dieser Körperschaft in Bezug auf ihre hoheitlichen Befugnisse

---

708 EuGH, Urteil vom 29.11.1991, Rs. C-256/97, *DM Transport*, ECLI: EU: C:1999:332, Rn. 27; Bekanntmachung der Kommission zum Begriff der staatlichen Beihilfe im Sinne des Artikels 107 Absatz 1 des Vertrags über die Arbeitsweise der Europäischen Union (ABl. 2016 C 262/1), Rn. 118; *Arhold*, in: MüKo Wettbewerbsrecht, Teil 2, Art. 107 AEUV, Rn. 469 ff.

709 Vgl. EuGH, Urteil vom 01.12.1998, Rs- C-200/97, *Ecotrade/Altiforni e Ferriere di Srvola*, Slg. 1998, I-7907, Rn. 39 ff.; EuGH, Urteil vom 29.06.1999, Rs. C-256/97, *Déménagements-Manutention Transport SA (DMT)*, Slg. 1999, I-3913, Rn. 27.

710 So geschehen in EuGH, Urteil vom 06.09.2006, Rs. C-88/03, *Portugal/Kommission*, ECLI: EU: C:2006:511, Rn. 57; vgl. weiter Schlussanträge *GA Geelhoed* vom 20.10.2005, Rs. C-88/03, *Azoren*, Slg. 2006, I-7115, Rn. 60. Vgl. darüber hinaus Bekanntmachung der Kommission zum Begriff der staatlichen Beihilfe im Sinne des Artikels 107 Absatz 1 des Vertrags über die Arbeitsweise der Europäischen Union (ABl. 2016 C 262/1), Rn. 144.

erlassenen Maßnahmen nicht selektiv.[711] Ebenso verhält es sich bei dem Szenario der *„asymmetrischen Devolution von steuerlichen Befugnissen“*[712]: Können nur bestimmte regionale oder lokale Körperschaften steuerliche Maßnahmen für ihr Zuständigkeitsgebiet erlassen, so liegt bei den von ihr diesbezüglich erlassenen Maßnahmen dann keine Selektivität vor, wenn die Körperschaft gegenüber der Zentralregierung institutionell[713], prozedural[714] und wirtschaftlich sowie finanziell[715] autonom ist, da dann bloß die betreffende Region und nicht der gesamte Mitgliedsstaat den Bezugsrahmen bildet.[716] Die Kommission hat richtig erkannt, dass diese bisher für Steuern festgelegten Kriterien auch für andere Maßnahmen gelten müssen, da regionale Selektivität ein allgemeines Konzept ist, das sich nicht nur auf Steuertatbestände begrenzt.[717] Folglich sind die symmetrische und asymmetrische Devolution grundsätzlich auch im Rahmen von Vorzugslasten zu berücksichtigen.

e) Auswirkungen auf Handel und Wettbewerb

Weitere Voraussetzung, um eine staatliche Förderung für Unternehmen als staatliche Beihilfe im Sinne des Art. 107 Abs. 1 AEUV qualifizieren zu können, ist, dass sie durch die Begünstigung bestimmter Unternehmen oder Produktionszweige

---

711 Siehe die Schlussanträge *GA Geelhoed* vom 20.10.2005, Rs. C-88/03, *Azoren*, Slg. 2006, I-7115, Rn. 60. Vgl. darüber hinaus Bekanntmachung der Kommission zum Begriff der staatlichen Beihilfe im Sinne des Artikels 107 Absatz 1 des Vertrags über die Arbeitsweise der Europäischen Union (ABl. 2016 C 262/1), Rn. 144.

712 Ebenfalls EuGH, Urteil vom 06.09.2006, Rs. C-88/03, *Portugal/Kommission*, ECLI: EU: C:2006:511, Rn. 57; vgl. weiter Schlussanträge *GA Geelhoed* vom 20.10.2005, Rs. C-88/03, *Azoren*, Slg. 2006, I-7115, Rn. 60.

713 Näher hierzu auch unter Bekanntmachung der Kommission zum Begriff der staatlichen Beihilfe im Sinne des Artikels 107 Absatz 1 des Vertrags über die Arbeitsweise der Europäischen Union (ABl. 2016 C 262/1), Rn. 145 f.

714 Näher hierzu auch unter Bekanntmachung der Kommission zum Begriff der staatlichen Beihilfe im Sinne des Artikels 107 Absatz 1 des Vertrags über die Arbeitsweise der Europäischen Union (ABl. 2016 C 262/1), Rn. 147 ff.

715 Näher hierzu auch unter Bekanntmachung der Kommission zum Begriff der staatlichen Beihilfe im Sinne des Artikels 107 Absatz 1 des Vertrags über die Arbeitsweise der Europäischen Union (ABl. 2016 C 262/1), Rn. 152 ff.

716 Schlussanträge *GA Geelhoed* vom 20.10.2005, Rs. C-88/03, *Azoren*, Slg. 2006, I 7115, Rn. 60.

717 Bekanntmachung der Kommission zum Begriff der staatlichen Beihilfe im Sinne des Artikels 107 Absatz 1 des Vertrags über die Arbeitsweise der Europäischen Union (ABl. 2016 C 262/1), Rn. 143.

den Wettbewerb verfälschen oder zu verfälschen drohen. Wegen des notwendigen grenzüberschreitenden Bezugs im Europarecht gilt dies jedoch nur, soweit sie den Handel zwischen Mitgliedstaaten beeinträchtigen. Hieran sind jedoch keine hohen Anforderungen zu stellen, wie aus der Bekanntmachung der Kommission ersichtlich ist, in der diese zwei Voraussetzungen folgendermaßen definiert werden: *„Ist eine vom Staat gewährte Maßnahme geeignet, die Wettbewerbsposition des Empfängers gegenüber seinen Wettbewerbern zu verbessern, so wird sie als Maßnahme erachtet, die den Wettbewerb verfälscht oder zu verfälschen droht.*[718] *In der Praxis wird daher im Allgemeinen eine Wettbewerbsverfälschung im Sinne des Artikels 107 Absatz 1 AEUV festgestellt, wenn der Staat einem Unternehmen in einem liberalisierten Wirtschaftszweig, in dem Wettbewerb herrscht oder herrschen könnte, einen finanziellen Vorteil gewährt.*"[719] Während die Formulierung im Gesetz noch einen tatsächlichen grenzüberschreitenden Sachverhalt als Voraussetzung vermuten lässt, macht das Verständnis der Kommission klar, dass dies nicht der Fall ist. Nach ihr könne auch ein staatlicher Zuschuss, der einem Unternehmen gewährt werde, das ausschließlich örtliche oder regionale Dienste und keine Dienste außerhalb seines Heimatstaats erbringe, sich dennoch auf den Handel zwischen Mitgliedstaaten auswirken, wenn diese Dienste – auch aufgrund der Niederlassungsfreiheit – von Unternehmen aus anderen Mitgliedstaaten erbracht würden könnten und diese Möglichkeit nicht rein hypothetischer Natur sei.[720] Diese weite Auslegung mag zwar konsequent in Anbetracht des universellen Selbstverständnisses der europäischen Institutionen sein, ist aber durchaus kritisch zu betrachten. Das Verständnis der Kommission lässt das Merkmal der Beeinträchtigung des innerstaatlichen Handels verglichen mit den anderen Voraussetzungen als geradezu obsolet erscheinen, da in Zeiten der Niederlassungs- und Dienstleistungsfreiheit und des gemeinsamen Binnenmarktes nahezu jede Tätigkeit auch von einem anderen Unternehmen eines anderen

---

718 M.V.a. EuGH, Urteil vom 17.09.1980, Rs. C-730/79, *Philip Morris*, Slg. 1980, 2671, Rn. 11; EuG, Urteil vom 15.06.2000, verbundene Rs. T-298/97, T-312/97 usw., *Alzetta/Kommission*, Slg. 2000, II-2319, Rn. 80.

719 Bekanntmachung der Kommission zum Begriff der staatlichen Beihilfe im Sinne des Artikels 107 Absatz 1 des Vertrags über die Arbeitsweise der Europäischen Union (ABl. 2016 C 262/1), Rn. 187.; m.V.a. EuG, Urteil vom 15.06.2000, verbundene Rs. T-298/97, T-312/97 usw., *Alzetta/Kommission*, Slg. 2000, II-2319, Rn. 141 ff.; EuGH, Urteil vom 24.07.2003, Rs. C-280/00, *Altmark Trans*, Slg. 2003, I-7747.

720 Bekanntmachung der Kommission zum Begriff der staatlichen Beihilfe im Sinne des Artikels 107 Absatz 1 des Vertrags über die Arbeitsweise der Europäischen Union (ABl. 2016 C 262/1), Rn. 192.

Mitgliedsstaates erbracht werden kann und das Merkmal so nahezu immer erfüllt ist.[721] Dadurch werden die Mitgliedstaaten in ihrer Kompetenz beschnitten, lediglich lokal tätigen Unternehmen Subventionen zukommen zu lassen, die bei einem engeren Verständnis des grenzüberschreitenden Sachverhalts nicht unter den europarechtlichen Beihilfebegriff fallen würden. Da der Kommission jedoch ein weites Ermessen eingeräumt ist und sie daher letztlich der Entscheidungsträger darüber ist, ob eine Beihilfe im Sinne des Art. 107 AEUV vorliegt und darüber hinaus der Europäische Gerichtshof die weite Auffassung der Kommission teilt, ist für die angestrebte Praxisnähe dieses ausufernde Verständnis für die weitere Untersuchung zugrunde zu legen.

Nach dem Wortlaut des Art. 107 Abs. 1 AEUV *„zu verfälschen drohen“* reicht die reine Möglichkeit einer Wettbewerbsverfälschung aus, um eine Auswirkung auf Handel und Wettbewerb anzunehmen. Eine Verfälschung des Wettbewerbes liegt vor, wenn die infrage stehende Beihilfe den Ablauf des Wettbewerbs verändert.[722] Dies umfasst nicht nur den direkten Wettbewerb zweier konkurrierender Unternehmen, sondern auch den potenziellen Wettbewerb und die Schwelle für einen Marktzutritt neuer Unternehmen.[723] Das Gericht der Europäischen Union hat der Kommission jüngst darin zugestimmt, dass die Wettbewerbsverzerrung daraus abzuleiten sei, dass die begünstigten Unternehmen Produkte erzeugen oder Dienstleistungen erbringen würden, die Objekte zwischenstaatlichen Handels in der Europäischen Union seien und die staatlichen Zuschüsse es ihnen erlauben würden, ihre allgemeine Finanzlage zu verbessern und dadurch ihre Marktstellung auszubauen.[724]

2. Sogenannter Private-Investor-Test

Der sogenannte Private-Investor-Test (auch „Market Economy Investor Principle“ und „Prinzip vom marktwirtschaftlich handelnden Kapitalgeber“

721 So auch *Stöbener de Mora*, Überall Beihilfen? – Die Kommissionsbekanntmachung zum Beihilfenbegriff, in: EuZW 2016, 685, 689 m.V.a. die kritische Stellungnahme des Vereinigten Königreichs (Rn. 12.1) und des European Competition Lawyers Forum (Rn. 3.36), beide abrufbar unter http://ec.europa.eu/competition/consultations/2014_state_aid_notion/index_en.html (zuletzt abgerufen am 12.07.2019).

722 *Von Wallenberg/Schütte*, in: Grabitz/Hilf/Nettesheim, EU Kommentar, Art. 107 AEUV, Rn. 68.

723 *Von Wallenberg/Schütte*, in: Grabitz/Hilf/Nettesheim, EU Kommentar, Art. 107 AEUV, Rn. 68.

724 EuG, Urteil vom 14.07.2011, Rs. T-357/02 RENV, *Freistaat Sachsen/Kommission*, Slg. 2011, II-5415, Rn. 28.

genannt[725]) bildet den Maßstab zur Abgrenzung von markgerechtem staatlichem Verhalten und Zuwendungen mit Beihilfecharakter bei Kapitaleinlagen.[726] Das wirtschaftliche Handeln der betreffenden staatlichen Stelle wird mit dem hypothetischen Verhalten eines nach Rentabilitätsgesichtspunkten agierenden, privaten Investors verglichen.[727] Wenn ein hypothetischer privater Investor den in Rede stehenden wirtschaftlichen Vorteil dem Unternehmen nicht oder allenfalls zu anderen, ungünstigeren Konditionen gewähren würde, liegt in der staatlichen Maßnahme eine Begünstigung im Sinne von Art. 107 Abs. 1 AEUV.[728] Zu beachten ist, dass es sich bei dem hypothetischen privaten Investor um einen umsichtigen Investor von vergleichbarer Größe handeln muss.[729] Da der Private-Investor-Test ursprünglich eine Ausprägung des Grundsatzes der Gleichbehandlung öffentlicher und privater Unternehmen war,[730] wird er wird auf beide Unternehmensformen unterschiedslos angewendet.

3. Sogenannter Private-Creditor-Test

Der sogenannte Private-Creditor-Test hingegen wird genutzt, um zu determinieren, ob entsprechende Vergünstigungen bei bestehenden Forderungen gegen ein Unternehmen eine staatliche Beihilfe darstellen oder nicht.[731] Entscheidend

---

725 So beispielsweise bei *Von Wallenberg/Schütte*, in: Grabitz/Hilf/Nettesheim, EU Kommentar, Art. 107 AEUV, Rn. 52.

726 *Cremer*, in: Calliess/Ruffert, EUV/AEUV Kommentar, Art. 107 AEUV, Rn. 11 ff.; *Melcher*, Der Staat als Anteilseigner in Ausübung hoheitlicher Befugnisse – Der Private Investor Test nach dem Urteil EDF, in: EuZW 2012, 576, 577.

727 So etwa geschehen in EuGH, Urteil vom 16.05.2002, Rs. C-482/99, *Frankreich/Kommission*, Slg. 2002, I-4397, Rn. 70; vgl. auch *Reich/Helios*, EuGH: Eigenkapitalzufuhr an Unternehmen durch die öffentliche Hand, in: EuZW 2002, 568, 474 ff.; *Bär-Bouyssière*, in: Schwarze (Hrsg.), EU-Kommentar, Art. 107, Rn. 11.

728 Vgl. statt vieler *Cremer*, in: Calliess/Ruffert, EUV/AEUV Kommentar, Art. 107 AEUV, Rn. 11; *Von Wallenberg/Schütte*, in: Grabitz/Hilf/Nettesheim, EU Kommentar, Art. 107 AEUV, Rn. 52 f.

729 Zutreffend so *Cremer*, in: Calliess/Ruffert, EUV/AEUV Kommentar, Art. 107 AEUV, Rn. 11.

730 Vgl. EuGH, Urteil vom 21.03.1991, Rs. C-303/88, *ENI-Lanerossi*, Slg. 1991, I-1433, Rn. 20; EuG, Urteil vom 21.01.1991, verbundene Rs. T-129/95, T-2/96 und T-97/96, *Neue Maxhütte Stahlwerke und Lech-Stahlwerke/Kommission*, Slg. 1999, II-17, Rn. 105; EuGH, Urteil vom 16.05.2001, Rs. C-482/99, *Stardust Marine*, Slg. 2008, I-5497, Rn. 69; EuG, Urteil vom 12.12.1996, Rs. T-358/94, *Air France/Kommission*, Slg. 1996, II-2109, Rn. 70.

731 *Kleine/Sühnel*, in: Birnstiel/Bungenberg/Heinrich (Hrsg.), Europäisches Beihilfenrecht, Kap. 1, Art. 107, Rn. 108.

ist danach, ob ein privater Gläubiger dem Schuldner, der sich in finanziellen Schwierigkeiten befindet, ebenfalls Vergünstigungen eingeräumt hätte.[732]

4. Genehmigungsfähigkeit

Staatliche Beihilfen können nach Art. 107 Abs. 3 AEUV von der Kommission genehmigt werden. Die fünf normierten Tatbestände umfassen Beihilfen zur Förderung der wirtschaftlichen Entwicklung von Gebieten, in denen die Lebenshaltung außergewöhnlich niedrig ist oder eine erhebliche Unterbeschäftigung herrscht, Beihilfen zur Förderung wichtiger Vorhaben von gemeinsamem europäischem Interesse oder zur Behebung einer beträchtlichen Störung im Wirtschaftsleben eines Mitgliedstaats, Beihilfen zur Förderung der Entwicklung gewisser Wirtschaftszweige oder Wirtschaftsgebiete, soweit sie die Handelsbedingungen nicht in einer Weise verändern, die dem gemeinsamen Interesse zuwiderläuft, Beihilfen zur Förderung der Kultur und der Erhaltung des kulturellen Erbes, soweit sie die Handels- und Wettbewerbsbedingungen in der Union nicht in einem Maß beeinträchtigen, das dem gemeinsamen Interesse zuwiderläuft, und sonstige Arten von Beihilfen, die der Rat durch einen Beschluss auf Vorschlag der Kommission bestimmt.[733]

Nach der Rechtsprechung der europäischen Gerichte steht der Kommission dabei ein weites Ermessen[734] zu, welches sie fehlerfrei und nach Maßgabe wirtschaftlicher und sozialer Wertungen auszuüben hat.[735] Dieses ist nur

---

732 *Soltész*, Die Nichtdurchsetzung von Forderungen der öffentlichen Hand als staatliche Beihilfe i.S. von Art. 87 I EG, in: EuZW 2003, 73, 75; *Arhold*, in: MüKo Wettbewerbsrecht, Teil 2, Art. 107 AEUV, Rn. 225 ff. Der Vollständigkeit halber ist zu erwähnen, dass außerdem noch der Private-Lender-Test für Darlehen, der Private-Guarantor-Test für Garantien, der Private-Purchaser-Test für das öffentliche Beschaffungswesen, der Private-Supplier-Test für Lieferverträge, der Private-Vendor-Test für (Land-)Verkäufe und Privatisierungen und der Company-Group-Test für Quersubventionierungen angewandt werden. Diese sind für die vorliegende Untersuchung allerdings nicht relevant.

733 Für nähere Erläuterungen siehe z.B. *von Wallenberg/Schütte*, in: Grabitz/Hilf/Nettesheim, EU Kommentar, Art. 107 AEUV, Rn. 157 ff. und *Bartosch*, in: Bartosch, EU-Beihilfenrecht, Art. 107 AEUV, Rn. 10 ff.

734 Das „*Ermessen*" im europäischen Recht umfasst nicht nur den Handlungsspielraum auf der Rechtsfolgenseite wie im deutschen Verwaltungsrecht, sondern auch den Auslegungsspielraum eines unbestimmten Rechtsbegriffs.

735 EuGH, Urteil vom 17.09.1980, Rs. C-730/79, *Philip Morris/Kommission*, Slg. 1980, I-2691, Rn. 24; EuGH, Urteil vom 14.02.1990, Rs. C-301/87, *Frankreich/Kommission*, Slg. 1990, I-307, Rn. 49; EuGH, Urteil vom 15.05.1997, Rs. C-355/95 P, *TWD/*

eingeschränkt gerichtlich überprüfbar.[736] Voraussetzungen für die Gewährung einer Beihilfe sind, dass eine Notwendigkeit der Beihilfe besteht, die Beihilfe nicht über das zur Erreichung ihrer legitimen Ziele unerlässliche Maß hinausgeht und die Beihilfe im Interesse der Union liegt. Darüber hinaus setzt der von der Kommission verfolgte „moderne Ansatz“ voraus, dass durch die Beihilfe ein Beitrag zu einem Ziel von gemeinsamen Interesse erreicht wird, die Erforderlichkeit der staatlichen Maßnahme gegeben ist, die Beihilfemaßnahme für die Erreichung des Ziels geeignet ist, ein Anreizeffekt gegeben ist, die Beihilfe verhältnismäßig ist, übermäßige Auswirkungen auf den Handel und den Wettbewerb vermieden werden und die Maßnahme transparent ist.[737]

II. Europarechtliche Folgen einer Abschaffung von Vorzugslasten

Würden Beiträge und Gebühren zugunsten der Steuerfinanzierung abgeschafft werden, so würden eine Vielzahl staatlicher Leistungen entgeltlos erfolgen. All jene Kosten, die zurzeit noch auf den Vorteilsgläubiger umgelegt werden – zum Beispiel Abwassergebühren, Straßenausbaubeiträge, Erschließungsbeiträge – würden dann vom Staat getragen werden. Zwar ist anzunehmen, dass die tatsächlichen Kosten für den Vorteilsempfänger nach Einbeziehung aller anderen Kosten nicht wesentlich sinken würden, da die Steuerlast entsprechend angehoben werden müsste, um das durch die Abschaffung der Vorzugslasten entstehende Defizit zu kompensieren. Dies ist jedoch irrelevant, da die Steuerzahlung gegenleistungsfrei erfolgt und damit keine Korrelation zwischen der Steuerzahlung und denen vom Staat aufgewendeten Kosten für den Unterhalt öffentlicher Einrichtungen besteht. Von dieser Zahlungserleichterung wären sowohl Bürger als auch ansässige Unternehmen betroffen. Die Streichung der Beiträge und Gebühren würden für die Unternehmen unmittelbare Kosteneinsparungen in Form von wirtschaftlichen Vorteilen darstellen, die auf den ersten Blick

---

Kommission, Slg. 1997, I-2549, Rn. 26; EuG, Urteil vom 09.09.2009, Rs. T-369/06, *Holland Malt/Kommission*, Slg. 2009, II-3313, Rn. 92.

736 So EuGH, Urteil vom 29.02.1996, Rs. C-56/93, *Belgien v. Kommission*, Slg.1996, I-723, Rn. 11; EuG, Urteil vom 12.12.1996, Rs. T-380/94, *AIUFFASS u. AKT/Kommission*, Slg. 1996, II-2169, Rn. 56; EuG, Urteil vom 05.11.1997, Rs. T-149/95, *Ducros/Kommission*, Slg. 1997, II-2031, Rn. 63.

737 Vgl. die Mitteilung der Kommission vom 08.05.2012, Modernisierung des EU-Beihilfenrechts, Kom (2012) 209 final, abrufbar unter https://eur-lex.europa.eu/LexUriServ/LexUriServ.do?uri=COM:2012:0209:FIN:DE:PDF (zuletzt abgerufen am 12.07.2019).

in bestimmten Fällen Beihilfen im Sinne des Europarechts darstellen könnten. Dass dies nicht der Fall ist, und darüber hinaus auch schon die Ratio des Beihilfenrechts gar nicht für eine Anwendung des Beihilfenrechts auf die staatliche Gestaltung des Abgabensystems passt, ist im Nachfolgenden zu zeigen.

1. Kein Verstoß gegen das europäische Beihilfenrecht

Grundsätzlich stellen Abgabenerleichterungen sogenannte Verschonungssubventionen dar, die als Beihilfen im Sinne des Europarechts zu qualifizieren sind. Kennzeichnend für eine Verschonungssubvention ist, dass einem Unternehmen nichts aktiv zugewendet wird, vielmehr verzichtet der Staat auf die Eintreibung gewisser Schulden, was dem Unternehmen ebenfalls einen direkten wirtschaftlichen Vorteil bringt.[738] Ob allerdings auch die generelle Abschaffung von kommunalen Vorzugslasten eine Subvention im Einzelfall darstellen kann, ist mehr als zweifelhaft.

a) Vorteil

Dabei ist zunächst schon fragwürdig, ob die Abschaffung von Vorzugslasten überhaupt eine Begünstigung im Sinne eines Vorteils darstellt. Eine Begünstigung ist jede staatliche Leistung, die über das Marktübliche hinausgeht. Sie wird grundsätzlich anhand des Private-Investor-Tests festgestellt, indem untersucht wird, wie sich im Vergleich zum staatlichen Akteur ein privater marktwirtschaftlich handelnder Wirtschaftsteilnehmer verhalten würde.

(1) Überprüfung der Maßnahme anhand des Private-Investor-Tests

Problematisch dabei ist, dass die Marktüblichkeit grundsätzlich anhand des Private-Investor-Tests festgestellt wird: Wenn ein hypothetischer privater Investor den in Rede stehenden wirtschaftlichen Vorteil dem Unternehmen nicht oder allenfalls zu anderen, ungünstigeren Konditionen gewähren würde, liegt in der staatlichen Maßnahme eine Begünstigung im Sinne von Art. 107 Abs. 1 AEUV. Unzweifelhaft ist, dass kein Investor die Leistung, die durch die Vorzugslast abgedeckt werden sollte, gegenleistungslos zur Verfügung stellen würde, weshalb nach dem Private-Investor-Test immer eine Begünstigung im Sinne des Art. 107 AEUV vorliegen würde. Konsequenterweise müsste man dann aber auch etwa

738 Für nähere Infos zur Nichtdurchsetzung von Forderungen durch den Staat als Beihilfen siehe *Soltész*, Die Nichtdurchsetzung von Forderungen der öffentlichen Hand als staatliche Beihilfe i.S. von Art. 87 I EG, in: EuZW 2003, 73.

bei der Bereitstellung von kostenloser Ausbildung in Form von Berufsschulen für Auszubildende eines Unternehmens durch den Staat von Begünstigungen sprechen.

Zu beachten ist jedoch, dass es sich, wenn der Staat sich entschließt, gewisse Dienstleistungen über Steuern zu finanzieren, um eine hoheitliche Maßnahme des Staates handelt. Bezogen auf das Merkmal der Marktüblichkeit ist daher unklar, ob als „Basismarkt" der vom Staat geschaffene Rahmen anzusetzen ist, oder ob hier lediglich auf rein wirtschaftliche Grundsätze abzustellen ist. Ginge man davon aus, dass der vom Staat geschaffene Wirtschaftsrahmen zugrunde zu legen ist, wäre es bei der Abschaffung einer Vorzugslast etwa so, dass es den Standard darstellen würde, dass diese Abgabe nicht erhoben wird. Ein Verzicht des Staates darauf, diese Abgabe nicht zu erheben, könnte dann keine Maßnahme sein, die über das Marktübliche hinausgeht, da die Nichterhebung gerade den Status quo und damit die – vom Staat selbst geschaffene – Marktüblichkeit darstellt. Hieraus würde sich jedoch ein Zirkelschluss ergeben: Letztendlich sind es ja die staatlichen Maßnahmen, die auf ihren Beihilfencharakter überprüft werden sollen. Würde man diese allerdings als *Status quo* ansehen, würden sie den Maßstab der Prüfung bilden. Das hieße wiederum, dass eine Maßnahme anhand der Maßnahme selbst überprüft werden würde. Im Umkehrschluss bedeutet dies, dass – sofern lediglich wirtschaftliche Grundsätze für die „Marktüblichkeit" zugrunde gelegt werden würden – alle staatlichen Maßnahmen, die auch Unternehmen zugutekommen, Begünstigungen im Sinne des europäischen Beihilfenrechts darstellen: Transportwege, Knowhow und sonstige immaterielle Güter, Berufsschulen, und etliche mehr. Das Gericht der Europäischen Union hat dazu festgestellt, dass, wenn der Staat als ein Unternehmen auftrete, das wie ein privater Kapitalgeber handle, sein Verhalten zwar nach dem Grundsatz des marktwirtschaftlich handelnden Kapitalgebers zu prüfen sei, die Anwendung dieses Grundsatzes jedoch dann nicht in Betracht käme, wenn der Staat als Träger der öffentlichen Gewalt handele.[739] Der Grund dafür ist, dass das Verhalten eines Staates, der hoheitlichen Aufgaben nachgeht, niemals mit einem privaten marktwirtschaftlich handelnden Wirtschaftsteilnehmer vergleichbar ist. Die Maßnahme ist bereits im Ansatz anders motiviert: Während es dem Staat in diesem Falle um die Erfüllung seiner hoheitlichen Aufgaben geht, welche mitunter

739 EuG, Urteil vom 17.12.2008, Rs. T-196/04, *Ryanair/Kommission*, Slg. II-03643, Rn. 85; vgl. auch *Kleine/Sühnel*, in: Birnstiel/Bungenberg/Heinrich (Hrsg.), Europäisches Beihilfenrecht, Kap. 1, Rn. 112; *Kühling*, in: Streinz, EUV/AEUV, Art. 107 AEUV, Rn. 33; Bartosch, EU-Beihilfenrecht, Art. 87 Abs. 1, Rn. 2, 73 ff.

auch sozial geprägt sein können und in der Regel nicht (primär) von wirtschaftlichen Gesichtspunkten geleitet sind, so geht es dem privaten Wirtschaftsakteur in der Regel primär um den zu erwirtschaftenden Gewinn. Klassischerweise ist der Bereich der sogenannten Steuerbeihilfen der bedeutsamste Bereich, bei dem der Private-Investor-Test mangels Vergleichbarkeit nicht angewendet wird.[740] In der Rechtssache *EDF* stellte der Europäische Gerichtshof allerdings klar, dass das der Private-Investor-Test im Einzelfall auch auf steuerliche mithin hoheitliche Maßnahmen eines Mitgliedstaates Anwendung finden könne.[741] Subjekt der Entscheidung waren öffentliche Unternehmen. Der Europäische Gerichtshof macht die Anwendbarkeit des Private-Investor-Tests davon abhängig, ob der betroffene Mitgliedstaat einem ihm gehörenden Unternehmen einen wirtschaftlichen Vorteil in seiner Eigenschaft als Anteilseigner und damit nicht in seiner Eigenschaft als Träger öffentlicher Gewalt gewährt, oder nur als Träger öffentlicher Gewalt.[742] Es ist daher nicht von vornherein ausgeschlossen, dass auch eine Fiskalmaßnahme anhand des Private-Investor-Tests zu überprüfen ist. Der Mitgliedstaat muss im Zweifelsfall eindeutig und anhand objektiver und nachprüfbarer Nachweise belegen, dass er die durchgeführte Maßnahme in seiner Eigenschaft als Anteilseigner getroffen hat.[743]

Zwar lässt das Vorliegen einer traditionell staatlichen Aufgabe den wirtschaftlichen Charakter noch nicht entfallen.[744] Es entfaltet allerdings eine Indizwirkung für den hoheitlichen und damit nichtwirtschaftlichen Charakter der betreffenden Tätigkeit.[745] Bei einigen Beiträgen und Gebühren mag der wirtschaftliche Charakter überwiegen, insbesondere wenn die Vorzugslasten ein Entgelt für eine Leistung darstellen, die ebenso ein privater Marktwirtschaftsteilnehmer darbringen könnte. Allerdings ist nicht die einzelne Abgabe zu betrachten, sondern die Abschaffung einer gesamten Abgabengruppe oder -klassifizierung. Die

---

740 *Bartosch*, in: Bartosch, EU-Beihilfenrecht, Art. 107 AEUV, Rn. 2; Schlussanträge *GA Léger* vom 14.01.2003, Rs. C-280/00, *Altmark Trans*, Slg. 2003, I-7747, Rn. 20 ff.

741 EuGH, Rs. C-124/10 P, *EFTA/Kommission*, ECLI: EU: C:2012:318, Rn. 98; *Cremer*, in: Calliess/Ruffert, EUV/AEUV Kommentar, Art. 107 AEUV, Rn. 11.

742 EuGH, Urteil vom 05.06.2012, Rs. C-124/10 P, *EFTA/Kommission*, ECLI: EU: C:2012:318, Rn. 81.

743 So auch EuGH, rteil vom 05.06.2012, Rs. C-124/10 P, *EFTA/Kommission*, ECLI: EU: C:2012:318, Rn. 82 ff.

744 EuG, Urteil vom 12.12.2006, Rs. T-155/04, *Selex*, Slg. 2006, II-04803, Rn. 91; *Grave/Nyberg*, in: Loewenheim/Meessen/u.a., Kartellrecht, Rn. 142.

745 *Schwarze*, Der Staat als Adressat des europäischen Wettbewerbsrechts, in: EuZW 2000, 613, 615.

Abschaffung von Vorzugslasten stellen zweifelsohne einen hoheitlichen Akt dar und keine wirtschaftliche Tätigkeit.[746] Nicht zuletzt liegt die Klassifizierung als hoheitliche Maßnahme auch daran, dass das Ziel kein wirtschaftliches im Sinne eines Anbietens einer Dienstleistung oder Güter auf einem bestimmten Markt ist. Auch die vom Europäischen Gerichtshof definierten Voraussetzungen für die Anwendbarkeit des Private-Investor-Tests würden faktisch nicht vorliegen, da die Wahrscheinlichkeit, dass alle von der Abschaffung von Vorzugslasten betroffenen Unternehmen in öffentlicher Hand sind, verschwindend gering ist.

Allerdings könnten Vorzugslasten eine Ausnahme vom Grundsatz, der Private-Investor-Test sei nicht anwendbar, darstellen, da sie – anders als Steuern – gegenleistungsabhängig sind.[747] Durch ihr grundsätzlich bestehendes Gegenleistungsverhältnis weisen sie eine große Ähnlichkeit mit dem wirtschaftlichen Handeln anderer Marktteilnehmer auf. Sie bekommen also – trotz ihres hoheitlichen Charakters – auch einen gewissen wirtschaftlichen Charakter, nicht zuletzt, da bei der Erhebung parafiskalischer Abgaben die Abgeltung gewisser staatlicher Dienstleistungen im Vordergrund steht. Auch, wenn der Staat aus Billigkeits- oder Sozialstaatsgründen nicht immer alle entstandenen Kosten auf den Bürger abwälzt, so ist die Kostendeckung doch eines der primären Ziele, wodurch der Staat sehr in die Nähe eines privaten Wirtschaftsakteurs rückt. Verzichtet der Staat im Zuge der Erhebung parafiskalischer Abgaben aus Billigkeitsgründen im Einzelfall auf die Erhebung bei einem Unternehmen, so ist dieses Verhalten doch mit dem eines privaten marktwirtschaftlich handelnden Wirtschaftsteilnehmers vergleichbar. Dementsprechend könnte in diesem Falle auch

---

746 Die Kommission war in dem Fall *Ryanair/Kommission* der Auffassung, dass der Grundsatz des marktwirtschaftlich handelnden privaten Kapitalgebers (Private-Investor-Test) auf das Verhalten der Region Wallonien bei der Ausübung ihrer Rechts- und Steuerhoheit nicht anwendbar ist, vgl. 2004/393/EG, ABl. L 137 vom 30.04.2004, Ziff. 2.2, Rn. 13: *„Der Grundsatz des marktwirtschaftlich handelnden privaten Kapitalgebers ist in diesem Fall nicht anwendbar. Er kann nur im Rahmen der Ausübung wirtschaftlicher Tätigkeiten zum Tragen kommen, nie jedoch im Rahmen der Ausübung von Regelungsbefugnissen. Eine Behörde kann eine Beihilfe, die im Wege der diskriminierenden Ausübung ihrer Rechts- oder Steuerhoheit angenommen wurde, nicht damit rechtfertigen, dass sie als Eigentümerin eines Flughafenunternehmens Gewinne erwirtschaften könnte.“*, Rn. 76 des Beschlusses über die Einleitung des Verfahrens (Schreiben der Kommission vom 13.12.2002 (SG (2002) D/233141) an das Königreich Belgien).

747 So auch *Jaeger*, in: MüKo Wettbewerbsrecht, Teil 7, Rn. 83 ff.

der Private-Investor-Test angewendet werden.[748] Bei der Frage der vollständigen Abschaffung von Vorzugslasten stellt es sich allerdings wiederum anders dar. Hier überwiegt der hoheitliche Charakter, da die Entscheidung, auf gewisse Vorzugslasten vollends zu verzichten, eine politisch und gesellschaftlich motivierte ist, die ein privater marktwirtschaftlich handelnder Wirtschaftsteilnehmer so nicht treffen würde, da ihn die Verpflichtungen eines Staates, auf politische und gesellschaftliche Dinge einzugehen, schon so nicht treffen. Es geht vielmehr um die grundsätzliche Entscheidung eines Staates, wie er sein Steuer- und Abgabensystem ausgestaltet, was allein ein hoheitlicher und kein wirtschaftlicher Akt ist.[749] Der Private-Investor-Test ist somit auf die generelle Abschaffung einer oder mehrerer Vorzugslasten nicht anwendbar.

(2) Überprüfung anhand der Definition

Wenn der Private-Investor-Test nicht anwendbar ist, dann muss anhand der Definition festgestellt werden, ob es sich bei der staatlichen Maßnahme um eine Begünstigung handelt. Folgte man den zahlreichen Ansichten in der Literatur, so stellen alle staatlichen Maßnahmen eine Begünstigung dar, die ohne Gegenleistung erfolgen. Relevant ist dabei nämlich, dass ein Unternehmen durch die staatliche Maßnahme etwas erlangt, das es vorher nicht gehabt hätte. Da der Begriff weit ausgelegt wird, reicht damit letztendlich ein finanzieller Vorteil, der einem Unternehmen aus staatlichen Mitteln zugewandt wird.[750] Ginge man danach, so wären alle staatlichen Maßnahmen, die einem Unternehmen zugutekommen, Vorteile im Sinne des Beitragsrechts, wie etwa die bereits genannten Dinge wie Transportwege, Knowhow und sonstige immaterielle Güter, Berufsschulen, und etliche mehr. Auch nicht erhobene Steuern wären demnach Vorteile, da sie ein Unternehmen besser stellen, als in dem Fall ihrer Erhebung. Es ist schwer, sogar nahezu unmöglich, mit dieser weiten Definition eine Grenze zu ziehen, ab wann keine Begünstigung mehr vorliegen soll. In meinen Augen ist das Merkmal des Vorteils damit verwässert. Vielmehr würde es sich anbieten, das Vorteilsmerkmal dahingehend einzuschränken, dass die staatliche Maßnahme in den Pflichtenkreis des Unternehmens

---

748 So für Sozialversicherungsbeiträge auch die Schlussanträge *GA Léger* vom 14.01.2003, Rs. C-280/00, *Altmark Trans*, Slg. 2003, I-7747, Rn. 20 ff.

749 Vgl. hierfür auch die Schlussanträge *GA Léger* vom 14.01.2003, Rs. C-280/00, *Altmark Trans*, Slg. 2003, I-7747, Rn. 20 ff.

750 *Kleine/Sühnel*, in: Birnstiel/Bungenberg/Heinrich (Hrsg.), Europäisches Beihilfenrecht, Kap. 1, Art. 107 AEUV, Rn. 89.

positiv eingreifen muss, um eine Begünstigung im Sinne des Beihilfenrechts darzustellen. Wenn der Staat, beziehungsweise der Gesetzgeber, folglich definiert, dass die Entrichtung bestimmter Abgaben Aufgabe eines Unternehmens ist, damit also in seinen gesetzlich definierten Pflichtenkreis fällt, und der Staat sich dann entschließt, diese Abgaben nicht einzufordern, dann stellt dies einen geldwerten Vorteil für das Unternehmen dar, da die Entrichtung der Abgaben eigentlich eine dem Unternehmen zugewiesene Aufgabe ist. Selbiges gilt auch für Naturaldienstleistungen, wie beispielsweise dem Straßenbau. Regelt der Gesetzgeber, dass die Instandhaltung und der Bau der Straßen in den Verantwortungsbereich des Staates fällt – etwa wie die Landesgesetzgeber es im Straßen- und Wegegesetz getan haben –, dann stellt es keinen Vorteil für Unternehmen dar, wenn der Staat eine zum Unternehmensgelände führende, öffentliche Straße baut, da dies eben gerade nicht in den Pflichtenkreis des Unternehmens fällt, sondern *de lege lata* in den Pflichtenkreis des Staates. Der Bau der Straße stellt dann also keinen wirtschaftlichen Vorteil für das Unternehmen dar. Hat der Gesetzgeber aber ebenfalls definiert, dass Straßenausbaubeiträge erhoben werden, so würde die Nicht-Erhebung dieses Beitrags gleichwohl einen wirtschaftlichen Vorteil darstellen, da die Entrichtung der Abgabe grundsätzlich in den Pflichtenkreis des Unternehmens fällt. Hat der Gesetzgeber jedoch keinen Tatbestand für Straßenausbaubeiträge geschaffen, welcher eine Pflicht für Unternehmen statuiert, Beiträge für den Straßenbau zu entrichten, so kann die Nicht-Erhebung auch keinen Vorteil für das Unternehmen darstellen, da dies von vornherein schon nicht gesetzlich definiert war und damit nicht in den Pflichtenkreis des Unternehmens fiel.

(3) Zwischenergebnis

Die Qualifizierung einer Abschaffung von Vorzugslasten als europarechtswidrige Beihilfe scheitert mithin schon am Vorliegen eines Vorteils. Je nachdem, wie weit oder eng das Merkmal des Vorteils beziehungsweise der Begünstigung verstanden wird, ist aber denkbar, dass diese Auffassung nicht geteilt wird und die Abschaffung von Vorzugslasten das Merkmal der Begünstigung in Form eines Vorteils unter bestimmten Voraussetzungen und einem weiter verstandenen Tatbestandsmerkmal erfüllt. Hierauf kommt es aber im Ergebnis nicht an, da das Vorliegen einer Begünstigung allein nicht ausreicht, um eine Beihilfe im Sinne des Art. 107 AEUV zu bejahen. Letztlich wird es entscheidend auf das Merkmal der Selektivität ankommen, welches, wie im Folgenden zu zeigen sein wird, bei der Abschaffung von Vorzugslasten unter keinem denkbaren Gesichtspunkt erfüllt ist.

b) Selektivität

Von einer Beihilfe kann nur dann gesprochen werden, wenn durch die staatliche Maßnahme lediglich bestimmte Unternehmen begünstigt werden, die Begünstigung also selektiv zwischen Unternehmen wirkt. Daraus folgt, dass Maßnahmen, die die gesamte Wirtschaft eines Mitgliedstaates betreffen und daher unterschiedslos auf alle Unternehmen anwendbar sind, mangels selektiver Wirkung keine Beihilfen darstellen.[751] Das Merkmal der Selektivität dient folglich dazu, staatliche Maßnahmen, die der gesamten Wirtschaft zugutekommen, aus dem europarechtlichen Beihilfebegriff herauszunehmen.[752]

Würden kommunale Vorzugslasten abgeschafft, wären davon nicht nur einzelne Unternehmen betroffen. Vielmehr müsste kein Unternehmen mehr, sektor-, größen- und marktstellungsübergreifend, die abgeschaffte Abgabe zahlen. Eine selektive Wirkung wäre dann ausgeschlossen. Für den Fall der Abschaffung von Sozialabgaben hat *Arhold* festgestellt, dass es den Mitgliedsstaaten zwar verwehrt sei, ihr Sozialabgabensystem nach bestimmten Sektoren zu differenzieren, da dies eine Selektivität zur Folge hätte, nicht aber, Sozialabgaben vollständig abzuschaffen oder entsprechend der Natur oder des inneren Aufbaus des Systems auszutarieren, soweit hierdurch nicht einzelne Sektoren bevorzugt würden.[753] Dies gelte entsprechend für die Minderung oder Befreiung von Steuerlasten.[754] Denklogisch muss dies auch für jegliche anderen Abgaben gelten, da kein qualitativer Unterschied zwischen Sozialabgaben und kommunalen Vorzugslasten erkennbar ist, der eine differenzierte Handhabung rechtfertigen würde. Vielmehr basieren alle Abgabenarten auf der hoheitlichen Entscheidung eines Staates, wie er seine eigene Finanzierung ausgestaltet, welche Dienstleistungen oder, im Allgemeinen, welche Maßnahmen er gegenleistungslos mit Blick auf sozialstaatliche Prinzipien erbringen möchte und welche Leistungen er sich gegen ein Entgelt abgelten zu lassen gedenkt.

Da kommunale Abgaben jedoch Sache der Bundesländer sind, ist eine regionale selektive Wirkung die einzige selektive Wirkung, die noch in Betracht kommen könnte. Denkbar wäre, dass Bundesland A eine bestimmte Vorzugslast abschafft, während Bundesland B dies nicht tut. Als Konsequenz wären die

751 So auch *Arhold*, in: MüKo Wettbewerbsrecht, Teil 2, Art. 107 AEUV, Rn. 467 ff.

752 *Koenig/Scholz*, Öffentliche Infrastrukturmaßnahmen durch Bau- und Betriebsgesellschaften im EG-beihilfenrechtlichen Kontrollraster der EG-Kommission, in: EuZW 2003, 133, 133.

753 *Arhold*, in: MüKo Wettbewerbsrecht, Teil 2, Art. 107 AEUV, Rn. 135.

754 *Arhold*, in: MüKo Wettbewerbsrecht, Teil 2, Art. 107 AEUV, Rn. 135.

in Bundesland A ansässigen Unternehmen gegenüber denen in Bundesland B bevorteilt; die Maßnahme würde also selektiv für die Unternehmen in Bundesland A wirken. Der Europäische Gerichtshof hat in seinem *Azoren-Urteil* jedoch hervorgehoben, dass eine Selektivität nicht allein aus dem Umstand gefolgert werden kann, dass die infrage stehende Maßnahme nur in einem begrenzten geografischen Gebiet des Mitgliedsstaates gilt[755] und ist damit dem *Generalanwalt Geelhoed* in seinem Schlussantrag gefolgt.[756] Zur Beurteilung der Selektivität einer Maßnahme, die von einer unterhalb der nationalstaatlichen Ebene angesiedelten Einrichtung erlassen wird, sei zu prüfen, ob die Maßnahme von dieser Einrichtung in Ausübung von Befugnissen erlassen worden ist, die gegenüber der Zentralgewalt ausreichend autonom sind, und gegebenenfalls, ob sie tatsächlich für alle im Zuständigkeitsgebiet dieser Einrichtung ansässigen Unternehmen oder dort vorhandenen Produktionszweige gilt.[757] Diese Rechtsprechung hat die Kommission in ihre Bekanntmachung mit aufgenommen und drei verschiedene Szenarien zur Unterscheidung ausgearbeitet, unter anderem das hier einschlägige System der *„symmetrischen Devolution [steuerlicher] Befugnisse"*.[758] Diese bisher für Steuern festgelegten Kriterien gelten auch für andere Maßnahmen, da regionale Selektivität ein allgemeines Konzept ist. In Deutschland herrscht bei den kommunalen Abgaben das von dem *Generalanwalt Geelhoed* in seinem Schlussantrag zu dem Azoren-Urteil und von der Kommission in ihrer Bekanntmachung als *„symmetrische Devolution von [steuerlichen] Befugnissen"*[759] betitelte System, da die Abgabenhoheit symmetrisch auf alle Körperschaften

---

755 EuGH, Urteil vom 06.09.2006, Rs. C-88/03, *Azoren*, Slg. 2008, I-6747, Rn. 60.

756 Schlussanträge *GA Geelhoed* vom 20.10.2005, Rs. C-88/03, *Azoren*, Slg. 2006, I-7115, Rn. 53: *„Wie die Kommission in der Entscheidung und in ihren Schriftsätzen anerkannt hat, sind von einer lokalen Körperschaft in Ausübung solcher Befugnisse erlassene Maßnahmen, sofern sie in ihrem Zuständigkeitsbereich allgemein gelten, auch dann nicht selektiv im Sinne von Artikel 87 Absatz 1 EG, wenn eine Körperschaft niedrigere Steuersätze erlässt als die anderen Körperschaften."*

757 Im *Azoren*-Urteil ging es primär um die asymmetrische Devolution von steuerlichen Befugnissen, also den Fall, wenn nicht jede Region im Mitgliedsstaat autonom gegenüber der Zentralregierung ist, sondern nur eine gewisse Region (hier die Azoren und Portugal). In Deutschland herrscht hingegen symmetrische Devolution, siehe weiter unten.

758 Bekanntmachung der Kommission zum Begriff der staatlichen Beihilfe im Sinne des Artikels 107 Absatz 1 des Vertrags über die Arbeitsweise der Europäischen Union (ABl. 2016 C 262/1), Rn. 142 ff.; s. unter *D. I. 1. d) Selektivität.*

759 S. unter *D. I. 1. d) Selektivität*; Bekanntmachung der Kommission zum Begriff der staatlichen Beihilfe im Sinne des Artikels 107 Absatz 1 des Vertrags über die Arbeitsweise der Europäischen Union (ABl. 2016 C 262/1), Rn. 144: *„[...] (2) Das zweite*

einer bestimmten subnationalen Ebene aufgeteilt ist.[760] Wie bereits erläutert, folgt die Abgabenhoheit für Vorzugslasten als Annexrecht derjenigen Materie, zu dessen Finanzierung die Vorzugslasten erhoben werden sollen. Denklogisch liegt die Abgabenhoheit für alle kommunalen Vorzugslasten, wie sich bereits aus dem Begriff ergibt, ausweislich der Kommunalabgabengesetze und Gemeindeordnungen beziehungsweise Kommunalverfassungen der Länder bei den Kommunen, was ein System symmetrischer Devolution von hoheitlichen Aufgaben gegenüber der Bundesebene darstellt. Um feststellen zu können, ob eine Maßnahme selektiv ist, muss stets zunächst ein sogenannter Bezugsrahmen als Vergleichsmaßstab gebildet werden. Sodann muss geprüft werden, ob die infrage stehende Maßnahme in selektiver Weise von diesem abweicht.[761] Bei einem System der symmetrischen Devolution existiert jedoch kein Bezugsrahmen, da jede subnationale Körperschaft autonom in ihrer Regelungsfestsetzung ist. Nach dem *Generalanwalt Geelhoed* sei der Grundgedanke der Selektivität im Bereich der direkten Steuern, dass die steuerliche Maßnahme eine Ausnahme oder Befreiung vom allgemeinen Steuersystem bildeten; der Gedanke einer „Ausnahme“ oder „Befreiung“ habe nur dann Sinn, wenn eine den gesamten Staat umfassende Regel aufgestellt werden könne – dies sei in einer Situation, in der jede lokale Gebietskörperschaft befugt ist, autonom eigene Sätze zu erlassen, nicht möglich.[762] Würden nun beispielsweise in Schleswig-Holstein Vorzugslasten abgeschafft werden, während diese in Bayern bestehen blieben, wäre die Abschaffung wegen der Autonomie Schleswig-Holsteins gegenüber der Bundesregierung Deutschlands hinsichtlich der Vorzugslasten keine selektive Maßnahme im Sinne des europäischen Beihilfenrechts. Dies ist auch durchaus sinnvoll, da anderenfalls das europäische Beihilfenrecht in die allgemeine

---

Szenario entspricht der symmetrischen Devolution von steuerlichen Befugnissen — einem Modell der aufgeteilten Steuerhoheit, bei dem alle Körperschaften einer bestimmten subnationalen Ebene (Regionen, Bezirke oder andere) eines Mitgliedstaats de jure befugt sind, den Steuersatz für ihr Zuständigkeitsgebiet unabhängig von der Zentralregierung frei festzusetzen. In diesem Fall sind die von der subnationalen Körperschaft erlassenen Maßnahmen nicht selektiv, da es unmöglich ist, einen normalen Steuersatz zu bestimmen, der den Bezugsrahmen bildet. […]“.

760 Im *Azoren*-Urteil ging es zwar primär um die asymmetrische Devolution von steuerlichen Befugnissen. Kern der Aussage ist aber, dass symmetrische und asymmetrische Devolution nicht verschiedenartig gehandhabt werden dürften.

761 *Kühling*, in: Streinz, EUV/AEUV Kommentar, Art. 107 AEUV, Rn. 83 ff.

762 Schlussanträge *GA Geelhoed* vom 20.10.2005, Rs. C-88/03, *Azoren*, Slg. 2006, I-7115, Rn. 53.

wirtschaftspolitische Kompetenz der Mitgliedstaaten eingreifen und den Mitgliedstaaten faktisch die Möglichkeit nehmen würde, gewisse wirtschaftliche Entscheidungen auf regionaler oder lokaler Ebene zu treffen.

Unklar ist jedoch, wie es sich verhält, wenn Vorzugslasten nicht abgeschafft, sondern die Erhebung lediglich ins Ermessen der zuständigen Körperschaft gestellt werden würde. Das Merkmal der Selektivität ist grundsätzlich weit auszulegen und deshalb bereits schon dann zu bejahen, wenn der die Beihilfe gewährenden Stelle ein Ermessensspielraum eingeräumt wird.[763] Beschließt der Landesgesetzgeber, dass gewisse Vorzugslasten erhoben werden können, aber nicht erhoben werden müssen,[764] wird der Gemeindevertretung ein Entscheidungsspielraum dahingehend eingeräumt, eine Satzung für ihr Gebiet zu erlassen und Abgaben zu erheben. Die Gemeindevertretung ist ein Teil der Verwaltung, womit genau genommen der Verwaltung ein Ermessen dahingehend eingeräumt wird, Abgaben von den Vorzugsgläubigern zu erheben, oder selbst dafür aufzukommen. Aus der Bekanntmachung der Kommission und der einschlägigen Kommentarliteratur wird jedoch deutlich, dass dies nicht das Ermessen ist, das von dem Beihilfenrecht im Rahmen der Selektivität gemeint ist. In der Bekanntmachung der Kommission heißt es unter anderem: „*Öffentliche Verwaltungen verfügen bei der Anwendung einer Maßnahme insbesondere dann über Ermessen, wenn die Kriterien für die Gewährung der Beihilfe so allgemein oder vage formuliert sind, dass bei der Prüfung zwangsläufig ein Ermessensspielraum besteht.*“[765] Mit dem Ermessensspielraum ist damit der Fall gemeint, dass der Verwaltung im Einzelfall bei der Maßnahme selbst eine Prüfungskompetenz mit Ermessensspielraum zukommt. Ein solcher ist dann gegeben, wenn in der Rechtsgrundlage für die Maßnahme ein Ermessen eingeräumt ist. Im deutschen Kommunalabgabenrecht wäre dies dann der Fall, wenn sich in der Abgabensatzung der Kommune ein Ermessenspielraum finden würde, der es der Verwaltung anheimstellt, bei den potenziellen Abgabenschuldnern Unterschiede

763 So EuGH, Urteil vom 26.09.1996, Rs. C-241/94, *Kimberly Clark*, Slg. 1996, I-4551, Rn. 23 f.; EuGH, Urteil vom 29.06.1999, Rs. C-256/97, *DM Transport*, Slg. 1999, I-3913, Rn. 27; vgl. darüber hinaus *Arhold*, in: MüKo Wettbewerbsrecht, Teil 2, Art. 107 AEUV, Rn. 473 ff.; *Kühling*, in: Streinz, EUV/AEUV Kommentar, Art. 107 AEUV, Rn. 77.

764 So zum Beispiel in Schleswig-Holstein für Straßenausbaubeiträge in § 76 Abs. 2 Satz 2 GOSH geschehen: „*Eine Rechtspflicht zur Erhebung von Straßenausbaubeiträgen im Sinne der §§ 8 und 8 a des Kommunalabgabengesetzes besteht nicht.*“

765 Bekanntmachung der Kommission zum Begriff der staatlichen Beihilfe im Sinne des Artikels 107 Absatz 1 des Vertrags über die Arbeitsweise der Europäischen Union (ABl. 2016 C 262/1), Rn. 124.

hinsichtlich der geschuldeten Abgaben zu machen. Eine solche Konstellation steht aber nicht in Rede und würde höchstwahrscheinlich schon gegen deutsches Recht, wie unter anderem Art. 3 Abs. 1 GG, verstoßen.

Im Prinzip stellt die Konstellation, in der die landesrechtliche Regelung der Kommune ein Ermessen dahingehend einräumt, kommunale Vorzugslasten zu erheben, nichts anderes dar, als das, was bereits unter der regionalen Selektivität erläutert wurde: Indem das Bundesland es seinen Kommunen freistellt, Abgabensatzungen zu erlassen um Abgaben zu erheben, sind die Kommunen als kommunale Körperschaften die subnationale Ebene, auf die die Abgabenhoheit symmetrisch aufgeteilt ist. Auch hier ist es den Kommunen gestattet, autonom eigene Sätze zu erlassen, weshalb die Bildung eines Bezugsrahmens nicht möglich ist. Die einzig denkbare Konstellation, in der Selektivität zu bejahen sein könnte, wäre, wenn eine Kommune ihre Abgabensatzung mit einem Ermessen ausgestaltet, das ihr erlaubt, bei der Heranziehung zu Abgaben zwischen Unternehmen zu differenzieren. Der Bezugsrahmen würde sich dann aus den Abgabensätzen in der Satzung und den natürlichen Gegebenheiten auf dem Hoheitsgebiet der Kommune zusammensetzen, sodass eine Selektivität vorstellbar wäre.

2. Zwischenergebnis

Die generelle Abschaffung von Vorzugslasten oder einzelner Vorzugslasten würde demnach unter keinem Gesichtspunkt eine europarechtswidrige Beihilfe im Sinne des Art. 107 AEUV darstellen. Selbst wenn man einen Vorteil für die Unternehmen noch bejahen wollte, so fehlt es zumindest an der Selektivität der Maßnahme. Anderenfalls würde das europäische Beihilfenrecht zu sehr in die wirtschaftspolitische Kompetenz der Mitgliedstaaten eingreifen, ihre nationalen Kompetenzen auf subnationale Ebenen zu dirigieren. Auch die Konstellation, dass der Landesgesetzgeber es den Kommunen freistellt, Vorzugslasten zu erheben, würde in keinem denkbaren Fall zu einer Beihilfe im Sinne des Europarechts führen. Darüber hinaus passt die *Ratio* des Beihilfenrechts schon gar nicht zur Frage der Abgabenerhebung. Ein Blick über die Grenzen der Bundesrepublik Deutschland hinaus zeigt, dass in den meisten anderen EU-Ländern keine Gebühren und Beiträge erhoben werden. In Finnland erhebt der Staat beispielsweise für Gemeindestraßen keine Abgaben, stattdessen sind die Anlieger allein für die Straßen verantwortlich, indem sie eine Art Eigentümergemeinschaft bilden und für alle Straßenarbeiten privat aufkommen. In anderen Mitgliedsstaaten wie Österreich werden Maut-Gebühren für die Benutzung einiger Straße erhoben. Die Abgabenerhebung ist in allen Mitgliedsstaaten unterschiedlich ausgestattet. Eine Änderung des Abgabensystems in eine Richtung, die auch bereits von anderen Mitgliedsstaaten ausgeübt wird, darf schon unter dem Gesichtspunkt der Chancengleichheit nicht dazu führen, dass ein Staat sich europarechtswidrig verhält, nur weil zur Zeit des Inkrafttretens des Vertrags zur Arbeitsweise der Europäischen Union und des Beihilfenrechts ein anderes Abgabensystem galt, das beispielsweise weniger sozialstaatlich ausgestaltet war. Vielmehr stellt die Gestaltung des Abgabensystems eine der wichtigsten hoheitlichen Kompetenzen eines jeden Staates dar, in welche die Europäische Union nicht ohne ausdrückliche Kompetenzen eingreifen können darf.

E. Ausblick

Es ist schwer vorherzusagen, wie sich die Debatte um die Erhebung von Vorzugslasten auf die finanzrechtliche, das heißt abgaben- und steuerrechtliche Landschaft auswirken wird. Es besteht zumindest derzeit kein Anlass dazu, von einem Ende der Vorzugslasten zu sprechen. Richtig ist, dass einige Vorzugslasten, wie beispielsweise Straßenausbaubeiträge oder der Rundfunkbeitrag teils großen Unmut auslösen und auf sehr wenig Rückhalt und Verständnis in der Bevölkerung stoßen. Da die Regelung von Straßenausbaubeiträgen Sache des Landes ist und diese die Verantwortung teilweise an die Kommunen weitergereicht haben, indem sie die Beiträge nicht abgeschafft, sondern ihre Erhebung freiwillig gemacht haben, ist anzunehmen, dass sich der Trend der Nicht-Erhebung hier fortsetzen wird. Ein Grund dafür ist, dass die Wähler mindestens auf kommunaler Ebene noch einen größeren Einfluss auf die Politikgestaltung haben, da die Distanz zwischen Politik und Wähler deutlich geringer ist als beispielsweise auf Bundesebene und der kommunale Wahlkampf eher von solchen bürgernahen Themen dominiert wird.

Allerdings muss die Politik im Falle der Nicht-Erhebung von Vorzugslasten Mittel und Wege finden, um die Finanzierung ihrer öffentlichen Einrichtungen sicherzustellen. Insbesondere bei dem Straßenausbau kann dies zu erheblichen Problemen führen, da die sogenannten wiederkehrenden Beiträge, die bislang als eine attraktive Alternative zu den einmaligen Beiträgen galten, in vielen Fällen wohl nicht rechtmäßig erhoben werden können.[766] Eine Anhebung der Grundsteuer ist ebenfalls eine viel diskutierte Maßnahme, die am Ende allerdings insbesondere Mieter zu spüren bekommen dürften, da die Grundsteuer, im Unterschied zu Straßenausbaubeiträgen, umlagefähig ist. Auch würden öffentliche Einrichtungen, die von der Grundsteuer, aber nicht von der Entrichtung von Beiträgen befreit sind, dann zur Finanzierung der Instandsetzung einer Straße keinen Beitrag mehr leisten. Eine Abschaffung des bundesweiten Rundfunkbeitrags beispielsweise ist nicht absehbar, nicht zuletzt auch, da die Bundespolitik weniger empfänglich für das Thema der Vorzugslasten ist. Eine ersatzlose Streichung erscheint zumindest zum jetzigen Zeitpunkt unwahrscheinlich, obwohl der Rundfunkbeitrag sich fast noch größerer Unbeliebtheit erfreut als die Straßenausbaubeiträge.

---

766 Vgl. etwa jüngst das Urteil des VG Schleswig, Urteil vom 16.01.2019 – 9 A 55/17, 9 A 258/17 –, juris.

Im Gesamtbild darf jedoch auch nicht vergessen werden, dass ein großer Teil der Vorzugslasten eine breite Akzeptanz und teilweise sogar Wohlwollen genießt. Typischerweise ist dies eher bei den Vorzugslasten der Fall, bei denen kein Zwang zur Inanspruchnahme besteht und ein direkter Vorteil abgegolten wird, der nicht nur in der Möglichkeit einer Inanspruchnahme besteht, wie dies beispielsweise bei Gebühren der Fall ist.

Es ist ein beinahe unmögliches Unterfangen, festlegen zu wollen, welche Vorzugslasten der Gerechtigkeit dienen, und welche dies nicht (mehr) tun, da diese grundsätzlich eine Ausformung der subjektiven Weltanschauung und daher unterschiedlich von Mensch zu Mensch ist. Es darf nicht aus dem Blick verloren werden, dass das Grundgesetz der sozialen Komponente in Gesellschaft und Wirtschaft eine hohe Bedeutung beimisst. Dazu gehört aber ebenfalls, dass einige Kosten von der Allgemeinheit über die Steuererhebung getragen werden und nicht jeder einzelne Vorteil direkt beim Vorteilsempfänger abgegolten werden muss. Aus diesem Grund ist beispielsweise staatliche Bildung in Deutschland grundsätzlich kostenfrei. Es ist unmöglich, eine klare Grenze zu ziehen bei der Frage, welche Vorzugslasten angemessen und gerecht sind, und welche zwecks einer gerechteren Finanzgestaltung zugunsten einer angepassten Steuer abgeschafft werden sollten. Vielmehr ist diese Grenze den zeitlichen und gesellschaftlichen Einflüssen und Strömungen ausgesetzt und ist daher eine dynamische, die sich im Wandel der Zeit stets flexibel darstellen und anpassen muss.

F. Ergebnisse

1. Das Subsidiaritätsprinzip in § 76 Abs. 2 GO SH und den anderen entsprechenden landesrechtlichen Vorschriften[767] verstößt nicht gegen das verfassungsrechtliche Steuerstaatsprinzip. Das Steuerstaatsprinzip stellt keine absolute obere Grenze für die Erhebung von nicht-steuerlichen Abgaben dar, sondern ist vielmehr als Staatszielbestimmung ein Gesetzgebungsauftrag oder Finanzierungsimperativ für den Gesetzgeber, welcher dafür Sorge zu tragen hat, dass sich der Staat zum größten Teil noch immer aus Steuern befriedigt. Die Gemeinden sind hierbei außerdem nicht einzeln, sondern als Teil des Staates zu betrachten. Insoweit der größte Teil der staatlichen Einnahmen kumuliert aus Steuern besteht, was derzeit der Fall ist, ist dem Steuerstaatsprinzip genüge getan.
2. Aus dem allgemeinen Gleichheitssatz in Art. 3 Abs. 1 GG folgt keine allgemeine Pflicht, Gesetze zur Erhebung von Vorzugslasten zu erlassen. Das Untermaßverbot des allgemeinen Gleichheitssatzes wäre im Falle einer gänzlichen Abschaffung ebenfalls nicht verletzt. Demnach ist jede Abgabe selbst darauf zu untersuchen, ob sie ausweislich des Art. 3 Abs. 1 GG notwendig im verfassungsrechtlichen Sinne ist.
3. Folglich war zu untersuchen, wann Vorteilsempfänger und Nicht-Vorteilsempfänger derart ungleich sind, dass eine Gleichbehandlung durch eine Nicht-Erhebung von Vorzugslasten nicht mehr gerechtfertigt werden kann. Der Untersuchung ist zunächst eine rechtliche Gleichheit statt einer faktischen Gleichheit zu Grunde zu legen. Von einer faktischen Gleichheit ist dann auszugehen, wenn sie als verfassungsrechtliches Prinzip alle entgegenstehenden Prinzipien überspielt. Dies ist im Rahmen einer Abwägung anhand der modifizierten Gewichtsformel zu bestimmen, welche wie folgt lautet:

$$G_{i,n} = \frac{P_i}{((P_1 + \sum_{x=2}^{n} P_x) : n) + (2n - 2)}$$

4. Hinsichtlich der Frage, ob der Gesetzgeber bestimmte Vorzugslasten erheben muss, ist ihm allerdings aufgrund der fiskalpolitischen Natur dieser

767 Die anderen Länder normieren dies entsprechend in: § 78 Abs. 2 GO BW; Art. 62 Abs. 2 BayGO; § 64 Abs. 2 BbgKVerf; § 93 Abs. 2 HGO; § 44 Abs. 2 KV MV; § 111 Abs. 5 Satz 1 NKomVG; § 77 Abs. 2 GO NRW; § 94 Abs. 2 GO RP; § 83 Abs. 2 KSVG; § 73 Abs. 2 SächsGO; § 99 Abs. 2 KVG LSA; § 54 Abs. 2 ThürKO.

Entscheidung grundsätzlich ein weiter Ermessensspielraum einzuräumen, sodass eine Abwägung nicht immer angezeigt ist. Dieser Ermessensspielraum ist allerdings nicht bedingungslos weit. Vielmehr ist die Grenze, ab der ein strengerer am Verhältnismäßigkeitsmaßstab orientierter Prüfungsmaßstab anzulegen ist, höher anzusetzen.

5. Als Kriterien zur Bestimmung, ob ein engerer Prüfungsmaßstab angelegt werden muss, können die vom Bundesverfassungsgericht entwickelten Maßstäbe nur in modifizierter Form herangezogen werden. Als Korrektiv dient darüber hinaus die Wesentlichkeit des Unterschieds zwischen den Vergleichsgruppen.
6. Für die Wesentlichkeit als Korrektiv gilt:

   Je wesentlicher die Ungleichheit ist, desto höhere Anforderungen sind an die Rechtfertigung einer Gleichbehandlung zu stellen.

   Sie lässt sich durch die folgende Formel determinieren:

   Je größer der Vorteil, und je ungleicher er verteilt ist, desto wesentlicher ist der Unterschied und damit die Ungleichheit zwischen den beiden Vergleichsgruppen der Vorteilsempfänger und der Nicht-Vorteilsempfänger.

7. In den meisten Fällen unterliegt die Abschaffung beziehungsweise Nicht-Erhebung von Beiträgen geringeren Anforderungen als die Nicht-Erhebung von Gebühren, da Gebühren meistens für konkret beantrage Leistungen erhoben werden.
8. Ist kein gelockerter, sondern ein an Verhältnismäßigkeitsgrundsätzen orientierter Prüfungsmaßstab anzulegen, so sind in der Verhältnismäßigkeit im engeren Sinne (Angemessenheit oder Grundsatz der Proportionalität) Verfassungsprinzipien als Gründe gegeneinander abzuwägen. Es ist im Rahmen einer modifizierten Gewichtsformel sowohl ihr abstraktes als auch ihr konkretes Gewicht zu berücksichtigen.
9. Ein hypothetischer Verzicht auf die Erhebung von Vorzugslasten erfüllt – bei einer Abschaffung der entsprechenden Normen – keinen europarechtlichen Beihilfetatbestand und ist daher nicht europarechtswidrig.

Literaturverzeichnis

Agethen, Gerhard Michael: Die Beitragserhebung beim Ausbau öffentlicher Straßen nach § 6 NKAG, Aachen 2002

Albers, Marion: Gleichheit und Verhältnismäßigkeit, in Juristische Schulung (JuS) 2008, 945–949

Alexy, Robert: Theorie der Grundrechte, 8. Auflage, Baden-Baden 2018 (unveränderter Nachdruck der 1. Auflage 1994)

Alexy, Robert: Zur Struktur der Rechtsprinzipien, in: Schilcher, Bernd / Koller, Peter / Funk, Bernd-Christian (Hrsg.), Regeln, Prinzipien und Elemente im System des Rechts, Wien 2000, Seiten 31–52

Alexy, Robert: The Reasonableness of Law, in: Bongiovanni, Giorgio (Hrsg.), Reasonableness and Law, Heidelberg 2009, Seiten 5–15

Alexy, Robert: Ideales Sollen und Optimierung, in: Salziger, Frank (Hrsg.), Rechtstaatliches Strafrecht. Festschrift für Ulfrid Neumann zum 70. Geburtstag, Heidelberg 2017, Seiten 17–30

Alexy, Robert: Die Gewichtsformel, in: Jickeli, Joachim / Kreutz, Peter / Reuter, Dieter (Hrsg.), Gedächtnisschrift für Jürgen Sonnenschein. 22. Januar 1938 bis 6. Dezember 2012, Berlin 2003, Seiten 771–792

Alexy, Robert: Grundrechte und Verhältnismäßigkeit, in: Schliesky, Utz / Ernst, Christian / Schulz, Sönke Ernst, Die Freiheit des Menschen in Kommune, Staat und Europa. Festschrift für Edzard Schmidt-Jortzig, Heidelberg 2011, Seiten 3–15

Aristoteles: Nikomachische Ethik, München 1991

Arndt, Hans-Wolfgang: Diskussionsbeitrag, in: Oldiges, Martin (Hrsg.), Abgabenrechtliche Verhaltenssteuerung im Umweltrecht. Dokumentation Symposions des Instituts für Umwelt- und Planungsrecht der Universität Leipzig am 21. und 22. Juni 2000, Leipzig 2000, Seiten 133–135

Arndt, Hans Wolfgang: Lenkung durch Steuern und sonstige Abgaben auf dem Gebiet des Wirtschaftsverwaltungsrechts. Bestandsaufnahme und Perspektiven, in: Wirtschaft und Verwaltung (WiVerw) 1990, 1–49

Arndt, Marcus: Straßenbaubeiträge, Herne 2017

Bartosch, Andreas: EU-Beihilfenrecht, 2. Auflage, München 2016

Becker, Erich: Die staatspolitische Bedeutung der Preußischen Städteordnung vom 19. November 1808, in: Wegener, Wilhelm (Hrsg.), Festschrift für Karl Gottfried Hugelmann zum 80. Geburtstag am 26. September 1959, Band 1, Aalen 1959, Seiten 37–75

Becker, Erich: Gemeindliche Selbstverwaltung, Erster Teil. Grundzüge der gemeindlichen Verfassungsgeschichte, Berlin 1941

Bettermann, Karl August: Legislative ohne Posttarifhoheit. Beiträge zu Art. 80 Grundgesetz, Frankfurt am Main 1967

Beushausen, Wolfgang: Kommunale Beiträge – Rechtfertigung und Tatbestand, in: Kommunale Steuer-Zeitschrift (KStZ) 1998, 41–69

Bieber, Roland / Epiney, Astrid / Haag, Marcel / Kotzur, Markus (Hrsg.): Die Europäische Union. Rechtsordnung und Politik, 13. Auflage, Baden-Baden 2019

Bleckmann, Albert: Die Struktur des allgemeinen Gleichheitssatzes, Köln 1995

Birk, Dieter: Das Leistungsfähigkeitsprinzip als Maßstab der Steuernormen. Ein Beitrag zu den Grundfragen des Verhältnisses Steuerrecht und Verfassungsrecht, Köln 1983

Birk, Dieter / Eckhoff, Rolf: Staatsfinanzierung durch Gebühren und Steuern. Vor- und Nachteile aus juristischer Perspektive, in: Sacksofsky, Ute / Wieland, Joachim (Hrsg.), Vom Steuerstaat zum Gebührenstaat, Baden-Baden 2000, Seiten 54–67

Birnbaum, Bruno: Die gemeindlichen Steuersysteme in Deutschland, Berlin 1914

Birnstiel, Alexander / Bungenberg, Marc / Heinrich, Helge (Hrsg.): Europäisches Beihilfenrecht, Baden-Baden 2013

Bohmann, Herbert: *Das* Gemeindeabgabenrecht, Stolp 1935

Boysen, Sigrid: Gleichheit im Bundesstaat, Tübingen 2005

Breckwoldt, Maike: Grundrechtskombinationen, Tübingen 2015

Breckwoldt, Maike / Kleiber, Michael: Grundrechtskombinationen. Zu Struktur und Rationalität der Abwägung bei Prinzipienmehrheiten, in: Klatt, Matthias (Hrsg.) Prinzipientheorie und Theorie der Abwägung, Tübingen 2013, Seiten 1–33

Britz, Gabriele: Der allgemeine Gleichheitssatz in der Rechtsprechung des BVerfG, in: Neue Juristische Wochenzeitung (NJW) 2014, 346–351

Brüning, Christoph: Die Verfassungsgarantie der kommunalen Selbstverwaltung aus Art. 28 Abs. 2 GG, in: Juristische Ausbildung (JURA) 2015, 592–604

Brüning, Christoph: Gleichheitsrechtliche Verhältnismäßigkeit, in: Juristenzeitung (JZ) 2001, 669–673

Brüning, Christoph: Kommunale Gebühren, Herne 2018

Bülow, Jörg / Erps, Jan Christian / Schliesky, Utz / v. Allwörden, Jochen: Kommunalverfassungsrecht Schleswig-Holstein Kommentar, 66. Ergänzungslieferung Januar 2019, Wiesbaden 2019

Callies, Christian / Ruffert, Matthias: EUV/AEUV Kommentar, 5. Auflage, München 2016

Christ, Josef / Oebbecke, Janbernd: Handbuch Kommunalabgabenrecht, München 2016

Clérico, Laura: Die Struktur der Verhältnismäßigkeit, Baden-Baden 2001

Clérico, Laura / Sieckmann, Jan-Reinhard (Hrsg.): Grundrechte, Prinzipien und Argumentation. Studien zur Rechtstheorie Robert Alexys, Baden-Baden 2009

Creifelds, Carl (Begr.) / Weber Klaus (Hrsg.): Rechtswörterbuch, 22. Auflage, München 2017

Davy, Ulrike: Soziale Gleichheit – Voraussetzung oder Aufgabe der Verfassung, in: Sacksofsky, Ute / Möllers, Christoph / Davy, Ulrike / Axer, Peter / u.a., Erosion von Verfassungsvoraussetzungen. Berichte und Diskussionen auf der Tagung der Vereinigung der Deutschen Staatsrechtslehrer in Erlangen vom 1. bis 4. Oktober 2008, in: Veröffentlichungen der Vereinigung der Deutschen Staatsrechtslehrer (VVDStRL) 68 (2009), 122–176

Dehn, Klaus-Dieter / Wolf, Thorsten Ingo: Gemeindeordnung Schleswig-Holstein Kommentar, 15. Auflage, Wiesbaden 2018

Dittmann, Armin: Gleichheitssatz und Gesetzesvollzug im Bundesstaat. Föderative Ungleichheiten beim Vollzug von Steuergesetzen, in: Maurer, Hartmut (Hrsg.), Das akzeptierte Grundgesetz. Festschrift für Günter Dürig zum 70. Geburtstag, München 1990, Seiten 221–240

von Doemming, Klaus-Berto / Füsslein, Rudolf Werner / Matz, Werner: Entstehungsgeschichte der Artikel des Grundgesetzes im Auftrage der Abwicklungsstelle des Parlamentarischen Rates und des Bundesministers des Innern auf Grund der Verhandlungen des Parlamentarischen Rates, in: Jahrbuch des öffentlichen Rechts der Gegenwart (JöR) 1 (1951), 1–926

Dorn, Helmut: Kommunales Abgabenrecht: Steuern, Gebühren und Beiträge, Berlin 1992

Dreier, Horst (Hrsg.): Grundgesetz Kommentar, Band I, 3. Auflage, Tübingen 2013

Dreier, Horst (Hrsg.): Grundgesetz Kommentar, Band II, 3. Auflage, Tübingen 2015

Dreier, Horst (Hrsg.): Grundgesetz Kommentar, Band III, 3. Auflage, Tübingen 2018

Driehaus, Joachim (Hrsg.): Kommunalabgabenrecht, dargestellt auf der Grundlage des KAG NRW unter Berücksichtigung der Besonderheiten in den übrigen KAG, 3. Ergänzungslieferung, September 2004

Driehaus, Joachim: Erschließungs- und Ausbaubeiträge, 9. Auflage, München 2012

Driehaus, Joachim / Raden, Michael: Erschließungs- und Ausbaubeiträge, 10. Auflage, München 2018

Droege, Michael: Gemeinnützigkeit im offenen Steuerstaat, Tübingen 2010

Drömann, Dietrich: Nichtsteuerliche Abgaben im Steuerstaat, Berlin 2000

Dümke, Christian: Daseinsvorsorge, Wettbewerb und kommunale Selbstverwaltung im Bereich der liberalisierten Energiewirtschaft, Potsdam 2015

Dworkin, Ronald: Taking rights seriously. New Impression with a Reply to Critics, Avon 1977

Engels, Nicole: Chancengleichheit und Bundesstaatsprinzip, Berlin 2001

Epping, Volker: Grundrechte, 8. Auflage, Berlin 2019

Epping, Volker / Hillgruber, Christian (Hrsg.): Beck'scher Online-Kommentar zum Grundgesetz, 40. Edition, Stand: 15.02.2019

Fastenrath, Ulrich: Inländerdiskriminierung. Zum Gleichbehandlungsgebot beim Zusammenwirken mehrerer (Teil)Rechtsordnungen im vertikal gegliederten und international integrierten Staat, in: Juristische Zeitung (JZ) 1987, 170–178

Forst, Rainer: Das Recht auf Rechtfertigung. Elemente einer konstruktivistischen Theorie der Gerechtigkeit, Frankfurt am Main 2007

Forsthoff, Ernst: Die Verwaltung als Leistungsträger, Stuttgart / Berlin 1938

Forsthoff, Ernst (Hrsg.): Rechtsstaatlichkeit und Sozialstaatlichkeit. Aufsätze und Essays, Darmstadt 1968

Franz, Thorsten: Gewinnerzielung durch kommunale Daseinsvorsorge, Tübingen 2005

Friauf, Karl Heinrich / Höfling, Wolfram (Hrsg.): Berliner Kommentar zum Grundgesetz, Band Ergänzungslieferung 3/18, Berlin 2018

Fromm, Klaus: Haben die Gemeinden ein Steuerfindungsrecht?, in: Kommunale Steuer-Zeitschrift (KStZ) 1972, 1–4

Gaier, Reinhard: Die Durchsetzung verfassungsgerichtlicher Entscheidungen, in: Juristische Schulung (JuS) 2011, 961–966

Gebhard, Ferdinand / Lutz, Josef P.: Das Preußische Rechtsbuch. Sammlung der Gesetze, Verordnungen und Ministerialverfügungen einschließlich des noch in Geltung gebliebenen Allgemeinen Landrechts für die preußischen Staaten in den nach dem 1. Januar 1900 geltenden Originaltexten mit gemeinverständlichen Erläuterungen nebst zahlreichen Beispielen und Formularen, 2. Band, Berlin 1900

Gern, Alfons / Brüning, Christoph: Deutsches Kommunalrecht, 4. Auflage, Baden-Baden 2019

Gersdorf, Hubertus / Paal, Boris: Beck'scher Online-Kommentar Informations- und Medienrecht, 24. Edition, Stand 01.05.2019, München 2019

Gosepath, Stefan: Gleiche Gerechtigkeit. Grundlagen eines liberalen Egalitarismus, Frankfurt am Main 2004

Grabitz, Eberhard / Hilf, Meinhard / Nettesheim, Martin: Das Recht der Europäischen Union, Kommentar, 66. Ergänzungslieferung, Februar 2019, München 2019

Gramm, Christof: Vom Steuerstaat zum gebührenfinanzierten Dienstleistungsstaat?, in: Der Staat 1997, 267–280

Gröpl, Christoph / Windthorst, Kay / von Coelln, Christian: Studienkommentar GG, 3. Auflage, München 2017

Grünewald, Klaus: Anschlussbeiträge. Grundlagen, Systematik, Kalkulation, Beitragspflicht, Herne 2014

Gundlach, Ulf: Die Kommunen im Steuer- und Abgabenstaat, in: Landes- und Kommunalverwaltung (LKV) 2000, 7–13

Gusy, Christoph: Der Gleichheitssatz, in: Neue Juristische Wochenzeitung (NJW) 1988, 2505–2511

Gusy, Christoph: Parlamentarischer Gesetzgeber und Bundesverfassungsgericht, Berlin 1985

Haller, Heiko Alexander: Die Verrechnung von Vor- und Nachteilen im Rahmen von Art. 3 Abs. 1 GG. Eine Untersuchung zur Kompensation von Grundrechtseingriffen, Berlin 2007

Hänsle, Walter: Streik und Daseinsvorsorge, Tübingen 2016

Häuser, Karl: Abriß der geschichtlichen Entwicklung der öffentlichen Finanzwirtschaft, in: Handbuch der Finanzwissenschaft, Band. 1, 3. Auflage, Tübingen 1977

von Hayek, Friedrich August: Die Verfassung der Freiheit, Tübingen 1971

Heimlich, Jörn: Die Verleihungsgebühr als Umweltabgabe. Zugleich ein Beitrag zur Dogmatik des allgemeinen Gebührenrechts, Berlin 1996

Heinig, Hans Michael: Der Sozialstaat im Dienst der Freiheit, Tübingen 2008

Reich, Dr. Dieter O. / Helios, Marcus: EuGH: Eigenkapitalzufuhr an Unternehmen durch die öffentliche Hand, mit Anmerkungen, in: Europäische Zeitschrift für Wirtschaftsrecht (EuZW) 2002, 468–476

Hendler, Reinhard: Staatsfinanzierung durch Gebühren oder Steuern. Vor- und Nachteile aus juristischer Perspektive, in: Sacksofsky, Ute / Wieland, Joachim (Hrsg.), Vom Steuerstaat zum Gebührenstaat, Baden-Baden 2000, Seiten 68–84

Hendler, Reinhard: Gebührenstaat statt Steuerstaat?, in: Die öffentliche Verwaltung (DÖV) 1999, 749–758

Hendler, Reinhard: Umweltabgaben und Steuerstaatsdoktrin, in: Archiv des öffentlichen Rechts (AÖR) 115 (1990), 577–609

Henneke, Hans-Günter: Die Kommunen in der Finanzverfassung des Bundes und der Länder, 5. Auflage, Wiesbaden 2012

Henneke, Hans-Günter: Öffentliches Finanzwesen. Finanzverfassung. Eine systematische Darstellung, 2. Auflage, Heidelberg 2000

Henneke, Hans-Günter / Pünder, Hermann / Waldhoff, Christian (Hrsg.): Recht der Kommunalfinanzen. Abgaben, Haushalt, Finanzausgleich, München 2006

Henke, Angela: Kommunale Steuern, Herne 2017

Henssler, Martin / Willemsen, Heinz Josef / Kalb, Heinz-Jürgen: Arbeitsrecht Kommentar, 7. Auflage, Köln 2016

Hesse, Konrad: Der Gleichheitsgrundsatz im Staatsrecht, in: Archiv des öffentlichen Rechts (AöR) 77 (1951/1952), 167–224

Heun, Werner: Die Entwicklung des Steuerstaatskonzepts in theoretischer und tatsächlicher Hinsicht, in: Sacksofsky, Ute / Wieland, Joachim (Hrsg.), Vom Steuerstaat zum Gebührenstaat, Baden-Baden 2000, Seiten 10–21

Hofmann, Ekkehard: Grundrechtskonkurrenz oder Schutzbereichsverstärkung. Die Rechtsprechung des Bundesverfassungsgerichts zum „additiven“ Grundrechtseingriff, in: Archiv des öffentlichen Rechts (AöR) 133 (2008), 523–555

Hübschmann, Walter / Hepp, Ernst / Spitaler, Armin: Abgabenordnung – Finanzgerichtsordnung. Kommentar, 251. Ergänzungslieferung 03/2019, Köln 2019

Hufen, Friedhelm: Staatsrecht II. Grundrechte, 7. Auflage, München 2018

Huster, Stefan: Rechte und Ziele, Berlin 1993

Immenga, Ulrich / Mestmäcker, Ernst-Joachim: Wettbewerbsrecht, Band 3, 5. Auflage, München 2016

Ipsen, Hans Peter: Zur Legalität des Werbefernsehens, in: Neue Juristische Wochenzeitung (NJW) 1963, 2049–2054

Ipsen, Jörn: Rechtsfolgen der Verfassungswidrigkeit von Norm und Einzelakt, in: Starck, Christian (Hrsg.); Studien und Materialien zur Verfassungsgerichtsbarkeit, Band 18, Baden-Baden 1980

Ipsen, Jörn: Sozialisierung und Übermaßverbot, in: NVwZ 2019, 527–529.

Isensee, Josef: Steuerstaat als Staatsform, in: Stödter, Rolf / Thieme, Werner (Hrsg.), Hamburg, Deutschland, Europa. Beiträge zum deutschen und europäischen Verfassungs-, Verwaltungs- und Wirtschaftsrecht. Festschrift für Hans Peter Ipsen zum siebzigsten Geburtstag (FS Ipsen), Tübingen 1977, Seiten 409–436

Isensee, Josef / Kirchhof, Paul (Hrsg.): Handbuch des Staatsrechts der Bundesrepublik Deutschland, Band II, 3. Auflage, Heidelberg 2004

Isensee, Josef / Kirchhof, Paul (Hrsg.): Handbuch des Staatsrechts der Bundesrepublik Deutschland, Band IV, 3. Auflage, Heidelberg 2006

Isensee, Josef / Kirchhof, Paul (Hrsg.): Handbuch des Staatsrechts der Bundesrepublik Deutschland, Band VIII, 3. Auflage, Heidelberg 2010

Jansen, Nils: Die normativen Grundlagen rationalen Abwägens im Recht, in: Sieckmann, Jan-Reinhard (Hrsg.), Die Prinzipientheorie der Grundrechte, Baden-Baden 2007, Seiten 39–57

Jarass, Hans D. / Pieroth, Bodo: Grundgesetz für die Bundesrepublik Deutschland, Kommentar, 15. Auflage, München 2018

von Justi, Johann Heinrich Gottlob: System des Finanzwesens nach vernünftigen aus dem Endzweck der bürgerlichen Gesellschaften und aus der Natur aller Quellen der Einkünfte des Staats hergeleiteten Grundsätze und Regeln, Buch IV, Halle 1766

Kahl, Wolfgang / Waldhoff, Christian / Walter, Christian: Bonner Kommentar zum Grundgesetz, Ordner 2, 194. Ergänzungslieferung November 2018, Heidelberg 2018

Kahle, Christian: Die Elektrizitätsversorgung zwischen Versorgungssicherheit und Umweltverträglichkeit, Baden-Baden 2009

Kallina, Michael: Willkürverbot und Neue Formel. Der Wandel der Rechtsprechung des Bundesverfassungsgerichts zu Art. 3 I GG, Tübingen 2001

Kallmeyer, Christoph: Ideales Sollen. Eine Analyse der Prinzipienkonstruktion, herausgegeben von Alexy, Robert / Borowski, Martin / Dreier, Rolf, Baden-Baden 2016

Kelsen, Hans: Das Problem der Gerechtigkeit, in: Jestaedt, Matthias (Hrsg.), Reine Rechtslehre. Mit einem Anhang: Das Problem der Gerechtigkeit, Studienausgabe der 2. Auflage 1960, Wien 2017

Kelsen, Hans: Reine Rechtslehre. Einleitung in: Die rechtswissenschaftliche Problematik, in: Jestaedt, Matthias (Hrsg.), Studienausgabe der 1. Auflage 1934, Tübingen 2008

Kempen, Otto Ernst (Hrsg.): Sozialstaatsprinzip und Wirtschaftsordnung, Frankfurt am Main 1976

Kersten, Jens: Die Entwicklung des Konzepts der Daseinsvorsorge im Werk von Ernst Forsthoff, in: Der Staat 2005, 543–569

Kersting, Wolfgang: Grundriß einer liberalen Sozialstaatsbegründung, in: Schmücker, Reinold / Steinvorth, Ulrich (Hrsg.), Gerechtigkeit und Politik. Philosophische Perspektiven, Berlin 2002, Seiten 117–132

Kersting, Wolfgang: Philosophische Sozialstaatsbegründungen, in: Goldschmidt, Nils / Wohlgemuth, Michael (Hrsg.), Die Zukunft der sozialen

Marktwirtschaft. Sozialethische und ordnungsökonomische Grundlagen, Tübingen 2004, Seiten 9–26

Kersting, Wolfgang: Recht, Gerechtigkeit und demokratische Tugend. Abhandlungen zur praktischen Philosophie der Gegenwart, Frankfurt am Main 1997

Kersting, Wolfgang: Gerechtigkeit und öffentliche Vernunft. Über John Rawls' politischen Liberalismus, Paderborn 2006

Kersting, Wolfgang: Kritik der Gleichheit. Über die Grenzen der Gerechtigkeit und der Moral, Göttingen 2002

Kingreen, Thorsten: Das Sozialstaatsprinzip im europäischen Verfassungsverbund, Tübingen 2003

Kingreen, Thorsten / Poscher, Ralf: Grundrechte, Heidelberg 2018

Kirchhof, Ferdinand: Die Verleihungsgebühr als dritter Gebührentyp, in: Deutsches Verwaltungsblatt (DVBl.) 1987, 554–561

Kirchhof, Ferdinand: Vom Steuerstaat zum Abgabenstaat?, in: Die Verwaltung 1988, 137–153

Kirchhof, Ferdinand: Der Weg zur verfassungsgerechten Besteuerung. Bestand, Fortschritt, Zukunft, in: Steuer und Wirtschaft (StuW) 2002, 185–200

Kirchhof, Gregor: Die Allgemeinheit des Gesetzes. Über einen notwendigen Garanten der Freiheit, der Gleichheit und der Demokratie, Tübingen 2009

Kirchhof, Paul: Der Finanzausgleich als Grundlage kommunaler Selbstverwaltung, in: Deutsches Verwaltungsblatt (DVBl.) 1980, 711–719

Kirchhof, Paul: Die Verschiedenheit der Menschen und die Gleichheit vor dem Gesetz, Reihe „Themen", Band 62, München 1996

Kirchhof, Paul: Rechtsphilosophische Fundierung des Richterrechts: Die Idee des Rechts, in:Bumke, Christian (Hrsg.), Richterrecht zwischen Gesetzesrecht und Rechtsgestaltung S. 71–84

Kleerbaum, Klaus-Viktor / Palmen, Manfred (Hrsg.): Gemeindeordnung Nordrhein-Westfalen. Kommentar für die kommunale Praxis, 3. Auflage, Recklinghausen 2017

Klein, Franz: Abgabenordnung Kommentar, 14. Auflage, München 2018

Klein, Franz: Gleichheitssatz und Steuerrecht. Eine Studie über Gleichheit und Gerechtigkeit der Besteuerung im System des Grundgesetzes, Köln 1966

Klein, Hans: Die Teilnahme des Staates am wirtschaftlichen Wettbewerb, Stuttgart 1968

Klein, Oliver: Das Untermaßverbot – Über die Justiziabilität grundrechtlicher Schutzpflichterfüllung, in: Juristische Schulung (JuS) 2006, 960–964

Kloepfer, Michael: Gleichheit als Verfassungsfrage, Berlin 1980

Kloepfer, Michael: Grundrechte als Entstehenssicherung und Bestandsschutz, München 1970

Knauff, Matthias: Der Gewährleistungsstaat: Reform der Daseinsvorsorge. Eine rechtwissenschaftliche Untersuchung unter besonderer Berücksichtigung des ÖPNV, Berlin 2004

Knopf, Peter: Europarecht und kommunale Selbstverwaltung, in: Deutsches Verwaltungsblatt (DVBl.) 1980, 106–110

König, Helmut: Gerechtigkeit in Europa. Transnationale Dimensionen einer normativen Grundfrage, Bielefeld 2008

Koenig, Ulrich: Abgabenordnung Kommentar, 3. Auflage, München 2014

Koenig, Christian / Scholz, Michael: Öffentliche Infrastrukturmaßnahmen durch Bau- und Betriebsgesellschaften im EG-beihilfenrechtlichen Kontrollraster der EG-Kommission, in: Europäische Zeitschrift für Wirtschaftsrecht (EuZW) 2003, 133–138

Kolms, Heinz: Finanzwissenschaft II, Berlin 1974

von Kopczynski, Hans: Die Steinsche Städteordnung vom 19.11.1808 und das Preussische Gemeindeverfassungsgesetz vom 15.12.1933 in ihrer grundsätzlichen Bedeutung, in: Kleine Schriften zum Gemeinderecht, Band 10, Marburg 1935

Krajewski, Markus: Grundstrukturen des Rechts öffentlicher Dienstleistungen, Heidelberg 2011

Kramer, Rolf: Soziale Gerechtigkeit, Inhalt und Grenzen, Berlin 1992

Krebsbach, August: Die Preußische Städteordnung von 1808, 2. Auflage, Stuttgart 1970

Kube, Hanno: Finanzgewalt in der Kompetenzordnung, Tübingen 2004

Kühling, Jürgen: Sektorspezifische Regulierung in den Netzwirtschaften, München 2004

Küssner, Martin: Die Abgrenzung der Kompetenzen des Bundes und der Länder im Bereich der Steuergesetzgebung sowie der Begriff der Gleichartigkeit der Steuern, Berlin 1992

Kutscha, Martin: Vom zeitgemäßen Sozialstaatsverständnis, in: Kritische Justiz (KJ) 1982, 383–396

Lambert, Jürgen: Die Grundzüge eines modernen Rechts der gemeindlichen Gebühren und Beiträge, Köln 1967

Lamprecht, Rolf: Oligarchie in Karlsruhe: Über die Erosion der Gewaltenteilung, in: Neue Juristische Wochenzeitung (NJW) 1994, 3272–3274

Lange, Klaus: Kommunalrecht, Tübingen 2013

Langeloh, Tobias: Die Zulässigkeit von finanziellen Einheimischenprivilegierungen, Berlin 2016

Latendorf, Otto: Die Entwicklung der städtischen Kassenorganisation Berlins von der Einführung der Städteordnung bis zur Gründung der Stadthauptkasse (1809–1843). Ein Beitrag zur Geschichte und Lehre vom städtischen Haushaltswesen, Berlin 1931

Leibholz, Gerhard: Die Gleichheit vor dem Gesetz. Eine Studie auf rechtsvergleichender und rechtsphilosophischer Grundlage, 2. Auflage, München 1959

Leisner, Walter: Verwaltungspreis — Verwaltungssteuer. Betrachtung zu den Gebührengrundsätzen, in: Conrad, Hermann / Jahrreiß, Hermann / Mikat, Paul / Mosler, Hermann / Nipperdey, Hans Carl / Salzwedel, Jürgen (Hrsg.), Gedächtnisschrift Hans Peters, Berlin 1967, Seiten 730–747

Lerche, Peter: Übermaß und Verfassungsrecht. Zur Bindung des Gesetzgebers an die Grundsätze der Verhältnismäßigkeit und der Erforderlichkeit, Köln 1961

Loewenheim, Ulrich / Meessen, Karl M. / Riesenkampff, Alexander / Kersting, Christian / Meyer-Lindemann, Hans Jürgen: Kartellrecht, 3. Auflage, München 2016

Louis, Hans Walter: Die Besteuerung der öffentlichen Unternehmen und Einrichtungen der Daseinsvorsorge, Göttingen 1981

Machado, Gabriel D. L.: Verhältnismäßigkeitsprinzip vs. Willkürverbot: der Streit um den allgemeinen Gleichheitssatz, Berlin 2015

Mahlmann, Matthias: Konkrete Gerechtigkeit. Eine Einführung in Recht und Rechtswissenschaft der Gegenwart, Baden-Baden 2015

v. Mangoldt, Hermann / Klein, Friedrich / Starck, Christian: Kommentar zum Grundgesetz, Band 1, 6. Auflage, München 2010 (alte Auflage)

v. Mangoldt, Hermann / Klein, Friedrich / Starck, Christian: Kommentar zum Grundgesetz, Band 1, 7. Auflage München 2018

Martini, Peter: Art. 3 Abs. 1 GG als Prinzip absoluter Rechtsgleichheit, Köln 1997

Maunz, Theodor / Dürig, Günter: Grundgesetz Kommentar, Herzog, Roman / Herdegen, Mathias / Scholz, Rupert / Klein, Hans (Hrsg.), 86. Ergänzungslieferung Januar 2019, München 2019

Maunz, Theodor / Schmidt-Bleibtreu, Bruno / Klein, Franz / Bethge, Herbert: Bundesverfassungsgerichtsgesetz Kommentar, 56. Ergänzungslieferung Februar 2019, München 2019

Maurer, Hartmut: Staatsrecht I, 6. Auflage, München 2010

Meier, Patrick / Jocham, Felix: Rechtsfortbildung – Methodischer Balanceakt zwischen Gewaltenteilung und materieller Gerechtigkeit, in: Juristische Schulung (JuS) 2016, 392–398

Melcher, Philipp: Der Staat als Anteilseigner in Ausübung hoheitlicher Befugnisse – Der Private Investor Test nach dem Urteil EDF, in: Europäische Zeitschrift für Wirtschaftsrecht (EuZW) 2012, 576–580

Meljnik, Konstatin: Das Verhältnis von Daseinsvorsorge und Wettbewerb: Neues aus Lissabon?, Speyer 2010

Merten, Detlef / Papier, Hans-Jürgen (Hrsg.): Handbuch der Grundrechte in Deutschland und Europa, Band V, Heidelberg 2013

Meßerschmidt, Klaus: Finanzierungsverantwortung jenseits des Steuerstaates, in: Die öffentliche Verwaltung (DÖV) 2015, 220–228

Mestmäcker, Ernst-Joachim / Schweitzer, Heike: Europäisches Wettbewerbsrecht, 3. Auflage, München 2014

Michael, Lothar: Der allgemeine Gleichheitssatz als Methodennorm komparativer Systeme. Methodenrechtliche Analyse und Fortentwicklung der Theorie der „beweglichen Systeme“ (Wilburg), Berlin 1997

Michael, Lothar: Die drei Argumentationsstrukturen des Grundsatzes der Verhältnismäßigkeit – Zur Dogmatik des Über- und Untermaßverbotes und der Gleichheitssätze, in: Juristische Schulung (JuS) 2001, 148–155

Müller, Georg: Der Gleichheitssatz, in: Erster Beratungsgegenstand: Der Gleichheitssatz, in: Veröffentlichungen der Vereinigung der Deutschen Staatsrechtslehrer (VVDStRL) 47 (1989), 37–62

Müller, Helmut: Schlaglichter der deutschen Geschichte, 3. Auflage, Bonn 2007

Müller-Glöge, Rudi / Preis, Ulrich / Schmidt, Ingrid (Hrsg.): Erfurter Kommentar zum Arbeitsrecht, 19. Auflage, München 2019

Müller-Graff, Peter-Christian: Die Erscheinungsformen der Leistungssubventionstatbestände aus wirtschaftsrechtlicher Sicht, in: Zeitschrift für das gesamte Handelsrecht und Wirtschaftsrecht (ZHR) 152 (1988), 403–438

Von Münchs, Ingo / Kunig, Philip: Grundgesetz Kommentar, 6. Auflage, München 2012

Montag, Frank / Säcker, Franz: Münchener Kommentar zum Europäischen und Deutschen Wettbewerbsrecht (Kartellrecht), Band 5, 2. Auflage, München 2018

Neumann, Friedrich Julius: Die Steuer und das öffentliche Interesse, Leipzig 1887

Neumann, Friedrich Julius: Die progressive Einkommensteuer im Staats- und Gemeinde-Haushalt. Gutachten über Personalbesteuerung, auf Veranlassung des Vereins für Socialpolitik, Leipzig 1874

Neuner, Jörg: Privatrecht und Sozialstaat, München 1999

Newman, Michael: Socialism – A Very Short Introduction, Oxford 2005

Niemeier, Ernst / Gramlich, Ludwig: (Wiederkehrende) Straßenausbaubeiträge: Karlsruhe hat entschieden, aber ist damit alles in Ordnung?, in: Kommunaljurist (KommJur) 2015, 41–49

Noack, Harald: Sozialstaatsklauseln und juristische Methode. Probleme einer Interpretation der Art. 20 Abs. 1 und 28 Abs. 1 Grundgesetz, Baden-Baden 1975

Odendahl, Kerstin: Der allgemeine Gleichheitssatz: Willkürverbot und „neue Formel" als Prüfungsmaßstäbe, in: Juristische Arbeitsblätter (JA) 2000, 170–176

Ossenbühl, Fritz: Daseinsvorsorge und Verwaltungsprivatrecht, in: Die öffentliche Verwaltung (DÖV) 1971, 513–524

Papier, Hans-Jürgen: Rechtsstaatlichkeit und Grundrechtsschutz in der digitalen Gesellschaft, in: Neue Juristische Wochenzeitung (NJW) 2017, 3025–3031

Perlitius, Claudia: Die vorteilsabschöpfende Verwaltungsgebühr, Berlin 2010

Petersilie, Erich: Entstehung und Bedeutung der Preußischen Städteordnung: eine Festschrift vom 19. November 1908, Leipzig 1908

Petzold, Hans Arno: Kommunale Infrastrukturen und Europäisches Beihilfenrecht, in: Kommunaljurist (KommJur) 2017, 401–405

Platon: Politeia (Der Staat), in: Werke, Band 4, 7. Auflage, Darmstadt 2016

Podlech, Adalbert: Gehalt und Funktionen des allgemeinen verfassungsrechtlichen Gleichheitssatzes, Berlin 1971

Pöschl, Magdalena: Gleichheit vor dem Gesetz, Wien 2008

Pöße, Jörg: Einschätzungsspielraum des Gesetzgebers als Gegenstand verfassungsgerichtlicher Kontrollbeschränkung, in: Nolte, Martin (Hrsg.), Kontrolle im verfassten Rechtsstaat, Kiel 2002, Seiten 33–46

Gabler, Manfred / Höhlein, Burkhard / Klöckner, Werner / Lukas, Helmut / Oster, Rudolf: Praxis der Kommunalverwaltung, Rheinland-Pfalz Band 1, Gemeindeordnung Kommentar, Stand: November 2018, Wiesbaden 2018

Puhl, Thomas: Gleichheit und parlamentarisches System – Bindung des Gesetzgebers, der Regierung, der Verwaltung, der Rechtsprechung, in: Mellinghoff, Rudolf / Palm, Ulrich (Hrsg.), Gleichheit im Verfassungsstaat. Symposion aus Anlass des 65. Geburtstages von Paul Kirchhof, Heidelberg 2008, Seiten 67–112

Püttner, Günter (Hrsg.): Handbuch der kommunalen Wissenschaft und Praxis, Band 1, 2. Auflage, Berlin 1981

Püttner, Günter (Hrsg.): Handbuch der kommunalen Wissenschaft und Praxis, Band 6, 2. Auflage, Berlin 1985

Quaas, Michael: Kommunales Abgabenrecht, München 1997

Raabe, Marius: Grundrechte und Erkenntnis – Der Einschätzungsspielraum des Gesetzgebers, Kiel 1998

Raacke, Günter: Das gemeindliche Finanzsystem: geschichtliche Entwicklung, gegenwärtige Ausgestaltung und Reform, Lindenfels im Odenwald 1961

Radbruch, Gustav: Rechtsphilosophie, in: Dreier, Ralf / Paulson, Stanley L. (Hrsg.), Heidelberg 2003

Raecke, Jürgen: Das Kostendeckungsprinzip. Möglichkeiten und Grenzen seiner Anwendung bei Verwaltungsgebühren, in: Thieme, Werner (Hrsg.) Schriften zur Verwaltungslehre, Köln 1971

Rau, Karl Heinrich: Grundsätze der Finanzwissenschaft, Erste Abtheilung, 2. Ausgabe, Heidelberg 1843

Rawls, John: A Theory of Justice, Cambridge 1999

Rentsch, Harald / Ziertmann, Marc: Gemeindeverfassungsrecht Schleswig-Holstein Kommentar, Kiel 2008

Reßing, Maximilian: Die Grundrechtskonkurrenz. Kohärenz im freiheitsrechtlichen System des Grundgesetzes, Baden-Baden 2016

Ried, Walter: Gesundheitsversorgung im ländlichen Raum: Ziele und Indikatoren, in: Herbst, Michael / Dünkel, Frieder / Stahl, Benjamin (Hrsg.), Daseinsvorsorge und Gemeinwesen im ländlichen Raum, Wiesbaden 2016

Rinck, Hans Justus: Gleichheitssatz, Willkürverbot und Natur der Sache, in: Juristische Zeitung (JZ) 1963, 521–527

Ringwald, Roman: Daseinsvorsorge als Rechtsbegriff. Forsthoff, Grundgesetz und Grundversorgung, Frankfurt am Main 2008

Risch, Ben Michael: Europäisches Beihilfenrecht, in: Kommunaljurist (KommJur) 2015, 10–13

Robbers, Gerhard: Der Gleichheitssatz, in: Die öffentliche Verwaltung (DÖV) 1988, 749–758

Robbers, Gerhard: Gerechtigkeit als Rechtsprinzip. Über den Begriff der Gerechtigkeit in der Rechtsprechung des Bundesverfassungsgerichts, Baden-Baden 1980

Rodi, *Michael*: Faktische Nichtbesteuerung und Gleichheitssatz, in: Neue Juristische Wochenzeitung (NJW) 1990, 3246–3252

Ronellenfitsch, Michael: Daseinsvorsorge als Rechtsbegriff – Aktuelle Entwicklungen im nationalen und europäischen Recht, in: Blümel, Willi (Hrsg.), Kolloquium aus Anlass des 100. Geburtstags von Prof. Dr. Dr. h.c. Ernst Forsthoff, Berlin 2003, Seiten 53–114

Ruland, Franz: Solidarität, in: Neue Juristische Wochenzeitung (NJW) 2002, 3518–3519

Rümelin, Max: Die Gerechtigkeit. Rede gehalten bei der akademischen Preisverteilung am 6. November 1920, Tübingen 1920

Sachs, Michael (Hrsg.): Grundgesetz Kommentar, 8. Auflage, München 2018

Sachs, Michael: Die Maßstäbe des allgemeinen Gleichheitssatzes, in: Juristische Schulung (JuS) 1997, 124–130

Sacksofsky, Ute: Umweltschutz durch nicht-steuerliche Abgaben, Tübingen 2000

Sacksofsky, Ute: Staatsfinanzierung durch Gebühren?, in: Sacksofsky, Ute / Wieland, Joachim (Hrsg.), Vom Steuerstaat zum Gebührenstaat, Baden-Baden 2000, Seiten 188–204

Schäfer, Maria: Die koordinierte Bedarfsplanung der Elektrizitätsnetze als Anwendungsfeld staatlicher Gewährleistungsverantwortung, Hamburg 2016

Schimmelfennig, Friedrich Gustav: Kommunalabgaben in Städten und Landgemeinden der Preußischen Staaten, Berlin 1859

Schink, Alexander: Wirtschaftliche Betätigung kommunaler Unternehmen, in: Neue Zeitschrift für Verwaltungsrecht (NVwZ) 2002, 129–140

Schladebach, Marcus: Staatszielbestimmungen im Verfassungsrecht, in: Juristische Schulung (JuS) 2018, 118–122

Schlaich, Klaus / Korioth, Stefan: Das Bundesverfassungsgericht. Stellung, Verfahren, Entscheidungen. Ein Studienbuch, 11. Auflage, München 2018

Schlothfeldt, Stephan: Gerechtigkeit, Berlin 2012

Schmehl, Arndt: Das Äquivalenzprinzip im Recht der Staatsfinanzierung, Tübingen 2004

Schmidt, Reiner: Die Liberalisierung der Daseinsvorsorge, in: Der Staat 2003, 225–247

Schmidt-Bleibtreu, Bruno / Hofmann, Hans / Henneke, Hans-Günter: Kommentar zum Grundgesetz, 14. Auflage, Köln 2018

Schmidt-Jortzig, Edzard / Makswit, Jürgen: Handbuch des kommunalen Finanz- und Haushaltsrechts, in: Harms, Wolfgang / Ehlers, Dirk (Hrsg.), Aschendorffs Juristische Handbücher, Münster 1991

Schmitt, Carl: Verfassungsrechtliche Aufsätze, Berlin 1958, 2. unveränderte Auflage 1973

Schneider, Hans-Peter: Die Vollstreckungskompetenz nach § 35 BVerfGG – ein Notverordnungsrecht des Bundesverfassungsgerichts?, in: Neue Juristische Wochenzeitung (NJW) 1994, 2590–2594

Schoch, Friedrich: Der Gleichheitssatz, in: Deutsches Verwaltungsblatt (DVBl.) 1988, 863–882

Scholler, Heinrich: Die Interpretation des Gleichheitssatzes als Willkürverbot oder als Gebot der Chancengleichheit, Berlin 1969

Schwarze, Jürgen: EU-Kommentar, 4. Auflage, Baden-Baden 2019

Schwarze, Jürgen: Der Staat als Adressat des europäischen Wettbewerbsrechts, in: Europäische Zeitschrift für Wirtschaftsrecht (EuZW) 2000, 613–627

Sieckmann, Jan-Reinard: Regelmodelle und Prinzipienmodelle des Rechtssystems, Baden-Baden 1990

Sieckmann, Jan-Reinhard: Zur Begründung von Abwägungsurteilen, in: Rechtstheorie 26 (1995), 45–69

Soltész, Makowski: Die Nichtdurchsetzung von Forderungen der öffentlichen Hand als staatliche Beihilfe i.S. von Art. 87 I EG, in: Europäische Zeitschrift für Wirtschaftsrecht (EuZW) 2003, 73–78

Somek, Alexander: Rationalität und Diskriminierung. Zur Bindung der Gesetzgebung an das Gleichheitsrecht, Wien 2001

Starck, Christian: Die Anwendung des Gleichheitssatzes, in: Link, Christoph (Hrsg.), Der Gleichheitssatz im modernen Verfassungsstaat, Baden-Baden 1982

Steinberg, Rudolf: Verfassungsrechtlicher Umweltschutz durch Grundrechte und Staatszielbestimmung, in: Neue Juristische Wochenzeitung (NJW) 1996, 1985–1994

Stern, Klaus: Gesetzesauslegung und Auslegungsgrundsätze des Bundesverfassungsgerichts, München 1956

Stöbener de Mora, Patricia Sarah: Überall Beihilfen? – Die Kommissionsbekanntmachung zum Beihilfenbegriff, in: Europäische Zeitung für Wirtschaftsrecht (EuZW) 2016, 685–691

Störring, Lars Peter: Das Untermaßverbot in der Diskussion, Kiel 2008

Streinz, Rudolf (Hrsg.): EUV/AEUV Kommentar, 3. Auflage, München 2018

Suhr, Dieter: Rechtsstaatlichkeit und Sozialstaatlichkeit, in: Kempen (Hrsg.), Sozialstaatsprinzip und Wirtschaftsordnung, Frankfurt am Main 1976

Sünderhauf, Bernhard: Die Beiträge als öffentliche Einnahmen, Köln 1978

Terschüren, Anna: Die Reform der Rundfunkfinanzierung in Deutschland. Analyse der Neuordnung und Entwicklung eines idealtypischen Modells, Ilmenau 2013, Universitätsverlag Ilmenau, abrufbar unter https://nbn-resolving.org/urn:nbn:de:gbv:ilm1-2013000224

Tipke, Klaus / Kruse, Heinz Wilhelm: Kommentar zur AO und FGO inkl. Steuerstrafrecht, 156. Ergänzungslieferung April 2019, Köln 2019

Thiel, Markus: Die Preußische Städteordnung von 1808, in: Speyerer Arbeitshefte 123, Speyer 1999

Thielen, Peter: Freiherr vom Stein, Zweiter Band, Erster Teil, in: Hubatsch, Walther (Hrsg.), Freiherr vom Stein. Briefe und Amtliche Schriften, Stuttgart 1959

Thiem, Hans: Kommunale Finanzwirtschaft. Systematische Darstellung, Köln 1984

Thiem, Hans: Die neuen Kommunalabgabengesetze in den Bundesländern, in: Deutsches Verwaltungsblatt (DVBl.) 1972, 129–136

Thoma, Richard: Ungleichheit und Gleichheit im Bonner Grundgesetz, in: Deutsches Verwaltungsblatt (DVBl.) 1951, 457–460

Thurn, John Philipp: Welcher Sozialstaat?, Tübingen 2013

Tzemos, Vasileios: Das Untermaßverbot, Freiburg 2004

Verfassungsausschuss der Ministerpräsidenten-Konferenz der westlichen Besatzungszonen: Bericht über den Verfassungskonvent auf Herrenchiemsee vom 10. bis 23. August 1948, München 1948

Vogel, Hans-Jochen: Gewaltenvermischung statt Gewaltenteilung?, in: Neue Juristische Wochenzeitung (NJW) 1996, 1505–1511

Volkmann, Uwe: Solidarität – Programm und Prinzip der Verfassung, Tübingen 1998

Voßkuhle, Andreas / Kaufhold, Ann-Katrin: Grundwissen – Öffentliches Recht: Der Grundsatz der Gewaltenteilung, in: Juristische Schulung (JuS) 2012, 314–316

Voßkuhle, Andreas / Wischmeyer, Thomas: Grundwissen – Öffentliches Recht: Das Sozialstaatsprinzip, in: Juristische Schulung (JuS) 2015, 693–695

Waas, Adolf: Vogtei und Bede in der deutschen Kaiserzeit. Zweiter Teil. Vogtei und Bede als Grundlage des deutschen Territorialstaates, in: Haller, Johannes / Heck, Philipp / Schmidt, Johannes B. (Hrsg.), Arbeiten zur deutschen Rechts- und Verfassungsgeschichte, Berlin 1923

Wachsmuth, Barbara: Richterliche Rechtsfortbildung auf dem Gebiet des kommunalen Beitragsrechts nach dem Kommunalabgabengesetz Baden-Württemberg, Konstanz 1994

Waechter, Kay: Kommunalrecht, 3. Auflage, Köln 1997

Wagner, Adolph: Finanzwissenschaft, Band 1, in: Lehr- Und Handbuch der politischen Oekonomie, 3. Auflage, Leipzig und Heidelberg 1883

Wagner, Adolph: Finanzwissenschaft, Band 2, in: Lehr- Und Handbuch der politischen Oekonomie, 2. Auflage, Leipzig 1890

Wagner, Adolph: Finanzwissenschaft und Staatssozialismus 1887, in: Skalweit, August (Hrsg.), Sozialökonomische Texte, Heft 15, Frankfurt am Main 1948

Walecki, Rainer: Die Normsetzungspflicht des Gesetzgebers und ihre Erzwingbarkeit, Würzburg 1972

Waller, Marten: „Neue Energie" für die kommunale Selbstverwaltung. Kommunale Daseinsvorsorge und (Re-)Kommunalisierung im Zeichen der Energiewende, Hamburg 2013

Walter, Christian / Grünewald, Benedikt (Hrsg.): Beck'scher Online-Kommentar Bundesverfassungsgerichtsgesetz, 6. Edition, Stand: 01.12.2018, München 2018

Walz, Hans Hermann / Schrey, Heinz Horst: Gerechtigkeit in biblischer Sicht. Eine oekumenische Studie zur Rechtstheologie, Zürich 1955

Wendt, Rudolf: Die Gebühr als Lenkungsmittel, Hamburg 1975

Wieland, Joachim: Die Konzessionsabgaben. Zur Belastung wirtschaftsverwaltungsrechtlicher Erlaubnisse mit Abgaben, Berlin 1991

Wienbracke, Mike: Bemessungsgrenzen der Verwaltungsgebühr, Berlin 2003

Wienbracke, Mike: Die verfassungsrechtliche Verankerung des gebührenrechtlichen Kostendeckungsprinzips, in: Die öffentliche Verwaltung (DÖV) 2005, 201–205

Wilke, Dieter: Gebührenrecht und Grundgesetz. Ein Beitrag zum allgemeinen Abgabenrecht, München 1973

Zacher, Hans: Soziale Gleichheit. Zur Rechtsprechung des Bundesverfassungsgerichts zu Gleichheitssatz und Sozialstaatsprinzip, in: Archiv des öffentlichen Rechts (AöR) 93 (1968), 341–383

Zacher, Hans: Grundlagen der Sozialpolitik in der Bundesrepublik Deutschland, in: Geschichte der Sozialpolitik in Deutschland seit 1945, herausgegeben vom Bundesministerium für Arbeit und Sozialordnung und Bundesarchiv, Band 1: Grundlagen der Sozialpolitik, Baden-Baden 2001

Zembsch, Günther: Verfahrensautonomie des Bundesverfassungsgerichts, Köln 1971

Zimmermann, Franz: Das System der kommunalen Einnahmen, Köln 1988

Zippelius, Reinhold: Der Gleichheitssatz, in: Der Gleichheitssatz. Gesetzesgestaltung und Gesetzesanwendung im Leistungsrecht, in: Vereinigung der Deutschen Staatsrechtslehrer (VVDStRL) (47) 1989, 7–36

Zitzelsberger, Heribert: Grundlagen der Gewerbesteuer. Eine steuergeschichtliche, rechtvergleichende, steuersystematische und verfassungsrechtliche Untersuchung, Köln 1990

Zitzelsperger, Heribert: Umwelt und Besteuerung, in: Zimmermann, Reinhard (Hrsg.), Hermann Soell zum Gedenken. Staat und Verwaltung, Recht der natürlichen Lebenswelt, Umwelt und Besteuerung (Gedächtnisschrift Soell), Köln 1996, Seiten 47–59

Zöllner, Wolfgang: Vertragskontrolle und Gerechtigkeit, in: Neue Zeitschrift für Arbeitsrecht (NZA)-Beilage 2006, 99–107

Stichwortverzeichnis

www.ingramcontent.com/pod-product-compliance
Ingram Content Group UK Ltd.
Pitfield, Milton Keynes, MK11 3LW, UK
UKHW021934290926
8980IPUK00016B/1614

9 783631 823323